PEINTURE — SCULPTURE

LES

NATIONS RIVALES

DANS L'ART

ANGLETERRE — BELGIQUE — HOLLANDE — BAVIÈRE
PRUSSE — ÉTATS DU NORD — DANEMARK — SUÈDE ET NORWÉGE
RUSSIE — AUTRICHE — SUISSE — ESPAGNE — PORTUGAL — ITALIE
— ÉTATS-UNIS D'AMÉRIQUE — FRANCE

L'ART JAPONAIS
DE L'INFLUENCE DES EXPOSITIONS INTERNATIONALES
SUR L'AVENIR DE L'ART

PAR

ERNEST CHESNEAU

DEUXIÈME ÉDITION

PARIS
Librairie Académique
DIDIER ET Cᵉ, LIBRAIRES-ÉDITEURS
35, QUAI DES AUGUSTINS, 35

LES

NATIONS RIVALES

DANS L'ART

Paris. — Imprimerie L. Poupart-Davyl, rue du Bac, 30.

PEINTURE — SCULPTURE

LES

NATIONS RIVALES

DANS L'ART

ANGLETERRE — BELGIQUE — HOLLANDE — BAVIÈRE
PRUSSE — ÉTATS DU NORD — DANEMARK — SUÈDE ET NORWÉGE
RUSSIE — AUTRICHE — SUISSE — ESPAGNE — PORTUGAL — ITALIE
— ÉTATS-UNIS D'AMÉRIQUE — FRANCE

L'ART JAPONAIS

DE L'INFLUENCE DES EXPOSITIONS INTERNATIONALES
SUR L'AVENIR DE L'ART

PAR

ERNEST CHESNEAU

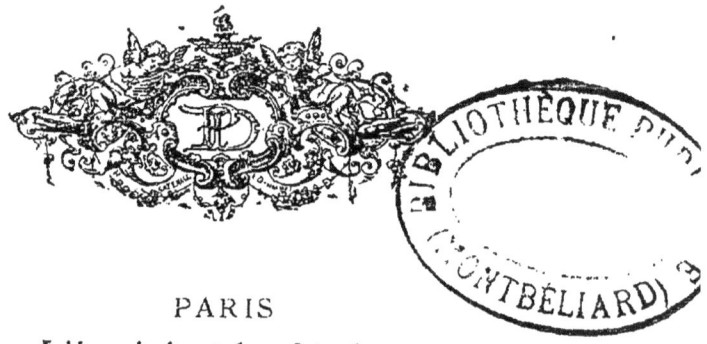

PARIS

Librairie Académique

DIDIER ET Cᵉ, LIBRAIRES-ÉDITEURS

35, QUAI DES AUGUSTINS, 35

1868

A SON ALTESSE IMPÉRIALE

MADAME LA PRINCESSE MATHILDE

CE LIVRE EST DÉDIÉ

MADAME :

Vous avez bien voulu accepter la Dédicace de ce livre consacré à l'Art et aux Artistes du temps présent.

En inscrivant votre nom à cette première page j'offre à la Princesse amie des lettres et des arts, artiste elle-même, l'hommage de mon admiration respectueuse et de mon profond attachement.

Ici, Madame, à côté de noms qui vous sont sympathiques, vous en rencontrerez d'autres qui soulèvent la discussion.

Fidèle au clair génie latin, vous aimez passionnément les œuvres de grand style. L'Art vous touche surtout en ses sérénités et en ses pompes. Vous allez tout droit et de première impulsion aux splendeurs qui ont enchanté votre enfance : la lumière, la pourpre, le marbre et l'or. Peut-être trouverez-vous donc que j'incline trop volontiers vers les manifes-

tations plus voilées, de contours plus indécis, d'expression plus intime et quasi mystique où se plaît le génie du Nord.

Mais les prédilections de Votre Altesse ne sont pas exclusives. Elle est sensible à des formes d'art absolument opposées : à Rembrandt autant qu'à Raphaël?

D'ailleurs, Princesse, avec une largeur d'esprit fort rare, vous admettez la contradiction. Vous tolérez, vous exigez même que toutes les idées, que toutes les convictions s'expriment librement devant vous.

En votre loyauté généreuse, vous mettrez à suivre l'auteur d'autant plus d'indulgence que vous reconnaîtrez dans son œuvre un plus ferme accent de bonne foi et de sincérité.

28 juin 1868.

ERNEST CHESNEAU.

LES ÉCOLES ÉTRANGÈRES

L'ÉCOLE ANGLAISE

I

SON ORIGINALITÉ

La première apparition des peintres anglais sur le continent se fit au palais de l'avenue Montaigne en 1855. Il y eut là pour notre public comme une révélation d'un art, d'une école dont nous ne soupçonnions même pas l'existence. Fut-ce un effet de la nouveauté, de la surprise, ou simplement l'évidence d'une supériorité, tout au moins d'une grande force ? toujours est-il que nos voisins d'Outre-Manche, — si dédaignés jusque-là, — obtinrent chez nous un très-grand succès, que nous aurons à expliquer, une sorte de vogue qui a laissé dans toutes les mémoires un vif souvenir. Aussi, le jour de l'ouverture de l'Exposition du Champ de Mars, notre curiosité était-elle en éveil. J'avouerai, en ce qui me concerne, que ma première visite a été pour eux, et je crois répondre au vœu du lecteur en commençant cette étude par un examen attentif de l'école anglaise. Douze ans se sont écoulés depuis 1855; nous avons eu le temps de revenir de notre première surprise. En de telles conditions, il est possible d'apprécier équitablement les peintres du Royaume-Uni; nous leur sommes, d'autre part, trop reconnaissants de la première émotion qu'ils nous ont causée pour ne pas les étudier avec sympathie.

Il faut bien l'avouer, pour des yeux habitués à la sobriété croissante de la couleur dans notre école de peinture, habitués d'autre part à l'harmonie des maîtres dont les chefs-d'œuvre peuplent nos musées, le regard, en pénétrant dans la galerie britannique, nous communique une impression inattendue, saisissante, plutôt qu'une impression agréable.

Autant l'installation matérielle de cette galerie est faite pour le calme, pour le facile isolement des bruits de la foule, autant, — singulier contraste, — les peintures qui la décorent sont, en général, violentes et « criardes » de ton. Nous avons, nous, quelque peine à supporter un diapason de couleurs si élevé.

Lentement aguerris ou bravant le choc, nous décidons-nous à étudier ces tableaux de plus près : de nouveau nous sommes heurtés, dans notre façon de concevoir l'œuvre d'art, par l'absence de composition. Ici, pas de centre, une action principale noyée dans l'accessoire et le détail, des figures coupées à la hauteur des épaules par la feuillure du cadre, mille hardiesses qui nous font l'effet d'énormes contre-sens. Bien évidemment nous sommes en présence d'un art étranger. On ne peut s'y méprendre comme dans la plupart des autres galeries, dont on ne saurait distinguer la nationalité sans indication préalable. Non-seulement il saute aux yeux dès l'abord que ces tableaux ne sont point français ; mais de toutes façons ils affirment à plaisir et ils affichent leur origine britannique. Les motifs de toutes ces peintures sont anglais, les types des personnages exclusivement anglais, le drap qui les habille, le verre dans lequel ils boivent, le couteau dont ils se servent, le meuble près duquel ils sont posés, tout cela est de fabrique anglaise, tout cela est local, particulier au sol et au génie insulaire de la Grande-Bretagne.

Rien n'entame nos voisins à cet égard : leurs galeries privées, les plus riches du monde, s'enrichissent encore chaque jour des œuvres les plus admirables des anciennes écoles continentales ; mais en vain, et sans porter la moindre atteinte à ce particularisme à l'emporte-pièce de leurs peintres. Il semble que leurs ateliers soient fermés par un pan du grand mur de la Chine. Ils refont, mais à rebours, le blocus continental. Ils ont mis en interdit l'art européen. Ils sont et veulent demeurer Anglais.

Voilà qui donne à songer.

Si je dois en arriver bientôt à exprimer une opinion peu favorable sur l'ensemble de l'école anglaise, au moins ne la blâmerai-je pas de s'être fait, même au prix d'un système d'exclusion qui nous paraît excessif, un art vraiment national.

En parcourant nos musées d'œuvres modernes, nos Salons annuels, n'avez-vous pas fait cette réflexion, que le dix-neuvième siècle avance insensiblement vers son terme, et, si rien ne change, y aura touché sans que l'art français ait rien laissé qui permette aux générations futures de retrouver la France où nous aurons vécu ? Que la France reste constituée comme elle l'est depuis des siè-

cles, et sans doute il se fondera une tradition authentique sur les mœurs de notre temps ; mais ce n'est certes
point dans les tableaux modernes que nos descendants
trouveront les éléments de cette tradition (ils auront à les
chercher dans nos caricaturistes, Gavarni, Daumier, nos
vrais peintres de mœurs, et dans les publications périodiques illustrées). Supposez, d'autre part, ce qu'à Dieu
ne plaise ! que la civilisation accomplisse au cours
des siècles un de ces tours de roue formidables dont
l'histoire de l'humanité cite bien des exemples ; qu'elle
laisse tomber notre Occident dans le néant, comme y
sont tombés les peuples si raffinés, si cultivés qui furent les Perses, les Assyriens, les Égyptiens, les Grecs
eux-mêmes : quel témoignage sur nous aurons-nous
légué à ces races inconnues qui tiendront alors le sceptre
du monde ? A part notre gloire guerrière, à part notre
vie du champ de bataille, ils ne sauront rien de nous,
parce que nous n'en aurons rien voulu dire. D'après les
monuments de notre art, ils nous prendront pour un
peuple fantasque, vivant tantôt à la grecque, tantôt à la
façon de la renaissance italienne ou des boudoirs du
dix-huitième siècle, mais n'ayant jamais eu de vie
propre, originale. Les futurs archéologues, les futurs
écrivains qui voudront refaire l'histoire par les monuments seront-ils donc forcés pour le dix-neuvième siècle
de laisser un feuillet blanc au mot *France* ?

Qu'on réplique : « Après nous la fin du monde ! »
soit ; mais c'est faire bon marché de soi-même, et si pareille modestie, pareille indifférence est permise aux indi-
vidus, on n'oserait dire qu'elle le soit de même à une
grande nation.

Et l'Angleterre ne l'admet point ainsi. Je ne m'exagère nullement l'action que peut exercer sur le développement de l'art la perspective de l'avenir; je sais qu'en général on ne fait pas sa vie pour sa mort, et que la constante pensée de ce néant, dont nous avons tout à l'heure entrevu la possibilité lointaine, suffirait à immobiliser le mouvement d'un peuple : l'exemple de l'Inde, les souvenirs de l'an 1000 en Europe, sont formels à cet égard. Cependant je ne vois pas que notre art ait rien à perdre à entrer dans la voie d'observation immédiate et de sincérité dont il s'est tenu systématiquement éloigné depuis Louis David, c'est-à-dire depuis la fin du siècle dernier. A ce point de vue, en dépit de tout ce qui nous choque chez les peintres anglais, nous pouvons leur envier ce privilége d'avoir un art national, privilége qu'ils possèdent à peu près seuls dans l'Europe contemporaine.

Le génie du Nord le voulait ainsi, surtout le génie saxon que les Anglais ont conservé au fond dans toute son intégrité, bien qu'émoussé à la surface par l'adoucissement général des mœurs. Pour nous, nous étions trop latins, trop portés à généraliser, pour affirmer dans nos arts la vie actuelle avec la même énergie étroite, avec la même ténacité.

Est-ce grandeur, est-ce faiblesse de notre race? — Nous allons toujours, et de prime saut, à l'abstrait; le détail précis nous importune, nous ne savons ni l'accueillir, ni même le tolérer; peut-être est-ce que nous ne pourrions le porter avec son luxe sans cesse renaissant de profusions que nous qualifions volontiers de « barbares ». Nous supprimons l'accident d'une façon absolue, radicale, en vue d'une harmonieuse unité; nous ramenons d'instinct et aussi de parti pris les formes par-

ticulières aux formes générales, les formes réelles aux
formes idéales, les formes individuelles aux formes
types de ce que nous appelons le grand art. — C'est
parfait.

Mais à ce noble jeu, à ces délicates spéculations, nous
amoindrissons sensiblement l'initiative personnelle, nous
faisons la part trop large aux intelligences d'exception en
nous asservissant à leur suite, en répétant à satiété les
formules d'art par lesquelles elles se sont le plus appro-
chées de notre rêve ambitieux : ainsi d'un Phidias, ainsi
d'un Raphaël; maîtres incomparables et divins, généra-
teurs pourtant de longues et fatales routines; fiers sommets rayonnants de pure lumière, mais à l'ombre desquels s'abritent les vaniteuses et banales ostentations du
savoir-faire, les sottises et les hypocrisies du pédantisme, les fabricateurs de sensualités qui, sous l'égide du
« beau », font passer leur marchandise de plaisir, et
qualifient « laid » tout ce qui sort de l'agréable, du joli,
de la grâce, de la volupté, pour se rattacher aux émotions de l'âme humaine, au terrible, à l'étrange, à la
passion, au sentiment, ou tout naïvement au vrai, au
simple vrai.

L'art anglais, par son principe, est donc aux anti-
podes de notre art. Il se dérobe aux lois qui gouvernent
celui-ci. L'un est-il supérieur à l'autre, le latin au saxon?
Je le crois, je l'affirme; mais la question me paraît étrangère au débat. Nous avons pu les comparer pour nous
rendre un compte exact de leur antagonisme; nous mettrons quelque circonspection à les rapprocher du même éta-
lon. Ils ne se mesurent point au même compas, par cette
raison, qu'ils appartiennent à des ordres de manifestations qui n'ont de commun que l'outil : toiles, couleurs et

brosses. C'est donc notre curiosité que nous allons satisfaire en étudiant les tableaux de cette école, et non un
jugement que nous avons la prétention de porter. Nous
tâcherons de nous abstraire de nos goûts, qui tiennent
aux transmissions de la race et à l'éducation, afin d'expliquer, sinon admirer, cet art qui les contredit si brutale-
ment. Il est essentiel, pour un moment, d'abdiquer nos
vieilles et chères préférences et d'apporter à cette étude
le désintéressement du chimiste qui analyse méthodiquement et sans répugnance, au laboratoire, les matières
qui répugnent le plus à ses sens. la patience du savant
qui observe en ses fonctions, qui dissèque en son organisation quelque monstre inconnu.

Monstre étrange que cet art, et qui, par son étrangeté,
nous séduisit, en 1855, quand nous le vîmes pour la
première fois, mais qu'il faut analyser aujourd'hui! Il
ne se rattache, qu'on se le dise bien, par aucun lien de
tradition, à la famille des grands peintres anglais du
commencement du siècle : les Gainsborough, les Reynolds, les Constable, les Lawrence. C'est même en vain
qu'il se réclame de Turner. Peut-être Hogarth, peut-être
Wylkie ont-ils quelque parenté lointaine... mais non ; il
n'y a là qu'une apparence d'origine. Ces derniers se peuvent apprécier à la mesure commune ; ils ont leur individualité bien tranchée, mais ils sont peintres comme
nous, ils entendent leur art à notre façon. Les peintres
anglais modernes, au contraire, ne datent et ne relèvent
que d'eux-mêmes, à quelques exceptions près. Leur
peinture a germé sur le sol britannique, comme ces
grandes végétations qui se succédaient sur la surface de
la terre aux premiers âges du monde, toutes variées,
comme les essais d'une grande force qui ne se possède

pas encore, qui ne mesure ni sa puissance ni son équilibre, essais tour à tour remplacés par des essais absolument opposés. A première vue on est tenté de prononcer le mot « décadence ». Nullement; il n'y a pas
décadence, il y a différence, et peut-être... qui sait?...
renaissance.

SUCCÈS DE L'ÉCOLE EN FRANCE

S'il est vrai, comme nous l'avons dit, que la peinture anglaise choque si fortement nos habitudes d'art par la violente crudité de son coloris, par le défaut d'équilibre en ses compositions, par le particularisme de ses motifs, comment donc expliquer la vogue dont elle fut l'objet en 1855 auprès de notre public français? Je crains bien de ne pouvoir donner la raison de ce phénomène singulier sans laisser échapper quelque impertinence dont je fais préalablement toutes mes excuses au lecteur.

L'humaine nature a la faculté d'abriter et de concilier toutes les contradictions; je n'examine pas si nous devons nous en glorifier comme d'un témoignage de largeur et de force, ou en rougir comme d'une infirmité; il nous suffit que ce fait, depuis longtemps reconnu, soit acquis à l'avantage de notre démonstration. Cette faculté se manifeste, en effet, avec une cruelle évidence dans l'attitude du public français en matière d'art. Je montrais dans le précédent chapitre ce public, sous l'action de l'in-

fluence latine, — influence de race et de persistante
éducation, — affirmant ses préférences pour les formes
admirables, mais généralisatrices et toutes d'abstraction,
de la statuaire grecque et de la peinture italienne. Si
nous allons au fond des choses, il nous faut bien voir et,
l'ayant vu, il nous faut bien dire que, pour la très-grande
majorité, ce culte de ce que l'on nomme l'idéal est purement platonique et n'engage pas à de grands sacrifices.

C'est le goût dont nous faisons le plus volontiers
parade, il est vrai, celui que nous affichons, parce que,
de nos études de jeunesse, il nous est resté le sentiment
qu'il était le plus noble. Dans la réalité, nos mœurs sont
moins sévères et notre goût moins solennel. Nous glori-
fions des idoles, des idoles sacrées, mais sacrées à la
façon des odes de Lefranc de Pompignan. Nous ne
parlons qu'avec vénération des nobles récitatifs, des fiers
accents de Gluck en son *Alceste*, en son *Orphée*, mais
nous fredonnons avec délices les refrains insensés de
l'*Orphée aux enfers* ou de la *Grande-Duchesse;* on
étouffe un bâillement dans une exclamation admirative
aux représentations de Rachel ou de Ristori, et l'on se
passionne aux drôleries de Hyacinthe ou d'Alphonsine;
on s'incline respectueusement devant la salle du Théâtre-
Français déserte aux jours de tragédie, et l'on se porte
en masses compactes aux spirituelles intrigues de Vic-
torien Sardou. Je ne fais pas le procès à ce double
courant de l'opinion; mais je constate que les siècles
nous ont légué l'idolâtrie de l'austère plutôt que le goût
réel de la grandeur; je remarque qu'il entre dans nos
admirations pour le grand art plus de convention que de
conviction.

Poussons encore un peu plus loin ces distinctions entre

les diverses nuances du goût français. Nous avons reconnu
la coexistence, chez l'immense majorité, de deux sortes
de goût contradictoires : le goût d'apparat et le goût
réel. Le premier, tourné de confiance, et même de parti
pris, vers les formes d'art élevées, souvent peu comprises,
considérées *in petto* comme fort ennuyeuses, mais quand
même vantées, exaltées ; le second, s'adressant aux
formes légères, petites, ingénieuses, facilement intelligibles et reléguées, d'ailleurs, au second rang de nos
préoccupations par l'intérêt du sujet, par le drame ou
par la simplicité, par la passion ou par l'esprit du motif.

En regard de ces dispositions qu'apporte le plus grand
nombre à l'étude des œuvres d'art, on pourrait signaler
aussi quelques contradictions dans les goûts de la minorité, composée d'amateurs. En général ils vont à un autre
extrême : ils ne demandent à une statue, à une peinture,
que l'émotion purement plastique, sans souci de l'émotion esthétique, c'est-à-dire de la valeur morale de
l'œuvre. Mais en raison même de leur commerce constant avec les œuvres de saine exécution, il arrive parfois
aussi à ces amateurs de se laisser surprendre et séduire
par l'imprévu : tantôt par une feinte naïveté, par une
absence réelle ou simulée de toute adresse, par une sorte
de gaucherie qui les repose des habiletés excessives
familières à la plupart de nos peintres modernes.

Après avoir marqué ces nuances essentielles, après
avoir indiqué le partage du goût dans notre société, rien
ne devient plus facile que d'expliquer le succès des
peintres d'Outre-Manche au palais de l'avenue Montaigne.

C'est le côté d'exception, si particulier à l'art anglais,
qui, en 1855, a séduit nos amateurs ; ils y ont trouvé des

saveurs imprévues, toutes nouvelles, et dans leur indulgence il s'est rencontré quelque chose d'analogue aux appétits qui, enfants, nous font mordre à belles dents aux fruits verts.

C'est le côté anecdotique et petit de ce même art, l'attrait littéraire et non l'attrait pittoresque qui séduisit alors et de même en 1867 la masse des visiteurs.

Ces derniers ne se corrigeront probablement jamais de ce que nous regardons comme une erreur avec nos idées latines sur le but de l'art. Quant aux premiers, s'ils n'en reviennent pas complétement, au moins rabattront-ils beaucoup de leur première admiration, se contentant, comme nous l'allons faire, d'étudier curieusement les œuvres types produites par une conception d'art absolument contraire à la nôtre.

III

LE PRÉRAPHAELISME

M. Ruskin.

Un groupe d'artistes arrêtera tout d'abord notre attention. Ils forment une école dans l'école, ou plutôt ils ont
formé... car il est arrivé à cette réunion de peintres ce
qui arrive à tous les cénacles. Réunis un moment par
une pensée commune, par une foi ardente et jeune, partagée entre tous, ils s'étaient constitués en une petite
Église intolérante et vaillante, agissant sous la direction
d'un homme éminent, plein de fougue, de passion, de
violence même, qui poursuivait de sa personne, de sa
fortune, de sa plume étrangement éloquente, la rénovation
de l'art autour de lui. Tout ce beau feu est tombé, les
membres de cette communion d'une espèce particulière
se sont dispersés. Quels événements ont amené cette
dissolution? — Le mouvement des choses humaines, sans
doute, y a suffi avec son cortége de déceptions de toutes
sortes, et il y en eut pour quelques-uns de cruelles, qu'il
ne convient pas de rapporter.

Leur chef était l'illustre critique Ruskin. Animés,

soutenus par son incessante prédication, ils s'avançaient dans leur voie nouvelle hautains, résolus, convaincus. Que voulaient-ils? Il faudrait un volume pour le dire, le commenter et le discuter. Mais en quelques pages nous essayerons d'indiquer l'élévation et en même temps l'erreur de leur conception.

Ils assignaient expressément à l'art un but de moralisation active. Ils prétendaient atteindre ce but : les uns, dans l'art historique, par la représentation de motifs ayant un caractère de précision et d'exactitude aussi minutieux que possible ; les autres, dans le paysage, par la reproduction scrupuleusement fidèle des plus menus détails, des moindres particularités spéciales au site choisi par l'artiste et fourni par la nature. C'était, dans l'un et l'autre cas, dans le paysage et dans l'histoire, un système d'analyse microscopique poussé jusqu'au vertige. Par l'analyse ainsi entendue, ils voulaient réaliser, épouser étroitement le Vrai, principe et fin de toute morale.

Noble erreur en somme et qui mérite quelque respect! Elle était issue d'une intelligence profondément philosophique, armée d'un sens très-ardent de l'art. Dès sa jeunesse, dominé, d'un côté, par cette pénétration rapide des beautés de la statuaire et de la peinture, M. Ruskin fut comme entraîné en dépit de lui-même à l'étude exclusive des œuvres d'art ; mais il subissait d'autre part la domination non moins impérieuse de sa nature philosophique, qui le poussait à systématiser, à ordonner méthodiquement et en vue de ses propres conceptions tout objet de ses études. Sous l'empire de cette double obsession, moins passionné, il eût satisfait ses penchants en écrivant une philosophie de l'art ; avec ses ardeurs, il devait aboutir à une création quasi-monstrueuse, à l'art philosophique.

Un esprit de cette trempe, doué de cette force, de cette activité, de cette foi, devait faire des prosélytes : il fit école. Avec une logique impitoyable, on poursuivit, on proscrivit à outrance les divins éléments de l'art, l'invention, l'imagination ; on condamna de même et, je le dis tout bas, non sans raison, le savoir-faire, les habiletés de main qui substituaient la convention au vrai. En ce dernier point, le système n'était faux que par la rigueur excessive de l'application. Logicien à la façon de Proudhon, à la façon de Rousseau, M. Ruskin allait intrépidement de déductions en déductions jusqu'aux dernières conséquences du principe une fois posé. Il fut donc amené, par cette logique puérilement audacieuse, à considérer Raphaël comme le premier apostat de l'art religieux que ses prédécesseurs avaient compris et manifesté dans toute sa majesté, et aussi comme le premier apôtre du savoir-faire, apôtre trop écouté, trop fidèlement suivi par ses successeurs de toutes les écoles dans cette voie où M. Ruskin ne voit que l'art des poses et du beau mensonge.

De là ce nom de *Préraphaëlites* donné aux jeunes réformateurs et par eux accepté comme un titre de gloire.

Une fraction de notre école romantique eut aussi des velléités de même sorte. En peinture, en sculpture, en architecture, nous avons eu, nous aussi, nos préraphaëlites. On pourrait citer des hommes éminents qui ont fait dans le dernier de ces trois arts de magnifiques applications de systèmes analogues. La tentative, en ce qui concerne la peinture et la statuaire, ne fut pas sérieuse :

elle ne reposait pas d'ailleurs sur une série de principes si arrêtés ni si élevés. On ne saisit de l'art du moyen âge que le décor extérieur, et nullement l'esprit. Ce fut une tentative d'un jour promptement avortée et abandonnée.

Nos voisins mirent au contraire à développer et appliquer leur conviction une âpreté presque fanatique. La gouaillerie parisienne les a d'avance éclaboussés de ridicule en faisant proclamer par M. Prudhomme que « l'Art est un sacerdoce. » Mais là-bas ils ne riaient point. Ils prenaient leur mission gravement et fondaient quelque chose comme un ordre de propagande et de combat, un Temple au petit pied, poursuivant la régénération de l'art au milieu des Infidèles. Le caractère religieux, mystique même de l'école préraphaëlite, s'accusait non-seulement dans ses œuvres, mais dans la vie même de ses adeptes. Ils s'éloignaient du monde, travaillaient dans la retraite, songeaient même à se cloîtrer et, au temps de leur plus grande ferveur d'austérité, aux premiers temps de leur union, ils ajoutaient à leur nom, au bas de leurs tableaux, un signe de reconnaissance, un aveu de leur foi en ces trois lettres : P. R. B., *Pre-Raphaëlite Brother*, Frère Préraphaëlite.

Aujourd'hui les trois lettres ont disparu, l'Église est dissoute, le troupeau dispersé. Quelques-uns, bien qu'isolés, ont persisté dans leur foi, exploitant tour à tour les genres les plus différents, appliquant la doctrine commune avec un sentiment tout personnel. Voyons-les donc à l'œuvre.

IV

LES PRÉRAPHAELITES

MM. Hunt, Fisk, Hughes.

Se souvient-on encore de l'étrange tableau exposé, en 1855, sous ce titre : *la Lumière du monde ?* C'était le Christ, la nuit, avançant à travers les ténèbres aux pâles lueurs d'une lanterne ; divin Diogène, il allait — fléchissant sous sa glorieuse couronne tressée d'or et d'épines, — il allait frappant de porte en porte, cherchant la demeure du Juste. Conception singulière, d'une subtilité d'invention bien audacieuse, mais nullement choquante cependant, et portant en soi au contraire et avec soi une rare émotion religieuse, un profond sentiment de mélancolie et comme un parfum adouci de cette amère tristesse qui nous prend, qui nous envahit à la lecture de la Passion ! L'œuvre était la plus fidèle application des principes et des doctrines préraphaélites ; le peintre se nommait Holmann Hunt. Nous retrouverons tout à l'heure une œuvre nouvelle de M. Hunt ; je n'ai rappelé son tableau, *la Lumière du monde*, que pour montrer un témoignage déjà ancien de la façon très-particulière dont le préra-

phaëlisme entend la traduction des livres sacrés par le
moyen de l'art. Le fait n'était pas isolé ni spécial à
M. Hunt. La galerie anglaise, au Champ de Mars, nous
montre en effet un tableau de M. Fisk conçu dans le
même esprit ; il représente la *Dernière soirée de Jésus-
Christ à Nazareth*.

Jésus est monté sur la terrasse qui couronne l'humble
maison où s'est écoulée son enfance depuis le retour
d'Égypte. L'heure est arrivée où il lui faut renoncer à la
paisible obscurité du devoir accompli dans la famille,
l'heure de l'action, des épreuves et du sacrifice. Sous la
froide clarté du firmament, face à face avec les étoiles
muettes, le front ceint d'une auréole, il s'entretient avec
lui-même, avec son Père, mesurant de son regard de
Messie la sublime tâche qu'il va entreprendre. L'Homme
en lui lutte contre la volonté du Dieu. Pendant qu'à ses
pieds la vie s'apaise dans le sommeil, le Sauveur souffre
déjà des douleurs prévues du mont des Oliviers.

L'artiste, en cette œuvre, affirme un éloignement égal
à celui de M. Hunt pour les types de convention, désormais
et, je le crois, à jamais passés dans les convenances décoratives que l'usage a adoptées et qu'il impose à nos peintres
de sujets catholiques. Qu'on ne croie pas cependant que
l'impression de piété soit moindre dans l'œuvre des peintres préraphaélites ! on se tromperait ; seulement ils
rejettent systématiquement les formules, admirables de
noblesse, trouvées par le génie de Raphaël ; et ils les
rejettent précisément au nom de la sincérité de leur foi,
uniquement parce qu'elles se décalquent aux murs de nos
églises comme un poncif trop facile, dispensant l'artiste de
tout effort personnel, de tout apport de conviction individuelle. Quoi de plus aisé, par le fait, que de reproduire

décemment et même avec talent des types traditionnels!
Et, au contraire, quelle participation active de toutes les
énergies de la foi, toute innovation vraiment sérieuse en
ce sens ne paraît-elle pas exiger! Mais l'innovation des
préraphaëlites présente un caractère tout particulier. Il
semble qu'il eussent pu chercher une interprétation
rajeunie des figures de l'Ancien et du Nouveau Testament
sans prendre si radicalement le contrepied de l'école
romaine. On se dira qu'ils pouvaient, comme elle, éveiller
le sentiment du divin par la pompe, par la beauté idéale
(et païenne) des types, des lignes, des draperies; sus-
citer l'idée religieuse par le spectacle d'images superbes,
plus voisines du divin par cela seul qu'elles sont plus
vagues, plus générales, plus étrangères à la réalité des
milieux, plus éloignées des particularités du type individuel. Loin de là, — soit dans le symbole, comme
M. Hunt peignant *la Lumière du monde*, soit dans la
représentation des faits considérés comme authentiques,
témoin M. Fisk peignant *la Dernière Soirée de Jésus-
Christ à Nazareth*, — les préraphaëlites ont l'ardente
ambition de rétablir avec la précision de détails la plus
minutieuse la vraisemblance, que dis-je? (la vraisemblance
leur fait horreur) la vérité absolue, la vérité historique
des événements dont ils s'attachent à fixer et la lettre
et l'esprit, — mais l'esprit, surtout par la lettre.

En dépit de l'ardeur surprenante et de la merveilleuse
patience qu'ils mettent au service de leur système, nous
croyons qu'ils s'égarent doublement : comme artistes,
nous l'avons déjà dit et nous y reviendrons; comme
croyants, par la fragilité de ce système qui ne résiste pas
à l'examen. L'échafaudage de documents historiques
qu'ils opposent à la convention, à l'invention même, en

matière d'interprétation religieuse dans l'art, cet assemblage infini de détails précis s'écroule tout entier dès que l'un d'eux, un seul, peut être contesté. Vous voulez représenter les faits tels qu'ils se sont passés et vous invoquez la réalité, la fidélité absolue de cette représentation pour justifier l'ambition qui vous possède, celle d'éveiller dans l'âme du spectateur l'émotion profonde que la vue des faits eux-mêmes y aurait éveillée. Mais il suffit de cette prétention pour faire lever en nous l'esprit d'examen et de contrôle.

M'accusera-t-on d'exagérer l'ambition de l'école préraphaëlite pour me ménager un facile triomphe en cette argumentation ? Lisez donc ces quelques lignes de M. Ruskin, elles sont, je pense, suffisamment affirmatives : « L'art historique et le genre religieux, loin d'être épuisés, n'ont pas seulement commencé à exister... Moïse n'a jamais été peint, Élisée ne l'a jamais été, David non plus, si ce n'est comme un florissant jouvenceau, Déborah jamais, Gédéon jamais, Isaïe jamais. De robustes personnages en cuirasse ou des vieillards à barbe flottante, le lecteur peut s'en rappeler plus d'un qui, dans son catalogue du Louvre ou des *Uffizii*, se donnaient pour des David et des Moïse ; mais s'imagine-t-il que *si ces peintures eussent le moins du monde mis son esprit en présence de ces hommes et de leurs actes*, il aurait pu ensuite, comme il l'a fait, sans aucune impression de peine ou de surprise, passer au tableau voisin, probablement à une Diane flanquée de son Actéon ou à l'Amour en compagnie des Grâces, ou à quelque querelle de jeu dans un tripot (1). » Je ne veux point relever ce

(1) Voir l'*Esthétique anglaise*, par M. Milsand ; 1 vol., chez Germer Baillière.

qu'il y a dans ce paragraphe de violent parti-pris contre le
passé; on aura remarqué et fait justice à la lecture de
ces paroles de mépris enfantin contre nos maîtres les plus
chers, Michel-Ange entre autres; il est nécessaire de
faire la part des emportements d'une conviction qui doit
peut-être son plus grand mérite à la passion, j'ai presque
dit au fanatisme de M. Ruskin. Et puis, en nos jours
d'immobilité, je me sens indulgent pour cette passion, je
l'estime même en ses transports, en ses erreurs, en ses
heures d'aveuglement. Ce qui nous importait, d'ailleurs,
c'était de souligner la pensée capitale, doctrinale, en ce
fragment.

Dûment avertis que le préraphaëlite doit mettre sous
nos yeux la réalité même du fait ou du personnage qu'il
entreprend de nous montrer, nous voulons, avant de
nous laisser aller à l'émotion, vérifier l'exactitude parfaite
de son interprétation. Nous admettons, par exemple, que
M. Fisk ait retrouvé la maison de Jésus à Nazareth; qu'il
soit monté, lui aussi, sur la terrasse; qu'il ait relevé
très-fidèlement le paysage que le Messie avait sous les
yeux cette nuit-là. Mais nos exigences (et toute exigence
alors devient légitime) ne sont pas si aisément satisfaites.
Sur quel document s'appuie la réalité du motif représenté? Quel temps faisait-il pendant la dernière nuit que
Jésus passa à Nazareth? Cette longue veille, agitée de si
cruelles perplexités, nous la concevons; mais où le Christ
l'a-t-il passée? sur la terrasse ou au dedans? Était-il
vraiment vêtu de cette robe à rayures bleues et rouges
d'un ton si désagréable? Je me pose ces différentes questions, j'analyse mes doutes et l'émotion s'en est allée.
L'artiste a donc manqué son but en accumulant devant
lui d'insurmontables difficultés, en se proposant comme

objet la vérité historique absolue, vérité qui, à ce point
de vue étroit, échappe à tout homme, à tout art, même
aux plus grands génies, et qui d'ailleurs donne trop
évidemment matière à contestation.

On a raconté une anecdote qui juge définitivement la
peinture religieuse dans l'école préraphaëlite. « Il y a
trois ou quatre ans, rapporte M. Milsand dans son excellent travail sur l'*Esthétique anglaise,* Londres entier
était mis en émoi par un tableau où l'un des chefs de
l'école, M. Hunt, avait représenté le *Christ enfant ensei-
gnant les Docteurs.* Pour égaler les peines que l'auteur
s'était données, l'enthousiasme, il est vrai, n'aurait jamais pu être assez grand. M. Hunt avait fait un long
séjour en Judée, afin d'y étudier le caractère des lieux ;
il avait consacré cinq années à des lectures, des recherches d'érudition, des études de tout genre, en vue de
satisfaire les antiquaires, les théologiens, les physiogno-
monistes, en vue de faire dire à ceux qui se seraient
adonnés à la science des chaussures d'Israël que ses
chaussures étaient irréprochables. Mais, hélas! il est
difficile de contenter tout le monde et son valet. Après
avoir examiné le tableau, une dame juive dit gravement :
« Cela est fort beau ; seulement, on voit que l'auteur ne
connaissait pas le trait distinctif de la race de Juda ; il a
donné à ses docteurs les pieds plats, qui sont de la tribu
de Ruben, tandis que les hommes de Juda avaient le
coude-pied fortement cambré. »

Après un pareil trait, il y aurait cruauté de notre part
à insister sur l'erreur des préraphaëlites au point de vue
religieux. Passons donc. D'ailleurs le tableau de M. Hunt
exposé au Champ de Mars appelle notre attention et va
nous révéler plus complétement encore l'esthétique de

l'école dont M. Ruskin est le chef et M. Hólmann Hunt le
plus illustre et le plus pur représentant. (Le prénom que
j'ajoute ici au nom de l'artiste n'est pas inutile à connaître, car il y a trois ou quatre peintres de ce nom en
Angleterre.) M. Hunt, le peintre de la *Lumière du
Monde* et du *Jésus au milieu des Docteurs*, nous a envoyé un tableau catalogué sous ce titre : *Après le coucher du soleil en Égypte*. L'œuvre est de prix, à en juger
par la place d'honneur qu'elle occupe dans la galerie anglaise, et par les soins (excessifs peut-être) dont elle est
entourée. Isolé en face d'une des portes d'entrée sur un
chevalet de velours grenat, le tableau, selon l'usage
adopté en Angleterre pour les peintures de maître, est
recouvert d'une glace dont le moindre inconvénient est
d'empêcher qu'on ne le voie aisément. Ce qui ajoute encore à l'inconvénient d'un pareil mode de préservation,
c'est que si par accident la glace venait à se briser, la
toile courrait grand risque d'être lacérée. Le posses-
seur de ce tableau l'a voulu ainsi, et c'est chez nos voisins la plus grande marque qu'un amateur puisse donner
de son estime pour une peinture.

Au moment de parler de M. Hunt, je m'applique à
éloigner le mot « étrange » qui reviendrait trop souvent
dans cette étude sur les peintres préraphaélites, et cependant, c'est le premier mot par lequel se formule l'impression que nous cause la vue d'une œuvre exécutée d'a-
près les doctrines de l'école. — *Après le coucher du
soleil en Égypte!* Qu'imaginer sur cette indication? Un
vaste paysages à lignes orientales baigné dans l'ombre
tiède du crépuscule ; un ciel pâle, coloré de feu aux
limites profondes où la terre disparaît à nos yeux dans
sa courbure énorme?

Il n'y a rien de cela dans l'œuvre de M. Hunt. Le motif de son tableau est une figure de femme, quelque fille patricienne, quelque femme de Pharaon. Amplement vêtue d'une étoffe somptueuse et sévère, qui l'enveloppe des chevilles aux épaules dans ses plis noirs à revers d'un bleu intense, elle se tient debout, dans l'attitude rigide d'une caryatide de bronze au bord du fleuve sacré. De larges anneaux sont pris dans ses oreilles; des colliers de bulles d'or et de corail descendent sur sa poitrine. Est-ce une fille du Nil? N'est-ce pas plutôt la déesse des moissons, la Cérès égyptienne? D'une main elle soutient une gerbe d'épis posée sur sa tête brune; de l'autre, une amphore de terre cuite dont l'engobe vernissé d'un vert pâle, dur et luisant, contraste avec le teint mat de son visage, jeune et sévère. De tous les points de l'étendue des vols de pigeons familiers se sont abattus confiants autour d'elle. Empressés à recueillir la dîme qui leur est libéralement concédée, ils relèvent entre les pinces d'acier de leur bec rose les grains tombés sur le sol à ses pieds; ils fouillent la gerbe, y plongent leur tête délicate, tandis que ceux qui sont gorgés, repus, relèvent leur collerette de plumes frissonnantes et s'en font une auréole. Au delà coule le flot silencieux; il glisse paisible, sans murmure et sans remous sous son tapis de lotus aux larges feuilles. Au loin, les plaines chargées de moissons se succèdent à l'infini, jusqu'au pied des montagnes empourprées des dernières lueurs du couchant. — C'est l'image de l'opulence et de la sérénité de la nature livrée à elle-même.

Est-ce bien cela? N'est-ce pas tout autre chose? Ces préraphaëlites s'engagent en de telles subtilités, qu'on n'ose vraiment rien affirmer. Au moins devraient-ils, eux si littéraires, nous aider un peu plus à les comprendre, ne fût-ce que par le livret.

Elle m'inquiète pourtant, cette morne figure, et je voudrais bien déchiffrer l'énigme du sphinx. Proposerai-je une interprétation nouvelle? Je ne la vois plus ni fille ou femme de roi, ni déesse; j'y surprends l'image même de l'Égypte moderne. En ces yeux sans étincelle, noirs et froids, impénétrables à la lumière comme un charbon éteint, en cette immobilité fatidique comme en ces somptuosités d'esclave ou de courtisane, je cherche le symbole de l'Égypte découronnée des grandeurs de son antique civilisation, déchue de sa royauté intellectuelle, réduite aux seules fécondités que le limon du Nil, que l'éternelle nature impose à son climat fertile. Elle, pourquoi tourne-t-elle le dos au fleuve, sinon pour ne pas voir les ruines gigantesques de sa puissance d'autrefois, abattues, gisantes sur la rive? Sous le poids des lourds épis elle reste ferme cependant, ferme et sombre comme le granit, et comme lui sans vie; elle n'a que la vie végétative, la vie animale, et tout au fond une étincelle, une lueur, un souvenir.

L'imagination aidant, on trouvera d'autres solutions à ce rébus; je laisse ce soin au spectateur patient. Et voilà où éclate l'erreur manifeste de cette peinture symbolique, idéologique : elle a le léger tort d'être indéchiffrable, ou alors, ce qui revient au même, de se prêter à autant d'interprétations contradictoires qu'il se présente d'interprètes.

Mais on est vraiment émerveillé, en étudiant l'œuvre de M. Hunt, de la prodigieuse minutie apportée à son exécution. Chaque brindille de fleur ou d'épi, chaque plume et chaque brin de plume tombée de l'aile des ramiers, chacune des écailles de leurs pattes onglées,

chaque méplat du visage de la femme, les détails minuscules, les plus infimes parties de la composition, tout cela
est étudié avec une recherche, avec un soin, avec une
patience qui défierait les plus ténues, les plus subtiles imaginations de Lilliput. Nous y voyons l'application la plus
admirable — ou la plus folle — des principes de M. Ruskin.
Je l'ai déjà dit : c'est l'analyse poussée jusqu'au vertige.

Cette poursuite du détail, qui nous paraît insensée,
n'allez pas croire qu'elle ne s'appuie que sur la fantaisie
d'un chef d'école ou sur l'habileté singulière d'un artiste. C'est de bien autre chose qu'il s'agit. Il y a là plus
et mieux qu'une question de caprice ou de métier, je
veux dire : une conception philosophique très-arrêtée. Et
vraiment, en présence de ces convictions si fermes, d'une
si haute élévation morale, il nous faut réprimer nos sourires et écouter le maître.

Son esthétique est dominée par deux sentiments : la
haine des conventions, des apparences, des faux sem-
blants et l'amour passionné, exalté du vrai. L'artiste, à
ses yeux, n'est pas, ne doit pas être un charmeur (idée
latine), mais un homme mieux doué que les autres, un
voyant qui leur montre sa propre vision des forces naturelles, vision supérieure dont il a le privilége avec mission d'en faire profiter l'humanité. « Avoir de la main et
peindre de l'herbe ou des ronces avec assez de vraisemblance pour satisfaire l'œil, c'est là un talent qu'une ou
deux années d'apprentissage donneraient au premier
venu. Mais surprendre dans l'herbe ou dans les ronces
ces mystères d'invention et de combinaison par lesquels
la nature parle à l'esprit; retracer la fine cassure et la
courbe descendante et l'ombre ondulée du sol, qui s'é-
boule avec une légèreté, avec une finesse de doigté qui

égalent le tact de la pluie ; découvrir jusque dans les minuties en apparence les plus insignifiantes et les plus mé-
prisables l'opération incessante de la puissance divine qui
embellit et glorifie ; proclamer enfin toutes ces choses
pour les enseigner à ceux qui ne regardent pas et ne
pensent pas : voilà ce qui est vraiment le privilége et la
vocation spéciale de l'esprit supérieur ; voilà, par conséquent, le devoir particulier qui lui est assigné par la
Providence (1). » Que nous sommes loin des esthétiques
connues et accréditées ! Je n'entreprends pas de justifier
celle-là qui s'égare hors du domaine des arts ; mais combien elle est touchante ! Quel mélange extraordinaire
d'idéalisme et de réalisme ! car ils sont follement épris de
réalité, ces préraphaëlites, et avec quelle hauteur de vues !

L'histoire de notre art français ne compte guère que
deux hommes, presque deux contemporains, morts tous
deux à la peine, qui aient eu quelque parenté d'esprit
avec les préraphaëlites, et le phénomène se produisait en
eux d'une manière bien inconsciente. L'un est de La
Berge qui, à ce que rapporte la chronique, entre autres
faits de même sorte, fit une étude préparatoire de toutes
les tuiles d'un toit de maison destiné à occuper une
place dans une de ses compositions. L'autre est ce pauvre
Léon Bonvin (qui mettait un terme si cruel à sa vie il y a
deux ans) ; il a laissé des aquarelles bien précieuses où
s'épanouissent toutes les fleurettes des champs, des
fouillis de broussailles, des touffes d'herbes dans la terre
brune ; motifs uniques, d'une naïveté bien personnelle,

---

(1) Toutes les citations de Ruskin sont empruntées à la traduction
de M. Milsand, qui est mieux qu'une traduction, qui est un commentaire de l'esthétique anglaise et l'exposition d'une esthétique bien
personnelle à l'auteur et pleine de vues originales.

bien sincère, et rendus avec une simplicité qui égale et
dépasse en ses résultats les habiletés les plus hautaines.
Un maître du paysage moderne, après avoir autrefois
jeté, prodigué en ses œuvres les fougues admirables, les
emportements et les passions de la jeunesse, Théodore
Rousseau, en ses dernières années, plus calme, plus profond, semblait en arriver à son tour à quelque chose
d'analogue au préraphaëlisme. Ses anciens admirateurs
et surtout les partisans de l'immobilité de formules, ceux
qui redoutent toute audace, tout renouvellement, ceux-là
restaient bien déconcertés en face des dernières productions de Rousseau. Nous signalons le rapprochement aux
curieux sans y insister aujourd'hui.

Revenant aux peintures de l'école préraphaëlite et
notamment à celles de M. Hunt, je ne veux plus discuter
le principe qui les a inspirées ; j'admets pour un moment
qu'il soit juste et (ce que je ne crois point) que les moyens
de l'art permettent de l'appliquer sans contredire à ces
moyens mêmes ; je veux bien qu'il n'excède pas les
limites de la peinture ; je reconnais, s'il le faut, que
l'artiste est libre de nous émouvoir aussi bien par
l'image exacte et minutieuse que par les grands aspects
de la réalité ; l'important, j'y souscris volontiers, est que
l'œuvre d'art éveille en nous cette émotion du vrai.
Mais le malheur, et je formule ici mon objection capitale
contre les prétentions réformatrices des préraphaëlites,
c'est qu'ils ont beau faire, ils demeurent, en sens inverse, aussi impuissants, aussi insuffisants que nos peintres à rendre la réalité tout entière.

Il se peut que, par l'infinité du détail, ils réunissent
tous les éléments du réel, *disjecti membra poetæ* ; mais
il manque toujours à leur reproduction, pour être vrai-

ment fidèle, l'aspect même du réel : ils n'atteignent jamais à la réalité d'ensemble. Nous sacrifions le détail à l'ensemble, nous; eux, l'ensemble au détail. Quel parti vaut le mieux? et qui décidera? Ainsi je vois cette figure de l'*Égypte*, il est impossible de pousser plus loin la patience de l'exécution; tout y est reproduit jusqu'à l'illusion; mais la chose essentielle y fait absolument défaut, je veux dire la vie. Je passerais par-dessus les associations de couleurs froides, aigres, désagréables; mais tout cela est plat et dur. Est-ce la réalité qu'un paysage sans air, qu'un corps sans modelé? Qu'importe qu'on puisse compter toutes les molécules dont ce corps est formé, s'il ne nous révèle pas, de lui-même, sa nature, et dès le premier abord, par l'ensemble !

Le botaniste qui étale dans son herbier les parties desséchées d'une fleur, étamines, pistil, corolle, a beau nous faire toucher du doigt la structure de cette fleur, il ne nous en donne qu'une idée bien incomplète, bien imparfaite. Il faut donc décider si le rôle de l'artiste consiste à nous montrer l'anatomie de la vie, c'est-à-dire la mort, ou bien l'aspect de la vie. La question ainsi posée, il n'y a plus d'hésitation possible, il faut se prononcer contre les préraphaëlites.

Et c'est bien ainsi que la question se pose, sinon à l'examen des théories, assurément à l'examen des œuvres; nous l'avons vu dans le tableau religieux de M. Fisk, nous l'avons vu dans le tableau symbolique de M. Hunt, nous le voyons encore dans le tableau d'intimité de M. Hughes : *Après une journée de travail.* Le motif a de la grâce, une certaine poésie d'intention. Le père, un ouvrier robuste, est remonté des sombres profondeurs de la mine; arrivé au seuil de la petite maison où l'at-

tendent le repos et les pures joies du foyer, il a jeté précipitamment ses outils et se penche vers l'enfant tout
blond et tout blanc qui tend vers lui ses petits bras; la
sœur aînée, un peu plus grande, déjà raisonnable, sait
bien que le premier élan de tendresse va toujours au plus
faible et que sa part de caresses ne lui manquera pas non
plus. Le contraste des formes délicates, des teints rosés,
des chevelures bouclées, des vêtements blancs particuliers
à l'enfance avec la rude enveloppe du mineur est présenté
par l'artiste d'une façon touchante; il y a mis de la sensibilité et non de la sensiblerie. L'œuvre est saine et
forte de conception. L'exécution offre les mêmes prodi-
gieuses finesses de détails et la même absence de vie que
nous avons remarquées dans l'œuvre de M. Hunt : celle-
ci dans la gamme claire, celle de M. Hughes dans les tons
sombres et sévères. Ainsi on ne peut, sans l'avoir vu, se
faire une idée du soin méticuleux que M. Hughes a mis à
tresser chaque maille du cabas plein d'outils, à ciseler
chaque facette de chaque pierre, à détailler les mousses
des végétations, à modeler les petits morceaux de bois
mort épars çà et là sur le sol, à façonner les briques du
cottage, à insérer toutes les nervures dans le parenchyme
des feuilles qui grimpent à travers les haies de l'étroit
jardin, à tramer côte par côte le tissu de velours grossier
dont le mineur est revêtu... L'artiste s'est asservi étroitement aux recommandations de l'école : « Chaque
herbe, dit M. Ruskin, chaque fleur des champs a sa
beauté distincte et parfaite; elle a son habitat, son expression, son office particulier, et l'art le plus élevé est
celui qui saisit ce caractère spécifique, qui le développe
et qui l'illustre, qui lui donne sa place appropriée dans
l'ensemble du paysage et par-là rehausse et rend plus in-

tense la grande impression que le tableau est destiné à produire. » Théorie parfaite si l'application n'en détruisait toute la portée.

En effet, en voulant déterminer et préciser le caractère spécifique de chaque objet on lui accorde nécessairement une place trop importante relativement à la figure humaine, cette place n'est donc plus « appropriée à l'ensemble » : ceci pour l'effet d'optique intellectuelle. Quant à l'optique pittoresque, il est démontré par les œuvres que l'assimilation et la précision du détail, loin de « rehausser la grande impression du tableau » lui enlèvent, au contraire, toute grandeur d'aspect. Il ne reste, à vrai dire, et par une lente pénétration dans l'âme du spectateur, qu'une intensité d'impression très-réelle; ces peintures, une fois vues, étudiées et comprises, se gravent à jamais dans la mémoire. M. Ruskin attribue des vertus pittoresques qu'elle n'a pas à la vérité de détail, étudiée avec une exactitude rigoureusement scientifique (car c'est ainsi qu'il l'entend); il me paraît en contradiction formelle avec l'évidence révélée par les faits lorsqu'il affirme que cette vérité de détail est suffisante et nécessaire pour obtenir « ce caractère simple, sérieux et harmonieux qui distingue l'effet d'ensemble des sites naturels. » J'y insiste à mon grand regret, mais c'est précisément le contraire qui se produit dans les peintures des préraphaëlites.

Nous n'avançons que pas à pas dans cette étude. Le lecteur impatient me pardonnera d'avoir adopté une marche si lente, s'il réfléchit que l'occasion revient trop rarement d'analyser une manifestation d'art complétement différente de la nôtre pour que nous ne nous fassions pas un devoir d'en profiter largement.

LES PRÉRAPHAÉLITES.

M. Paton.

L'école préraphaélite ne s'est pas tout entière asservie à la minutie de procédés dont les peintures de MM. Holmann Hunt, Fisk et Hughes, analysées dans les précédents chapitres, nous ont montré de si curieux témoignages. Il s'est formé plusieurs camps dans le cénacle, ou plutôt il s'y est révélé bien légitimement des intelligences et des personnalités fort distinctes.

Tous les tenants du préraphaélisme étaient d'accord sur un point essentiel, fondamental, centre et pivot de la réaction qu'ils voulaient accomplir. Considérant comme des plus funestes la direction que l'art avait subie depuis le seizième siècle, ils supprimaient trois siècles et plus d'acquisitions esthétiques. Ils reprenaient le courant à l'endroit où l'avaient amené et laissé les prédécesseurs de Raphaël; juste au-dessus du coude où, à leur sens, on l'avait faussé; à la minute précise où, sous la pression d'un homme de génie, mais au génie corrupteur, l'art avait commencé de s'égarer dans l'artifice et « le beau mensonge. »

Revenus à ce point de départ adopté en commun, ils poursuivirent l'accomplissement effectif de la réforme, le retour au vrai, chacun agissant pour son propre compte et par des moyens souvent très-opposés en raison de l'opposition des tempéraments.

Les uns s'attachèrent systématiquement à la glorification du vrai, soit dans l'histoire, soit dans la nature, par l'affirmation méritante, vaillante, mais étroite des infiniment petits dont l'agglomération compose toute réalité matérielle. Nous avons vu les qualités et les défauts de ce système. Étudions maintenant, en d'autres manifestations, le développement du principe de réforme posé et accepté par le groupe entier des préraphaélites.

Le lecteur voudra-t-il, en cette étude, m'aider des souvenirs que lui aura laissés la galerie anglaise au palais de l'avenue Montaigne en 1855? Nos voisins, en effet, n'ont pas pris l'habitude d'envoyer leurs peintures à nos Salons annuels comme le font en grand nombre les autres artistes étrangers; les éléments, les documents d'après lesquels notre opinion peut se former, sont donc précieux pour nous autant que rares, et nous aurions tort d'en négliger un seul. Il est, à ce titre, intéressant de nous reporter souvent à l'Exposition de 1855; il le faut de toute nécessité pour apprécier les efforts d'un de des préraphaélites, de celui qui, à cette époque, se partagea le succès avec M. Hunt et un troisième, M. Millais, dont nous parlerons aussi.

Sans doute, on aura gardé mémoire du nom et du tableau de M. Paton. Il avait emprunté son motif au *Songe d'une nuit d'été* et avait tenté de reproduire le cadre féerique de la *Dispute d'Obéron et de Titania.*

Cet amour infini du détail et de l'accident que ses frères préraphaëlites apportent à l'interprétation de la réalité matérielle, M. Paton l'avait apporté, en cette œuvre, à l'interprétation de l'admirable fantaisie du poëte. Il avait appliqué aux formes surnaturelles conçues par l'imagination de Shakspeare la subtilité de pratique, l'ardente volonté de traduction que les premiers appliquent au monde des formes naturelles. Le peintre avait lutté de caprice et de malice, d'invention et de variété, de grâce et d'esprit avec son modèle.

Ne disons rien des côtés faibles de l'exécution (des aigreurs de ton, des altérations de types), ne gardons que la fleur de l'impression, de la séduction que nous causait alors cette page élégante. Ce que nous avons à constater, c'est qu'elle se rattachait aux inclinations de l'école vers la littérature et la poésie bien plutôt qu'à ses préceptes d'austère réalité. M. Paton qui, en ce sens, s'était un instant égaré, paraît revenu aujourd'hui à la doctrine fondamentale du préraphaëlisme, au principe de la réalité absolue.

Non qu'il ait adopté dans toute sa rigueur la formule des préraphaëlites : « Il faut être vrai ou succomber à la peine, » car cette formule ne peut s'entendre que de la vérité d'analyse touchant les phénomènes et les réalités extérieures. Mais il est sorti des fantaisies de pure imagination et il emprunte désormais les motifs de ses compositions au monde et à la vie modernes. Tels sont ses deux tableaux du Champ de Mars intitulés : *In Memoriam* et *De retour de Crimée.*

Dans le *Retour*, je ne vois que petit drame et petite peinture : un soldat rentrant au foyer, s'affaissant sur une chaise et mourant de ses blessures entre sa mère et sa fiancée qui ne l'auront revu que pour l'embrasser une dernière fois. Je n'y insiste pas, bien que le mouvement de la douleur soit en cette composition bien compris et bien rendu. Pour nous, cela rappelle trop la peinture sentimentale de notre Tassaërt : une mansarde, une mère au lit de mort, une belle fille pauvre mais honnête ; moyens d'émotion trop faciles et devant lesquels le public reste trop volontiers étranger à l'émotion de l'art. Je préfère, et de beaucoup, l'autre tableau, exécuté en mémoire d'un de ces sanglants épisodes que la révolte des Cipayes a si cruellement multipliés dans l'Inde anglaise.

Poursuivies de rue en rue, fuyant le massacre, de vieilles femmes, des jeunes filles, des mères avec leurs petits enfants, surprises dans leur vie de somptueuse élégance, affolées de terreur, se sont élancées en aveugles et réfugiées entre les quatre murs dévastés d'une masure croulante. La porte, qui les eût dérobées au regard des assassins est déjà enfoncée; la fenêtre n'a pas de fermeture. D'une seconde à l'autre, les rebelles peuvent les surprendre, leur faire subir les plus affreux supplices, les outrages les plus odieux, la mort et pis que la mort. Tous ces pauvres êtres sans défense, tremblants, se tiennent étroitement enlacés, les cheveux épars, les yeux fixes, l'oreille tendue, haletants de leur fuite, frémissants au moindre bruit de pas plus prochains. Ils ont au cœur et au visage l'angoisse du dernier moment.

Ici le drame est réel, profond, poignant; il ne pleurniche pas comme dans le *Retour*. Et puis, si le moyen d'émotion n'est pas beaucoup plus légitime, au moins la peinture en soi est-elle traitée d'une façon supérieure,

supérieure même, à certain point de vue, à l'exécution du tableau d'*Obéron et Titania*.

Entendons-nous cependant sur le caractère de cette supériorité. En changeant de motifs, M. Paton a également changé de facture. Il s'est rapproché plus qu'aucun de ses frères de la simplicité des primitifs; il a même emprunté à ceux-ci quelque chose de leur coloration sobre et point du tout inharmonieuse, des accents aussi, des mouvements de lignes, certains contours, en un mot les formes de leur art.

Selon le goût et l'éducation esthétique de notre pays, *In Memoriam* paraîtra donc une œuvre moins contestable que celles des autres préraphaélites; et pourtant, oserai-je le dire? moins étrange, moins choquante, je la trouve aussi moins méritante. L'effort personnel y est bien moindre; ce n'est plus cette passion de sincérité qui nous attache même aux défauts de M. Holmann Hunt. Je crains de ne voir en cette peinture qu'un pastiche des primitifs déguisé sous une apparence toute moderne, une imitation de leurs formes plutôt qu'un résultat des mêmes principes et de la même méthode. En France, beaucoup d'artistes sont arrivés à la réputation, à la gloire, en procédant d'une manière analogue. Mais on professe chez nous le mépris de l'idéal individuel, on affirme que les limites de l'art ont été posées par les maîtres antérieurs et que ce qu'il y a de mieux à faire c'est de les imiter. On malmène même assez rudement ceux qui ne partagent pas tout à fait cette opinion, qui ne soutiennent pas ces théories d'immobilité. Nos artistes sont donc dans la logique des doctrines accréditées lorsqu'ils se placent à la remorque d'un maître de leur choix. Mais de la part d'un préraphaélite, d'un réformateur, dans le

sens de vérité et de sincérité que nous connaissons, il y
a méprise et contradiction évidente : c'est retomber dans
le savoir-faire anathématisé par l'École. Je le répète, en
abandonnant l'esprit pour la forme familière aux primitifs, M. Paton a pu achever un tableau qui offre moins de
prise à la discussion ; sa tentative cependant me semble
inférieure et moins digne d'estime : il a fait œuvre de
serf.

Il nous faut aussi constater et signaler une autre erreur assez grave, non plus dans l'exécution, mais dans
la composition du tableau de M. Paton. J'ai indiqué l'é-
pisode qu'il a mis en scène ; j'ai montré ce groupe de
femmes anglaises éperdues, sur le point d'êtres livrées
à la vengeances des rebelles ; j'ai dit que les issues de
leur asile étaient ouvertes à tous les regards ; mais je n'ai
pas ajouté que par l'embrasure de la porte et de la fenêtre on voit arriver une troupe d'hommes en armes. Le
sens dramatique le plus élémentaire exige, n'est-ce pas ?
que la présence de ces hommes ajoute à l'émotion. « Les
Cipayes ! » tel est le cri qui doit s'échapper de toutes
ces poitrines. Eh bien, M. Paton ne l'a point compris
ainsi ; il a voulu ménager les nerfs de ses belles et sensibles compatriotes ; il a fait intervenir, au lieu de cipayes, l'uniforme rouge des soldats anglais ; heureux dénoûment, soit ; mais dénoûment vulgaire et plat. Toute
cette terreur n'est plus qu'un quiproquo. L'œuvre en est
amoindrie, rapetissée, réduite aux mesquines proportions d'un cinquième acte du vieux Cirque olympique.

En deux jours de travail, M. Paton peut rendre à sa
composition toute la valeur tragique que ces figures d'ar-
rière-plan lui enlèvent ; nous osons l'engager vivement à
revoir son œuvre en ce sens. S'il s'est écarté de la sèche

et pointilleuse analyse des autres préraphaélites; si, par
là, il s'est rapproché de nous, qu'il achève donc de nous
gagner par une plus large et plus ferme entente de l'intérêt dramatique.

LES PRÉRAPHAELITES

M. Millais.

Le représentant le plus illustre du préraphaëlisme, M. Rossetti, n'a jamais rien envoyé aux expositions françaises; il n'a même que rarement et à de longs intervalles exposé en Angleterre. Après M. Rossetti, se tenaient au même rang deux peintres déjà connus en France : M. Hunt, resté rigoureusement fidèle aux doctrines de la petite Église; nous avons étudié sa curieuse figure de l'*Égypte;* le second était M. Millais, qui avait mis au palais de l'avenue Montaigne, en 1855, trois tableaux importants et remarqués à juste titre : l'*Ordre d'élargissement,* le *Retour de la Colombe à l'arche,* et la *Mort d'Ophélia.* Personne, parmi ceux qui les ont vus, n'a pu oublier le singulier mélange d'irritation et de fascination que nous causaient alors l'étrangeté de sentiment et l'excentricité de facture de ces trois toiles.

Douze années ont passé depuis, et M. Millais nous revient bien changé. Il semble qu'il ait perdu la foi au préraphaëlisme; on est tenté de croire qu'il traverse une crise douloureuse; que le doute, après l'avoir éloigné de ses premières convictions, le mène aujourd'hui à l'aveugle et lui impose les tentatives les plus contradictoires.

Il exposait trois nouveaux tableaux en 1867 : la *Veille de sainte Agnès*, *Satan semant l'ivraie*, et les *Romains quittant la Grande-Bretagne*. A moins d'être averti, on ne peut s'imaginer qu'ils soient tous trois de la même main. Ils n'ont de commun qu'une égale recherche poétique, dont le but est fort inégalement atteint.

Dans un repli des hautes falaises qui dominent l'Océan, un soldat romain, déjà revêtu de ses armes, étreint d'un geste passionné une fille de la côte, au type sévère, aux yeux profonds chargés d'une fière douleur, aux longs cheveux dénoués, flottant au vent de la mer. A leurs pieds, du fond de l'abîme, s'élèvent les derniers appels des trompettes romaines; sur les flots les trirèmes gonflent leurs voiles; c'est le moment du dernier, de l'éternel adieu. Le groupe du soldat et de la pâle Bretonne a un beau caractère; il est vivant, saisissant par son énergie d'expression et de passion; mais, au point de vue pittoresque, l'œuvre est d'une faiblesse absolue : ciel, mer, terrains, tout y est délayé dans un procédé fade et sommaire, fort éloigné de ce culte religieux de la nature que nous révélait, en 1855, le paysage de la *Mort d'Ophélia*.

Le tableau du *Semeur d'ivraie* trahit les mêmes négligences d'exécution. L'effet dramatique seul y est cherché. — Par la nuit, sous le ciel bas et sombre, coupé de nuées livides qui se reflètent avec des lueurs de soufre dans les eaux lourdes d'un fleuve, « l'ennemi, » sinistre en sa pourpre, s'avance à pas obliques, semant à pleines mains l'ivraie sur le sol déjà ensemencé de froment. Les reptiles visqueux sortent de terre à son approche, les loups jettent sur son passage l'éclair froid de leurs yeux; toutes les bêtes immondes lui font cortége. La figure principale est soigneusement étudiée, mais le décor est compris dans le sens puéril des diableries d'opéra.

L'œuvre supérieure, celle où se retrouvent quelques-unes des qualités originales qui nous avaient jadis attaché à M. Millais, est tirée d'un poëme de John Keats, la *Veille de sainte Agnès*, et porte le même titre. Le peintre s'est attaché à traduire mot à mot les stances où le poëte avait mis en action une bien ancienne légende.

L'héroïne de Keats s'appelle Madeleine. Elle avait entendu raconter que les jeunes filles peuvent, à minuit, la veille de sainte Agnès, recevoir les tendres adorations de leurs fiancés inconnus, si elles prennent soin d'accomplir certaines pratiques nécessaires; si elles se couchent à jeun, dans toute leur pureté, sans regarder autour d'elles et en priant le ciel d'exaucer leurs vœux. Madeleine, le cœur plein des pensées d'amour qui l'avaient occupée en un long jour d'hiver, la pensive Madeleine quitte tout à coup la salle où étaient réunis de joyeux convives; sous le charme de sainte Agnès, elle monte précipitamment à sa chambre, s'éclairant à la flamme d'une veilleuse d'argent qui s'éteint dans la rapidité de la course. Elle entre, s'agenouille, dit ses prières du soir et, se relevant, défait ses bijoux un à un, dénoue ses cheveux, desserre peu à peu sa robe qui glisse jusqu'à ses genoux. Le clair de lune d'hiver brillait par une haute fenêtre, il éclairait les blasons des aïeux et quelques images de saints; il jetait des lames de lumières sur le beau sein de Madeleine, une teinte rosée sur ses mains jointes et comme une auréole de sainte sur sa longue chevelure; avec ses vêtements à demi-défaits, elle était semblable à une sirène en partie cachée par les algues marines... Immobile, songeuse, elle voit dans l'ombre du lit la bonne sainte Agnès; elle reste fixe, n'osant détourner la tête de peur que la chère vision ne s'évanouisse...

La condamnation de l'œuvre de M. Millais résulte de la nécessité où nous avons été, pour la faire comprendre, d'analyser les fragments du poëme dont l'artiste s'est inspiré. En effet, la plupart des visiteurs qui ignoraient le sujet de ce tableau souriaient comme d'une chose vulgaire de cette femme qui se déshabille au clair de lune. Il ne suffit même pas de connaître la légende, il faut connaître aussi les termes précis dont s'est servi le poëte pour apprécier l'effort minutieux du peintre; on ne s'explique point sans cela tel ou tel détail patiemment cherché par l'artiste et, à ses yeux, sans aucun doute, fort important : cette nuance de rose, par exemple, qui glisse sur les mains de Madeleine. L'effet pittoresque est juste et piquant, l'impression vraiment poétique, mais le sujet évidemment anecdotique et spécial à l'excès.

M. Millais est un artiste trop bien doué pour flotter longtemps comme il le fait en ce moment entre ses convictions d'autrefois et la voie nouvelle qu'il cherche sans l'avoir encore trouvée. Il semble avoir perdu cet amour de la nature qui fit la force des préraphaélites, et je ne vois point que ses préoccupations de drame et de poésie l'aient jusqu'à ce jour aussi bien inspiré qu'il le fut autrefois. Dans le *Départ des Romains*, dans le *Semeur d'i-*

vraie, la main est faible ; elle ne reprend quelque vigueur que dans la *Veille de sainte Agnès*. Cet artiste, dont la personnalité était si intéressante, court risque, s'il ne prend vite un parti, de tomber dans les nullités de l'ancienne école historique qui a laissé de si mauvaises peintures dans les galeries anglaises. Le sentiment poétique, les aspirations élevées sont loin de suffire dans les manifestations de cet ordre. Négliger à ce point les qualités d'exécution, la vérité d'observation, c'est faire descendre l'œuvre d'art au niveau bien humble d'un coloriage tout à fait insuffisant.

VII

LE PAYSAGE PRÉRAPHAELITE

MM. Hook, Linnell, Vicat Cole, Lewis, Façon Watson.

M. Hook n'est point seulement un paysagiste, il accorde une grande importance aux figures; elles occupent la première place dans ses tableaux. Bien qu'elles soient toujours d'une invention originale, certaines inexpériences de dessin, certaines lourdeurs d'exécution dans les personnages me font préférer en lui le paysagiste au peintre de genre; c'est pourquoi nous le rattachons au groupe qui va nous occuper.

La mer et la vie des côtes, tel est le thème que M. Hook excelle à varier, celui qu'il a traité avec une supériorité incontestable dans les trois tableaux exposés au Champ de Mars : *Pêcheurs, Du fond de la mer* et *Gamins de la mer.*

Ses pêcheurs, au teint bruni par le hâle et chaud comme une peinture de Titien, sont à l'avant d'une barque qui s'ouvre dans le flot un chemin rapide vers la terre. Ils ont relevé les lourds filets tendus pendant la nuit et les vident maintenant, au moment de débarquer ; leur pêche ruisselante d'eau, de lumière et de couleur, s'entasse vivante sur le pont qui forme le premier plan du tableau.

Le second motif choisi par M. Hook est plus original. Un pan de falaise colossale coupe la composition en hauteur, rejetant au loin les perspectives infinies de l'étendue verte sillonnée de voiles blanches. Par un chemin en pente rapide, dont les rails s'enfoncent dans la nuit d'un tunnel sous-marin, un étroit waggon a remonté « du fond de la mer, » trois mineurs vêtus de toile à voile et coiffés de vastes chapeaux où fume encore un bout de chandelle fiché en pleine forme. La femme et l'enfant de l'un de ces hommes le reçoivent à l'arrivée. Ce dernier motif est d'une exécution molle et lourde, et s'il ajoute à l'intérêt de la composition, il nuit certainement au mérite absolu de l'œuvre.

Le meilleur des trois tableaux de M. Hook est sans contredit celui qu'il nomme *Gamins de la mer*. Ce sont deux enfants, deux vrais gamins, en effet, qui se laissent bercer par le va-et-vient du flot sur une large bouée et occupent leurs loisirs en pêchant à la ligne. Le geste des enfants est charmant et la marine d'une grande et puissante beauté dans son enceinte de côtes aux longs contours coupés de retraites profondes. L'artiste a ajouté à ce tableau une supériorité sur les précédents, supériorité un peu négative, il est vrai, mais qui profite à l'œuvre : il a disposé sa composition de manière à supprimer le ciel, et ce sont en effet les ciels qui de tous les phénomènes extérieurs lui échappent le plus constamment.

Le principe du paysage préraphaélite, nous l'avons déjà montré précédemment, consiste à substituer à toute convention la représentation minutieuse de la réalité. La fonction des paysagistes est, à ce prix, pour le moins scientifique autant que pittoresque. A la vue de leurs tableaux, les savants spéciaux doivent être suffisamment renseignés pour retrouver la constitution géologique du sol, le caractère des terrains, les phénomènes particuliers de la végétation propre au coin de nature mis sous leurs yeux. J'ai déjà dit qu'il y avait là une méprise capitale sur le rôle de l'œuvre d'art, mais une méprise touchante et vraiment digne d'intérêt.

Le *Champ de blé* de M. Linnell et le tableau de M. Vicat Cole, poétiquement nommé *la Couronne d'or de l'été*, sont de curieux exemples du soin jaloux qu'apportent les peintres de l'école à l'interprétation de la réalité. Mais l'œuvre-type en ce sens, et en même temps la plus remarquable comme sûreté de main, est de M. Charles Lewis : elle représente une *Pièce d'orge* dans le comté de Berkshire.

Du fond de la plaine immense, une mer d'épis arrive par de longues ondulations jusqu'au bord du cadre ; toutes les herbes folles, les coquelicots, les bleuets, entrelacés aux longues tiges blondes, jettent l'éclat joyeux de leurs fleurs dans ces flots d'or mouvant. Une compagnie de perdrix traverse le champ, rasant d'un vol pénible la cime des moissons, écartant les têtes fléchissantes des lourds épis chargés de grain. A l'horizon, des collines couvertes de végétations, de longues cultures et de bois épais, s'élèvent en pentes molles vers le ciel, un ciel d'été dont l'azur éblouissant est voilé de blanches vapeurs, de nuées légères, flottantes, striées, où tournoient à perte de vue d'innombrables vols d'oiseaux pillards.

Nous voilà bien éloignés des pompes de Claude Lor-

rain, des nobles allures de Nicolas Poussin, des simplicités savantes de Ruysdaël, bien loin aussi des pittoresques emportements de notre Diaz, des solidités de notre
Rousseau, des élégances de Paul Huet, des pâles élégies
de Corot, des harmonies de Daubigny. Tous ces chers
maîtres étaient peintres avant d'être observateurs, ils
portaient en eux un idéal préalable ; ils s'expriment, eux,
en face de la nature et par la nature, plutôt qu'ils n'expriment la nature en soi. M. Lewis, au contraire, et c'est là
une piquante originalité, se soumet humblement à son
admirable modèle, il abdique son individualité au profit
d'une vérité qui, par elle-même, lui paraît suffisante à
nous émouvoir ; point de drame, point de passion, point
de sentiment en ses œuvres ; une impersonnalité absolue,
une soumission respectueuse au réel, une fidélité de reproduction patiente, sincère, naïve, qui nous montre en
ce tableau, comme par une fenêtre ouverte sur la campagne, une des fêtes, un des plus doux sourires de la nature en été (1).

(1) Un heureux hasard m'a permis de voir tout récemment cinq
paysages des plus remarquables d'un aquarelliste anglais qui n'a jamais exposé en France, M. Façon Watson. Je tiens à inscrire son
nom ici comme celui d'un des peintres auxquels s'appliquent le
mieux toutes nos réflexions sur le paysage préraphaélite, et aussi
parce que j'ai l'espoir que M. Watson enverra quelques-unes de ses
très-curieuses aquarelles au Salon de 1869. — Combien n'est-il pas
regrettable aussi que nous ne connaissions rien en France des œuvres
de M. Madox Brown, qui fut le maître de Rossetti, et chez qui s'est
formé ce groupe de préraphaélites ; rien non plus de Jones Burne,
qui passe aujourd'hui pour le plus fort, pour un maître dans l'école !
Je nomme ces deux artistes pour mémoire, me promettant de revenir
un jour à leur œuvre et attentivement.

VIII

LA PEINTURE D'HISTOIRE

MM. Poole, Leighton, Prinsep.

Ce chapitre sera court. La peinture d'histoire, ou ce que nous nommons ainsi dans notre classification des genres, n'a jamais eu que d'assez pauvres représentants dans l'école anglaise. Les illustres maîtres de l'art anglais, les Gainsborough, les Reynolds n'ont jamais été des peintres d'académie. Leurs admirables portraits, leurs compositions même n'étaient point empruntés à la friperie mythologique, héroïque, pseudo-grecque et romaine qui a envahi nos ateliers pendant un demi-siècle et dans laquelle certaines gens voient encore la formule suprême de l'art. Les tentatives de ce genre accomplies en Angleterre sont restées tout à fait misérables, elles n'ont même point les qualités de science et de dessin qu'avaient acquises, au moins, à défaut du véritable sens de l'histoire et de l'antique, les élèves de David. Aussi les efforts dans cette direction sont-ils très-rares chez les peintres de la jeune école anglaise. Et le résultat de ces rares

essais est bien fait pour décourager ceux qui songeraient
à se produire à nouveau.

Qu'est-ce en effet que l'œuvre de M. Poole? Le titre
est ridicule : *Chanson de Philomèle au bord du beau
lac;* mais ce n'est rien que cela ! Imaginez un pot-pourri
de tous les styles, de tous les maîtres; amalgamez
Poussin, Le Sueur, le Guide, Titien, copiés gauchement,
énervés, maladroitement fondus l'un dans l'autre, et
songez ce que peut donner une telle superposition de
pastiches, exécutés d'une main lâche et molle !

M. Leighton, au moins, a le mérite dans sa longue frise
des *Fiancées de Syracuse* d'avoir fait un morceau de
décoration passable. J'adresserai le même éloge et plus
sincère encore à l'auteur de quelques grands cartons placés
dans la galerie au dernier moment et dont le nom ne figurait pas au catalogue. Ce sont des projets de peintures
pour l'ornementation d'un palais. Il y a là de beaux
motifs et bien composés pour entrer dans les lignes de
l'architecture.

Mais dans cet ordre le morceau que je préfère entre
tous, l'œuvre d'un véritable peintre, c'est la forte étude
rapportée de Venise par M. Prinsep. Il lui a donné le
nom de *Bérénice,* je ne sais pourquoi; mais, dans toute
la galerie, je ne vois rien de plus ferme, de mieux peint,
de plus harmonieux ni de plus simple en même temps,
que cette image de la femme robuste, sûre de sa puissance et de sa beauté, équilibrée dans sa force comme un
bel animal.

IX

LES PHYSIONOMISTES

MM. Nicol, O'Neil, Faed, Webster, Burgess, Martineau. — MM. Pickersgill, Elmore; Miss Ellen Edwards; M. Orchardson.

Tous les peintres anglais, à quelques exceptions près, s'attachent à fixer le mouvement expressif de la physionomie humaine. Peu soucieux, en général, des lois de la composition, du dessin et de la couleur, qui préoccupent encore les écoles du continent, en leurs tableaux de genre, ils poursuivent le succès par l'intérêt du sujet et par l'expression. Dans ce chapitre consacré aux physionomistes, presque toute l'école anglaise pourrait donc être analysée; mais je ne voudrais ranger sous ce titre que les artistes qui ont poussé le plus loin cette tendance commune, et qui, faisant de l'expression l'objet capital, à peu près exclusif, de leur observation, ont exigé de leur art en ce sens tout ce qu'il pouvait rendre, au delà même de ce qu'il pouvait rendre.

Les uns reproduisent de préférence les scènes de la vie contemporaine, les autres empruntent leurs motifs à l'histoire et au roman.

M. Nicol est des premiers et, parmi eux, au premier rang.

Il apporte une étrange âpreté, une verve singulière à peindre les mœurs de la misérable Irlande dans les deux tableaux qu'il a exposés au palais du Champ de Mars : *Le Payement du loyer* et *Tous deux embarrassés*.

Ici c'est une humble et maussade école de village. Le maître, pauvre diable, ignare, et bourru à proportion de son ignorance, tient sous son regard terrible et méfiant une de ses victimes, un de ses rares élèves. (Aux pays de misère, le temps donné à l'instruction est pris sur le travail immédiatement productif.) L'enfant lui demande, sans doute, l'explication de quelque mot, de quelque phrase dont le sens lui aura échappé. Arrêté de court comme le petit garçon, le pédant, sanguin, violent, soupçonne un piège. Il n'aime point ces curiosités mal plaisantes, et tout porte à craindre qu'il n'ait recours au martinet pour sortir de la situation qui les tient tous deux embarrassés.

Le Payement du loyer est une page comme il y en a tant dans l'œuvre de notre Balzac, une de ces nombreuses scènes où, dans nos dures sociétés modernes, s'étalent les plaies cachées et les hontes humiliées des déshérités de la fortune, auprès des hautaines insolences de ses favoris. L'intendant du lord est venu avec son commis pour percevoir les loyers du vaste domaine. Impassibles comme des instruments de torture, ces valets encaissent avec une indifférence méprisante les bank-notes de celui-ci, les couronnes et les schillings péniblement amassés de celui-là ; ils entendent d'une oreille bestialement stoïque les excuses, les lamentations, les prières

d'ajournement que leur adresse la veuve; ils ne voient
même point les humbles saluts, les basses protestations
des pauvres gens qui se retirent, leur dette payée;
leurs yeux n'ont de regard, un regard aigu, que pour
la vérification des titres et le contrôle des billets de
banque.

On s'amusait beaucoup au Champ de Mars de la vie qui
anime tous ces visages; on riait des attitudes auxquelles se
ploie la misère de ces gueux et de la morgue des rece-
veurs; on admirait la difformité des chapeaux et leurs
bords crasseux, les habits râpés, rapiécés. Il me semble,
à moi, que l'artiste n'a pas moins bien réussi à peindre
la difformité morale de cette scène, et qu'il a montré la
boue des âmes aussi visiblement que le reste. Assurément
il y a de la satire dans cette œuvre. On en rit, comme
Figaro probablement, de peur d'en pleurer.

A ce mérite d'avoir pleinement réalisé sa pensée, le
peintre, en dépit de certaines duretés de ton, ajoute cet
autre mérite plus rare chez les Anglais d'être véritablement peintre et coloriste. La personnalité de M. Nicol,
naguère inconnue en France, a pris, dès ce moment, une
place sérieuse dans l'estime des amateurs français, qu'il
ne choque point trop, d'ailleurs, par ces bizarreries de
composition si familières à l'école anglaise.

C'est ce dédain absolu de l'équilibre, de la pondération
des masses qui attire tout d'abord l'attention sur un
tableau de M. O'Neil, intitulé : *Partant pour la
Crimée.*

Le lieu de la scène est l'escalier d'un navire de guerre
dont les énormes flancs goudronnés forment le champ du
tableau. Les soldats encombrent le pont; jusqu'à la
dernière minute, on leur a permis de recevoir à bord les

visites de ceux que beaucoup d'entre eux ne reverront plus. Mais le moment du départ est venu, les ordres sont donnés, il faut se séparer. Les mères, les épouses, les fiancées redescendent les degrés en pleurant, on échange un dernier baiser, un dernier adieu de la main, du regard et de la voix.

M. O'Neil a eu l'inspiration heureuse en disposant comme il l'a fait ce motif en hauteur. Les groupes s'étagent naturellement et de façon à rendre plus sensible le mouvement expressif des gestes, qui sont d'une justesse et d'une précision remarquables. L'artiste, en outre, a eu le courage d'être sincère jusque dans la vulgarité des types et des accessoires. Il n'a point reculé devant les coiffures invraisemblables; il a peint les tartans fanés, les mouchoirs à carreaux, les robes déteintes; il a fui le style noble, et par là, par la réalité de son observation, il atteint vraiment à l'émotion. Ce n'est peut-être point une belle œuvre comme nous l'entendons, mais on ne peut nier que le motif et le procédé lui-même ne soient touchants.

M. Thomas Faed est moins pénétrant que M. Nicol et que M. O'Neil. Il se plaît, comme le premier, aux intérieurs misérables, mais il en exprime plutôt les heures intimes, tendres et laborieuses. Ainsi, dans le tableau intitulé *La seule Paire*, il représentera une jeune mère raccommodant le pantalon d'un petit espiègle assis jambes nues et pendantes sur un meuble, et attendant que l'accroc soit réparé pour reprendre ses jeux. Dans un autre tableau : *Et Père et Mère*, c'est un pauvre homme resté veuf avec deux enfants. Il se détourne de son travail, cédant aux obsessions d'une fillette; il la prend entre ses genoux, et, de ses grosses mains calleuses, avec une délicatesse et une adresse toutes maternelles, il glisse une paire de gants aux doigts roses et menus de l'enfant gâté. Cette joie de la petite met un rayon de soleil au cœur du vieux savetier. Tout cela est traité avec tendresse et d'une brosse souple autant qu'habile.

Les Commères de village, par M. Thomas Webster, rappellent les compositions humoristiques de Wilkie. Les cervelles alertes passent en revue tous les noms du village ; les langues trottent médisantes, cruelles, ironiques. Mais cela ne vaut vraiment que par le jeu spirituel de ces babouines de vieilles, et déjà l'on sent chez M. Webster l'abus d'un procédé qui demande à être manié d'une façon magistrale pour n'être pas fatigant et bientôt irritant au suprême degré.

Et c'est là ce qui arrive dans la plupart des tableaux anglais peints avec ce souci de l'expression et de la physionomie par trop exclusif. Voyez par exemple ce groupe de têtes hurlantes, roulant des yeux en boules de loto, détachées de la loge d'un cirque espagnol pendant une course de taureaux. A titre d'étude, le morceau serait curieux ; comme tableau, il est détestable. L'auteur, M. Burgess, qui d'ailleurs n'est point sans talent, en plaçant hors du cadre l'objet de toutes ces vociférations, en concentrant tout son effort, tout son effet, sur ces quelques têtes enluminées, enflammées par la passion du sang, n'a peint en somme qu'une collection de grimaces convulsives. Le titre de l'œuvre est *Bravo Toro !*

La même observation s'applique au tableau de M. Martineau, le *Dernier jour dans la vieille demeure*. Le sujet est de la nature de ces longues scènes de douleur intime que les romanciers anglais mènent avec une profusion de détails extraordinaire, et avec un art parfait.

Mais rien ne prouve mieux combien les procédés pittoresques doivent différer des procédés littéraires. Une
vieille dame remet les clefs du domaine où sa vie s'est
écoulée à l'un des nouveaux propriétaires qui prennent
bruyamment possession de toutes les pièces et de tous les
meubles du château. Il y a parmi eux notamment un
gentleman qui rit en élevant à la hauteur de ses yeux un
verre de champagne. J'affirme que s'il fallait rester en-
fermé huit jours en face de ce tableau, en tête-à-tête
avec ces longues dents bêtes, on serait enragé avant la fin
de la semaine, on voudrait mordre.

Ces peintres anglais manquent donc trop souvent à
l'une des premières lois de convenance de leur art, qui
consiste à ne pas immobiliser les expressions violentes, car
elles sont dans la réalité essentiellement fugitives. Et ce
reproche ne s'adresse point seulement aux peintres de la
vie réelle, mais également aux peintres de genre historique ou anecdotique, à M. Pickersgill, membre de l'Académie royale, qui a fait d'horribles *Corsaires* de romance
ou de pendule *jouant leurs prisonniers aux dés;* à
M. Elmore, qui est aussi de l'Académie royale, mais dont
le tableau des *Tuileries le* 20 *juin* 1792 a reculé les
bornes de la mauvaise peinture et du faux mélodrame.
On ne peut se faire une idée de cette peinture insensée,
de ce dessin monstrueux, de cette couleur criarde, de ces
lumières éparpillées et jetées au hasard à travers la toile,
qu'en pensant aux toiles les plus baroques de notre Exposition des Refusés. Deux autres toiles de M. Elmore,
Au couvent et *Au bord de la faute*, un peu moins mauvaises d'exécution, sont aussi faibles, aussi pleurardes et
d'un sentimentalisme aussi faux.

Je préfère de beaucoup, dans cette donnée du sentiment, un aimable tableau de mademoiselle Ellen Edwards, le *Dernier baiser* : une belle jeune fille, blonde et délicate, pressant tendrement entre ses mains et sur ses lèvres une colombe inanimée, au moment de déposer ce petit corps inerte sous une touffe de rosiers, dans l'angle mystérieux et embaumé du jardin.

Mais le maître en ce domaine de l'expression, celui qui domine tout le groupe des physionomistes par la mesure, par le jeu des nuances, et aussi par l'habileté de la main, c'est M. Orchardson. Ses tableaux cependant — est-ce un éloge ? — sont peu ou même point du tout anglais. Ils figureraient indifféremment dans les galeries françaises, belges ou dans l'école de Düsseldorf, sans que personne en fût étonné. Est-ce donc que le talent n'a point de nationalité ? ou plutôt — ce que j'incline à croire — que M. Orchardson a soigneusement étudié de ce côté de la Manche les écoles contemporaines et qu'il s'est composé ainsi, en y ajoutant sa propre originalité, un talent très-personnel, plus voisin des principes d'art du continent cependant que de ceux de ses compatriotes ?

En tout cas, le résultat est des plus séduisants, et le tableau de M. Orchardson, le *Défi*, et *Christophe Sly* ont obtenu chez nous un succès aussi rapide que légitime.

Le *Défi* est charmant de grâce spirituelle ; je ne sais malheureusement à quel drame le motif est emprunté. Une sorte de Scapin ironique, tout vêtu de satin jaune serin, chapeau bas, le haut du corps incliné, présente à la pointe de son épée la lettre de défi à une sorte de cavalier philosophe que cette provocation intempestive trouble dans son travail. Un vieillard enveloppé d'une lévite, son compagnon d'étude, s'est levé avec empressement; il retient le bras du cavalier comme pour le dissuader d'accepter et de prendre au sérieux ce défi insolite et insolent.

Il est inutile de rappeler au lecteur que Christophe Sly est le héros de cette bouffonnerie qui sert de prologue à *la Mégère domptée* de Shakespeare (1).

Le lord, apercevant Sly, couché à la belle étoile devant la porte d'un cabaret. — Qu'est-ce qu'il y a là? un mort ou un ivrogne? Regardez; respire-t-il?

Un piqueur. — Il respire, Milord; heureusement qu'il est échauffé par l'ale, sans cela ce serait un lit bien froid pour dormir si profondément.

Le lord. — Oh! monstrueuse bête! le voilà couché tout comme un cochon! O affreuse mort! que te voilà donc une image ignoble et dégoûtante! Messieurs, je veux faire une farce à cet ivrogne. Si on le transportait au lit, enveloppé dans des draps bien doux, avec des bagues à ses doigs, un diner délicieux près de son lit et des domestiques bien mis pour le servir quand il s'éveillerait, croyez-vous que le mendiant n'oublierait pas ce qu'il est? Qu'en pensez-vous?

Premier piqueur. — Je vous assure, Milord, qu'il ne pourrait faire autrement.

Second piqueur. — Ça lui semblerait bien drôle quand il s'éveillerait.

Le lord. — A peu près comme un rêve flatteur ou un château en Espagne. Eh bien! enlevez-le et menez bien la plaisanterie. Portez-le doucement dans ma plus

---

(1) Voir l'excellente traduction de Shakespeare de M. Émile Montégut, publiée par la librairie Hachette.

belle chambre et décorez-la de tous mes tableaux galants.
Baignez sa tête sale dans de tièdes eaux parfumées, et
brûlez des bois odorants pour que l'appartement em-
baume. Tenez de la musique prête pour l'heure où il s'é-
veillera, afin de lui faire un concert délicieux et divin ; si
par hasard il parle, accourez immédiatement et dites avec
une révérence d'humble soumission : « Que commande
Votre Honneur ? » Qu'un de vous lui présente un bassin
d'argent rempli d'eau de rose, avec des fleurs effeuillées
dedans ; qu'un autre lui présente l'aiguière ; un troisième
l'essuie-mains damassé, et qu'il dise : « Plairait-il à
Votre Seigneurie de se rafraîchir les mains ? » Qu'il y en
ait un qui se tienne prêt avec un riche costume et qu'il
lui demande quel vêtement il veut mettre ; qu'un autre
lui parle de ses chiens et de ses chevaux, et de la douleur que sa maladie cause à sa dame ; persuadez-lui qu'il
a été lunatique, et, lorsqu'il dira qu'il est un tel, dites-
lui qu'il rêve, car il n'est rien moins qu'un puissant seigneur...

En effet, le drôle s'éveille, il se redresse, porte un regard effaré sur les magnifiques tentures qui entourent le
lit, sur la pelisse enrichie de fourrures dont il est revêtu.
Il veut rompre le charme.

Sly. — Au nom de Dieu, un pot de petite ale.

Premier valet. — Plairait-il à Votre Honneur de
boire un verre de vin des Canaries ?

Et la scène se déroule ainsi avec tous les incidents
prévus.

Sly. — Quoi donc ? Voulez-vous me rendre fou ? Ne
suis-je pas Christophe Sly, le fils du vieux Sly, de Bur-
ton-Heath, colporteur de naissance, faiseur de cartes par
éducation, conducteur d'ours par changement d'état et

actuellement exerçant la profession de chaudronnier ? Demandez à Marian Hacket, la grosse cabaretière de Wincot, si elle ne me connaît pas; si elle dit que je ne suis pas sur son compte pour quatorze pence d'ale simple, comptez-moi pour le plus fieffé menteur de la chrétienté. Comment donc! Je ne suis pas hors de mon bon sens, sans doute...

M. Orchardson a disposé tous ces groupes, animé toutes ces physionomies avec une entente profonde de la scène. L'interprétation de cette amusante parade était pleinement dans son talent souple et enjoué. Les attitudes sont justes, d'un dessin facile et correct; l'expression des têtes est fine et spirituelle, comique sans charge, grotesque sans grossièreté. En outre, malgré certaines maigreurs de touche, et bien que l'exécution soit un peu mince, un peu épinglée, l'ensemble est cependant d'une coloration ravissante, harmonieuse comme l'envers d'une vieille tapisserie.

Dans cet ordre, M. Orchardson s'est révélé tout à fait un petit maître, très-digne de marcher de pair avec nos petits maîtres du continent, si habiles et si séduisants.

X

LES PEINTRES DE GENRE

MM. Calderon, Hayllar, Frith, Walker, Catermole, E. Corbould, Gilbert, Lamont, Pettie, Wells, Grant, Landseer, J. Lewis, Leech.

Le groupe des peintres qui va nous occuper n'a pas de tendances communes ni d'originalité bien marquée. Ce sont, à quelques exceptions près, des peintres de sujets anecdotiques; ils n'affirment point expressément leur origine britannique et se pourraient classer indifféremment dans l'École française aux différents degrés que leur talent leur assignerait.

Le plus habile parmi eux est M. Philippe Calderon. Il a fait preuve d'une aimable imagination dans la composition doucement ironique où il nous montre *Sa Très-Haute, Noble et Puissante Grâce*, une fillette de cinq ou six ans, parée comme une châsse et s'avançant gravement, à travers des appartements somptueux, entre une double haie de courtisans respectueusement inclinés sur le passage de la petite princesse.

Il a fait preuve aussi d'un sentiment plus sévère dans un autre tableau qui représente les personnages de l'am-

bassade anglaise à Paris, assistant, immobiles et pâles
de fureur contenue, aux massacres de la Saint-Barthéle-
my. Ils sont réunis dans le grand salon de l'ambassade,
regardant par la fenêtre, à travers les vitres fermées qui
laissent passer une lumière froide. Les fronts se plissent,
les poings se crispent aux pommeaux des épées à demi-
dégagées de leur gaîne. L'expression est toute dans les
attitudes et, — le genre admis, le sujet connu, — elle est
bien en situation.

Mais nous ne laisserons point passer sans en profiter
l'occasion, qui nous est offerte par M. Calderon et par le
plus grand nombre des artistes anglais, de protester une
fois de plus contre ces compositions-rébus qui exigent un
commentaire et le secours du livret pour être intelligibles. Nous ne nous lasserons point de répéter qu'un
tableau doit être une œuvre complète en soi et de soi
parfaitement claire. C'est le tort des peintres de genre
de se tenir dans les données étroites et très-spéciales de
l'anecdote historique, du drame poétique ou du roman,
et c'est un tort plus fréquent encore dans l'école anglaise
que dans la nôtre.

Il faut dire pour atténuer ce reproche que le public
anglais lit beaucoup plus que le nôtre et se tient très-
généralement au courant de toutes les publications. Les
personnages de l'histoire et du roman lui sont donc bien
plus familiers qu'ils ne le sont en France. Or, les artistes
de la Grande-Bretagne n'ont souci que du public de la
Grande-Bretagne. Leurs œuvres quittent rarement leur
île. Ils sont donc sûrs d'être toujours compris. C'est là
leur excuse; c'est au moins ce qui explique leur tendance à spécialiser le sujet

Si, par quelque artifice de composition, M. Calderon

4

nous avait fait voir un épisode du massacre, son tableau
prenait par cela seul une signification générale. A certains indices, aux croix blanches fixées aux coiffures des
catholiques, on eût reconnu que cette tuerie portait la
funèbre date de la Saint-Barthelemy. Mais ce point était
même peu important; tout spectateur, aurait-il ignoré
les pages sanglantes de notre histoire, eût bien vu le genre
d'émotion qui animait ces hommes, il se fût rendu compte
de leur colère, il eût compris qu'ils étaient du parti des
victimes; le tableau prenait alors le caractère essentiel à
toute œuvre d'art.

Constatez, en effet, que les maîtres des anciennes
écoles, même les petits maîtres du Nord, initiateurs du
genre, ont toujours observé cette loi de généralisation
de l'œuvre d'art. A part les sujets empruntés aux livres
saints, qui étaient familiers à chacun, étant dans toutes
les mains, jamais chez eux le sujet n'est étroitement spécial ou local. Que voyez-vous en effet chez Rembrandt,
chez Terburg, chez Metzu, etc.? Ici, un *Concert*; là,
une *Conversation*, l'intérieur d'un *Philosophe*; mais
c'est le Concert d'une manière absolue et non tel concert;
c'est le charme, c'est la douce et galante intimité de la
Conversation en général, non telle conversation précise;
c'est enfin l'image de la méditation philosophique et non
pas ce philosophe, plutôt que tel autre, méditant. Sans
doute par le détail, en ces œuvres, les milieux et le
temps se précisent, et elles se tiennent bien loin des généralités absurdes et des formules niaisement idéales que
recommandent quelques esthéticiens pauvrement informés; et pourtant le général et le particulier se prêtent,
en ces pages excellentes, un mutuel et nécessaire secours. L'interprétation de la pensée du maître n'échappe

à personne. En dehors de l'émotion esthétique sensible pour les connaisseurs, l'œuvre prend ainsi pour tout le monde un sens déterminé.

Disons-le une fois pour toutes, il est rare que les peintres anglais ne manquent pas à cette loi que je considère comme la loi fondamentale de la peinture de genre.

Ainsi M. Hayllar choisira pour motif de son tableau un *Mal de dents de la reine Élisabeth;* M. Frith, un épisode pris dans la vie d'un valet de Buckingham nommé *Claude Duval.* Ce Claude Duval avait quitté le service du lord pour se faire voleur de grand chemin. Sa bande arrête un jour un riche carrosse plein de nobles dames et l'allége tout d'abord de 300 livres sterling. Mais le drôle, subitement pris d'une singulière fantaisie, déclare qu'il rendra les 300 livres et aussi la liberté aux voyageuses, si la plus jeune, la plus jolie d'entre elles, qu'il désigne, consent à danser un menuet devant lui. — Le peintre a choisi le moment où la dame s'exécute; l'œuvre est assez médiocre, mais l'expression des têtes a de la finesse. Avouons pourtant qu'un tableau qui exige tant d'explications n'est à considerer que s'il est un chef-d'œuvre d'exécution, et encore ce logogriphe nuirait-il assurément à l'importance durable de l'ouvrage, fût-il de beaucoup supérieur à ce qu'il est en réalité.

Le défaut que nous venons de signaler est moins sensible dans une très-intéressante composition peinte à l'aquarelle par M. Walker. Bien que le peintre ait tiré son sujet d'un roman de Thackeray, le sujet se comprend de lui-même; tout au moins, si certaines nuances nous échappent, si nous ne saisissons pas tous les sentiments que l'artiste a voulu exprimer, ces sentiments sont assez généraux pour que nous en soyons cependant suffisamment touchés. Je vois là l'intérieur d'un temple, un jeune père auprès d'une chère petite fille, tous deux recueillis sous l'empire du sentiment religieux. Il ne nous en faut pas davantage. Ce qui domine, c'est une émotion que tous les hommes comprennent. Peu m'importe en somme — pour le moment — qu'un autre artiste, un poëte, un écrivain ait traité par d'autres procédés un sujet identique, qu'il ait fait un roman dans lequel un personnage du nom de Philippe joue le principal rôle, et assiste, dans certaines circonstances que je veux ignorer, aux prières publiques. Je dirai plus, cette demi-information me gêne; je repousserais même l'information complète, car nous n'avons qu'à perdre à chercher le parallèle entre deux procédés si dissemblables pour les choses d'émotion intime. L'action seule peut se traduire largement, pleinement, d'un art dans l'autre.

Un autre aquarelliste, M. Edouard-Henry Corbould, a peint la *Mort d'Arthur*, d'après le poëme de Tennyson. C'est, dans la grande épopée, le soir de la dernière bataille (1) qui prend forme par le fait du poëte et du peintre; mais à chacun de nous, ces trois reines éplorées, ces ombres en prières, ce jeune corps inerte, vêtu d'armes magnifiques, cette pâleur, ce ciel sinistre, tout nous dit la mort d'un héros, une mort qui jette les hommes dans un deuil immense auquel les éléments eux-mêmes semblent concourir.

Je trouve ces conditions de généralité si essentielles bien observées dans le *Conseil de Venise*, une aqua-

---

(1) On trouvera une analyse du poëme de Tennyson dans le quatrième volume de l'ouvrage si vivant, si fécond, dans lequel M. H. Taine a révélé au public français l'*Histoire de la Littérature anglaise*.

relle un peu lourde, mais d'une belle couleur, avec
d'heureuses variétés de gestes et d'attitudes, par M. Gilbert; — dans le *Page impertinent* de Catermole, le
premier nom d'aquarelliste anglais connu en France,
un contemporain, un ami de nos romantiques; —
dans une autre aquarelle, de M. Lamont, qui a pour
titre *Ennuyée à mort :* le mari est âgé, le vieux prêtre,
debout devant la cheminée, est venu passer une heure
avec ses voisins, sans apporter la moindre nouveauté, la
moindre gaieté dans cet intérieur où la jeune femme,
tournant le dos aux deux vieillards, lasse de cet éternel
point de tapisserie qu'elle tire incessamment, s'ennuie à
périr. Je reviens à ce que je disais plus haut : en dépit
de la précision du détail, l'œuvre exprime bien un sentiment intelligible au spectateur, l'ennui mortel des petites
vies pour une cervelle de femme mal équilibrée; l'ennui
de madame Bovary, analysé dans un chef-d'œuvre de
Gustave Flaubert.

Comme dernier exemple d'un tableau de genre bien
conçu, je citerai encore une des bonnes peintures à l'huile
de l'école anglaise, *la Sorcière arrêtée* de M. Pettie.
Sorcière ou non, ce n'est pas l'important. Mais on prend
intérêt à cette vieille femme emmenée par des hommes
d'armes et poursuivie par les menaces et les huées de la
populace. Dans le lointain, deux philosophes narquois
s'inclinent d'un air plaisamment sceptique devant cette
action rapide et violente.

En citant ces divers tableaux, j'ai nommé, sauf omis-
sion, les meilleurs tableaux de genre de la galerie anglaise. Nous avons vu par où ils tendaient à s'écarter des
conditions qui me paraissent capitales dans les compositions de cette nature. Je rappelle aussi que leur plus

4.

grand tort, à mes yeux, est de ne révéler en aucune façon une originalité de conception ou de facture qui leur.
soit propre.

C'est le même reproche que nous adresserons à la
peinture d'un artiste illustre de l'autre côté du détroit,
M. Crant. Le tableau où il a peint le maréchal vicomte
Harding s'éloignant du champ de bataille de Ferogeshah
rappelle trop la manière d'Horace Vernet. Le tableau
des *Volontaires* de M. Wells est dans le même cas.
M. Grant heureusement expose quelques jolis portraits,
notamment le portrait en pied de petites dimensions de
M. Higgins. Son modèle est debout, devant un chevalet,
examinant une peinture; un petit chien joue à ses pieds.
L'exécution est simple, élégante, un peu sommaire, mais
agréable et de bon aloi. Le chien est de la main du célèbre peintre d'animaux, sir Edwin Landseer.

M. Landseer expose aussi pour son propre compte, et
je ne crois pas que ce soit ce qu'il ait fait de mieux. Sa
réputation ne gagnera rien à l'exhibition de ce tableau
la Jument domptée, peinture maigrelette, spirituelle,
habile sans doute, mais peu sincère et peu digne, en réalité, du nom de l'auteur. Il a jeté sur la litière de l'écurie
une amazone épuisée elle-même par la course, et caress-
sant de la main sa monture, couchée aussi, et comme en-
fouie dans la paille foisonnante : motif de lithographie
peint petitement, avec une pauvreté de procédés qui
laisse voir et par trop ce qu'on nomme des *ficelles* en
argot d'atelier et de théâtre.

Terminons cette revue des peintres de genre en signa-
lant à l'attention du visiteur les intérieurs orientaux de
M. J. Lewis. Ce sont des merveilles de patience et de
minutie fort admirées en Angleterre, des ouvrages très-

méritants sans doute, qui paraissent avoir coûté des années de travail; et pourtant ils n'ont point, à beaucoup
près, dans leur prodigieux et pénible entassement de
petites choses, la millième partie de la valeur d'art
qu'offre le moindre des admirables croquis du regretté
John Leech, le très-savant et très-spirituel dessinateur
du *Punch*. On a exposé deux dessins de ce véritable artiste, deux chefs-d'œuvre d'observation, de caractère et
d'humour, jetés sur le papier d'une plume rapide et
d'après lesquels on serait tenté de le proclamer le maître
du genre.

XI

PAYSAGISTES ET AQUARELLISTES

MM. Mac Callum. Harvay, feu David Cox, J. Brett, A. Severn,
Whittahker.

Déjà, en étudiant les préraphaëlites, nous avons parlé
du paysage anglais. Nous y revenons cependant pour
marquer la séparation qui s'est faite entre les préraphaëlites et les autres paysagistes. Ils ont toutefois quelque
chose de commun, c'est un profond amour de la nature;
mais cette communauté de sentiment se traduit par des
moyens d'interprétation radicalement contraires. Les
uns, nous l'avons dit et répété sous toutes les formes,
s'attachent à exprimer la puissance admirable de la nature par la représentation respectueuse, quasi religieuse
des infiniment petits. Les magnificences de la création se
manifestent à leurs yeux dans la délicatesse de construction et d'attache d'une herbe folle aux ramifications légères et ténues, épanouies en aigrettes minuscules, autant et plus que dans les amoncellements sublimes des
monts superposés perdant leur cime au delà des dernières nuées. Ils épousent la nature de plus près. Les

autres aiment leur art plus encore qu'ils n'aiment la nature. Ils observent celle-ci dans ses ensembles imposants,
dans ses accumulations de forces, comme un spectacle
féerique, comme un prétexte à peindre de riches effets
de lumière, de couleurs et de formes, plutôt que pour
elle-même et comme un thème à méditations.

Les deux écoles ont des droits égaux. Si nos habitudes
esthétiques nous portent de préférence vers la seconde,
le préraphaëlisme cependant agit plus profondément encore sur les hommes qui se sont fait des beautés intimes
de la campagne une douce et chère familiarité.

M. Mac Callum a essayé de résoudre un problème difficile : il a voulu concilier ces tendances extrêmes. Il a
cherché la précision du détail et une certaine largeur
d'effet. Il y a parfois réussi. Son procédé est simple et
facilement explicable. Il établit son tableau par de grandes
masses sobrement peintes et dans des oppositions de valeurs habilement calculées. Puis, s'arrêtant au morceau
capital du tableau, au groupe qui fait centre, soit par la
masse, soit par la lumière, il le traite alors avec une minutie d'exécution, avec une rigueur d'analyse qui fait illusion sur les autres parties de l'œuvre laissées pourtant
à leur état primitif d'indication et presque d'ébauche à la
Corot.

Le lecteur me pardonnera d'avoir insisté sur la partie
purement technique des paysages de M. Mac Callum ;
mais l'effort de cet artiste méritait une attention toute
particulière ; en outre il avait fait en 1867 doublement
appel au public français en exposant non-seulement au
Champ de Mars, mais aussi au Salon annuel, au palais
des Champs-Élysées. Nos amateurs n'ont pas oublié ce
grand chêne et sa formidable ramure se détachant en

silhouette claire sur un fond de ciel chargé de pluie.
C'était un des beaux paysages du Salon. M. Mac Callum
avait envoyé à l'Exposition universelle une vue de la
Gorge aux loups, prise dans la forêt de Fontainebleau.
On y aura retrouvé la même intensité d'effet et la même
apparence de détail reposant sur une illusion d'optique
savamment préparée par le peintre.

Au point de vue spécial de l'effet, parmi les peintures
à l'huile, je dois signaler aussi la grande impression que
laisse au spectateur un tableau de M. Georges Harvay, le
calme du soir dans les solitudes immobiles des bruyères
d'Écosse.

Mais c'est surtout parmi les peintres d'aquarelles qu'il
faut chercher les maîtres du paysage d'impression. Comment ne pas admirer les *Coupeurs de tourbe, Snowdon*
(montagne du pays de Galles), le *Cimetière de Darley*,
par feu David Cox ! Ces pages mouvementées, frémissantes de vie, où souffle le vent, où volent les grandes
nuées, rasant ici le sol, là escaladant les pentes abruptes
des monts, voilant tour à tour et découvrant le disque
d'argent pendant les nuits d'orage éclairées par la lune ;
ces larges accents de nature nous rappellent les meilleures créations de Paul Huet, le maître français qui a le
mieux vu et fait voir ces poétiques beautés. — De même
si vous vous rappelez les eaux de la Méditerranée se gonflant et fouettant le ciel sous le vent de nord-ouest
dans l'aquarelle de M. John Brett ; — si vous avez contemplé ce long mouvement des grandes vagues balançant
dans leurs replis éternellement formés et transformés les
reflets brisés des astres de la nuit : œuvre de M. Arthur
Severn ; — si enfin vous vous êtes arrêté devant les peintures de M. Whittaker, devant ces torrents monstrueux,

bondissant d'assises en assises dans un lit de montagnes
enveloppées de neiges et de pluie cinglante : — vous
vous serez retiré emportant vraiment une grande idée de
cet art qui, avec de si faibles moyens, réussit à nous donner l'image et l'émotion de si magnifiques spectacles.

« Le spectacle de la vie en mouvement est tellement
en rapport avec notre aspiration intérieure, avec la loi
de notre être qu'il nous cause toujours une sensation
agréable. Nous en sortons souvent, — si incompréhen-
sible qu'il nous demeure par bien des côtés, — plus disposés à la sympathie, à l'action, le cœur plus léger, l'esprit plus ferme. »

En cette belle pensée d'un philosophe épris de la nature, d'un observateur très-fin qui est aussi un mora-
liste profond, se trouve expliquée, légitimée la sympathie de nos générations pour le paysage. Je dirai plus,
M. Jules Levallois, qui ne songeait en écrivant ces quelques lignes qu'à la nature elle même, a là nettement et
définitivement formulé la haute moralité de l'art.

XII

ENCORE LE PRÉRAPHAELISME

M. Rossetti

Notre dernière page sur l'école anglaise sera consacrée à ces préraphaëlites qui ont si vivement sollicité notre curiosité.

En nos premiers chapitres, nous avons cherché à expliquer, d'après les œuvres elles-mêmes, les principes d'un petit groupe d'artistes qui se sont isolés de l'ensemble de l'école; nous avons montré les préraphaëlites dépensant une grande somme de talent et exerçant un rare courage à poursuivre leur idéal de sincérité, de réalité et de vérité, idéal tres-noble, très-élevé, très-séduisant pour l'esprit, mais irréalisable, ou resté tout au moins sans réalisation qui nous satisfasse pleinement, dans les tableaux que nous avons vus tant à Paris, en 1855 et en 1867, qu'à Londres, en 1862.

Il est vrai que nous n'avons jamais rencontré un seul ouvrage du véritable chef de l'école, M. Rossetti. A cet égard, nous sommes dans le cas de la plupart des amateurs. M. Gabriel Rossetti, en effet, n'a jamais recherché la publicité. Est-ce austérité ou bien habileté suprême ? toujours est-il que, sans avoir exposé, il est aussi connu

du monde des arts que M. Millais, l'auteur d'*Ophélia*
(1855) et de *la Veille de sainte Agnès* (1867); aussi
connu que M. Paton, l'auteur de la *Dispute d'Obéron
et de Titania* (1855) et de *In memoriam* (1867); aussi
connu que M. Holmann Hunt, son plus fidèle disciple,
l'auteur de la *Lumière du Monde* (1855) et de l'*Égypte*
(1867). — M. Rossetti fit en 1857, à *Russels place*, une
exposition particulière de dessins et de tableaux. A part
cette exception, nous apprennent les biographes anglais,
le public n'a jamais eu occasion de rien voir de sa peinture. Ses tableaux n'ont été montrés qu'à ses amis et
« aux amis de ses amis. » L'étendue de la réputation à
laquelle il est arrivé prouve tout au moins la puissante
influence de l'action qu'il exerça sur le cercle intime où
il s'est manifesté.

M. Georges Pouchet, de Rouen, un jeune savant qui
ne s'occupe des choses d'art que dans la mesure où peut
le faire un esprit distingué, absorbé par d'autres études,
fut, m'a-t-il dit, très-vivement impressionné à Londres,
il y a une dizaine d'années, à l'aspect d'une peinture de
M. Rossetti. Il visitait une collection scientifique chez un
riche particulier, en compagnie de l'illustre Darwin (l'auteur de l'admirable travail sur *l'Origine des Espèces*).
Dans ce milieu, qu'il croyait exclusivement consacré aux
documents zoologiques et anthropologiques, il aperçut
une composition du fondateur du préraphaélisme. Et,
par le fait, elle n'était nullement déplacée dans ce centre
d'observations précises. Le lecteur n'a peut-être pas oublié que les préraphaélites traduisent leur ardent amour
de la nature et du vrai par une représentation minutieuse
(à l'excès) et rigoureusement scientifique des phénomènes
naturels. L'artiste avait groupé avec une délicatesse in-

5

finie, avec une profonde tendresse d'expression, un jeune
pâtre, le sourire aux lèvres, épiant sur le visage d'une
vierge, sa compagne, l'émotion de surprise et de joie
qu'éveillait en elle la vue d'un papillon qu'il lui présen-
tait les ailes toutes grandes ouvertes. M. Pouchet recon-
nut dans ce papillon le sphinx dit tête-de-mort; il put
nommer sans hésitation toutes les plantes qui occupaient
le sol aux pieds des deux amants, et notamment un
magnifique *geranium robertianum*. La toile était réla-
tivement petite d'ailleurs (1 m. 20 de haut, sur 80 cent.
de large environ). En ces dimensions restreintes, elle
était traitée avec un respect du détail, avec des scrupules
d'exactitude qui me touchent infiniment, comme manifestation d'une école qui a voulu sortir des conventions
d'atelier et des banalités des recettes apprises, et revenir
sincèrement, avec force, avec une grande élévation de
pensée, au culte de la nature.

Ne connaissant pas les œuvres du chef de l'école préraphaélite, qui modifieraient peut-être notre opinion, nous
ne pouvons que répéter ce que déjà nous avons dit et
motivé longuement : que le principe esthétique du préraphaélisme est en contradiction formelle avec celui des
peuples de race latine et qu'il engagerait dans mille périls ceux de nos artistes qui voudraient s'y soumettre rigoureusement. D'autre part, cependant, il affirme de
trop hautes qualités de désintéressement, de conscience
et de réflexion pour que je m'associe jamais aux dédains,
aux ironies qu'il fait naître chez nos amateurs et chez
nos peintres, qui ont perdu l'habitude, les uns de voir, les
autres d'exécuter des œuvres d'observation sévère et patiente : rare vertu, que tendent à remplacer chez nous
les procédés sommaires et faciles.

L'ÉCOLE BELGE

I

SES TRANSFORMATIONS AU DIX-NEUVIÈME SIÈCLE

Louis David, Wappers, Gallait, Braeckeleer, Wiertz.

Comme la Grèce, comme l'Italie, la Flandre fut une terre sacrée pour les arts. Supprimez-la, et l'humanité chercherait peut-être encore certaines formules que nous devons au génie de ce pays privilégié. Plus heureuse qu'Athènes, plus heureuse que Rome, que Venise, que Florence, elle n'épuisa pas sa fécondité. Après Rubens, après Van Dyck, elle n'était point morte, elle sommeillait. Sa puissance de production esthétique demeurait inerte, mais n'était point détruite; elle persistait, latente, semblable à ces germes de vie que conservent, dit-on, les grains de froment ensevelis dans les silos des armées romaines ou dans les sépultures des Pharaons, et retrouvés par nous après des milliers d'années. Elle n'attendait que des circonstances favorables pour se manifester de nouveau.

Un coup de tonnerre dans son ciel politique réveilla la Flandre et la rendit à l'activité de l'art.

En ce siècle, en 1815, un exilé, un peintre français, Louis David, s'était arrêté à Bruxelles. Là, il avait ouvert une école. Il y continuait l'enseignement de son atelier de Paris d'où était sortie une génération d'artistes savants, à défaut d'autre mérite. Dans l'atelier belge se marquèrent et s'exagérèrent, plus encore qu'à Paris, aux dernières années de séjour, les excès d'une méthode devenue routine, d'un principe amoindri jusqu'au système, d'une volonté dont l'énergie première avait tourné à l'entêtement. Depuis quinze années, l'école belge était immobilisée dans les étroites lisières que lui avait passées et infligées le peintre des *Horaces*, des *Sabines*, du *Léonidas*, du *Marat*, du *Pie VII*, qui pourtant n'était plus alors que l'auteur bien diminué du tableau d'*Hélène et Pâris*.

Pour ceux qui avaient approché autrefois cette dure et envahissante personnalité, pour ceux qui l'approchaient encore, David restait toujours un maître dans le sens étroit du mot : un maître et presque une idole, un Jupiter tonnant (1).

La révolution de 1830, double date, politique et romantique, jeta par terre le colosse aux pieds d'argile. La Flandre, faite Belgique, se souvint de ses glorieux ancêtres et se détourna de la friperie classique; elle évoqua la mémoire de Rubens, de Van Dyck, de Jordaëns, de Snyders, des trois Téniers, et ne se réclama plus que de ses peintres nationaux.

---

(1) On se souvient des lettres impérieuses que David écrivait à Gros qui lui avait succédé dans la direction de son atelier de Paris; lettres de doctrine, violentes, injustes, qui certes ont contribué à la décadence du peintre d'*Eylau* et de *Jaffa*.

Deux ordres de faits aidèrent puissamment à cette émancipation :

1° Le voisinage du romantisme français, qui n'avait point de ces illustres origines, lui, mais qui se ruait à corps perdu dans l'étude des peintres antérieurs à David, chacun cherchant et réhabilitant l'école avec laquelle son tempérament avait le plus d'analogie et lui demandant des secours, des moyens, des procédés que la tribu classique avait volontairement désappris, systématiquement laissés se perdre;

2° Le concours d'un gouvernement et d'un peuple rivalisant d'efforts, communes et citoyens, pour restaurer dans la vieille patrie flamande l'enseignement de l'art, ouvrant dans chaque ville des ateliers, des écoles, des académies avec l'ardeur qu'on apporte à un grand intérêt, national.

Wappers eut l'honneur de l'initiative; c'est lui qui rompit avec l'héroïsme grelottant des grandes machines à la David, et, montrant Rubens et Van Dyck, dit : « Voilà nos maîtres ! »

Sans doute, comme en toute réaction, on alla trop loin. On prit la lettre plutôt que l'esprit de la tradition nouvelle à laquelle on se rattachait. Gallait, le plus célèbre dans ce mouvement, l'auteur de *l'Abdication de Charles-Quint*, sera définitivement classé au-dessous du rang que semblait lui assurer sa grande réputation.

Mais l'école belge lui doit beaucoup en somme. Il lui a montré l'exemple (qu'elle sait mettre à profit) d'un peintre qui veut avant toute chose savoir peindre; et puis — dans la mesure de son audace — il est revenu au principe essentiel de la réalité : ceci et cela, j'y souscris volontiers, avec bien des timidités encore, avec plus de superficielles apparences que de réalité de fond. Et pourtant, ses succès mêmes, qui nous semblent dépasser la mesure aujourd'hui, ont eu cela de bon qu'ils ont donné courage à ceux qui ont voulu entrer dans la même voie et l'élargir. Et tous l'ont voulu. A le juger absolument, Gallait n'est donc pas un artiste original, mais il fut suffisamment original à son heure. Il manqua de force dans l'inspiration, il n'eut point la pénétration profonde de l'histoire ; la haute imagination dramatique fit défaut à cet artiste dont un historien local (1) a caractérisé l'indigence à cet égard en disant d'un trait juste, spirituel et acéré : « Gallait a besoin d'une couronne pour créer un roi. » Eh bien ! en dépit de ces légitimes réserves, on ne peut nier l'importance bienfaisante de son action sur l'école belge. Il vit clairement quelle était sa mission d'artiste en renonçant à jamais aux banales et nébuleuses conceptions de la mythologie classique pour ne demander d'inspiration qu'à l'histoire nationale, histoire, à la vérité, prodigieusement fertile en grandes et salutaires émotions. D'autre part, il se fit par un éclectisme intelligent une technique d'une habileté prodigieuse, condamnable même, si l'on veut, par l'abus des procédés négatifs de toute simplicité, de toute naïveté. Et cependant de quel droit se montrerait-on sévère ? N'est-ce pas lui, en effet, qui de cette façon enseigna à l'école belge son métier, où elle est habile entre toutes les écoles, et pour ainsi dire sans rivale ?

C'était désormais un fait acquis : par Wappers, par Gallait, la Belgique avait renoué avec la tradition fla-

(1) M. Louis Pfau dans son remarquable volume d'*Études sur l'art*, œuvre d'artiste, de critique et de penseur.

mande de Rubens et de son école, latinisée, adultérée
par un mélange d'éléments espagnols et italiens. Mais, à
tout prendre, on n'avait substitué à la convention de l'a-
telier de David qu'une autre convention plus légitime et
de meilleur aloi. Peut-être alors la pratique de l'art était-
elle plus forte qu'en France (voyez Paul Delaroche, Ary
Scheffer); mais elle payait cette supériorité d'un prix
très-élevé. « Si les Belges devançaient les Français, dit
M. Louis Pfau, dont j'aime à citer le témoignage impar-
tial, c'était aux dépens de l'originalité, et le point de départ des deux écoles est dans l'ensemble de leur travail,
encore aujourd'hui très-visible. La peinture flamande
possède une technique complète, et plus d'un élève de
l'Académie d'Anvers peint avec une sûreté et une dextérité que l'on chercherait vainement, non-seulement en
Allemagne, mais chez une grande partie des artistes
français. En y regardant de plus près cependant, on s'a-
perçoit que cette belle couleur est obtenue à trop bon
marché et que c'est plutôt l'habileté apprise qui conduit
le pinceau que le sentiment personnel. » Aveu précieux,
constatation importante, qui nous expliquera la nouvelle
transformation de l'école.

Avant d'étudier cette transformation dont nous sommes
les témoins et dont les résultats figuraient au Champ de
Mars, il nous faut compléter en quelques mots le tableau
des tendances manifestées par les peintres belges, après
David. Nous avons vu la renaissance de la tradition flamande dans la peinture d'histoire. Un autre groupe de
peintres fit revivre la même tradition dans la peinture
de genre. Braeckeleer, le chef de cet autre mouvement,
le contint, — comme Wappers et Gallait avaient contenu
le premier — dans les bornes étroites de l'imitation.

Comme la couleur et l'exécution, les sujets de la peinture flamande restaient également dans la tradition ; c'étaient les éternels fumeurs, joueurs et buveurs ; nulle part une idée ou un sentiment. Ceci, poursuit M. Pfau, s'est amélioré dans ces derniers temps ; mais il n'est pas rare qu'un tableau français, même à moitié réussi, offre par son originalité plus d'intérêt que ces habiles peintures flamandes, malgré leur aspect d'œuvre accomplie. « Ici l'école parle, et là l'individu. »

Dans l'histoire comme dans le genre, l'école belge était donc condamnée à s'éteindre rapidement si elle ne remédiait promptement au mal, si elle ne se renouvelait à des sources plus fécondes, si par quelque audace elle ne reconquérait l'originalité.

Un grand effort en ce sens fut fait par un homme dont la mémoire reste livrée à toutes les contestations. Je me hâte de dire qu'à mon extrême regret, je ne puis me prononcer, les œuvres de ce peintre n'ayant jamais franchi la frontière. Il se nomme Wiertz. Je n'en parle que par ouï-dire et par ce que j'ai lu sur lui. A le juger d'après ces témoignages, sa personnalité était toute d'exception. Je me le figure, avec toutes les différences de génie natif, comme une sorte de Chenavard flamand. Il est penseur avant d'être peintre. Il met au-dessus de l'idée plastique l'idée spéculative. Malgré une science technique généralement reconnue, comme il exigeait de son art autre chose que ce qu'il lui appartient d'exprimer, Wiertz fut toujours impuissant à se satisfaire et à satisfaire le spectateur. Il a soulevé de violentes critiques et des admirations enthousiastes. Mais ses colossales tentatives demeurèrent isolées : sublimes ou ridicules dans leur résultat, mais à coup sûr intéressantes à observer, elles étaient trop en dehors des conditions normales de l'art pour exercer sur l'ensemble de l'école une influence pernicieuse ou salutaire. Nous n'avons donc pas à nous occuper de Wiertz plus longuement.

Les préliminaires de notre étude sur les peintres belges sont posés. Nous savons en présence de quels périls ils se trouvaient et quel but s'offrait à leur activité; l'exposition du Champ de Mars va nous montrer comment ils ont évité les dangers et atteint le but.

II

LE NÉO-GERMANISME

MM. Leys, Lies, Albert et Julien de Vriendt.

Nous avons montré l'école belge désireuse d'échapper
à l'étreinte des enseignements de Louis David, cherchant
tout d'abord le salut en se rejetant à deux cents ans en
arrière dans la tradition des grands Flamands du quinzième siècle. Nous l'avons vue s'instruire fortement à ce
contact et, par cette étude des maîtres nationaux, acqué-
rir une connaissance approfondie des ressources techniques de l'art de peindre. Satisfaite de cette première
acquisition, elle parut un instant vouloir s'immobiliser à
cette date comme à un point d'arrêt définitif. Elle s'ou-
bliait dans cette formule — non trouvée, mais retrouvée, — comme si, dans l'ordre des manifestations esthétiques, le règne des formules n'était point la léthargie
même.

Une formule de mécanique peut suffire aux exigences
de la machine humaine pendant de nombreuses années ;
pendant des siècles, tel ou tel levier se transmettra de
générations en générations et sera par chacune d'elles

accepté avec reconnaissance ; une formule d'art, non
pas. Les besoins de la matière ont leurs limites relatives ;
ils ne s'accroissent que lentement au cours des civilisations plus ou moins actives en leur ingéniosité ; il n'en
est pas de même des exigences de l'esprit ou de l'âme.
L'esprit créateur, dégagé des entraves matérielles, ne se
satisfait point si aisément, ses aspirations n'ont de bornes
que l'infini ; aussi l'immobilité équivaut-elle pour lui au
néant et exige-t-il un renouvellement perpétuel. Or,
dans les arts, chaque maître épuisant à jamais la forme
qu'il a donnée aux conceptions de son génie, cette forme
demeure comme un corps sans âme aux mains de ceux
qui la reprennent après lui.

Ne nous étonnons point cependant que les maîtres
exercent une telle fascination autour d'eux, et qu'il se
lève sur leurs pas tant d'imitateurs. Ceux-ci pour la plupart sont de bonne foi. Séduits à un double titre, comme
hommes, comme nous tous d'abord, puis comme artistes, par d'immortels accents exprimés en un langage
magnifique, ils attribuent une puissance supérieure, pour
ainsi dire magique, à la formule dont l'homme supérieur
s'est servi. Ils la recueillent pieusement, l'analysent, se
la rendent familière, et s'essayent à lui faire rendre ces
mêmes élans, ces mêmes passions, ces enchantements et
ces visions qu'il avait, lui, puisés dans son âme et transmis à ses frères. Ils confondent seulement le moyen de
transmission, créé par le dieu pour les besoins de sa
pensée, avec cette divine faculté de penser.

Les Maures d'Espagne n'avaient-ils pas sillonné le sol
de canaux dont les eaux vives fécondaient tout le pays ?
Les canaux subsistent, mais, les sources taries, la terre
d'Espagne est retombée dans son aridité première. Même

déception pour les imitateurs, pour les élèves, pour les écoles.

La formule, sublime chez celui qui le premier l'avait mise en œuvre, reprise ainsi, reste muette. N'étant plus une émanation spontanée, directe, nécessaire, d'une personnelle inspiration, elle n'éveille plus aucun écho dans les régions élevées de la sensibilité humaine. Ce qu'on peut lui concéder, c'est qu'elle réussit parfois à solliciter les petites facultés de réflexion et de combinaison propres à l'intelligence, fonctions inférieures dans lesquelles les sens ont leur part comme au spectacle d'un jeu d'adresse. Ce sont là tours de souplesse désormais et d'habileté, dont le seul mérite est d'évoquer le souvenir de grandes éloquences sans lendemain. Au total, déception énorme pour les pauvres gens qui avaient relevé, pleins de folles espérances, l'instrument échappé des mains du maître et qui se trouvent n'avoir ramassé qu'un grelot vide, une feuille sèche au lieu d'une pièce d'or.

De siècle en siècle, et plusieurs fois par siècle, la leçon se renouvelle. Elle est donnée par les faits publiquement et durement, et toujours en vain pour les esprits moyens. Ils comprennent et approuvent le châtiment infligé à ceux qui les ont précédés dans cette voie de l'imitation, et à leur tour ils s'y engagent. Les exemples abondent ; l'exposition belge au Champ de Mars nous en fournit un des plus éclatants.

Un homme, un peintre, M. Leys, d'Anvers, avait senti le péril que courait la jeune école flamande à s'attarder dans les routines de ce qui avait été la tradition de Rubens. Il avait réfléchi, en outre, que Rubens, tout admirable qu'il fût, avait composé son immense talent d'éléments divers, souvent étrangers aux origines locales ; *il*

avait compris que l'œuvre du maître était un résultat et
non un point de départ : vue très-juste et aussi très-
étroite, puisqu'elle ne portait que sur la formule de
Rubens, et nullement sur son génie. Le danger mesuré,
il résolut d'y échapper. Il se dit que les origines de l'art
flamand étaient purement germaniques, et dès lors il
crut avoir trouvé le moyen de salut ; évidemment, selon
lui, chez Wappers, chez Gallait, dès qu'ils remontaient
le cours des siècles, l'erreur avait été de s'arrêter à
l'école de Rubens ; il fallait reprendre la tradition directe des Van Eyck, des Memling, des Albert Dürer et
des Holbein. C'est ce que fit... je me reprends : c'est ce
que tenta M. Leys. Nous allons voir comment il conduisit cette tentative et ce qu'elle a produit.

Rappelons-nous, au préalable, — car il le faut pour
juger l'effort de M. Leys en toute connaissance de cause,
— rappelons-nous ce qu'était l'art des anciens peintres
allemands. Avec une touchante naïveté, ils observent et
prennent pour modèle absolu, unique, la réalité des
formes au milieu desquelles leur vie s'écoule. Leur idéal
n'est point, comme l'idéal grec et latin, un idéal plastique. Ils ne visent pas à la beauté corporelle, composée,
construite de réalités choisies, modifiées, rectifiées, ramenées à la correction, au type qu'un Phidias, un Raphaël réalise d'après sa conception intérieure. Pour eux,
la réalité telle quelle, avec ses minuties dans le paysage,
avec ses altérations, avec ses difformités causées chez
l'homme par l'usage de la vie dans l'exercice des professions spéciales, avec leurs beautés aussi, quand elles se
trouvent là, par hasard, sous leurs yeux : voilà les signes
de l'art. C'est un alphabet dont ils combineront les caractères à l'infini pour leur faire exprimer leur idéal. Or,

cet idéal, — non plastique, — est tout d'expression et
de sentiment. Comme moyen d'expression, ils trouvent
la physionomie ; comme moyen de sentiment, ils trouvent
la couleur.

Entrez dans la galerie belge, arrêtez-vous devant les
tableaux de M. Leys, et, en effet, vous reconnaissez ces
moyens pittoresques des vieux maîtres allemands : minutie d'exécution, nulle recherche de beauté plastique,
physionomie des têtes, beauté de la couleur. En con-
cluerons-nous que M. Leys continue les traditions germaniques? Ne nous hâtons pas trop et examinons encore
s'il a rempli, en effet, toutes les conditions du programme qui s'imposait naturellement à un continuateur,
c'est-à-dire à l'homme qui prolonge le chemin frayé par
ses devanciers et ne se contente pas, comme l'imitateur,
de parcourir ce chemin à nouveau. Je regarde et m'aperçois que, dans ces tableaux de M. Leys, les fonds, les
costumes, les têtes, les expressions, tout, jusqu'au sentiment, est directement inspiré de l'œuvre de ces anciens
maîtres. Sans doute tout cela est repris avec une réelle
puissance d'originalité individuelle, la main est plus
sûre, sinon plus savante, la composition plus régulièrement équilibrée, l'invention des motifs est bien personnelle au peintre ; et je suis à mille lieues de voir là une
série de pastiches. Mais qu'est devenue l'opiniâtre observation de la réalité, où est la preuve — sinon de la naïveté — la preuve de la sincérité de l'artiste? Tout me
met en garde contre cette sincérité (non d'action, mais
de conviction).

Je sais trop que Van Eyck, que Memling, que Dürer
et Holbein ouvraient leurs yeux sur le monde vivant et
point ou peu sur le monde figuré des peintres, leurs de-

vanciers. Oui, ils avaient vu, étudié les peintures primitives, mais à titre d'exercice graphique seulement. Et
une fois maîtres de leur pratique, de leur métier, maîtres
de leur instrument (pour employer un mot plus noble),
est-ce qu'ils ont jamais songé à traduire leurs propres
émotions autrement qu'en empruntant à l'immense nature, et uniquement à elle, les éléments caractéristiques
dont ils avaient besoin pour former leurs symboles?

Véritablement en ce siècle le sens primitif, sain et
droit des moyens de l'art paraît perdu. A quelques exceptions, à quelques efforts près (et généralement fort
mal accueillis), nos artistes les mieux doués paraissent
pervertis par une éducation excessive et mal conduite.
Paralysés dans leur libre fonction par une érudition indi-
geste, ils se détournent en aveugles du principe élémentaire de leur art. Quel principe offrait moins de prise à
l'erreur, pourtant! Et comment l'oublie-t=on dans sa
simplicité si invitante! Serait-ce donc que nous avons
tout changé, et en serait-on arrivé déjà à professer que
l'art n'a plus pour moyens d'expression l'imitation des
formes *naturelles* combinées par l'artiste au gré de son
émotion? Faut-il désormais inscrire en tête des *traités de
peinture* et des *cours de dessin* que la nature est suppri-
mée et que l'artiste doit se renfermer étroitement dans
l'imitation des artistes du passé? Je sais bien qu'en général l'enseignement ne procède point d'autre façon; mais
il n'est pas un peintre qui osât soutenir, qui osât seulement énoncer le principe faux qu'il met en pratique
constante, et sans le moindre remords... mieux que cela,
croyant bien faire et s'approcher ainsi de la perfection.

— Y tient-on? Je ne contesterai rien de leur habileté, à
ces artistes qui déplacent ainsi le centre d'observation

légitime, et, pour en revenir à l'école belge, je ne veux rien diminuer du talent de M. Leys. Mais je dirai pourtant que j'aimerais mieux moins d'expérience et plus de spontanéité, moins de talent et plus de sincérité; j'ajouterai même que, dût-elle moins bien servir l'observation directe de la nature et l'inspiration originale, quelque maladresse naïve et de bonne foi me toucherait beaucoup plus que tant d'adresse. Et pourquoi? Parce que tous ces mots, *adresse, habileté, talent,* ne se rapportent qu'aux très-petits côtés de l'art, les premiers et indispensables assurément, puisqu'ils donnent à l'artiste la liberté de s'exprimer pleinement, mais les plus misérables aussi, lorsqu'ils ne servent qu'à dissimuler le néant de l'inspiration, à faire illusion sur le vide de la pensée créatrice. Et combien ne devons-nous pas déplorer de voir des intelligences suffisamment ouvertes, des tempéraments suffisamment organisés pour mettre en œuvre les éléments naturels, s'asservir ainsi, par erreur de calcul, à la lettre morte de traditions dont l'esprit serait encore si vivant et si fécond.

L'étude de l'art européen, tel qu'il s'offre à nous en ce moment, est vraiment bien faite pour nous plonger dans les étonnements les plus singuliers, et — si nous ne tenions ferme — pour nous troubler en nos convictions les plus chères. Je serais heureux que le lecteur sympathique, attentif, en fît avec moi l'observation et qu'il reconnût aussi que, à l'analyse et à la longue cependant, les erreurs des diverses écoles l'une par l'autre se font jour.

Nous avons patiemment recherché, puis développé le principe sur lequel repose le système de l'école préraphaélite en Angleterre; reconnaissez qu'au premier aspect ce principe paraît le même que celui du néo-germanisme inauguré par M. Leys, en Belgique. Comment se fait-il donc que ce qui a si pleinement réussi à Anvers ait si complétement échoué à Londres? Ici comme là, on repoussait avec la même ardeur les traditions des grandes écoles à l'heure de leur épanouissement splendide ; on supprimait là Rubens, ici Raphaël, pour renouer le fil bien au delà, aux demi-primitifs, à Van Eyck, à Pérugin. La tentative de M. Leys a fait une fortune rapide dans l'opinion publique, celle de MM. Rossetti, Hunt et Millais a misérablement avorté. Et nous venons d'affirmer que le principe de M. Leys — comme chef d'école au moins — était erroné, tandis qu'au contraire nous avons suivi récemment l'effort des préraphaélites avec la sollicitude que nous inspirait la justesse de leur principe.

Ceux-ci, selon notre opinion, avaient saisi admirablement l'esprit de vie que contenait l'art des primitifs italiens ; M. Leys, avons-nous dit, n'a recueilli que la lettre morte dans l'art des primitifs allemands. D'où vient donc et cet échec et ce succès, évidemment en égale contradiction avec l'équité générale ? Aurions-nous ici la prétention d'avoir raison seul contre tous? Nullement, et ces erreurs de l'opinion qui nous paraîtraient choquantes, si l'on n'allait point au fond des choses, si l'on n'en démêlait pas les motifs irrésistibles, doivent s'expliquer. — Elles s'expliquent, en effet, et même se justifient.

Les théories très-élevées, très-vivantes et pleines d'avenir du préraphaélisme anglais ont échoué parce que le talent des hommes qui les ont appliquées était d'une flagrante infériorité, parce que leur instrument, incomplet, tenu par des doigts malhabiles, a trahi la générosité de leur pensée.

La théorie du néo-germanisme, très-étroite, dépourvue d'avenir et de vie, a réussi grâce au talent supérieur,
à l'extrême habileté de l'homme qui l'a mise en œuvre,
grâce à la perfection de son instrument et à la dextérité
du virtuose qui le maniait.

Mais, triomphe ou chute, cela n'entame en rien la
question de principe. Ce n'est pas la première fois en ce
monde qu'une bonne cause aura été perdue par un
mauvais avocat, une mauvaise cause gagnée par un plai-
doyer éloquent.

Et maintenant, qu'on ne me sache pas mauvais gré
d'avoir si longuement discuté l'effort de M. Leys. Je
m'élève ici seulement contre l'importance excessive
qu'on accorde au néo-germanisme, et nullement contre
l'œuvre individuelle de l'artiste. En effet, nous mettrons
toujours à défendre les droits de la libre action chez
l'homme de talent la même énergie qu'à combattre les
tendances qui, sans péril pour un seul, sont un péril
grave dès qu'elles se généralisent. Or, M. Leys, chef
d'école, a reculé la borne qu'avaient posée Wappers et
Gallait; mais, pour avoir été déplacée, la borne n'en
reste pas moins en travers du chemin, barrant le champ
de l'observation directe.

Peintre de genre historique, au contraire, M. Leys a
pénétré avec une perspicacité, exquise bien souvent, le
sens intime de l'histoire. Il nous transporte à l'aide de
conventions habiles dans ce monde des anciennes chroniques flamandes, monde de douce intimité au dedans,
de pompe et de vaillance au dehors. Il fait et refait à sa
façon ce que font pour d'autres civilisations quelques-
uns de nos propres poëtes, nos Leconte de Lisle et nos
Flaubert, un archaïsme savant et cependant animé,

presque vivant, une restitution de milieux et de personnages oubliés, qu'une grande souplesse de main, diri-
gée par une riche imagination, peut seule mener à bon
terme.

A ce point de vue, on ne saurait trop louer, parmi les
tableaux exposés par M. Leys, celui qui représente l'ar-
chiduc Charles, âgé de quinze ans (plus tard Charles-
Quint), prêtant serment entre les mains des bourg-
mestres et échevins d'Anvers; deux autres toiles encore :
l'*Institution de l'Ordre de la Toison-d'Or* et le
Conciliabule du temps de la Réforme. En cette dernière œuvre se manifeste la supériorité avec laquelle
M. Leys comprend et rend l'intimité épisodique des anciennes époques.

Ce que nous admirons également chez M. Leys, c'est
sa conscience d'artiste, son amour de la perfection, le
respect scrupuleux de son œuvre, sa haine des négligences qu'on dit affectées et qui le plus souvent servent
trop bien à dissimuler l'ignorance. Le peintre d'Anvers
pousse même le scrupule si loin que, dans son application à *finir* chaque détail avec un soin jaloux, il imprime
parfois quelque dureté à sa peinture. Légère faiblesse,
en somme; elle ne porte pas atteinte à l'harmonie générale des ensembles chez M. Leys qui, là, triomphe avec
une adresse remarquable des difficultés que semblerait
lui imposer la minutie de son procédé.

A la suite de M. Leys, un groupe d'artistes belges
s'est précipité dans la néo-germanisme. L'un des plus
célèbres après le maître, M. Lies est mort. Il avait plus
de fougue, plus de mouvement, quelque lourdeur aussi,
et il s'était montré un émule dans la même direction
plutôt qu'un imitateur. Je ne le nomme que pour mé-

moire, car il n'y a aucun ouvrage de cet artiste au Champ de Mars. Après M. Lies pourraient figurer à un rang honorable M. Julien de Vriendt, auteur d'un *Cantique de Noël*, pénétré de grâce mystique, et plus encore M. Albert de Vriendt, qui a composé avec une rare ingéniosité son tableau de *Saint Luc peignant la Madone*. Et ensuite? Plus un nom. — Revenant donc à M. Leys, je conclus.

L'habile artiste a eu, en ce qui le touche très-étroitement, de légitimes triomphes. Il a mis ses dons de coloriste, sa science de dessinateur, l'ampleur et la souplesse de son pinceau au service de sa délicate intuition du geste et de la physionomie. Mais il a eu le tort absolu de regarder derrière et non autour de lui, de rechercher le passé, le fait accompli, déjà exprimé, non le présent, non le fait qui s'accomplit et dont l'expression n'était pas fixée.

Aussi son influence, en réalité, est-elle nominale plutôt qu'effective. C'est qu'il y a en Belgique comme en France un autre courant plus fort qui détourne les esprits des archaïsmes stériles pour les rejeter vers la réalité féconde. Non pas que nous n'ayons dans ce nouvel ordre d'efforts bien des défaillances à constater, bien des égarés à compter. Au moins aurons-nous avec ces derniers la consolation de savoir qu'ils ont entrevu la lumière. Or, si lente que soit leur marche désormais, ils ne peuvent reculer ni faire reculer l'école.

Car c'est là ce qui doit dominer tout le débat sur M. Leys.

Individuellement, son grand talent le met hors de toute discussion.

Mais : — n'est-il qu'une exception, un fantaisiste de pa-

tience et d'érudition, isolé dans son œuvre, sans action
sur ses contemporains? nous l'applaudissons, et célébrons
ses rares mérites !

Chef d'école, au contraire, nous le condamnons sans
réserve !

III

LE RÉALISME

MM. de Groux, F. Pauwels, A. Cluysenaar, Verlat; de Winne,
madame O'Connell, MM. Robert, E. Smits.

Le néo-germanisme de M. Leys devait nécessairement amener une réaction. Cette réaction devait, de toute
nécessité aussi, prendre le drapeau du *réalisme*. Le mot,
parti de Paris, franchit donc la frontière de Belgique.
On tomberait dans une complète erreur cependant si
l'on confondait le réalisme belge avec le réalisme français. Ils n'ont, en réalité, de commun que le nom.

En France, le mouvement dont M. Courbet a eu l'initiative, s'appuie systématiquement sur la négation de
l'idéal, négation sans valeur et purement théorique. En
dépit de leurs affirmations absolutistes, en effet, nos
réalistes s'élèvent, Dieu merci, au-dessus de la peinture
en trompe-l'œil. Or, il n'y a évidemment que ce genre
de peinture dans lequel l'idéal ne puisse entrer pour
rien. Dès qu'il y a interprétation dans l'œuvre d'un
peintre, l'artiste a beau s'en défendre, il fait fonction
d'idéaliste. Mais laissons cela. Le parti pris qui se dégage le plus clairement du réalisme français étudié dans

ses œuvres, c'est l'observation directe de la nature : en cela, il est fort louable ; mais c'est aussi le renoncement rigoureux à l'interprétation des faits du domaine historique et du domaine de l'imagination. Nos réalistes sont assurément bien libres de se cantonner dans un cercle limité, dans la représentation exclusive des scènes et des sites qu'ils peuvent rencontrer familièrement. Ils usent en cela d'un droit tout à fait compatible avec le respect scrupuleux des lois essentielles de leur art. Mais il y a loin du libre exercice de ce droit fort légitime au rigorisme de leurs professions de foi qui prétendent ériger ce parti pris exclusif en principe, qui ne vont à rien moins qu'à condamner et à rejeter hors de l'action de l'artiste tout ce qui n'est pas immédiatement moderne, précisons davantage, tout ce qui n'est pas actuel.

Le réalisme belge s'est montré moins étroit. Je ne compare ni ne discute en ce moment la valeur des ouvrages produits dans l'un et l'autre systèmes, je rapproche uniquement les théories des deux écoles. Eh bien ! sur ce terrain nous sommes forcés de constater que l'école rivale de la nôtre a fait preuve d'un esprit plus large et manifesté des tendances plus hautes.

Le chef du mouvement réaliste en Belgique, M. Charles de Groux, est supérieur, à mes yeux, par cela seul qu'il n'a point donné pour base à sa tentative une négation. Il a su affirmer un droit nouveau, sans rien proscrire des acquisitions du passé. Il ne repousse aucune tradition, mais il fortifie singulièrement ce qu'il peut devoir à la tradition en le contrôlant attentivement à l'aide de la nature. Il a recueilli avec joie la somme de procédés que le passé lui avait légués, pour y choisir un instrument éprouvé et obéissant. (Nos réalistes ne sauraient le nier :

eux-mêmes n'ont point fait autre chose.) Cet instrument
formé, quel parti M. de Groux en a-t-il tiré? Nous le
voyons tour à tour traiter des sujets d'histoire et des sujets empruntés à la vie de tous les jours, ceux-ci reproduits d'après nature, sans grand artifice de composition
apparent; tels sont les trois tableaux exposés au Champ
de Mars : l'*Hospitalité*, l'*Aumône*, la *Visite du méde-
cin*. Mais auprès de ces productions dont les motifs ne
seraient point désavoués par le réalisme français, nous
voyons aussi M. de Groux composer de grands tableaux
du genre historique, comme les *Bourgeois de Calais
devant Édouard III*, et comme la *Mort de Charles-
Quint*.

En quoi consiste donc le réalisme de M. de Groux ?
Par ce dernier choix de motifs, il se rapproche de Gallait, un peu par le caractère même des motifs, un peu
aussi par l'exécution, et cependant il est également très-
personnel. Son effort propre a eu pour objet l'expression par la couleur. A ce point de vue, il a été utile et
de bon exemple. Les artistes arrivent assez aisément
à se créer un dessin qui leur appartienne et dégagé
d'une convention trop choquante; leur coloration, au contraire, est généralement factice. Le réalisme de M. de
Groux est donc principalement le réalisme de la couleur, mais très-largement entendu ; et là encore il fait
la part belle à l'idéal. Il lui accorde une importance capitale dans la conception de l'œuvre. Il n'associe point
les tons entre eux uniquement pour le plaisir des yeux,
il leur donne un rôle dans l'action, il tient à ce que, par
l'ensemble, la couleur contribue à l'émotion, et, dès le
premier coup d'œil, à ce qu'elle indique au spectateur le
sentiment général de gravité, de deuil ou de joie que

comporte le sujet adopté par lui. On sait quelle puissance d'action le génie d'Eugène Delacroix a trouvée dans la couleur; c'est à cette puissance que vise M. de Groux, mais avec des procédés plus voisins de la réalité que le maître français et aussi d'une moindre magie.

Maintenant, il faut bien le dire, l'expression obtenue par la couleur laisse les choses dans le vague et sacrifie singulièrement l'expression purement plastique, si précise. Le dessin écrirait la pensée plus clairement et d'une façon bien plus durable. Le réalisme belge incline vers les séductions faciles qui firent le charme et aussi la faiblesse de quelques-uns de nos peintres romantiques (Louis Boulanger notamment). Sans doute, par son étude de la réalité il échappe à l'excessive fantaisie; mais, par son amour des ensembles harmonieux et par son culte de la couleur, il arrive souvent aussi qu'il se contente trop aisément de la première impression, et qu'au lieu d'une œuvre achevée il se considère comme quitte et se tient pour satisfait quand il a jeté sur la toile une belle ébauche. C'était une faiblesse. Un jeune artiste, M. Pauwels, reprenant l'œuvre de M. de Groux, a voulu et su s'en défendre.

M. Ferdinand Pauwels me paraît appelé à prendre rang dans l'école belge auprès des plus illustres. Il a vu les lacunes du réalisme, mesuré l'esprit rétrograde du néo-germanisme et il a su très-habilement éviter le double écueil. Il réunit la précision et la justesse expressives du dessin à la sincérité et à la richesse d'effet que l'école de M. de Groux poursuit par l'étude de la nature et par l'emploi des heureux dons de coloriste qui se perpétuent chez les Flamands. Il consacre son jeune et ferme talent aux grands faits de l'histoire nationale. Ici

6

ce sont *les Gantois devant Philippe le Hardi*. La défaite et la mort de Philippe d'Artevelde, on le sait, n'avaient pas abattu leur fierté. « Es parlemens, selon l'expression de Froissard, on les trouva aussi orgueilleux que s'ils eussent tout conquesté et eu à Rosebecque la journée pour eux. » Au moment de conclure la paix de Tournai, qui confirmait toutes les vieilles franchises flamandes, le duc de Bourgogne avait mis pour condition à la signature du traité que les Gantois s'agenouilleraient devant lui en reconnaissant leurs torts et en implorant sa merci. Tout allait être rompu, disent les historiens, lorsque la duchesse de Brabant et la comtesse de Nevers se jetèrent aux pieds du duc, en s'écriant que c'était au nom des Gantois qu'elles faisaient appel à sa générosité. La duchesse Marguerite, quittant elle-même le trône qu'elle occupait, s'agenouilla à leur exemple, et Philippe le Hardi se déclara satisfait, tandis que les députés de Gand assistaient debout et muets à cette scène.

Nous nous méfions en général des sujets compliqués qui nécessitent un commentaire et ne s'expliquent pas d'eux-mêmes. Cependant il faut bien reconnaître à un peuple le droit de fixer par les moyens de l'art le souvenir des événements glorieux de son histoire. L'inconvénient, sensible surtout pour les étrangers, ne l'est pas ou l'est beaucoup moins pour les nationaux. Je dois dire à l'éloge de M. Pauwels que dans ce tableau il a composé son sujet de manière à le rendre intelligible à tous. Non que chacun puisse mettre les noms sur les masques; mais les attitudes éloquentes des différents groupes et le jeu de physionomie des personnages traduisent suffisamment le caractère essentiel du motif.

Il n'en est pas de même dans le *Retour des proscrits*

du duc d'Albe; on y assiste à un débarquement ; mais évidemment l'idée de proscrits rentrant dans leurs foyers après le départ de leurs persécuteurs échappait aux moyens de l'art. J'en dirai autant de la composition représentant la veuve de Van Artevelde. Quel est le sujet? Le grand citoyen, le libérateur de Gand, Jacques Van Artevelde a été massacré par le peuple dans un moment d'aveuglement fatal. Peu de temps après, la ville, cernée par Louis de Male et par les nombreux chevaliers français qu'il avait à sa solde, se trouvait dans la plus affreuse détresse. Les magistrats invoquent le patriotisme des citoyens. La noble veuve de Jacques d'Artevelde, portant encore le deuil de l'illustre défenseur des libertés communales, répond la première à l'appel de la ville menacée et apporte ses trésors pour sauver ce peuple qui venait de la frapper si cruellement.

Eh bien ! je dis que la beauté d'un tel fait ne peut être interprétée par la peinture. L'idée d'héroïsme qu'il éveille en nous ne se traduit point par l'action. Déposer ses bijoux pour la défense de la patrie, même lorsqu'on est sous le coup d'une affliction cruelle, est un devoir pour ainsi dire élémentaire. Le sacrifice ne prend son caractère d'exception si touchant que par la situation où se trouve la veuve d'Artevelde. Or, quelque intelligence que l'artiste déploie dans une composition de cette nature, il n'a aucun moyen de désigner l'individualité de la figure principale qui peut être une veuve quelconque, aucun moyen d'indiquer que le mari de cette femme a été tué par ceux-là mêmes au salut desquels elle vient concourir.

La Vocation de sainte Claire, un peu moins énigmatique, présente encore bien de l'ambiguïté. Mue par

un profond sentiment de piété, sainte Claire se décide à
prendre l'habit de pénitente. Elle quitte furtivement la
maison paternelle pour accomplir son dessein. Sa fuite
met sa famille dans une extrême perplexité; tout le
monde s'intéresse au malheur qui frappe ses parents; le
père, la mère, tous se décident à aller chercher sainte
Claire au couvent des Bénédictines, à Assises, où elle se
tenait cachée. Au moment où la foule fit irruption dans
l'église, elle était en prières; voyant ses parents à la
tête de tout ce monde Claire comprend leur intention;
elle invoque le ciel, monte résolûment les marches de
l'autel et, posant sa main droite sur la nappe, déclare
que nul ne saurait l'arracher au service de Dieu. — Le
geste de la sainte et l'attitude des assistants sont vainement traduits avec une réelle entente de la physionomie.
Le motif ne s'explique que par la légende écrite et,
dans cet ordre de sujets où se plaît M. Ferdinand Pauwels, l'artiste ne peut espérer atteindre à une parfaite
clarté qu'en revenant au procédé naïf des peintres primitifs qui attachaient aux lèvres de leurs personnages
essentiels de longues banderolles où étaient tout simplement écrits les discours qu'il étaient censés tenir.

Notez que si j'insiste ainsi, la critique porte tout
entière sur le genre adopté par M. Pauwels et peu ou
point sur l'artiste qui, autant que cela est possible, sauve
à force d'intelligence et de talent ce qu'il y a de trop
spécial en cette sorte de sujets. Mais pourquoi se faire
illusion sur les ressources du genre historique? Légitime
à titre d'*illustration* locale, il perd, en raison même de
ce qu'il s'adresse à un public nécessairement restreint,
le plus beau privilége de l'art. Ce qui fait des arts plastiques (comme de la musique) une des plus précieuses

manifestations de l'esprit humain, n'est-ce pas précisément qu'ils sont le seul moyen qui permette aux peuples les plus éloignés par le temps et par l'espace, d'échanger leurs sentiments et de se communiquer leurs émotions? Le genre historique a donc cette infériorité sur tous les autres genres, qu'il rapetisse une langue universelle aux mesquines proportions d'un idiome local.

Nous sommes donc autorisé à regretter que M. Pauwels se tienne trop exclusivement dans un cercle de compositions si étroit. Loin de nous la pensée de lui interdire à jamais de rentrer dans le genre historique : il y excelle, et ses compatriotes ont le droit de lui imposer l'usage, à leur profit, des qualités élevées qu'il a déployées dans cet ordre; mais la supériorité de son talent doit faire désirer qu'il se décide à aborder aussi des sujets d'un intérêt plus général.

La légende biblique et chrétienne échappe seule dans l'ordre historique aux inconvénients que nous venons de signaler; elle est devenue pour ainsi dire universelle dans le monde moderne, et tous les peuples civilisés la connaissent familièrement. Aussi a-t-elle de tout temps alimenté de motifs généraux l'imagination des artistes.

On aura remarqué en effet, au palais des Champs-Élysées, une composition extrêmement importante de M. Alfred Cluysenaar, de Bruxelles, un motif tiré de l'*Apocalypse* de saint Jean, source d'inspiration inépuisable pour les artistes doués de quelque imagination et d'une certaine puissance d'exécution. Le peintre a interprété la vision des *Quatre Cavaliers*. Armés de l'arc, de l'épée, de la balance et de la faux, déchaînés sur le monde, ils accomplissent leur mission exterminatrice, foulant du sabot de leurs chevaux la moisson humaine courbée sous

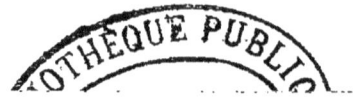

le vent de l'épouvante, renversée par une effroyable
terreur avant même d'être atteinte. Sans doute M. Cluysenaar a fort à faire encore, son dessin n'est pas toujours
d'une correction irréprochable. Cette énorme toile est
peinte à la façon d'une esquisse colossale. Mais le souffle
y est, l'impression est restée large et profonde en ces
dimensions exceptionnelles, le mouvement est grand,
libre, plein d'audaces, la coloration générale puissante.
Si l'œuvre n'est pas définitive à ce premier degré d'avan-
cement, elle est certainement d'un peintre fortement
doué et capable de concevoir comme d'exécuter de grandes
œuvres.

M. Charles Verlat, un peintre fort épris de réalité
pourtant, n'a pas craint de puiser à la même source. En
cela, le réalisme belge, je l'ai déjà dit et je tiens à le
répéter, montre qu'il a l'angle de vision intellectuelle
plus ouvert que ne l'ont nos réalistes français. M. Verlat
a donné des gages non encore oubliés de sa prédilection
pour les choses du réel et de l'actuel. Son nom a été
tout de suite célèbre en France, lorsqu'on ouvrit les
portes du Salon de 1857. Il avait envoyé au palais des
Champs-Élysées ce fameux tombereau de pavés traîné
par des chevaux de grandeur nature, sous la conduite
d'un charretier en blouse bleue faisant claquer son fouet.
Il était difficile de pousser plus loin l'application des
théories du réalisme français. Disons, pour expliquer ce
tableau qui souleva tant de critiques, qu'il avait été
commandé par un homme d'esprit devenu fort riche et
qui avait voulu fixer ainsi, pour lui, un souvenir de son
premier état. L'œuvre était destinée à occuper le fond
d'une vaste salle de billard à la campagne. Je tiens à
donner cette explication, qui enlèvera peut-être aux yeux

dés réalistes farouches beaucoup du mérite d'initiative qu'ils avaient acclamé chez M. Verlat, mais qui enlèvera aussi de l'esprit de bien des amateurs cette idée tout à fait fausse que ce courageux artiste n'est et ne veut être qu'un excentrique.

L'exposition de M. Verlat, dans la galerie belge, témoigne au contraire d'un esprit inquiet, cherchant avec patience la voie qui convient à son talent : le *Christ mort au pied de la croix* est et n'est qu'une *académie* sévèrement étudiée ; le tableau de la *Vierge et l'enfant Jésus* révèle un sentiment esthétique plus élevé ; néanmoins il a le caractère qui convient à un oratoire mondain plutôt qu'un aspect profondément religieux. Où M. Verlat affirme ses énergies pittoresques d'une façon supérieure, c'est dans son tableau intitulé : *Au loup !* Un jeune paysan en blouse, armé d'une fourche aux dents aiguës, court sus à la bête féroce qui détale à toutes jambes, non toutefois sans avoir laissé de sanglantes marques de son passage aux flancs d'un énorme chien de ferme. La figure que j'aime le moins dans ce tableau est celle d'une fillette dont la frayeur s'exprime par une attitude qui est de convention chez les ingénues de théâtre. A part cette réserve, l'œuvre est des meilleures ; les animaux surtout sont traités avec une ampleur, une science, une sûreté de main des plus remarquables. M. Verlat complète son exposition par un beau portrait d'un peintre que nous avons nommé dans notre dernier chapitre M. Lies, un des adeptes de l'école néo-germanique, qui est mort en pleine force, en plein talent, il y a peu d'années.

Nous pouvons, je pense, sans que le lecteur s'en plaigne, terminer ce chapitre sur les réalistes, en citant quelques portraitistes distingués. Le portrait, en effet, a pour

principe incontestable l'observation directe de la nature,
relevée par cette pénétration plus profonde du caractère
essentiel de la forme qui constitue l'idéal et que ne repousse point le réalisme flamand : quelques noms de
portraitistes ne seront donc point déplacés dans cette
classification.

Le plus illustre parmi les peintres de portraits en
Belgique est M. de Winne, qui a pris part avec succès à
nos expositions annuelles. Ce qui donne un grand attrait
aux ouvrages de M. de Winne, c'est qu'il sait communiquer la vie à ses personnages, tout en restant très-sobre
dans le geste et très-simple dans sa facture. Le modelé,
parfois un peu lâche, est racheté par l'harmonie de la
coloration et par l'aisance des attitudes, qui imprime à
l'ensemble une distinction facile et naturelle.

Après ceux de M. de Winne, les portraits de madame
O'Connell, d'une coloration puissante, et ceux de M. Robert, d'un dessin serré, savant, méritent une mention spéciale. Enfin je considérerai aussi comme des portraits, pour
les nommer ici, les études d'après nature exposées par
M. Eugène Smits : la *Bague nouvelle* et le *Miroir*.
M. Smits expose aussi une petite réduction de l'excellent
tableau qu'il avait exposé au Salon de 1865, sous le titre
de *Roma*. Études et tableau attestent une organisation
parfaitement douée pour l'interprétation pittoresque de
la réalité. M. Smits est de la descendance de Courbet
par la franchise de sa facture. On a reproché à l'artiste
d'avoir traité dans les dimensions jusqu'ici réservées à
l'histoire un épisode de la vie moderne. Le peintre a-t-il
eu tort? Je ne le crois point. En tous cas, s'il y a une
noblesse des dimensions, une aristocratie du mètre carré
en peinture, il vaut mieux aspirer plus haut que plus bas,

et peindre une scène de genre en homme capable de peindre l'histoire qu'une scène d'histoire en peintre de genre.

Au total, quelle aura été l'action du réalisme en Belgique? Il est venu sans violence réagir contre deux conventions différentes : l'une qui datait de Gallait et qui avait introduit dans l'école un procédé de coloration traditionnelle; l'autre qui date de M. Leys et qui substitue le type pittoresque des anciens maîtres au type individuel que chaque peintre doit former à nouveau d'après les éléments fournis par la nature. Dans cette double lutte, toute pacifique d'ailleurs et trop pacifique peut-être, les réalistes belges ont réussi à mettre en évidence un principe important, celui de l'expression par la couleur. C'est une acquisition de plus dont l'école leur est redevable; ils ont posé une affirmation dont les jeunes peintres de Bruxelles et d'Anvers seront désormais forcés de tenir compte. De cette façon, et par l'effort de chacun, s'accroît de jour en jour la somme de vérités esthétiques qui maintient, qui élève incessamment le niveau de l'art moderne en cette Flandre que le passé fit déjà si riche en grands noms d'artistes.

IV

PAYSAGES ET ANIMAUX

MM. A. de Knyff, J. Kindermans, Lamorinière, Fournois, C. de Cock, Mademoiselle Marie Collart, MM. Clays, A. Verwée, Joseph Stevens.

Si le réalisme belge n'a pas encore justifié jusqu'à ce jour toutes ses prétentions dans l'ordre de manifestations où nous l'avons suivi, dans le genre historique si cher à nos voisins, — on peut affirmer, par contre, qu'il a dans la peinture de paysage et d'animaux tenu et au delà tout ce qu'il promettait. En Belgique comme en France, c'est assurément le paysage qui a le plus largement tiré bénéfice de l'apparition des théories réalistes. Là, nulle déception; par la mise en œuvre de l'esthétique nouvelle, si juste et si féconde en ce point, le succès était infaillible.

L'ennemie de l'homme, en effet, son ennemie si cruelle et pourtant si chère, la nature, est belle par elle-même, et d'une beauté tellement complète, tellement variée dans son unité parfaite, que toute combinaison, que tout artifice calculé par le peintre en vue d'y ajouter se tourne nécessairement dans un sens contraire au résultat qu'il ambitjonnait. Quelque grandes qu'aient été les conceptions de Nicolas Poussin, ses plus nobles pages ne contiennent ni ne rendent la dixième partie de l'émotion qu'éveille en nous le moindre coin de nature, le plus humble, reproduit en ses simplicités exquises dans l'ébauche indécise d'un de nos paysagistes modernes, d'un Corot par exemple. Certes personne ne songe à nier le très-spécial attrait du paysage historique comme le comprenait Poussin ; mais on ne peut se dissimuler que depuis Bernardin de Saint-Pierre, que depuis Rousseau, nous interrogeons la nature autrement que ne le faisait le siècle de Louis XIV.

Le maître français a réalisé, en interprétant de certaine façon les phénomènes naturels, de rares beautés sans doute, mais qui ne s'adressent qu'à l'esprit et non au sentiment ; qui éveillent telle ou telle idée logique pour ainsi dire, et ne nous laissent aucune impression réelle de la nature. Et cela devait être. Dans le paysage historique (1), il y a surtout *composition*, combinaison d'éléments épars, réunis pour concourir à un motif imaginaire, répondant à une arrière-pensée constante, à l'idée de noblesse : on veut avant toute autre chose frapper l'esprit par un ensemble de formes majestueuses. Or les exigences du motif sollicitent ici bien moins les facultés de vision et d'interprétation sensible, que les facultés de réflexion, d'arrangement et de calcul.

Lorsque le peintre de paysage historique se met devant sa toile blanche, il n'est point sous le coup d'une sensation de force ou de mélancolie, de sérénité ou d'amour perçue dans son contact avec la nature. Nulle passion ne

---

(1) Je parle des ouvrages des maîtres bien entendu et non de ces œuvres de routine que l'on a décorées du nom de paysage historique.

l'agite; sa raison seule ou plutôt son raisonnement seul
est en activité. Il n'a point éprouvé la sensation qu'il
veut transmettre; il cherche dans son cerveau les dispositions de lignes qui provoqueront telle sensation qu'il
prévoit et médite de sang-froid, toujours la même d'ailleurs, ce qui lui épargne d'excessives fatigues d'invention. Il dédaigne le talent plus modeste qui, diversement
impressionné, réduit son action à celle d'un miroir diversement coloré où se reflète la nature avec les nuances
de sentiment les plus fugitives; son ambition est de
créer. Généreuse ambition chez un maître comme Poussin, mais si rarement justifiée depuis! Sans condamner
d'une manière absolue un genre qui a produit quelques
chefs-d'œuvre et qui met en action de hautes et précieuses facultés, les préférences du monde moderne
sont désormais acquises et très-légitimement au paysage
réaliste. Maintenant, les peintres ont-ils bien compris
toute l'étendue de la mission qu'ils acceptaient? C'est ce
que l'étude du paysage français nous fournira l'occasion
de voir et de dire. Voyons aujourd'hui quelles ressources
l'école belge a puisées dans la pratique du réalisme appliqué au paysage.

Cet amour de la nature et de la vérité, qui est l'alpha
et l'oméga du réalisme, se traduit différemment chez les
artistes originaux, en raison de la variété des aptitudes et
des tempéraments. Cependant, dès l'abord, on distingue,
dominant l'afflux des tendances individuelles, deux cou-
rants d'opinions qui se partagent l'école. Dans un groupe
on proscrit le choix du site, dans l'autre au contraire on
le prescrit. Si la contradiction des deux principes ne se
manifeste pas avec la netteté que nous lui donnons ici,
au moins résulte-t elle des œuvres mêmes que nous

avons sous les yeux dans la galerie belge au Champ de Mars. Je dois dire tout de suite que les deux causes y sont vaillamment soutenues et par des artistes de grand talent.

M. Alfred de Knyff occupe le premier rang parmi les partisans résolus de l'importance et de la nécessité du choix. Il applique en ce sens sa culture d'esprit, son intelligence délicate et une extrême habileté d'exécution. La plupart de ses motifs sont tirés de la nature française, et l'artiste habite la France, Fontainebleau, à ce que nous apprend le livret. En dépit de ce constant voisinage avec nos propres paysagistes, M. de Knyff a su garder sa personnalité intacte. Voyez les *Murailles*, le *Vieux saule*, vous n'y trouverez point l'empreinte française, si reconnaissable aujourd'hui dans la peinture de paysage. L'un et l'autre sites sont également curieux, intéressants et d'un intérêt qui l'emporte sur les qualités de facture proprement dite. Je signale ces deux tableaux parmi les six ouvrages exposés par l'artiste, parce qu'ils suffisent à déterminer le caractère propre de son talent, la variété intelligente du choix et la dextérité un peu conventionnelle de son exécution. Dans l'un, l'horizon est borné à quelques pas du spectateur par le détour d'un chemin encaissé entre les hautes murailles qui servent de clôture à quelque grande forêt domaniale. Dans l'autre, au contraire, l'horizon fuit à perte de vue dans les premières ombres du crépuscule. Les deux motifs sont disposés de façon à présenter un contraste absolu de lignes et d'effet. Les ensembles, largement compris, ne suppriment point chez M. de Knyff le soin du détail. Et pourtant il manque quelque chose à ces tableaux, une vérité de coloration moins contestable. Il semble que l'artiste soit

7

trop sûr d'avance du procédé qu'il va employer. A ce compte, s'il peint d'après nature, il se donne une peine inutile, car il nous paraît évident qu'il arrive sur le terrain avec sa palette de tons toute chargée et préparée d'avance. Or, n'oublions pas que la grande conquête du réalisme dans le paysage a été précisément d'imposer la justesse des colorations comme le plus sûr interprète du sentiment naturaliste. Si M. de Knyff, bien que fort sensible aux beautés choisies de notre sol, ne les rend point cependant avec toute leur intensité, cela tient donc à ce qu'il oblitère son impression par les facilités trop grandes que lui offre une richesse de couleur acquise de tradition, dans l'atelier, et non conquise par l'étude directe des colorations naturelles.

M. Jean Kindermans a le mérite d'ajouter à la qualité du choix dans le site la soigneuse observation des tonalités qui enveloppent son admirable modèle de leur somptueuse parure. Aussi la *Pécherie en ruine*, encadrée dans un cirque de montagnes boisées, est-elle un des meilleurs tableaux dans le groupe que nous venons d'indiquer.

En tête du groupe opposé je place M. Lamorinière, le plus original, à mon sens, parmi les paysagistes belges. Chez lui, nulle trace de l'influence française. Nos peintres de plus en plus se contentent de fixer en une sorte d'ébauche rapide et vivante une impression, un sentiment poétique. M. Lamorinière paraît avoir en particulière horreur la rapidité du procédé. S'il ne choisit point ses modèles, s'il se laisse arrêter aux motifs les plus simples et en apparence les plus insignifiants, c'est qu'il a été profondément ému par la délicatesse infinie du détail, par cette inépuisable fécondité d'aspects que la

nature met aussi bien dans les infiniment petits que
dans les immensités de la création. Aussi s'attache-t-il à
traduire cette émotion du détail avec une patience, avec
un amour de la perfection qui rappelle les vieux maîtres
allemands. En cela il se rapproche de M. Leys, semble-
t-il. Mais ce rapprochement n'est que superficiel. M. Lamorinière continue la belle tradition des primitifs, il la
reprend et l'applique à la réalité moderne pour son propre
compte. Ses trois paysages sont traités avec une ténacité
naïve et touchante. On devine qu'à ses yeux les mousses
qui verdissent au pied des hêtres du *Bois de Burnham*
sont égales en grandeur poétique aux arbres eux-mêmes
qui les supportent. Par cette poursuite du détail reproduit et achevé avec joie, il arrive à une exceptionnelle
puissance de vérité, à donner une singulière valeur d'é-
motion, même à des sites soignés et parés pour l'habi-
tation de famille, par exemple, à une vue de propriété
particulière, à un canal en terrain plat bordé d'allées sa-
blées et de plates-bandes de gazon. Mais la limpidité des
reflets dans ce miroir d'eau dormante, les broderies de
fleurettes des champs sur les tapis d'herbe verte, les
trèfles, les marguerites, les coucous; plus loin, le détail
d'un petit pont de planches et sa barrière à claire-voie ;
tout cela si discret, si sobre, fait de cette réalité presque
bourgeoise un délicieux domaine de rêverie et de cause-
rie amicale. Le don très-précieux de M. Lamorinière est
de rendre la note exquise de l'intimité.

C'est donc avec un vif plaisir que nous avons revu
M. Lamorinière à cette exposition. Il y a huit ans, au
Salon de 1859, j'avais été très-frappé déjà du talent original de cet artiste éminent. Je retrouve parmi d'anciennes notes quelques lignes écrites à un ami à propos

de ces trois paysages, je les transcris ici, elles compléteront les indications qui précèdent.

« Mon premier mouvement en face de ce tableau, nº 1745, aperçu en passant, fut peu sympathique à l'œuvre. Cependant il me resta le désir de le revoir. La seconde visite me prouva que j'avais eu raison ne ne pas m'abandonner à la première impression. Ayant réussi à isoler cette peinture des peintures voisines, ne subissant plus l'influence fâcheuse que des objets parallèles d'une coloration très-vigoureuse exerçaient sur l'exactitude de la vision, je pus enfin descendre au diapason d'optique adopté par le peintre. Dans cette teinte grise, lourde, plombée, je découvrais peu à peu mille qualités que je n'avais même pas entrevues au premier abord. Voici le paysage : Deux maisons de briques à toit de chaume, séparées par une haie d'un chemin de traverse comme on en rencontre tant dans la campagne ; le chemin, labouré d'ornières profondes, était impraticable en hiver, mais le soleil de mars a eu assez de chaleur pour assécher et cimenter les mille remblais formés par les lourdes roues des chariots de la ferme. La haie, plantée d'arbres, est déjà toute piquée d'étoiles vertes et de fleurs roses, bourgeons à peine ouverts, messagers du printemps. — M. Lamorinière, cela se voit, n'a rien inventé dans la composition de ce paysage. Fatigué, il se sera arrêté au détour du chemin creux, et, pour occuper son repos, il aura copié avec une scrupuleuse fidélité le site qui s'offrait à ses regards. »

Sur les deux autres paysages l'étude de la composition était suivie de ce résumé : « M. Lamorinière est Belge, il n'imite personne, c'est lui qui sera imité avant peu ; il n'a d'autre maître que la nature. Son exécution est ex-

trêmement soignée et détaillée; il pousse le rendu du
paysage jusqu'à ses dernières limites; il en analyse les
moindres accidents avec ardeur, une ardeur patiente et
convaincue. Peut-être est-il incapable d'enlever rapidement une pochade d'atelier, je lui en fais un mérite.
S'il n'a pas le génie fougueux qui tranche les difficultés,
il a le génie persistant qui les dénoue. Léonard de Vinci,
génie patient, Paul Véronèse, Rubens, génies emportés,
ont obtenu par des moyens tout opposés l'admiration des
siècles. En dépit de l'aspect généralement un peu terne
qui ne laisse pas tout d'abord distinguer la beauté de ses
œuvres, le talent de M. Lamorinière le met au rang des
premiers paysagistes du Salon. Aucun n'a, plus que lui,
rendu cet accent de nature et de vérité auquel nos peintres substituent trop souvent l'accent pittoresque. Étonné,
surpris à première vue, on se ravise promptement pour
se laisser aller à une franche et complète admiration. »

Après huit ans d'absence, nous retrouvons M. Lamorinière très-dégagé de ces lourdeurs, qui voilaient ses anciens ouvrages. Aujourd'hui, dans cette intimité discrète
avec la nature, où il est entré définitivement, il réalise
l'idéal poétique des préraphaëlites anglais, qui est le
sien, et nous le considérons désormais comme un
maître.

M. Fournois est un poète aussi; il subit l'émotion
avant de l'exprimer, et il met dans cette expression une
vigueur et une volonté peu communes. M. César de Cock,
un des peintres étrangers que connaissent le mieux les
habitués de nos Salons annuels, n'a pas exposé dans la
galerie belge, je ne sais pourquoi; cependant je ne veux
pas oublier son nom dans cette énumération des paysagistes belges qui honorent leur pays. Personne n'a mieux

vu et n'a mieux traduit la Normandie humide et verte que M. C. de Cock. Il y a telles de ses pages qui sont des chefs-d'œuvre de lumière et de fraîcheur, sa *Cressonnière de Veules* du Salon de 1865 entre autres.

Jamais l'art n'a été plus près de la nature, jamais il n'a rendu le prestige des phénomènes atmosphériques avec plus de vérité que dans la *Cressonnière de Veules* (Normandie). Un ruisseau d'eau de source, limpide et glacée, courant et murmurant sur un lit tapissé de végétations, réfléchit comme un pur cristal les arbres de la rive. Il entretient sur son passage, à l'ombre des petits bois, une fraîcheur mortelle. C'est au moins ce que l'artiste a traduit et il a mis à cela une vigueur de talent exceptionnel. A l'éclat du ciel, à certaines éclaircies de lumière ensoleillée qui perce de place en place le rideau de verdure, on devine la chaleur écrasante d'une journée caniculaire, et rien n'est plus vrai que l'opposition des ombres froides et humides de ce cours d'eau avec l'état général de la température à la même heure, aux lieux mêmes qui avoisinent la cressonnière.

Mademoiselle Marie Collart mérite aussi d'être citée après ces maîtres du paysage en Belgique pour son *Verger* plantureux où paissent de belles vaches au pelage lustré, plaqué de noir et de blanc ; la présence de quelques enfants un peu dans le goût anglais anime joyeusement ce paysage vigoureux.

Il nous reste à nommer un artiste d'un talent hors ligne, que cette exposition nous révèle, M. Clays. Il s'est fait le peintre de la mer du Nord, de l'Escaut et de ces canaux profonds qui sillonnent la Flandre occidentale et la Hollande. Il est le souverain absolu de ces eaux lourdes tour à tour bouleversées par l'ouragan, roulées en vagues énormes, ou coulant tièdes et limpides, frémissant et clapotant en flots courts et pressés sous le pâle soleil qui par une éclaircie de nuages envoie ses rayons froids sur les toits rouges et sur les herbes de la rive.

L'Attelage et *la Prairie*, de M. Alfred Werwée, suffisent à prouver que la Belgique entend bien ne pas renoncer au vieux privilége de l'école flamande qui a fait une si belle place dans ses tableaux aux animaux domestiques, humbles compagnons de l'homme et ses courageux auxiliaires dans les durs travaux de la campagne. Il sait leur donner quelque chose de plus qu'une valeur pittoresque dans le paysage; il nous intéresse à eux, pour eux-mêmes, pour la simplicité de leur soumission, pour leur bonté. Quant à M. Joseph Stevens, son incontestable habileté me touche beaucoup moins. Il sait l'anatomie de l'animal et ses grimaces; mais il a, en vérité, trop d'esprit pour les bonnes gens. Ses chiens, ses singes, qu'ils soient croque-morts, ou pierrots, ou saltimbanques, sont par trop voisins de l'homme en ses corruptions du champ de foire. Qu'on les renferme dans leur ménagerie d'animaux savants; ils sont faits pour les coups et la maigre pitance, juste récompense de leur venimeuse malice et de leur adresse d'histrions.

V

LES PEINTRES D'ÉLÉGANCES

MM. Willems, Alfred Stevens, Baugniet, de Jonghe, Kathelin.

On aurait une idée tout à fait incomplète de l'école belge si l'on n'étudiait le groupe peu nombreux, mais très-renommé, très-actif, très-habile de ses peintres d'élégances. Eux aussi, ils ont repris, les uns pour s'y maintenir, les autres pour l'étendre, un coin du domaine de leurs maîtres nationaux. Les petits Flamands, Terburg, Metzu, Pierre de Hoog, voilà leurs sources et leurs autorités.

Aimez-vous les satins lustrés, aux plis cassants et luisants ; les velours épais absorbant la lumière ; les draps souples et fins ; les longues robes et les pourpoints collants ; les éventails frêles et les fortes épées ; les moustaches finement relevées et les boucles blondes ; de jeunes visages souriants ; l'image de la vie opulente, facile, peu chargée de méditation ? voyez et admirez les tableaux de M. Florent Willems. Son tort, il est grave à mes yeux, c'est de dépenser une somme de talent pratique si exceptionnelle à refaire ce que les maîtres avaient

déjà fait et mieux fait en somme. Les motifs auxquels il
s'arrête ont tous été traités par ses devanciers, qui avaient
au moins le mérite de laisser des témoignages sur leur
temps. M. Willems se méconnaît lui-même en se rési-
gnant ainsi au rôle de clair de lune. Son sentiment très-
délicat de la grâce chez la femme, de la distinction aristocratique chez l'homme, trouverait aisément à s'exercer
dans l'observation de la société moderne, et il ne ferait
point pour cela double emploi avec M. Alfred Stevens,
qui a eu ce courage de peindre une face de la vie contemporaine, et qui s'en est bien trouvé. M. Willems, en
effet, a un goût de composition très-personnel ; il s'entend à merveille à mettre en scène et à faire agir plusieurs
personnages dans le même cadre. M. Stevens, au contraire, de plus en plus, semble décidé à n'admettre
qu'une seule figure dans ses tableaux : il est vrai que
cette figure unique suffit à l'intérêt de chacun de ses ouvrages, puisque c'est une figure de femme, et la femme
de notre temps.

On a reproché à M. Alfred Stevens de n'avoir point
d'invention et de trouver prétexte à peinture dans l'action
la plus futile. Le reproche me paraît profondément injuste. Qu'entend-on par *invention ?* Il ne peut y avoir
d'invention que dans les œuvres d'imagination pure. Ici
M. Stevens fait acte d'observation et de la plus précise :
que veut-on qu'il invente ? Quant à la seconde partie du
blâme qu'on lui inflige, je la trouve, s'il est possible,
moins fondée encore que la première. L'artiste s'est arrêté à ce thème inépuisable, la femme moderne, mais
inépuisable dans les nuances. Il l'étudie successivement
dans ses gestes, dans ses attitudes familières qui sont le
plus souvent toute une révélation de caractère, qui la

trahissent dans ses émotions les plus intimes. Sans doute,
l'*Attila* et l'*Entrée des croisés à Constantinople*, d'Eugène Delacroix, attestent plus d'invention et nous montrent des actions plus dramatiques. Mais est-il légitime
de demander à un sonnet la grandeur tragique d'un
drame shakspearien? Et combien de sonnets dans notre
littérature, depuis un demi-siècle seulement, qui contiennent en leurs quatorze vers plus d'émotion, plus de
vie que maints poëmes et maintes tragédies aux proportions, aux prétentions monumentales! C'est ce qui nous
arrive avec les pages exquises qui composent l'œuvre de
M. Stevens. Qui ne donnerait tous les vastes héros, tous
les saints nimbés, qui reviennent chaque année garnir les
grandes salles du palais des Champs-Élysées, pour la
plus insignifiante de ces toiles de M. Stevens, si éloquentes
à mon gré! Que voulez-vous inventer de plus jeune, de
plus frais que *Miss Fauvette*! L'enfant a quinze ans, elle
a couru dans la rosée matinale à travers les pelouses du
grand parc, elle rentre, jette sur une chaise son petit
chapeau de paille brune orné d'une longue plume noire,
et à côté son châle de crêpe rose à dessins japonais;
elle va, vient, tourne sur elle-même dans le petit salon,
s'arrêtant ici devant le *Gué*, un admirable dessin de
Decamps suspendu à la muraille dans sa bordure dorée;
puis, laissant les farouches janissaires du maître, elle a
couru à la fenêtre ouverte sur le jardin d'où s'échappent par bouffées les parfums des fleurs exotiques; indécise, mutine, toute légère et aérienne en sa toilette de
printemps, je ne sais quelle mélodie s'est levée tout à
coup ouvrant ses ailes dans sa mémoire: vite, elle retire
ses gants pour se mettre au piano.

Voyez encore la *Visite*, un chef-d'œuvre, un duo dé-

licieux ; les *Amours éternelles*, une page d'une délicatesse touchante ; et *Rentrée du monde*, cette jeune
femme, qui défait un à un ses bijoux, toute songeuse,
après le bal, à la clarté discrète de la lampe. Voyez
Tous les bonheurs, *Innocence*, *Fleurs d'automne*,
Ophélia, *Une duchesse*, le *Temps est incertain*, etc., etc.
tous ces motifs si charmants, conçus avec une faculté
d'observation des plus pénétrantes et exécutés d'une
brosse magistrale, vive, colorée, pleine de souplesse, de
naturel, de puissance aussi et d'imprévu. Certes, l'invention peut se mouvoir en de plus larges et de plus
hautes sphères. Mais quelle reconnaissance ne devons-
nous pas à l'artiste qui a fixé pour l'avenir, avec cette
supériorité de talent, avec cette magie d'exécution, la
femme du dix-neuvième siècle !

D'autres artistes belges exécutent avec une habileté
réelle de jolies variations sur le même thème. Ce sont
MM. Baugniet, de Jonghe, Kathelin. Par le procédé, ils
sont plus voisins de M. Willems que de M. Alfred Stevens. Ils se sont en cela trompés de route. Ils avaient
tout à gagner à s'inspirer, et comme direction et comme
facture, du jeune maître qui laissera dans l'histoire de
l'école belge contemporaine la trace la plus originale et
conséquemment la plus profonde, la plus durable.

L'ÉCOLE HOLLANDAISE

PEINTURE HISTORIQUE. — GENRE. — PAYSAGE

MM. Alma-Tadéma, Rochussen, Bisschop, Israëls, Blès, Bakkerkoff, Haas, Roelofs, Vogel, Wiessenbrach.

École hollandaise : ces deux mots qui avaient autrefois un sens précis et déterminé dans la langue de l'art, ont désormais perdu leur ancienne signification, qui nous était si chère à tous. — Leur valeur en esthétique est à peu près nulle aujourd'hui. La peinture dans les Pays-Bas a pris une direction si étrangère à ses origines; elle est, dans son esprit, si profondément altérée, si modifiée de ce qu'elle fût jadis; après avoir été absolument originale, individuelle, locale, elle est en ce siècle si voisine de toutes les écoles européennes que la désignation d'école hollandaise n'a plus d'autre usage que d'indiquer la provenance géographique d'un certain groupe d'artistes.

Ce phénomène n'est point particulier à l'art des Pays-Bas. Il se représente dans toutes les écoles, sauf l'école anglaise. Il faut nous y habituer. Cependant, il résulte d'un état de choses assez grave pour mériter qu'on l'étudie dans ses sources et dans ses résultats. C'est ce que nous ferons, non pas maintenant (il faut aller au plus pressé, à l'examen des œuvres mêmes), mais dans nos conclusions générales sur l'ensemble de l'Exposition universelle, c'est-à-dire sur la situation présente de la peinture en Europe.

Ce qui doit frapper à première vue l'observateur dans la galerie des Pays-Bas, c'est que son peintre le plus remarqué et aussi le plus remarquable, M. Alma-Tadéma, a pris absolument le contre-pied de ses illustres ancêtres. Les vieux maîtres hollandais qui avaient si résolûment banni de leur art l'image du Héros pour y donner la première place à l'Homme qu'ils coudoyaient chaque jour, avec lequel ils vivaient dans l'intimité de la place publique, du temple, du cabaret, seraient bien surpris de voir leurs descendants renier, avec ce parti pris, la réalité contemporaine et s'enfermer obstinément dans la reconstruction archéologique des civilisations éteintes, des époques disparues, des hommes et des mœurs dont il nous reste de si rares témoignages et de si peu incontestables.

Le talent, pourtant, justifie bien des fantaisies. En présence des tableaux de M. Alma-Tadéma, j'avoue que je ne me sens pas le courage de lui chercher querelle sur les motifs qu'il développe avec une rare habileté et une conscience de peintre au moins égale chez lui à la conscience de l'archéologue. On se souvient du succès que cet artiste obtint, à Paris, au Salon de 1864, avec son tableau intitulé : *Comment on s'amusait il y a trois mille ans en Égypte*. M. Alma-Tadéma aime l'Égypte. Le *Jeu égyptien*, la *Momie* témoignent de nouveau de sa prédilection pour cette antique civilisation qui fut si grande et à sa façon si complète. M. Alma-

Tadéma apporte à l'étude de ces types si particuliers un soin, une préoccupation d'exactitude, il cherche à les replacer dans le milieu où ils vécurent avec une profusion de détails à rendre jaloux Théophile Gautier, qui, lui-même, a donné dans un autre art le premier exemple de semblables restitutions archéologiques animées d'une vie puissante.

Dans l'œuvre du peintre hollandais, les sujets empruntés au monde romain me touchent moins. Cela tient-il à ce que ce monde nous est un peu plus connu, et que le détail ne suffit plus à nous intéresser; ou bien, est-ce que l'école française a tellement abusé en la première moitié de ce siècle des personnages tragiques tirés de l'histoire grecque et de l'histoire romaine, qu'après nous avoir amusés un instant, dans les tableaux de notre petite école néo-grecque et néo-romaine, l'antiquité classique, bien que rajeunie, nous a bientôt rendu notre lassitude première. Je crois que cette dernière hypothèse est conforme à la vérité. Et, en effet, c'est là le châtiment des peintres d'écorce, si je puis m'exprimer ainsi, c'est-à-dire des peintres qui ne prétendent nous retenir que par la curiosité du costume, du mobilier, du type même, si l'on veut, mais du type à l'état inerte, sans passion, sans émotion, sans âme ni flamme intérieure. Au premier aspect on est séduit par l'imprévu, par la piquante originalité de l'accessoire; mais on conçoit aussi que cette séduction soit peu durable, puisque, reposant uniquement sur l'imprévu, dès qu'elle n'offre plus cet attrait, elle perd sa plus grande force.

Nous ne nous arrêterons donc point, plus que de raison, aux sujets romains, de M. Alma-Tadéma. *Lesbie*, l'*Étude*, la *Lecture*, la *Danseuse romaine*, *Catulle*,

Agrippine visitant les cendres de Germanicus ne nous apprennent en réalité rien de nouveau sur le talent du peintre. Son *Entrée de théâtre romain* est plus curieuse peut-être, cette tentative de reproduction d'une scène de mœurs locales offre un certain intérêt; mais la supériorité de M. Alma-Tadéma se manifeste à mes yeux d'une façon bien plus évidente dans celui de ses tableaux qui a pour titre : *Éducation des petits-fils de Clotilde.* D'abord l'œuvre est de beaucoup la plus considérable par les dimensions, et par cela seul elle nous apporte la confirmation de ce que les précédentes expositions de l'artiste nous avaient appris déjà : c'est que son talent acquiert une ampleur, une solidité d'autant plus magistrales qu'il se déploie sur de plus larges surfaces. En outre, il semble que M. Alma-Tadéma fasse en lui-même appel à une pénétration plus vive et en quelque sorte à une intelligence plus profonde, lorsqu'il s'agit pour lui d'interpréter les types et les mœurs de la vieille race gauloise.

Évidemment le système du peintre ne varie pas; il s'attache surtout, comme dans les sujets égyptiens et romains, à la fidélité historique, à l'exactitude du costume et du mobilier. Néanmoins, il y met plus de vie, plus de chaleur, un intérêt plus réel, et ses tableaux en ce sens ont pour nous le charme qu'avait à l'époque de son apparition une œuvre d'histoire chère à notre jeunesse, les *Récits de l'histoire romaine*, d'Augustin Thierry. Dans l'*Éducation des petits-fils de Clotilde*, M. Alma-Tadéma, tout en conservant son minutieux amour de la mise en scène, a su s'élever au-dessus des petitesses du trompe-l'œil. Les armes, les bijoux, les meubles, les costumes y sont traités avec le même soin qu'en ses au-

tres ouvrages; mais l'équilibre logique de sa composition
y est mieux observé. Il y a au-dessus de tout cela, et dominant tout cela, un motif d'attrait et de satisfaction
pour l'esprit, sans que l'artiste s'écarte cependant des
données strictes de la peinture. En un mot, son sujet est
bien réellement pittoresque et non point seulement littéraire. Il satisfera les visiteurs qui regardent avant tout
dans un tableau le motif ou le sujet, mais il satisfera également ceux qui aiment avant tout aussi une action claire,
une composition bien pondérée, un dessin correct et les
enchantements particuliers de la couleur.

La reine Clotilde assiste à cette rude éducation que
les exigences d'une époque guerrière et d'une civilisation en voie de formation imposaient à tous les hommes
de ce temps; les enfants sous les yeux de leur mère, sous
la direction des hommes d'armes, des chefs les plus
éprouvés, s'exercent au maniement de l'arme des Francs.
La cible a été largement tracée sur un assemblage de
poutres énormes. Placés à distance, se roidissant, tendant leurs muscles, les petits princes tour à tour lancent
au but avec une sauvage énergie la terrible francisque.
Les entailles formidables laissées dans le triple cercle de
la cible indiquent suffisamment quelle main redoutable
sera celle de ces enfants.

En dépit des réserves que nous impose le système de
M. Alma-Tadéma, nous ne pouvons que rendre hommage
cependant à son très-beau talent. Nous n'hésiterons même
pas à le dire, bien qu'il soit élève de M. Henri Leys,
nous le trouvons engagé dans une voie moins dange-
reuse que celle de son maître. Le peintre d'Anvers, nous
l'avons dit longuement, se tient trop exactement dans la
convention des primitifs Allemands.

Cette convention, qui était légitime chez eux, l'est beaucoup moins chez M. Leys qui refait ce que ses prédécesseurs avaient déjà fait, au lieu de continuer, d'élargir leur tradition et d'appliquer pour son propre compte les principes qu'ils avaient appliqués pour le leur. M. Alma-Tadéma n'a pris à M. Leys que son amour du passé et des sujets rétrospectifs, mais il se garde bien de donner à ses tableaux l'apparence d'œuvres anciennes. A sa façon il applique, en le retournant, le mot célèbre de Chénier. Il fait, lui, de la peinture moderne sur des sujets antiques. A cet égard, la supériorité me paraît tout à fait acquise à M. Alma-Tadéma.

Le genre historique a d'ailleurs peu de représentants dans l'école hollandaise; je ne vois guère que M. Rochussen que nous puissions nommer après l'artiste que nous venons d'étudier. Cependant, hâtons-nous de le constater, les deux peintres n'ont rien de commun ni dans les tendances pittoresques, ni dans le choix des sujets. M. Rochussen ne se préoccupe nullement du fini de l'exécution d'une part; d'autre part, il semble qu'il se soit beaucoup plus inspiré de cette fraction de l'école française qui a peuplé le musée de Versailles que de l'école d'Anvers.

Il n'expose qu'un tableau, un sujet national, *le comte Florens de Hollande combattant les Frisons;* œuvre estimable qui figurera honnêtement dans quelque galerie des Pays-Bas, dans quelque hôtel de ville, à Amsterdam ou à la Haye.

Les peintres de genre sont plus nombreux; aux premiers rangs (non au premier) se place M. Christophe Bisschop. M. Bisschop, depuis quelque temps, envoie d'une

façon régulière à nos expositions du palais des Champs-
Élysées. Il est dans la tradition locale en consacrant son
talent à exprimer la grâce intime et la beauté particulière
des jeunes filles de la Frise. A ces dons très-heureux
d'élégance et de sentiment, M. Bisschop ajoute les dons
plus spéciaux d'une coloration puissante et harmonieuse.
Je ne ferai qu'un reproche à cet artiste, et il portera sur
ses procédés. M. Bisschop a emprunté à Decamps son
mode d'empâtement; mais ce moyen pratique dont De-
camp a tiré de si grands effets dans ses vues de ville,
pour ses coins de murailles brûlées par le plein soleil, est
appliqué d'une manière fâcheuse par le peintre hollandais
lorsqu'il veut éclairer certaines surfaces comme les
feuillets d'un livre par exemple qui, étant parfaitement
lisses dans la réalité, ne s'accommodent nullement de ce
maçonnage rugueux. Autre remarque à faire sur le talent
de M. Bisschop : il nous apparaît à l'Exposition universelle un peu différent de ce que nous le connaissions.
L'artiste a fait un nouvel effort. Nous n'avions vu de
lui, jusqu'à présent, que des peintures de chevalet. La
figure qu'il expose sous le titre de la *Prière interrompue,* atteint presque les proportions de la nature. Nous
avons vu M. Alma-Tadéma gagner, en force et en puissance, à cet agrandissement de cadre; nous ne pouvons
adresser le même éloge à M. Bisschop. La tête de la
jeune fille et les mains, c'est-à-dire les parties qui exigent
un travail de modelé plus sévère et plus sérieux, n'ont
plus la même consistance, la même solidité que dans ses
petites toiles. Par contre, ses qualités de coloriste s'y
déploient plus à l'aise. A ce point de vue, le tableau
de 1867 est le plus remarquable que M. Bisschop ait jamais envoyé aux Salons de Paris.

Le maître le plus charmant et vraiment le plus fort, et aussi le plus sympathique parmi les peintres de genre de l'école des Pays-Bas, nous est également familier. Il est rare qu'une année se passe sans que nous ayons le plaisir de voir et d'admirer quelqu'une de ses compositions touchantes. Je veux parler de M. Joseph Israëls, d'Amsterdam. On n'a pu oublier l'*Intérieur de la maison des orphelines* (à Katwyk, en Hollande), appartenant au Luxembourg. Un jour froid pénètre par d'étroites vitres dépolies dans une salle grise, carrelée, dépourvue de tout ornement, de toute joie. Trois jeunes filles à la table de travail, trois orphelines, tirent l'aiguille du matin au soir dans cet humble milieu. J'ai hâte de le dire, le tableau est d'un peintre, il est patiemment observé, très-bien exécuté, sans aucune de ces petites « ficelles » à l'usage de l'école de Düsseldorf; mais en outre combien là pensée est touchante, l'œuvre mélancolique, et modeste, et vraie. La lumière froide qui éclaire cet humble atelier de jeunes filles modestement vêtues, travaillant patiemment, cette image du labeur honnête, si vive en sa simplicité, est certainement restée dans toutes les mémoires. Nous avons trouvé avec un véritable plaisir cette œuvre excellente dans l'exposition des Pays-Bas, et d'autres encore : les *Enfants de la mer*, une vieille connaissance aussi, le *Rabbin David*, le *Vrai soutien*, le *Dernier souffle* enfin, toutes scènes où les sentiments de la famille, de l'intimité domestique, où toutes les douceurs et toutes les douleurs du foyer, où toutes les joies bruyantes de l'enfance et les joies discrètes de la maternité apparaissent tour à tour interprétées par un talent très-ferme, très-honnête et nullement dans la donnée pleurarde et faussement sentimentale de quelques ar-

tistes français. Trois mots diront le caractère des œuvres de M. Israëls : vérité, simplicité, émotion !

Au-dessous de MM. Israëls et Bisschop, l'école hollandaise compte un certain nombre de petits peintres de
genre qui ne manquent ni de sentiment, ni d'habileté.
Je nommerai pour mémoire M. D. Blès. On aura souri à
l'aimable imagination qui a conçu le *Grand Duo des petits enfants* et la *Petite curieuse ;* la *Musique d'amateurs* rentre, pour nous, un peu trop dans le genre médiocre, illustré en France par M. Biard. Le comique en
est d'un goût douteux. — Je voudrais nommer aussi
M. Bakkerkorff (nous n'écrirons pas son nom deux fois).
Le *Toast de remerciement*, le *Malade* et la *Lecture de
la gazette* sont de jolies petites toiles, très-propres, bien
froides, parfaitement semblables à de la porcelaine, mais
point du tout dénuées au total de qualités de dessin et
d'observation.

Le paysage est bien déshérité en Hollande de sa grandeur passée. Dans le pays de Backuysen, d'Albert Cuyp,
d'Hobbema et de Ruysdaël, c'est à peine si l'on peut
citer à l'heure qu'il est trois ou quatres paysagistes qui
aient un sentiment personnel de la nature. Ce sentiment,
un peu banal dans le talent de M. Haas, a été étouffé chez
lui, je pense, par un excès et un abus de facilité. On verra
pourtant avec plaisir sa vue des *Polders de Hollande
après la pluie*. M. Roelofs a eu le mérite, qui se fait rare,
de faire un très-beau ciel à son tableau intitulé : *Vaches
au bord d'une rivière*. Les vues de *Bruyères* que
M. Vogel va chercher dans le Brabant septentrional et
en Gueldre nous rappellent, avec plus de sécheresse et
de finesse aussi, les belles et larges études par lesquelles
Blin, mort si jeune l'année dernière, avait pris une place

très-élevée dans le paysage français contemporain. Arrêtons-nous enfin, au moment de sortir de la galerie des
Pays-Bas, devant une vue de Hollande, de M. Wiessen-
bruch. Il a rendu avec un succès tout à fait incontestable
la chaude lumière qui, par les jours d'été, embrase l'atmosphère des pays humides et les enveloppe comme d'un
voile d'or flottant et transparent.

L'ÉCOLE DE MUNICH

HISTOIRE — GENRE MILITAIRE — PAYSAGE

MM. Foltz, Genelli, Kaulbach, Piloty, François Adam, J. Brandt,
M. de Schwind, Ebert, Schuetz.

S'il suffisait de la volonté d'un homme pour créer tout
à coup une génération de grands maîtres, l'école de
Munich actuelle n'aurait rien à envier aux époques les
plus illustres du passé. Une volonté énergique, en effet,
a voulu agir en ce sens. A Munich, l'art est sorti de
terre tout d'un coup, comme ces diables des boîtes à
surprise qui servent de jouet à nos enfants. Le roi
Louis Ier de Bavière a cru, a espéré tout au moins
qu'il avait en main la baguette des fées et qu'il lui
suffirait de frapper la terre pour en faire jaillir une école
d'art puissante et forte. Rien ne prouve mieux combien
dans cet ordre les encouragements d'un prince, si généreux qu'il soit, peuvent rester stériles. Le principe
même de cette tentative de renaissance était d'ailleurs,
il faut bien le dire, absolument erroné. Au lieu de
créer une vie nouvelle dans l'art avec des éléments complétement nouveaux, le roi Louis, emporté par son culte

pour le génie de l'antiquité, a prétendu ressusciter le passé.

Munich est devenue, sous cette inspiration, une contrefaçon piteuse de la Grèce antique. On y parle le grec, mais un grec singulièrement altéré au passage par l'organe guttural des Teutons. Les noms de rues, de musées, de monuments publics sont pour la plupart hellénisés. On y voit la Glyptothèque, la Pinacothèque, les Propylées, et par une concession au génie latin, un Antiquarium, un Maximilianeum... On s'y promène dans un jardin des racines grecques. Tout y est inspiré de l'antiquité. Cornélius, de sa main rapide et facile, correcte, et banale aussi comme un paraphe de maître d'écriture, a chargé les voûtes et les murs latéraux de ces longues salles de scènes mythologiques et d'épisodes empruntés aux poëmes épiques de l'antiquité classique. Un paysagiste, Charles Reutmann, déroulait dans les mêmes enceintes les ruines et les lignes immobiles du sol de l'Hellade. Dans le même temps, Schwanthaler représentait les combats des héros d'Homère et les travaux d'Hercule; Kaulbach, la bataille de Salamine; Andréas Müller, les noces d'Alexandre le Grand; Genelli célébrait Ésope, Philippe Foltz illustrait la biographie de Périclès. Mais arrêtons cette énumération qui occuperait trop de place ici.

Parmi les artistes que nous venons de nommer, MM. Genelli, Foltz et Kaulbach figurent à l'Exposition universelle. Quelle que soit la réputation de M. Foltz au delà du Rhin, nous ne pouvons cependant fermer les yeux à l'évidence. Son *Périclès*, un de ses ouvrages les plus célèbres, ferait assurément bien pauvre mine dans une galerie française, fût-ce même au milieu de travaux d'élèves. Je voudrais le voir, par exemple, dans la salle des grands prix à l'École des Beaux-Arts. N'insistons pas. L'œuvre est prétentieuse et d'une ambition véritablement sans rapport avec le talent d'exécution.

Nous ne dirons rien non plus de M. Genelli ni de son *Hercule Musagète chez Omphale*. Cette composition fait partie d'un ensemble considérable dont le catalogue donne le détail tout au long. Les motifs sont très-intelligemment indiqués au livret; mais il eût fallu, pour faire fondre ces blocs de glace, pour animer ce marbre, le génie passionné d'un Delacroix, le seul parmi les modernes qui ait su mettre un accent héroïque au service de pareilles conceptions, immobilisées par le temps et refroidies encore, dans les ouvrages des peintres allemands, par le pédantisme de l'interprétation germanique.

Reste donc M. Kaulbach, qui expose un immense carton où il a voulu figurer l'*Époque de la réformation*. Le centre de la composition, on s'y attend, est occupé par la figure de Luther. Autour de lui sont groupés tous ses disciples et tous ceux qui, dans la pensée de M. Kaulbach, ont contribué comme Luther à l'avénement du libre examen en matière religieuse. Philosophes, artistes, savants, lettrés se pressent dans l'enceinte du temple, où se passe cette scène idéale.

L'œuvre est conçue avec une certaine grandeur, mais elle manque, dans la disposition des groupes, et de clarté et de simplicité. Si l'on étudie l'œuvre strictement au point de vue de l'exécution, le regard est choqué par bien des défauts, dont le moindre est la confusion. Le dessin est dur et lourd; il n'a aucun caractère d'individualité, ou plutôt il semble que M. Kaulbach ait imposé l'allure pesante de son crayon à toute l'école de Munich.

8

Les dessins d'élèves, exposés dans une salle voisine, ont tous le même accent et paraissent sortis de la même main. Cet ouvrage qui, je le répète, témoigne d'une certaine grandeur de conception, ne conserve rien de cette grandeur dans l'exécution définitive. C'est peut-être une combinaison intelligente et ingénieuse; c'est assurément une œuvre d'art des plus médiocres; c'est un rébus colossal tourné en façon de poëme épique par un élève de rhétorique.

Une réputation naissante, M. Charles Piloty, se soumet pour la seconde fois au contrôle du public français. Il y a quelques années, on a pu voir exposé au boulevard des Italiens un grand tableau de M. Piloty, un tableau historique représentant *Néron pendant l'incendie de Rome*. Nous voyons aujourd'hui de nouvelles œuvres de cet artiste; la plus importante est consacrée à fixer le souvenir d'un épisode de la bataille de Weissenberg. On y voit un dominicain exhortant les troupes au combat. M. Piloty, dans cette œuvre qui offrait cependant plus de prise à la réalité que l'*Époque de la réformation*, a trouvé le moyen de mettre, s'il est possible, plus de confusion et de lourdeur encore que M. Kaulbach n'en avait mis dans son propre tableau. La *Mort de César*, du même peintre, témoigne d'un effort nouveau chez M. Piloty dans le sens pittoresque proprement dit. Il a cherché des artifices d'exécution, des coquetteries de pinceau, des séductions de couleur qui affirment une préoccupation des procédés tout à fait inattendue.

Pourquoi l'artiste ne se préoccupe-t-il pas également d'animer un peu d'une vie intérieure plus sensible ses personnages historiques ? Éloignons-nous au plus vite de ces compositions grelottantes; elles sont ambitieuses et prétentieuses. Nous admettons et nous aimons l'ambition chez un jeune homme à ses débuts; mais lorsqu'elle est systématique et qu'elle devient, pour ainsi dire, une routine d'école, comme à Munich; lorsqu'elle est aussi hautaine, et dans le fait aussi peu justifiée, il suffit de la signaler à l'impartiale appréciation des gens de goût.

L'œuvre la plus intéressante, à notre avis, dans la galerie bavaroise est d'un artiste qui paraît fort peu apprécié de ses compatriotes. Ses rivaux sont tous plus ou moins professeurs, membres d'académie, directeurs de galeries, très-honorés, très-récompensés, très-approuvés; M. François Adam n'est rien de tout cela. Cependant son tableau représentant la *Route entre Solferino et Valeggio*, le 24 juin 1859, est un des très-rares tableaux de sujets militaires qui, en France même, où depuis un demi-siècle on en a tant fait, occuperait par son originalité une place à part au milieu des œuvres du même genre. L'originalité de M. Adam consiste en ceci, que pour la première fois ou à peu près, le paysage a dans le tableau une importance pittoresque égale à celle que les peintres de batailles accordent habituellement aux personnages. Il a bien rendu cependant l'image de la guerre, il n'a pas sacrifié son sujet au dilettantisme du paysagiste. La route poudreuse est couverte de chariots d'ambulance; dans chaque voiture gisent confondus amis et ennemis, Autrichiens, Italiens et Français. Sur les talus qui bordent le chemin, beaucoup d'entre eux se sont traînés ou ont été portés par quelques mains pitoyables, pour échapper au passage des lourds fourgons d'artillerie implacables dans leurs manœuvres furieuses. A l'ombre d'un bouquet d'arbres se sont réfugiés quelques soldats

vêtus de l'uniforme autrichien, mais venus des extrémités danubiennes de l'empire. Et c'est ce qu'il y a de curieux, ce qui révèle un observateur attentif chez
M. Adam : alors qu'il a conservé soigneusement l'unité
du type pour les soldats français, il a su varier avec une
grande habileté tous les types de l'armée autrichienne.
L'œuvre, d'ailleurs, a l'impersonnalité sévère d'un rapport écrit par un témoin désintéressé. Il est impossible
de savoir en faveur de qui penchent les sympathies de
l'auteur. L'exécution, au point de vue pittoresque, paraît, au premier abord, un peu sommaire, un peu grise;
mais, à l'étudier de plus près, outre que l'impression de
lumière est rendue avec une grande justesse, on remarque aussi bien des figures dessinées et modelées savamment, par un homme fort de sérieuses études et
armé d'un don très-délicat de coloration. Je signalerai,
entre autres, le blessé assis, le corps à demi-nu, à l'arrière d'une charrette qui s'enfonce dans la perspective
aux plans intermédiaires de la composition. Le tableau
de M. Adam m'a rappelé, par bien des points, les pages
émouvantes du livre de M. Dunan, intitulé : *Une Journée à Solférino.*

M. Joseph Brandt a fait également un tableau de bataille plein de mouvement, de verve et d'une belle coloration : *Jean-Charles Chodkiewicz*, grand hetman de
Lithuanie, à la bataille de Choczim, contre les Turcs,
en 1621. En ouvrant le livret au nom de M. Brandt, je
m'aperçois qu'il est élève précisément de M. François
Adam. M. Adam n'est donc plus un jeune homme, et il
y a lieu de s'étonner qu'il joue un si petit rôle dans son
pays. Mais le solennel et le pompeux ont toujours eu de
ces priviléges sur le talent réel et simple.

En Bavière, il y a peu ou point de peintres de genre.
Cependant le visiteur trouvera dans l'exposition huit tableaux de M. Maurice de Schwind, professeur à l'académie des beaux-arts de Munich ; tableaux étranges, absolument mystiques, ce qui n'est point tout à fait un éloge
adressé au peintre. Mais nous sommes tenu de le reconnaître et de le constater (et à mesure que nous avançons
notre opinion se confirme) : un peintre, en Bavière, fait
exception. Tous ces artistes sont extrêmement intelligents ; ils remuent quelques idées, mais dans le nombre
fort peu d'idées pittoresques. L'*Anachorète*, la *Vierge*,
la *Ballade*, la *Source dans la forêt*, sont peints par
M. de Schwind avec une roideur probablement systématique et qui nous toucherait par une certaine bonhomie,
par une précision de détails très-curieuse, si cette naïveté n'était point uniquement à la surface et en réalité
tout à fait jouée.

En un pays où le sublime est l'état normal en fait
d'art, où tout le monde se huche plus ou moins sur sa
petite épopée, le paysage n'abonde point. Le petit nombre
de ceux qui figurent dans la galerie bavaroise se traîne
encore à la remorque du paysage français de la Restauration ou alors s'émiette dans la minutie des tableaux
primitifs allemands, exagérée encore dans leur dureté de
coloration et dans leur sécheresse de contours. M. Charles
Ébert a fait un *Intérieur de forêt* qui peut servir de type
dans le sens que nous avons indiqué en premier lieu ; la
Matinée de Pâques, de M. Théodore Schuetz, élève du
professeur Piloty, appartient au second système ; l'un ne
vaut pas mieux que l'autre.

En résumé, beaucoup d'efforts pour un résultat véritablement nul; notre La Fontaine a trouvé la formule des entreprises de ce genre en quelque direction qu'elles s'accomplissent : c'est toujours et partout *la Montagne qui accouche d'une Souris.*

LES ÉCOLES DU NORD

I

PRUSSE — ÉTATS DU NORD — AUTRICHE — SUISSE

MM. Knaus, Lasch, Meyerheim, Heilbuth, Schlesinger, Schloesser, Henneberg, Brendel, A. et O. Achenbach, Schenck, Saal, Hunten, Magnus, Menzel, Hœberlin; — Matejko, L'Allemand jeune, Raffalt, Van Thoren, Boutibonne, Ender; — Baudit, Castan, Bodmer, Vautier.

Si l'on dresse jamais une carte de l'Europe artistique avec un traité de géographie spéciale qui y corresponde, il faudra placer la capitale du royaume de Prusse à Düsseldorf. Là est la vie et le mouvement de l'art, là le centre le plus actif de production. Düsseldorf est d'ailleurs bien connu de nos amateurs; sa petite colonie de peintres aimables nous est devenue familière; pas un Salon ne s'ouvre au palais des Champs-Élysées sans qu'elle y soit très-largement représentée. Le prince de l'école (bien que professeur à Wiesbaden) est M. Louis Knaus. On l'a dit, et avec juste raison, M. Knaus est un peintre secondaire. Il n'a point les grandes ambitions. La Grèce antique, l'Italie de la Renaissance, ne l'ont point touché; au moins est-ce là ce qui résulte de ses œuvres.

Il est et veut rester Allemand ; et, pour mon compte, je lui en sais un gré infini. Son *Lendemain de fête*, exposé il y a quelque dix ans à Paris, fonda du coup sa réputation. Depuis, nous avons vu d'année en année défiler toute la suite de ses compositions souriantes.

Qui ne se souvient de la *Cinquantaine*, du *Saltimbanque*, que nous voyons en France pour la seconde fois? Ne nous y arrêtons pas. Voyez plutôt l'*Invalide*, les *Garçons cordonniers* jouant aux cartes, les *Paysans de la vallée du Passeyer* recevant une réprimande de leur curé, la *Femme* jouant avec deux chats, la *Femme du cordonnier* avec son enfant et un apprenti contemplant une souris prise dans une souricière; voyez la finesse de l'expression, la justesse des attitudes, le jeu naturel du geste, en un mot l'extrême intelligence de l'observation. Mais M. Knaus rehausse encore ses dons d'observateur par une délicatesse toute particulière d'invention; tour à tour il sait nous émouvoir et nous faire sourire. Il a l'humeur spirituelle avec une pointe d'attendrissement; l'ironie qui se fait jour parfois dans ses tableaux n'est jamais cruelle ; il l'arrête juste au moment où elle pourrait devenir dure et choquante. Son dessin a d'autre part une grande finesse, qualité inséparable de cette justesse de mimique qui nous frappait tout à l'heure dans ses ouvrages. Ajoutez à cela une coloration d'une distinction exquise et vous reconnaîtrez que la réputation de M. Knaus mérite, comme elle l'est réellement, d'être ratifiée par les artistes après avoir été affirmée par le grand public. En effet, nous l'avons dit maintes fois, ce qui arrête la foule et la séduit dans l'œuvre d'art, c'est le sujet, bien plus que la valeur pittoresque qui, elle, arrête et charme surtout les connaisseurs ; M. Knaus a été assez heureux pour se concilier les sympathies de l'un et l'autre parti. Quoi de plus aimable, par exemple, que sa *Jeune Paysanne cueillant des fleurs?* Elle est à moitié perdue dans les hautes herbes de la prairie ; elle fourrage des deux mains à travers les fleurs éclatantes que nous nommons de mauvaises herbes, et qui sont pourtant les herbes les plus délicieuses dans leur svelte allure, les fleurs les plus charmantes dans leur incarnat et dans leur azur éclatant. Coquelicots, bleuets, liserons, mousses, brins d'herbe, s'entassent en gerbe dans les bras de l'enfant joyeuse, et ces adorables fleurettes ont fourni au peintre un thème de colorations ravissantes, qui rappelle les élégances très-spéciales en ce sens d'un de nos peintres français le plus justement aimés, M. Eugène Fromentin.

C'est de l'école de Düsseldorf que font partie M. Lasch et M. Meyerheim (et bien d'autres encore qui ont moins d'importance). Le *Retour de la kermesse*, la *Fête du vieux maître d'école*, par M. Lasch, ont cette grâce abondante et facile que nous lui connaissons déjà et à laquelle il ne manque qu'une facture un peu plus sévère. Quant à M. Meyerheim, il nous avait fait la galanterie de réserver pour l'Exposition des Champs-Élysées la meilleure de ses toiles. La *Sortie du Cirque*, en effet, était de beaucoup supérieure au tableau qu'il intitule d'un mot familier et populaire sans doute, le *Culot*. Le culot, c'est assurément le dernier né. Je traduis ainsi, d'après le motif mis en scène par le peintre et qui représente une jeune mère de famille tenant dans ses bras le plus jeune de ses enfants, qu'elle offre aux embrassements du père. Mais il y a bien loin, comme exécution, de cette œuvre sèche et pauvre à la facture énergique du

Cirque et à la facture puissante de la *Ménagerie* exposée au Salon de 1866.

Acquittons-nous enfin avec les peintres de l'école de Düsseldorf en nommant encore M. Schloesser, du grand-duché de Hesse, mais non moins habitué des Salons de Paris que ses confrères déjà nommés. Il a déployé la même ingéniosité et la même habileté un peu banales dans ses petits motifs : le *Fruit défendu*, c'est-à-dire de jeunes écoliers fumant d'énormes pipes, et *Pendant le sermon*, c'est-à-dire un doux balancement de têtes révélant le sommeil de consciences pures.

M. Heilbuth est donc Prussien ? Vraiment on est surpris de rencontrer ses *Cardinaux* hors des galeries françaises où nous sommes accoutumés à les voir; on est tenté d'accuser d'erreur les personnes chargées du classement des tableaux; le peintre est tellement français d'habitudes et de talent, que tout le monde avait oublié sa nationalité. Mais il importe peu. Que sa peinture nous apparaisse sous le pavillon tricolore ou sous le pavillon blanc et noir portant l'aigle à deux têtes, son crayon est toujours spirituel, sa moquerie très-fine, ses types romains aussi piquants. Pourtant, on commence à se lasser d'entendre nommer Aristide *le juste*. M. Heilbuth doit songer à se renouveler.

Un peintre qu'on n'accusera point de dissimuler ses origines, c'est M. Rodolphe Henneberg, de Brunswick. Il ne quitte point Berlin, et c'est de Sigismund Strase qu'il nous envoie son interprétation de la ballade de Bürger, le *Féroce chasseur*; nous avions déjà vu cette toile en 1857 à Paris. Elle n'a rien perdu de sa sauvage brutalité, de sa violence et de son terrible élan. Que de motifs de préférer ces œuvres d'impression, franches et dures, aux petites sentimentalités fluides et molles que nous avons étudiées jusqu'ici ! Il suffit de citer le motif dominant : M. Henneberg seul conserve un caractère germanique très-net parmi ses rivaux. Il ne se laisse pas entamer par l'esprit d'anecdote, et loin d'y rien perdre, il y gagne en énergique personnalité.

Cette galerie prussienne est tout entière occupée par des tableaux qui nous sont familiers. On y aura revu ceux de M. Brendel, de Berlin, qui est en réalité de Barbison. Au moins, s'il a quitté Berlin pour Fontaine-bleau, M. Brendel n'a-t-il point traversé nos boule-vards ; il ne s'est point civilisé : peintre d'animaux et fort remarquable, il vit en intimité constante avec ses modèles. Son intérieur de *Bergerie*, ses *Moutons* quittant l'étable, sont vraiment des chefs-d'œuvre de réalité, de variété et d'expression. Nous rencon-trons également dans les galeries prussiennes MM. An-dré et Oswald Achenbach. Celui-ci expose un de ces beaux paysages aux masures pittoresques, qu'il nous rap-porte annuellement d'Italie ; l'autre, M. André Achen-bach, une vue d'Amsterdam d'une puissance et d'une vigueur de coloration extraordinaires. M. Schenck est aussi de nos familiers, ainsi que M. Georges Saal, du grand-duché de Bade. On sait que le premier excelle à peindre ces forts moutons aux longues laines qui paissent sur les hauts plateaux des montagnes d'Auvergne, et que l'autre rend à merveille la mystérieuse magie des grandes nuits éclairées par la lune dans les carrefours humides de notre majestueuse forêt de Fontainebleau.

M. Émile Hunten est un peintre de genre militaire. Ses *Attaques des retranchements de Duppell* par les régiments prussiens sont enlevés avec une verve qui se

souvient des leçons ou plutôt des exemples d'Horace
Vernet.

En Prusse et dans les États de l'Allemagne du Nord,
nous n'avons à constater que bien peu d'efforts dans le
sens de la peinture historique; disons que cette réserve
nous paraît très-justifiée par le peu de succès de ceux
qui s'y essayent. M. Magnus, auteur d'un *Orphée ramenant Eurydice à la lumière*, n'a réussi qu'à démontrer
clairement combien le génie grec est antipathique au
génie tudesque.

La tentative de M. Menzel est beaucoup plus raisonnable, et, par le fait, beaucoup mieux légitimée; il a
peint *Frédéric le Grand* dans la nuit de Hochkirch, le
15 octobre 1758. L'œuvre manque de variété dans la
coloration, mais il y a des qualités vraiment remarquables d'exécution, et surtout, point essentiel pour un
tableau d'histoire, une grande vraisemblance historique.
Toutes les figures qui entourent Frédéric ont une valeur
de portrait. Quant au héros, son type bien connu est
étudié et rendu avec une précision qui prouve combien
l'artiste s'est familiarisé avec son modèle. On sait en
effet que L. Menzel a illustré avec beaucoup d'animation
et de caractère une histoire de Frédéric.

Dans le *Départ* de la conventualité du cloître d'Al-
pirsbach, tableau de M. Hœberlin, de Stuttgard, l'expression des divers personnages et notamment des sou-
dards est poussée jusqu'à la grimace et un peu forcée; la
coloration de l'œuvre est lourde; mais en somme la composition est claire, d'un beau mouvement et d'un sentiment plus élevé que dans la plupart des autres peintures de l'Allemagne du Nord.

En Autriche, il n'y a qu'un seul grand tableau de

genre historique qui soit recommandable. Il est de
M. Jean Matejko, qui, en 1865, aux Champs-Élysées,
obtenait un légitime succès avec le tableau représentant
le *Prêtre Skarga*, prêchant devant la diète de Cracovie.
M. Matejko s'est fait le peintre historiographe de la Po-
logne. Cette fois il nous donne un épisode des luttes
violentes qui agitèrent la Diète de Varsovie en 1773. La
scène est dramatiquement composée, mais la coloration
de l'œuvre est formée de toutes les nuances du violet,
depuis le lilas jusqu'au bleu indigo. Ce parti pris vineux
une fois accepté, on ne peut que louer sans réserve l'é-
nergie de cette facture puissante, le sentiment de la vie,
l'animation des groupes, la vivacité du relief, qui font de
la *Diète de Varsovie* un des meilleurs tableaux de
l'école allemande. La *Bataille de Colin* (1757), par
M. Sigismond L'Allemand jeune, nous servira de transition
pour arriver aux œuvres de genre dans l'école autrichienne.

Ce n'est en effet, ainsi que le *Combat naval de Lissa*,
par M. Ruttner, qu'un tableau de genre appliqué à des
épisodes militaires ; nous ne trouvons nulle trace en ces
peintures du sentiment de la grande composition qui fait
la valeur du tableau d'histoire proprement dit.

Par contre, nous signalerons une toile charmante et
sans prétention de M. Raffalt : des Bohémiens campés
dans une lande aride, rôdant à demi nus sous le soleil autour des tentes, où l'ombre apparaît par intensités profondes à travers les ouvertures triangulaires découpées
dans les grands cônes de toile. Çà et là des attelages avec
leurs petits chevaux portant fièrement leur lourde crinière,
plus loin des enfants ébouriffés, des femmes au costume
pittoresque, animent cette jolie scène d'une vie vérita-

blement singulière, traduite d'un pinceau ferme, coloré et sobre tout à la fois.

M. Othon de Thoren, bien connu en France, expose deux tableaux : l'un est un portrait élégant de l'empereur d'Autriche, l'autre une scène du même caractère que celles qu'il nous a rendues familières à nos Expositions : des cavaliers hongrois battant la plaine ou fuyant devant les patrouilles de troupes régulières. A vrai dire, le talent très-réel de M. de Thoren me paraît s'affirmer plus nettement dans les toiles de petite dimension que dans les compositions plus importantes. Aussi, préférons-nous de beaucoup son petit tableau intitulé : *Ils vont venir*, au portrait de l'empereur François-Joseph. Mais notre meilleur souvenir est celui de ses *Voleurs de chevaux* et *Voleurs de bœufs*. Il avait su exprimer là, dans l'une de ses innombrables manifestations, l'énergique vitalité de l'homme et de l'animal errant dans les vastes plaines de la Hongrie. L'artiste a jeté ces deux épisodes de la vie nomade aux heures extrêmes de la journée. Ses maraudeurs des bords du Danube exercent leur violente industrie avec une audace martiale ; ils n'ont rien dans l'expression ni dans le geste du cynisme, de la pauvre allure des filous de bas étage, espèce particulière aux nombreuses agglomérations d'hommes. Il semble que l'imposante nature et la vie à l'air libre étendent à tout ce qui les approche quelque chose de leur grandeur. Poussant devant eux les bœufs aux longues cornes ou pressant le flanc nerveux des chevaux qu'ils ont volés, ils escaladent ravines et fossés, et, guettant l'ennemi, ils plongent sans ralentir le pas dans le flot mouvant des hautes végétations.

M. de Thoren est quelque chose de plus qu'un peintre

d'animaux. Il connaît à fond le bœuf et le cheval; mais, en véritable artiste, il sait les mettre en scène avec l'homme et en scène dans la nature. Cet artiste est Autrichien, et il nous initie aux mœurs d'une des vastes divisions de l'empire d'Autriche. Ses *Brigands hongrois* poursuivis par des pandours révèlent chez l'artiste non-seulement l'esprit, le mouvement, l'entente du geste, mais aussi la curiosité pittoresque; il faut louer surtout l'effet de lumière qui enveloppe cette scène et à l'horizon le foyer du hameau incendié qui brûle en flammes roses dans un ciel de nacre. (L'image, trop « précieuse, » est pourtant juste.)

Une ou deux mentions encore avant de quitter l'Allemagne : tout d'abord pour un portrait de la comtesse de K...., par M. Boutibonne, œuvre d'une grande élégance de composition, et où les accessoires, les perles, les bijoux, les broderies du corsage sont traités avec une extrême habileté; la seconde pour M. Édouard Ender, qui a peint un petit tableau d'intérieur avec une dextérité de touche véritablement merveilleuse; le livret ne s'est pas mis en peine de traduire le titre de ce tableau pour les visiteurs français, il se borne à le désigner sous le titre de *Schmollwinkel*. C'est une scène qui justifie parfaitement le nom familier de *boudoir* donné à la petite pièce où elle se passe. Il est tout meublé de satin, garni de grandes glaces encadrées de moulures sculptées et dorées; un grand seigneur et une belle dame, assis l'un près de l'autre sur un sopha, se tournent le dos de manière à ne laisser aucun doute sur leurs sentiments respectifs; en un mot, ils se boudent de la façon la plus galante. Motif spirituel, spirituellement traité.

Je nommerai enfin une œuvre qui n'était point au

Champ de Mars, mais dont j'ai gardé la meilleure impression, un petit tableau merveilleux de M. Pettenkofen : il représente des cuirassiers traversant un gué (1). La tête de la colonne a déjà franchi le cours d'eau qui coule au premier plan; l'escadron a pris pied sur la rive opposée par un chemin creux ouvert dans le talus à pic de la rivière. Les chevaux lancés au galop soulèvent des nuages de poussière; de légers flocons de fumée qui sentent la poudre montent derrière les berges élevées de la rive. Le ciel étend sur cette scène de combat, que l'on devine sans la voir, un long voile de nuages orageux. Cette petite toile est assurément un chef-d'œuvre de composition, de finesse et d'esprit.

Dans toute l'école allemande, si j'en excepte M. Saal, je ne vois point de paysagistes qu'il soit possible de nommer en ce temps-ci où le paysage français a pris une importance et une supériorité qui élèvent ce genre, réputé jadis inférieur, au niveau des genres les plus fertiles en ressources de sentiment et d'émotion.

En Suisse, au contraire, je ne vois guère d'artistes que l'on puisse citer si ce n'est parmi les paysagistes; non point pourtant les successeurs si froids de Diday et de Calame, plus froids que leurs glaciers. Non; tout l'honneur de l'école revient à M. Amédée Baudit, que les visiteurs du Salon annuel estiment depuis longtemps. Il excelle surtout à rendre les ombres profondes de la nuit et les grands nuages courant dans le ciel, voilant tour à tour et découvrant le disque argenté de la lune. Aucun de ceux qui ont vu l'Exposition de 1859 n'a pu oublier son admirable

---

(1) Ce tableau fut exposé au cercle de la rue de Choiseul, il y a quelques années.

tableau, d'un effet si dramatique et si poignant, représentant le *Viatique en Bretagne* : un pauvre prêtre
marchant sous l'orage, dans la nuit, à travers les landes
coupées de flaques d'eau de mer. Deux notes rouges ré-
sonnant dans l'obscurité : le falot mouvant de l'enfant
de chœur et la fenêtre lointaine de la chaumière où gît
l'agonisant. M. Baudit, malgré le talent très-réel qu'il a
déployé dans l'*Approche du soir*, n'a jamais rien fait
qui ait une puissance d'émotion aussi profonde et aussi
véritablement tragique que ce Viatique, un de nos meilleurs souvenirs de 1859.

Les paysages de M. Gustave Castan sont d'un tout
autre sentiment; il aime, lui, les grands arbres, les
futaies transparentes, les ombres vertes, les flèches de
lumière que lance le soleil à travers les intérieurs de forêt
ou qu'il plonge dans les eaux profondes des rivières
et dans les eaux vives des torrents.

M. Karl Bodmer expose de nouveau son excellent
tableau de sangliers qu'il nous avait déjà montré à Paris.
C'est que M. Bodmer est aussi un déserteur à la façon
des nombreux Allemands que nous avons précédemment
nommés. Son très-beau et très-ferme talent a reculé
devant le paysage suisse, si ingrat, et dont aucun artiste
n'a encore pu tirer une œuvre véritablement complète. Il
a fui les immenses horizons, les hauteurs inaccessibles
couronnées de neiges éternelles, la perspective des grands
lacs d'azur. Il s'enferme dans la futaie sévère aux pieds
des chênes géants; il en étudie la formidable structure ;
il les entoure de cette végétation puissante, robuste, qui
croît sous leur ombre ; et, parmi les broussailles, à travers les feuilles desséchées, tantôt il fait bondir le cerf
aux longues ramures et les chevreuils élégants, tantôt il

ramasse sur eux-mêmes tous les membres d'une famille de sangliers aux poils rudes, à la dent menaçante.

La Suisse, qui a enfanté Léopold Robert, n'a guère aujourd'hui qu'un peintre de genre, M. Benjamin Vautier, qui se rattache d'ailleurs à la petite école du sentiment que la Prusse lance chaque année sur Paris. Bien que né à Lausanne, M. Vautier est un des maîtres de l'école de Düsseldorf. Il nous a renvoyé un tableau déjà connu, les *Courtiers et Paysans* dans le Würtemberg, intéressant surtout par le jeu des physionomies, mais en somme d'une qualité de facture assez mince. Son nouveau tableau, intitulé la *Traversée* sur le lac de Brienz, rappelle les mêmes mérites et aussi les mêmes faiblesses. Maintenant remontons vers le Nord.

II

DANEMARK. — SUÈDE ET NORVÉGE. — RUSSIE

Madame Jérichau, MM. Rump, Simonsen, Frœlich, S. M. Charles XV, MM. Fagerlin, Jernberg, Nordenberg, Hoeckert, Hansen, H. Gude, Tidemand, MM. Péroff, Popoff, Sokoloff, Mestchersky, Ayvasovsky, A. Kotzebue, Horawsky, N. Swertchkoff.

Le Danemark a d'autres préoccupations en ce moment que des préoccupations d'art. Pourtant, parmi les quelques tableaux et dessins qu'il expose, on peut, on doit même citer avec quelques éloges le *Naufrage* sur la côte du Jutland, par madame Jérichau. Le pinceau de cette artiste, trop souvent inégal, a cependant une fermeté rare sous la brosse d'une femme. Le *Bois de Frédéricksberg*, de M. Rump, mérite aussi d'être tiré de l'obscurité où il risquerait fort de rester enfoui si l'on s'arrêtait à la première impression dès l'entrée de la galerie danoise. On aura vu aussi dans cette galerie le carton d'un tableau de M. Simonsen, représentant un combat : les Danois luttant contre les Prussiens dans le Sleswig. Il faut le dire, l'intention peut être patriotique, mais l'exécution a trahi cette intention généreuse et nous force, au point de vue de l'art, à nous ranger du parti de M. Hunten, un Prussien, dont nous avons déjà nommé les compositions militaires faites dans un sentiment national naturellement tout opposé. Mais il y a un artiste vraiment intéressant dans l'école danoise, M. Lorenz Frœlich, l'auteur des illustrations de *Héro et Léandre*, du *Pater Noster*, gravé par lui sur ses propres dessins, d'un trait libre, plein d'invention, et d'une originalité mystique qui trahit ses origines septentrionales.

Le royaume de Suède est gouverné par un souverain artiste, qui lui-même s'entend parfaitement à fixer les grands horizons, les ciels majestueux, les colorations singulières que la nature accumule dans ces pays si pittoresques; le mérite est rare, car, en général, les artistes suédois réussissent infiniment mieux le tableau de genre que le paysage. La sublimité des spectacles naturels, des effets de lumière imprévus, dans ce voisinage du pôle, semble les écraser.

Par contre, je ne sais rien de plus touchant, sinon comme mérite d'art, au moins comme détail de mœurs locales, que les tableaux de genre, formés de petites scènes d'intimité où se déploient à l'aise les grâces candides, les physionomies charmantes et naïves de ces jeunes femmes, de ces jeunes filles aux cheveux d'un blond pâle, aux yeux d'un bleu clair, surprises dans l'intimité de la vie quotidienne. C'est, ici, M. Fagerlin réunissant deux beaux jeunes gens délicatement groupés dans une déclaration d'amour, plus loin M. Jernberg nous faisant assister à une demande en mariage, ou M. Nordenberg nous montrant les cadeaux de noce d'une jeune fiancée de la province Blékingé, en Suède. Mais le maître entre tous, et malheureusement il vient de mourir, était M. Hœckert. Je néglige son *Incendie du palais royal de*

Stockholm, tableau lourd et, contradiction singulière avec son objet, fort peu lumineux. Je rappellerai de préférence son *Intérieur de tente laponne*, déjà exposé en France, mais qui figure de nouveau dans le salon suédois; arrêtons-nous aussi au tableau intitulé : *Retour de la noce en Laponie*, excellent paysage où les figures jouent cependant un rôle important, moins par leur dimension que par leur caractère et l'expression. La jeune femme revient sur une barque avec l'époux, toute parée et d'une manière ravissante. Sa charmante tête blonde est couronnée d'un diadème de paillon étincelant avec lequel l'or de sa chevelure rivalise de lumière et d'éclat. Les grands parents sur le seuil de la tente ouvrent leurs bras au couple aimable et l'accueillent de façon à ne point laisser dans le cœur de la jeune fille le regret de la tente native. L'*Intérieur de tente* en Laponie a un tout autre caractère. Ici, la vie est sombre et dure; ce n'est plus la joie ni la lumière du premier tableau; ce n'est plus le rayon de soleil; c'est l'ombre enfumée de la hutte aux jours d'hiver. Le mari, à qui la mer est inaccessible en ses fureurs, raccommode de lourds filets; la femme berce l'enfant enveloppé de bandelettes dans une façon de hamac suspendu à quelques pieds du sol. L'éminent artiste n'a certainement point cherché le contraste; mais l'opposition s'offre à nous d'elle-même par le rapprochement des deux tableaux dans la même galerie.

La Norvége compte aussi deux ou trois peintres de talent : M. Hansen, dont la *Visite au chalet* et le tableau intitulé *Dans la cabane* nous révèlent quelques nouveaux détails sur les mœurs de ce peuple naïf et bon; M. Hans Gude, paysagiste distingué. Le meilleur tableau de M. Gude est celui qui représente un *Retour des pécheurs de baleine*

Le navire est arrêté en vue des côtes par un calme plat. Ses formes massives et sévères, enveloppées par la lumière dorée du soir, se reflètent et plongent renversées à de grandes profondeurs dans les eaux immobiles.

M. Tidemand s'est fait une réputation qui a pénétré jusqu'à Paris dès 1855. Il aime à retracer les épisodes de la vie féodale, les mœurs violentes du moyen âge. Son *Combat singulier* présente le dénoûment d'un de ces duels terribles qui laissaient toujours l'un des combattants mort sur place, et quelquefois tous les deux; la hache ne pardonnait point. L'œuvre est un peu confuse, mais traitée cependant avec une grande énergie et un sentiment très-juste de l'expression et de la physionomie.

Au total, à part quelques exceptions que nous avons nommées, de beaux paysages du Roi et de M. Hans Gude, l'intérêt réel de l'école de Norvége et de Suède est tout entier dans les tableaux de genre qui nous retracent les mœurs d'une population fine, douce, bienveillante, amie des plaisirs de l'intimité et des joies discrètes de la famille.

Franchissons la Baltique et entrons en Russie.

C'est le même intérêt purement ethnographique qui nous arrête tout d'abord devant les tableaux de MM. Péroff, Popoff et Pierre Sokoloff. M. Péroff a contre lui une recherche un peu prétentieuse du comique. Le *Premier uniforme*, le *Peintre amateur*, rappellent les plaisanteries de M. Biard. La *Troïka* nous touche davantage; ce sont trois jeunes enfants traînant sur la neige un traîneau chargé de tonneaux couverts de givre et de glace. L'*Enterrement au village* est conçu dans un même sentiment d'émotion poignante. C'est une femme, une mère, qui conduit elle-même le traîneau, sur lequel repose, maintenu par deux enfants, la dépouille du père de

famille. A côté, suit le chien, la queue entre les jambes.
Un sujet analogue a été traité fort habilement à l'aquarelle par M. Sokoloff. La composition confirme ce que
le tableau de M. Péroff nous avait appris déjà, c'est
que les enfants, en Russie, sont souvent chargés de
la cruelle mission de maintenir ainsi le cercueil sur
le traîneau funèbre. La scène de la *Foire de Nijny-
Novogorod* est piquante par l'étude des types, qui
se rapprochent de ceux de la race mongole. Ce tableau
est de M. André Popoff. Je ne m'y suis arrêté d'ailleurs
que pour cette révélation intéressante, et point ou peu
pour les qualités d'exécution. Si du tableau de genre
nous passons au paysage, nous ne voyons guère que deux
tableaux qui méritent de fixer un moment l'attention.
L'un, de M. Mestchersky, représente une *Soirée d'hiver*
en Finlande. Le soleil couchant empourpre la cime des
immenses banquises de glace dont la base plonge dans
les profondeurs violettes qui s'étendent jusqu'à l'horizon
mystérieux. L'autre est de M. Ayvasowky, ce peintre
étrange dont l'Exposition de 1855 consacra à Paris la
réputation qu'il s'était faite en Russie par l'audace avec
laquelle il éclaire des feux rampants du soleil couchant
les plaines immenses et plates de la Crimée; c'est aussi
une vue de Crimée qu'expose M. Ayvasowky cette année,
mais une vue des côtes. Il fait descendre du ciel transparent et d'un bleu sombre la lumière argentée de la lune,
brisée et réfléchie en mille paillettes mouvantes par les
flots courts et pressés de la mer Noire. Ce tableau est
digne des œuvres précédentes que l'artiste russe nous
avait montrées autrefois.

M. Alexandre Kotzebue fait un effort pour s'élever
jusqu'à la peinture de genre historique; malheureuse-

ment, sa *Bataille de Pultawa*, trop peu originale, ressemble à s'y méprendre aux peintures françaises du
siècle dernier. Le portrait d'une vieille Lithuanienne, par
M. Horawsky, est aussi une imitation flagrante, mais
cette fois du patient Denner. Tout cela n'annonce point
(et j'ai choisi les meilleurs) un sentiment d'originalité
bien profond chez les artistes russes. Le seul homme
qui affirme une individualité un peu prononcée est
M. Nicolas Swertchkoff. Cet artiste a plusieurs fois
exposé en France; il y a même, si je ne me trompe,
obtenu une récompense au Salon de 1863. Son effet de
soleil sur la neige dans le *Retour de la chasse à l'ours*
avait frappé notre public par la nouveauté et en même
temps par la justesse de l'impression. L'artiste a, cette
année, élargi le champ de son ambition. Son tableau
représente le tzar Alexis Mikhaïlowitch passant ses
troupes en revue le 17 février 1664. Le sujet est plus
important, mais le résultat définitif bien moins pittoresque. On s'arrête volontiers cependant devant cette
peinture; elle ne manque point, en effet, d'une réelle
habileté d'exécution, et en outre elle intéresse par le
déploiement de faste, par la richesse des costumes
militaires, par cette pompe byzantine qui donne une si
fière et si somptueuse allure au cortège impérial. Toutefois, nous devons y insister, l'artiste supérieur en
M. Swertchkoff est le paysagiste. A ce nom joignons
celui de l'aquarelliste Sokoloff, celui du peintre de genre
Péroff, et nous aurons rappelé les trois individualités un
peu marquées de l'école russe contemporaine.

Dans les Écoles du Nord, comme en Belgique et en Angleterre, c'est la peinture de genre qui triomphe. Nous verrons
quelle est la tendance la plus accusée des écoles du Midi.

LES ÉCOLES DU MIDI

ET

L'ÉCOLE AMÉRICAINE

ESPAGNE. — PORTUGAL. — ITALIE. — ÉTATS-UNIS
D'AMÉRIQUE

MM. Rosalès, Palmaroli, A. Gisbert, Manzano, Gessa, D. y Marquez,
L. Ruiperez, — Stefano Ussi, Pasini, Palizzi, Bianchi, Pagiano, Car-
cano, Farruffini, — Church, Bierstadt, Homer, Lambdin, Johnson,
Whistler.

Il n'y a pas d'homme qui ait eu plus d'influence sur la
peinture contemporaine que Paul Delaroche. Il a substitué dans l'art l'anecdote historique à l'histoire. Il allait
ainsi au-devant des prédilections de la majorité pour l'intérêt du sujet. L'accueil fait à cette tentative par le
grand public fut tel que partout en Europe le même principe devait triompher. C'est ce qui est arrivé, et, chose
curieuse, nous voyons l'école espagnole renaissante se
rattacher à ce moyen de succès.

Le tableau le plus important de cette école est conçu
dans cet esprit un peu petit, il faut bien le dire, et qui
ne se rachète que par l'habileté matérielle de l'exécution. C'est là, en effet, ce qui sauve l'ouvrage, disposé
d'ailleurs avec une grande intelligence, dans lequel

M. Eduardo Rosalès a représenté *Isabelle la Catholique dictant son testament.*

On est toutefois entraîné d'une sympathie plus vive vers le talent de M. Vincente Palmaroli. Dès le premier jour de l'Exposition, cet artiste obtint un vif succès, grâce à l'unité, à la sobriété et à l'intensité de coloration de son *Sermon à la chapelle Sixtine.* Ce sujet a tenté bien des peintres; il a été traité notamment avec une extrême supériorité par M. Ingres qui en a fait un chef-d'œuvre parmi ses œuvres. Chez M. Palmaroli, il n'y a point encore d'accent magistral, mais — et cela suffit — une révélation incontestable d'un tempérament de peintre coloriste et fin. Le *Débarquement des puritains en Amérique* a valu à M. Antonio Gisbert une médaille au Salon français de 1865. Ce tableau reste encore le meilleur parmi ceux qu'expose, cette année, le jeune artiste. Pourtant, au milieu des autres tableaux qui témoignent d'une renaissance de l'art en Espagne à laquelle M. Gisbert a contribué d'une manière active, sa peinture paraît perdre de sa solidité; ses rivaux ont plus d'énergie d'exécution. Nous trouvons dans la galerie espagnole bien des études, bien des tableaux de genre et d'intérieur peints d'une touche plus vigoureuse et d'une belle couleur. Malheureusement l'absence de numérotage sur les tableaux et l'absence de signatures ne nous permettent point d'indiquer avec précision tous les ouvrages qui nous ont arrêté. Nous nommerons pourtant une ou deux esquisses de Victor Manzano, mort récemment; de M. Gessa, de M. Domingo y Marques; enfin, une petite toile de M. Luis Ruiperez, qui a porté dans l'école espagnole la tradition de M. Meissonier.

Nous aurions voulu parler de l'exposition portugaise;

Ce pays, en effet, après avoir subi une longue décadence, semble — sous l'impulsion d'un souverain artiste lui-même — disposé à sortir de l'engourdissement dans lequel il était tombé. On nous apprend, en effet, qu'une réorganisation complète de l'École des beaux-arts et des Musées se prépare en Portugal, grâce à l'initiative du roi. Équitablement, nous devons attendre avant de nous prononcer, et fonder, au point de vue de l'art, le meilleur espoir pour l'avenir sur un peuple qui a la clairvoyance de son état et le désir bien vif d'en sortir.

L'Italie, elle aussi, a fait depuis quelques années de sérieux efforts pour s'affranchir des entraves académiques qui paralysèrent si longtemps son libre développement. On conviendra cependant que le jury, qui a accordé une grande médaille d'honneur à M. Stefano Ussi, n'a point mesuré la récompense à la stricte valeur de l'œuvre. Ce tableau représente l'*Expulsion du duc d'Athènes*. Je n'y ai vu, pour mon compte, aucune espèce d'originalité, aucune tendance personnelle, et l'on peut en outre y constater une banalité d'exécution et de conception qu'on pardonnerait à peine à un jeune peintre encore sur les bancs de l'école.

Il y a assurément beaucoup plus de mérite réel dans le talent de deux peintres italiens qui figurent tous les ans à nos expositions et qui, d'ailleurs, habitent Paris. Le *Schah de Perse parcourant les provinces de son royaume* atteste un progrès nouveau dans le talent de M. Pasini, qui s'est voué, comme on le sait, à la tâche courageuse de nous révéler les mœurs et les paysages de la Perse.

Le *Courrier endormi* dans les solitudes de la Perse a le double mérite d'être un fort bon tableau, où l'artiste;

M. Pasini, a rendu avec un rare bonheur la clarté transparente des nuits d'Orient et où il a su placer une belle
et intéressante figure, celle de ce courrier étendu sur le
dos, endormi à la face des étoiles, portant, roulé autour
de l'orteil, la mèche enflammée avec laquelle il a d'a-
vance mesuré le temps de son sommeil. M. Pasini aime
la Perse, il nous familiarise avec le grand aspect de ces
terrains aux larges assises horizontales, étagées de plateau en plateau jusqu'aux montagnes. C'est dans les
plaines voisines d'Ispahan qu'il a placé aussi une scène
de la vie militaire en Perse, des cavaliers armés de longues lances, chassant devant eux, comme un troupeau,
des prisonniers de guerre.

On ne saurait trop louer dans ces œuvres, conquises
au prix de tant de fatigues, la grandeur des lignes, la richesse des colorations, la limpidité de la lumière. M. Joseph Palizzi expose également trois paysages : deux
d'entre eux sont empruntés à l'intérieur de la forêt de
Fontainebleau ; le dernier représente des bœufs en
marche, surpris par un ouragan dans les marais des
Abruzzes Citérieures. L'étude de la nature dans ces
toiles est d'une extrême sincérité, qui se traduit, d'autre
part, par une fermeté d'exécution tout à fait remarquable.

Qui pourrions-nous nommer encore ? M. Moïse Bianchi,
auteur d'une *Veille de fête* au village traitée avec esprit ;
un épisode du *Combat de San-Martino*, par M. Paglia-
no ; un *Jardin* éclairé par le soleil, de M. Philippe Car-
cano ; enfin, dans un genre un peu plus élevé, par les
proportions du moins, l'*Entrevue de Machiavel et de
César Borgia* de M. Farruffini, tableau déjà exposé au
Salon de 1865.

Nous venons de dresser le bilan de l'École italienne, et parmi tous les noms que nous venons de citer, il n'en est pas un qui appartienne aux États pontificaux. L'empire ottoman, l'Égypte, la Roumanie, la Grèce ne nous ont pas envoyé non plus un seul tableau intéressant. Pour retrouver quelques ouvrages qui méritent une légitime attention, il nous faut franchir l'Océan et pénétrer en Amérique.

Ce n'est point que l'école américaine ait fait preuve jusqu'à présent d'une originalité particulière ; elle se traîne péniblement à la remorque de l'école anglaise. A part quelques paysages, notamment le *Niagara*, de M. Church, et les *Montagnes rocheuses*, de M. Bierstadt, qui témoignent l'un et l'autre d'une certaine audace de conception, la plupart des paysages américains sont peints dans un esprit de convention fait pour surprendre chez un peuple qui passe pour s'être affranchi de tant d'autres conventions. Dans la peinture de genre, la même chaine rattache les peintres américains aux peintres de la Grande-Bretagne. Çà et là on remarquera quelques tableaux comme les *Prisonniers confédérés*, de M. Homer, comme le *Dernier sommeil*, de M. Lambdin, ou encore la *Scène champêtre* au Kentucky, par M. Johnson. Mais le seul peintre qui témoigne d'une personnalité parfaitement accentuée est l'auteur de cette *Fille blanche* qui, refusée au Salon de Paris en 1863, causa cependant une certaine agitation et éveilla de réelles sympathies dans le monde des arts ; ce refus apporta du jour au lendemain la notoriété à M. Whistler. L'œuvre figure de nouveau à l'Exposition du Champ de Mars ; nous l'y avons revue, bien qu'elle y fût fort mal placée, avec un plaisir qui ne nous laissa point de regrets de

l'avoir défendue jadis avec quelque chaleur. Auprès de
la *Fille en blanc*, M. Whistler expose trois autres tableaux, une vue de la *Tamise*, une autre vue du *Vieux
pont de Battersea*, un *Crépuscule en mer*; et aussi
une série d'eaux fortes d'une facture très-piquante, où
vous reconnaîtrez la sensibilité esthétique très-fine et
très-souple qui fait le mérite essentiel du jeune artiste
américain. Il peut lui arriver parfois de se tromper, il ne
lui arrivera jamais d'être ni plat ni vulgaire. Ses compositions sont souvent étranges, — mais soit dans le motif,
soit dans la coloration, — elles ont toujours une distinction native qui affirme l'individualité de M. Whistler et
qui vaudra toujours à ses ouvrages la sérieuse estime des
amateurs.

Nous avons fait le tour des galeries étrangères; notre
moisson dans les écoles du Midi et en Amérique a été
bien pauvre, plus pauvre que dans les Écoles du Nord.
Il faut conclure cependant : là comme ici, c'est le genre
qui domine. En des contrées où l'art fut si grand on a
perdu l'amour et l'intelligence de la nature; comme conséquence, on y rencontre peu de peinture vraiment forte
et de haute inspiration. Je n'aimerais point à reprendre
le thème usé des lamentations sur la décadence de l'art.
Tout me paraît annoncer au contraire un effort à peu près
général pour arriver à une renaissance. Le nombre des
imitateurs l'emporte évidemment sur celui des artistes
qui ont un sentiment individuel; mais en tout temps il en
a été de même. De ce que dans nos expositions les œuvres originales sont comme noyées dans un déluge d'œuvres médiocres, il ne faut point désespérer de l'avenir.
En chaque pays il y a au moins un ou deux artistes,
quelquefois un groupe de peintres qui ont entrevu la vé-

rité et qui marchent fermement dans la voie qu'ils se sont péniblement ouverte. Bien que souvent méconnus, ceux-là sont ceux qui resteront. Nous avons, à mesure que nous les rencontrions, pris à tâche de les recommander à l'attention des visiteurs; si nous réunissions leurs noms ici, on conviendrait qu'au total le nombre des hommes de talent en Europe n'est pas si misérable qu'on le croirait d'après l'impression d'ensemble. Ce qui manque, et nous verrons bientôt si cela manque aussi à la France, c'est le sentiment du grand art, ce sont les œuvres qui, violemment contestées et vaillamment défendues, affirment la lutte d'un homme supérieur contre le goût moyen. A vrai dire, il n'y a plus de luttes aujourd'hui; il y a du talent, beaucoup de talent; mais de Londres à Anvers, à Berlin, à Saint-Pétersbourg, à Vienne, à Florence et à Madrid, nous n'avons point trouvé une seule œuvre qui révélât la généreuse passion, l'héroïque entraînement d'une âme brûlée par les flammes du génie. Ce qui domine partout, c'est l'ingéniosité, l'esprit, la sagesse (la sagesse surtout!); un respect pour le passé qui ressemble plutôt à de l'impuissance qu'à un sentiment de vénération profondément enraciné dans les cœurs et motivé par une juste pénétration des principes qui ont dirigé les maîtres antérieurs.

Ce qui nous frappe aussi dans les écoles étrangères, c'est le défaut d'accent local. Nulle part, à fort peu d'exceptions près, on ne reconnaît l'énergie d'une race. Belges, Allemands, Russes, Italiens, tous plus ou moins, avec plus ou moins de faiblesse, se rattachent à l'école française.

La leçon nous servira à nous-mêmes; l'étude des écoles européennes aura été certainement utile à ceux de nos artistes français qui auront voulu s'y appliquer. Souvent, il est vrai, ils y auront reconnu leurs défauts accusés, amplifiés à l'excès, mais il suffit qu'ils aient pu constater aussi quelques rares efforts, notamment en Angleterre, pour arriver au développement d'une originalité nationale. Je n'insisterai pas sur ce point; certainement nos peintres n'auront point manqué d'analyser à leur usage ces tendances qui s'offraient à eux dans des manifestations si contradictoires, si diverses et si multipliées. Dans ce déploiement d'efforts, depuis l'observation scrupuleuse et quasi-religieuse de la nature en ses infiniment petits, jusqu'aux conceptions étroites qui ne sont que de pâles décalques, des pastiches appauvris des ouvrages de l'école française, ils auront su discerner et s'assimiler tout ce qui pouvait contribuer à les éclairer sur leur propre faiblesse et à affermir encore leurs énergies individuelles.

L'ÉCOLE FRANÇAISE

I

PEINTURE D'HISTOIRE

MM. Cabanel, Baudry, Delaunay, Levy, Puvis de Chavannes, Ribot, Gustave Moreau.

Les décisions du jury international des récompenses ont constaté officiellement et d'une manière éclatante l'état de délaissement où la grande peinture est tenue aujourd'hui en Europe. Parmi les huit médailles d'honneur dont il avait la libre disposition, une seule a pu être accordée à un peintre d'histoire. Je prends le mot *peintre d'histoire* dans le sens consacré depuis de longues années et non point dans celui qu'il paraît désormais destiné à recevoir et à garder d'une manière définitive.

Peintre d'histoire ici ne désigne point un peintre qui met en scène d'une manière plus ou moins habile, en des proportions plus ou moins vastes, une scène historique quelconque, empruntée indifféremment à l'âge moderne, au moyen âge ou à l'antiquité. Dans l'ancienne acception du mot, un peintre d'histoire était un homme qui se préoccupait avant tout de posséder à fond la science du corps de l'homme, qui résumait l'idée de beauté dans la beauté plastique des formes humaines mises en mouvement par une action qui permit de les conserver dans leur nudité majestueuse. Le choix de l'action venait ensuite. On la voulait grande, héroïque autant que possible, se prêtant à l'introduction d'un certain nombre de personnages qui fussent de types, d'âges et de sexes variés. Le motif étant ainsi déterminé, le peintre prenait souci de faire véritablement un tableau, et non point une série d'études ou d'*académies*; il cherchait tout d'abord un mouvement général des lignes qui conduisît nécessairement le regard du spectateur sur la figure essentielle, celle qui révélait le sens principal de l'action. Chaque figure ensuite était isolément étudiée pour sa beauté propre. On voulait une grande variété d'attitudes, on voulait que tour à tour le corps de l'homme apparût sous ses divers aspects : sous l'un et l'autre profil, de face, de dos, de trois quarts, assis, debout, accroupi, couché, dans l'immobilité du repos et aussi dans la violence d'un geste passionné. Chacune des figures concourait, d'une part, à expliquer le motif adopté par le peintre, et, d'autre part, à faire valoir la science réelle de l'artiste. L'équilibre de la composition et des divers personnages ainsi arrêté, les peintres complets (et ils furent toujours rares) calculaient avec un soin non moins attentif la valeur et le sens de leur coloration. Aujourd'hui que l'on se moque un peu de tout, on ne veut point admettre qu'il y ait en peinture comme en musique des tonalités capables d'exprimer par elles-mêmes certains états d'âme, une disposition d'esprit particulière. On nie qu'il y ait en peinture des colorations tristes, sereines, joyeuses, de même que l'on

nie que par l'instrumentation musicale on puisse rendre
certains sentiments comme la gaîté, ou la gravité, ou le
recueillement religieux. Sans nous arrêter à cette discussion, affirmons que, préméditée ou non, la couleur
chez les maîtres donne dès l'abord une indication qui ne
nous trompe point sur le sens de leur peinture. La distribution des lumières ne joue pas un moindre rôle dans
leurs œuvres; ils savent la répartir inégalement sur les
figures en raison de leur importance dans l'action. Du
plus loin qu'on aperçoive un tableau, il faut que le regard soit appelé tout d'abord sur le centre moral de
l'œuvre, c'est-à-dire sur le personnage ou sur le groupe
principal. Comme la partie la plus lumineuse d'une peinture est celle qui attire le regard de prime-saut, c'est
donc sur le point que nous venons de désigner qu'elle
doit être concentrée pour rayonner de là en s'affaiblissant
graduellement sur les parties secondaires. Théories
d'école, soit! mais que l'on néglige de plus en plus, et à
tort. Elles ne suffisent point à constituer, tant s'en faut,
des œuvres d'art parfaites. Bien souvent, trop souvent,
au temps même où elles étaient le plus patiemment observées, elles n'ont produit que des hommes médiocres,
parce que ce n'est pas tout que de mettre d'excellents
outils entre les mains d'un apprenti pour le transformer
en maître ouvrier. Mais au moins ces ouvrages, si médiocres qu'ils fussent par l'inspiration, avaient-ils ce mérite de pouvoir rester à titre d'étude et de charmer encore, dans une certaine mesure, par l'intérêt qui s'attache à toute œuvre bien faite, à toute peinture révélant
une expérience profonde des parties de l'art qui se peuvent apprendre. Qu'une grande inspiration vînt s'ajouter
à cette science première et elle nous donnait l'*École d'A-*

thènes, le *Jugement dernier*, la *Chute des Titans*, et plus près de nous, dans l'École française, le *Radeau de la Méduse*, le *Martyre de saint Symphorien* ou l'*Attila*.

Le jury, sur huit grandes médailles, nous le disions tout à l'heure, en a décerné une à un paysagiste, trois à des peintres de genre, trois autres à des peintres de genre historique, *une seule* à un peintre d'histoire. C'est la France qui a eu l'honneur de recevoir cette récompense exceptionnelle. Si nous consultons la liste des premiers, seconds et troisièmes prix, nous ne trouvons pas plus de deux ou trois noms de peintres d'histoire parmi les soixante artistes qui ont obtenu des récompenses. Ces deux ou trois noms sont des noms français.

Il semble donc que la France seule ait conservé quelques restes de l'amour des anciennes écoles pour ce qu'on appelait le grand art. Je ne fais pas ici le procès aux écoles étrangères, ni à l'école française; je constate purement et simplement un état de choses. Je ne crois pas, en effet, qu'il soit juste d'accuser les artistes de cet abandon croissant des conceptions grandes.

Les mœurs se transforment de jour en jour. En même temps que le nombre des peintres s'est augmenté dans une proportion considérable depuis deux siècles, le nombre des amateurs a crû dans une égale proportion. L'amour des œuvres d'art, qui était autrefois le privilége de princes et de grands seigneurs puissamment riches, a pénétré peu à peu dans des classes de la population où les fortunes sont limitées. Beaucoup de collectionneurs sont logés aujourd'hui au troisième étage, dans les petits appartements que chacun connaît.

Les palais qui offrent de vastes surfaces à la peinture

ne suffisent point, il s'en faut de beaucoup, à exercer le talent de l'immense quantité d'artistes habiles qui se manifeste chaque année à nos expositions. On n'en est point encore venu à décorer de peintures les monuments publics, comme les gares du chemin de fer, dont les murailles présentent un développement de superficie considérable. Il faut donc travailler nécessairement en vue des amateurs, c'est-à-dire faire de petits tableaux d'abord, puisqu'ils sont petitement logés; puis, dans la même prévision, il a fallu renoncer au nu dès qu'il ne pouvait plus se formuler à la façon des grandes tentures et peintures décoratives, dans d'immenses galeries de réception où il ne s'imposait point forcément au regard des visiteurs. L'œuvre d'art n'étant plus partie intégrante de l'architecture, le tableau étant un meuble avec lequel on est en contact de tous les instants, le nu, dans les conditions où il se présenterait aujourd'hui, choquerait souvent certaines délicatesses, exagérées peut-être, mais très-réelles, de la vie de famille. Encore une fois, nous ne justifions rien, nous ne blâmons point, nous n'approuvons pas davantage : nous constatons un état de choses qui pèse plus impérieusement qu'on ne le croit généralement sur la direction de l'art contemporain.

On reproche volontiers aux artistes de se conformer aux goûts aventureux du public, de subir les entraînements de la mode : le reproche est souvent juste, c'est-à-dire que dès qu'un peintre a obtenu un succès par une fantaisie sur un motif quelconque où il avait mis quelque originalité, le *vulgum pecus* des imitateurs reproduit sous mille formes différentes et démonétise bientôt comme un vieux sou l'effigie que le créateur avait frappée d'une empreinte vigoureuse. Il n'en est pas moins vrai, cepen-

dant, que les peintres sont forcés d'obéir à certaines nécessités générales et de subir les transformations que le
mouvement des mœurs exige d'eux et d'une façon très-
impérieuse. Ce n'est point pour se soumettre à la mode, ce
n'est point surtout pour le plaisir de s'y soumettre que
les peintres ont peu à peu renoncé à la grande peinture.

Ils font du tableau de genre, ils font du paysage, ils
font des natures mortes, parce que les conditions de l'ha-
bitation moderne ne leur permettent point de s'étendre
beaucoup plus, ni de s'élever beaucoup plus haut. Il résulte nécessairement de cette obligation de faire petit,
prévue par l'artiste dès ses débuts, que le nombre de
ceux qui entreprennent et poursuivent jusqu'au terme
des études sérieuses est de plus en plus restreint. L'exposé de cette situation singulière conduit à deux autres
conséquences : 1° Si l'on n'y prenait garde, les peintres
d'histoire et de sujets religieux dont le concours est indispensable à la décoration des palais et des églises n'auraient bientôt plus une éducation suffisante et ils feraient
défaut à leur tâche. 2° La seule éducation solide, même
pour la peinture de genre, même pour le paysage, étant
l'étude du corps humain et de la composition, il arriverait bientôt (ce qui arrive déjà) que le genre ne serait
plus qu'une ébauche spirituelle, une œuvre d'impression,
le paysage une esquisse rapide, et que le tableau proprement dit deviendrait plus rare de jour en jour. La conclusion de ce qui précède n'est-elle pas évidente? Il faut
bien que l'État, à défaut des particuliers, intervienne
dans l'éducation et entretienne un foyer d'études élevées : c'est là ce qui justifie, ce qui nécessite l'existence
de l'École des Beaux-Arts. On n'a pas la prétention d'y
faire de grands artistes, mais à ceux qui auraient en eux

la puissance de devenir tels, on prétend, à juste raison,
fournir les éléments nécessaires au développement et à
l'exercice de leurs facultés.

M. Cabanel est précisément sorti de cette école, il y
obtenait le prix de Rome en 1845; il a successivement
et rapidement parcouru toutes les étapes qui séparent le
début du terme le plus envié dans la carrière des arts. Il
a obtenu médailles sur médailles aux expositions. Il est
entré à l'Institut. Le vote de ses confrères lui accordait,
en 1865, une grande médaille d'honneur. Cette année
encore, il est l'un des quatre élus du jury international
parmi les peintres français. Est-ce à dire que ce peintre,
dont la fortune a été si heureuse et si prompte, soit un
maître qui puisse nous faire oublier ceux que nous regret-
tons, les Ingres et les Delacroix? Je ne le crois pas;
M. Cabanel ne le croit pas lui-même; mais il est vraiment
à cette heure un des très-rares peintres qui ne reculent
point devant une grande composition où le nu joue un
rôle important; il a, en outre, dans le talent, une élégance et une distinction qui lui sont bien personnelles.

Il avai exposé six tableaux qui donnent sa mesure
complète comme artiste. Le plus important et le plus
récent est le *Paradis perdu*, peinture commandée par
S. M. le roi de Bavière. A vrai dire, je ne regrette
point outre mesure la perte de cet ouvrage pour la
France; il dénote incontestablement de grandes qualités
de modelé, une certaine finesse de coloration, un sentiment délicat de la composition; mais toutes les figures
n'y ont pas un égal mérite; les mieux réussies, à mon
avis, sont celles d'Adam et Ève. Outre que la figure de
Dieu le père me paraît (je le dis d'une manière générale)
tout à fait inaccessible aux peintres dans les moyens bor-

nés et très-précis de leur art, — M. Cabanel a montré
trop clairement qu'il avait conservé des réminiscences de
ses études d'après Raphaël. D'autre part, l'artiste n'a
pas été plus heureux dans son image du diable qu'il ne
l'avait été dans son image du bon Dieu. Son Satan, avec
ses cornes et ses yeux phosphorescents, est un Satan de
féerie. On sent trop l'influence de la convention traditionnelle et trop aussi que M. Cabanel ne pouvait prendre
son diable au sérieux. Je veux croire que le motif de ce
tableau a été imposé à l'artiste et qu'il n'est point du tout
de son choix.

Remontons en arrière, dans l'œuvre de M. Cabanel;
nous y rencontrons un tableau qui est vraiment à la hauteur de sa réputation, la *Naissance de Vénus*, exposé au
Salon de 1863. On se rappelle sans doute la lutte intéressante qui s'engagea, cette année-là, entre la *Vénus* de
M. Cabanel et la *Vague* de M. Baudry. Le motif était le
même. Il fut traité par chacun des deux peintres avec un
talent remarquable, mais aussi avec une différence, avec
une opposition de génies nettement tranchée. Les deux
peintres eurent leurs partisans déclarés et presque ennemis. J'avoue que mes préférences allaient tout droit et
sans transaction possible à l'œuvre que nous n'avons
plus revue et qui ne figure point à l'Exposition universelle.

M. Baudry, en effet, n'a point voulu prendre part à ce
concours. Je ne veux pas juger les motifs qui ont décidé
le jeune maître à s'éloigner, mais quelque légitimes
qu'ils puissent être, tout le monde regrettera que M. Baudry se soit ainsi tenu à l'écart. Nous y avons perdu l'occasion de revoir des peintures excellentes et d'un homme
qui a le droit d'ambitionner aujourd'hui une des premières

places dans l'École française. Je n'hésite pas à affirmer que M. Baudry, eût-il essuyé une défaite d'amour-propre en n'étant pas mis au rang qu'il méritait d'occuper dans l'ordre des récompenses, aurait trouvé cependant une ample et suffisante revanche dans l'accueil que l'opinion publique eût fait à ses ouvrages. Je crois que M. Baudry a renoncé trop vite à une grande victoire.

Cette digression terminée, nous revenons à M. Cabanel. Son tableau de la *Naissance de Vénus* est le plus parfait qui soit sorti de sa main. Il y a mis toutes ses qualités, une grande beauté de lignes et de modelé, de plus, la délicatesse de coloration un peu sobre qui est particulière à son talent. Ce qui prouve la science de M. Cabanel, c'est qu'il s'entend admirablement à poser grandement un portrait d'apparat.

Je prends comme type dans son œuvre deux portraits, celui de l'Empereur, celui de madame de Ganay.

Dans le premier, M. Cabanel a tenté de réaliser une conception assez audacieuse par sa simplicité même, et j'ai hâte d'ajouter qu'il y a réussi pleinement. Il a repoussé les éléments de noblesse trop facile que pouvaient lui fournir l'uniforme de général de division et la pourpre du manteau impérial; il a voulu que l'idée de grandeur jaillît de l'homme même et non des accessoires qui l'entourent. L'empereur est debout, en habit noir, en culotte; sa main droite est posée un peu au-dessous de la hanche, simplement, naturellement, par un geste qui lui est familier. La main gauche s'appuie sur une table auprès de la couronne fermée et de la main de justice. Je ne donne ici que la sèche indication de l'attitude d'ensemble; mais, ce qu'il faut dire, c'est combien, dans cette simplicité calculée, l'artiste a su mettre de haute élégance, de distinction suprême. La tête, d'une extrême ressemblance, est noble, abordée dans sa vérité, résolûment ramenée des nuages de l'idéalité et de la convention à la beauté bien plus touchante de son expression réelle, indéfinissable mélange de fermeté profonde et de pénétrante douceur.

Voilà donc un portrait moderne, un type de l'aristocratique distinction dans la vie contemporaine prise à son sommet. Nulle réminiscence des maîtres classiques ; réminiscences absurdes en de tels sujets qui depuis longtemps auraient dû séduire les peintres de race et devant lesquels a toujours reculé notre école, éternellement asservie d'une part à de vaines traditions, d'autre part à de timidés fantaisies.

Comme exécution, comme technique de procédés, le portrait de l'Empereur est un des meilleurs morceaux qu'ait peints M. Cabanel. Comme valeur historique, c'est le portrait le plus vrai, le plus ressemblant, le plus noble que le temps présent puisse, jusqu'à ce jour, léguer à la postérité.

De même que, dans le portrait de l'Empereur, M. Cabanel avait peint franchement, résolûment, le souverain moderne, un type absolument sincère de l'élégance, de la dignité, de la majesté, en ce qu'elles ont de plus haut chez l'homme de notre temps ; de même le portrait de madame de Ganay est un type de l'élégance, de la dignité et de la grâce chez la femme au dix-neuvième siècle. Ce n'est point la beauté immobile et seulement correcte de la femme antique, ce n'est point non plus (pour prendre un exemple qui tranche complétement avec le précédent) la beauté toute en grâces extérieures et remuantes de la jeune femme au dix-huitième siècle :

c'est une beauté particulière à nos jours et qui date son
époque, une alliance incomparable de finesse et de pureté morales, comme de finesse et de pureté dans les
traits du visage; c'est un rapport exact, constant, entre
la sensibilité nerveuse de l'esprit et la même sensibilité
physique; il y a équilibre parfait entre l'expression intime et l'expression des lignes et du geste.

Madame de Ganay est debout, enveloppée dans les longs
plis d'une robe de velours violet qui descend vers les
pieds, chastement, rapidement, et, par *rapidement*,
j'entends sans les retards disgracieux des envergures
monstrueuses, bardées, étayées de fer forgé : chaque
pli de l'étoffe repose sur un soutien d'étoffes redoublées.
Les épaules se dégagent d'une guimpe blanche étroitement plissée, retenue par un double lacet violet. Un
ruban de même couleur s'enlace dans la coiffure dispo-
sée sans apprêt, simplement divisée en deux parts égales
et, comme par le mouvement de la vie, savamment dé-
rangées de leur symétrie matinale. La tête se détache
sur les fonds d'un fauve rompu et pâli, le contour du visage et la naissance du cou sur la silhouette noire de
la chevelure. Pas un bijou, sauf une perle à l'oreille,
sauf une fleur, une rose thé, s'entr'ouvrant au corsage.
Le caractère de la toilette est la simplicité, c'est aussi le
caractère de toute la personne. Le regard doux, pur, un
peu étonné, un peu triste, part d'une large prunelle largement enchâssée dans l'œil très-grand. Le peintre a
donné à chacun des traits de son modèle la vibration de
la vie : les narines, la bouche, dans leur dessin exact
et précis, frémissent, aspirent, respirent. La légère in-
clinaison de la tête imprime sur le cou long et élégant
deux plis de lumière qui s'étagent en collier. S'échappant

du velours et de la dentelle, les bras avec souplesse descendent le long du corps et se rejoignent par le bout des doigts délicatement entrecroisés. En somme, nulle figure n'est plus éloignée d'éveiller l'idée de pose : le modèle est entré, s'est arrêté devant le peintre, et tel le peintre l'a vu, tel il l'a fixé sur la toile.

En ces deux œuvres, M. Cabanel a fixé, j'y insiste, deux types de notre temps, le type de l'homme moderne dans son expression la plus haute, et le type de la femme moderne, c'est-à-dire de la femme dont la beauté est supérieure par sa complexité, par sa spiritualité, à tous les genres de beauté qui se sont succédé dans le monde depuis l'apparition de l'homme à la surface de notre humble planète.

Il nous suffira d'ajouter que ces deux œuvres, non plus que les portraits de M. Rouher et de madame la comtesse de Clermont-Tonnerre, n'ont rien perdu du double charme d'exécution et de sentiment par lequel ils avaient conquis le public aux expositions antérieures.

La pénurie de peintres d'histoire où se trouve l'école française permet aux élèves de l'École des beaux-arts de prendre facilement leur place dans un ordre où on ne la leur dispute guère. M. Delaunay et M. Lévy ont l'un et l'autre mérité à ce titre d'être distingués par le jury, et j'avoue que moi-même, qui ai peu de sympathie pour les partis pris de grisaille particuliers à M. Puvis de Chavannes, je sais quelque gré à cet artiste (qui n'est point sorti de l'école) de ses aspirations vers une formule d'art véritablement élevé. Le malheur est que ces aspirations soient trop souvent trahies par une exécution systématiquement insuffisante. On aura retrouvé à l'exposition une réduction des peintures exécutées par cet artiste pour le musée Napoléon III à Amiens : la *Guerre* et la *Paix*, du Salon de 1861 ; le *Travail* et le *Repos*, du Salon de 1863. Les étrangers ne se seront fait aucune idée de l'importance de ces compositions d'après la réduction qui leur était montrée ; mais elle nous suffit, à nous, pour tenir compte à M. Puvis de Chavannes des intentions dans lesquelles il persiste avec une véritable énergie. Cette persistance s'applique également et malheureusement à l'emploi de ses procédés fâcheux.

Le jury n'a pas eu de récompenses pour deux autres artistes qui, dans des ordres différents, ont très-légitimement éveillé l'attention du public en ces dernières années. Je veux parler de M. Ribot et de M. Gustave Moreau. Le premier a exposé, avec un tableau de genre, une de ses admirables études comme peu de peintres aujourd'hui en Europe seraient capables d'en exécuter. C'est une sorte de pendant au *Saint Sébastien*, qui obtint un si grand, un si légitime succès au Salon de 1864. Son tableau de 1867 était un *Saint Vincent*. Le saint, dépouillé de ses vêtements, est étendu sur le sol. La légende rapporte qu'un corbeau défendit son corps de l'approche des animaux carnassiers. Le motif était dramatique, le peintre en a tiré tout le parti possible, et surtout il y a trouvé un excellent prétexte à une étude du corps humain tout à fait digne d'un maître, conséquemment digne d'un musée.

Faisons un retour en arrière, et rappelons quelques-unes des œuvres précédentes de M. Ribot.

Ses *Musiciens espagnols* accusent la même intensité de vie, la même énergie d'exécution, et, de plus, comme dans le *Saint Sébastien*, l'artiste a fait un heureux effort pour se débarrasser de ces ombres noires et opaques qui chargeaient ses tableaux et, chaque année, les rendaient de plus en plus lourds.

M. Ribot est un excellent artiste que le succès n'arrête point. Ses tableaux de genre, ses *Petits Cuisiniers*, ses *Petites Filles en prière*, lui avaient fait une réputation de peintre habile; abordant le nu, il a voulu conquérir une réputation plus sérieuse et plus haute. Déjà dans les *Musiciens*, il y a des jambes, des bras, des mains et des pieds dessinés et peints avec une perfection de réalité digne d'un grand maître. Le *Saint-Sébastien*, effort plus grand encore, est un chef-d'œuvre comme dessin, comme modelé, comme finesse de tons dans les demi-teintes, comme éclat dans les lumières. Dans le même esprit que Ribeira, c'est aussi fort, sinon plus fort que Ribeira.

Le *Saint Sébastien* de 1865 fut justement considéré comme le morceau le plus remarquable de l'exposition. Nous n'étions pas habitués dans notre école française à trouver des chairs si vivantes, de telles audaces de peinture, des corps d'une vérité si criante; et, en dépit du caractère brutal de certains détails, peut-être même à cause de ces détails enlevés avec tant de *maëstria*, M. Ribot immédiatement prit rang en tête des jeunes peintres qui promettaient de belles œuvres à nos expositions. Mais ce n'était là qu'un acheminement calculé à de plus rares efforts.

L'artiste ne s'arrêta point. L'année suivante il envoyait au Salon une figure isolée, pittoresque, un de ces petits bohémiens qu'il excelle à mettre en scène, et une vaste composition représentant *Jésus enfant au milieu des docteurs*. Le tempérament de Ribot n'est point de ceux qui s'accommodent, en fait de sujets empruntés aux

livres saints, des fades élégances de l'imagerie religieuse. Il lui faut des types robustes, populaires; il ne
hait point les callosités, les nœuds, les plis et les rides,
les froncements de peau épaisse dont le dur travail ma-
nuel, sous l'intempérie de nos climats, afflige les membres de l'homme. Son talent se joue en ces mille grimaces du corps humain, il les tourne, les retourne à
volonté, les montre avec une complaisance bien partiale,
justifiée par son rare talent; il y met un dilettantisme
d'habileté, parce qu'il sent que c'est là son véritable
triomphe. Au milieu de ce cortége de juifs, au mufle bes-
tial, la petite figure de l'enfant divin se détache, tout de
blanc vêtue, dans la candeur de sa naïveté innocente,
aisément victorieuse des sophismes accumulés par les
docteurs et débités par eux à grand renfort d'in-folios.
C'est une page violente et puissante, peut-être moins
parfaite en soi que le *Saint Sébastien*, mais plus méritante par l'effort considérable qu'elle suppose chez le
peintre des *Petits Cuisiniers* de 1863. M. Ribot, sûr
aujourd'hui de sa science et de sa main, peut avec
confiance aborder la pleine lumière, dégager ses admirables figures des fonds d'ombre sur lesquels il a cru nécessaire de les appuyer jusqu'à ce jour.

M. Gustave Moreau n'avait envoyé à l'Exposition universelle que deux de ses tableaux : l'*Orphée*, le *Jeune
homme et la Mort*. Heureusement nous ne nous astrei-
gnons point à ne parler ici que des ouvrages exposés.
Nous avons pris la liberté de rappeler nos plus chers
souvenirs des expositions précédentes. Or la manifestation
d'une personnalité telle que celle de M. Gustave Moreau
est un fait trop important à mes yeux; elle est trop chargée
de promesses d'avenir et de promesses déjà tenues, pour

que je ne tienne pas expressément à revenir très-minu-
tieusement sur chacun des morceaux connus du public
dont se compose jusqu'à ce jour l'œuvre du jeune maitre.
Il me paraît également important de ne rien modifier à
l'expression des jugements que j'ai successivement portés
sur les tableaux de M. Gustave Moreau, au moment
même où ils étaient livrés à l'appréciation des amateurs.

Son premier Salon est de 1864. Voici ce que je publiais
à cette date trois jours après l'ouverture de l'exposition.

« Il y a dans la langue de l'art des mots tellement
démonétisés par l'usage banal qu'on en fait habituellement, que tout écrivain doit les éviter le plus possible
ou ne les admettre qu'avec les plus grandes précautions,
s'il cherche à placer une idée précise sous les termes
qu'il emploie; tels sont parmi beaucoup d'autres les
mots : *tradition, idéal, style.* Dénaturés, détournés de
leur sens primitif, exact, ces mots n'ont plus de valeur
réelle : *tradition,* par exemple, est devenu à peu près
synonyme de routine; *idéal* veut dire aspiration spiri-
tualiste, sentimentalité flottante et vague, aux dépens de
la franche et solide exécution pittoresque; le mot *style*
enfin signifie la règle, la convention académique, la
recette de certains ateliers pour composer un groupe,
dessiner une figure! Mais de la tradition qui n'est que le
fruit de l'observation apportée aux œuvres des maîtres
de tous les temps, qui n'est que la leçon librement con-
sentie, acceptée, léguée au présent par le passé, un
avertissement de ce qu'il faut repousser, éviter, plutôt
que de ce qu'il faut imiter; de la tradition à titre d'enseignement et non de la tradition à titre de modèle, il
n'en est pas question. Il n'est pas question davantage de
cet idéal qui correspond seulement à la pleine réalisation

de l'idée par la forme, l'une et l'autre fondues, unies en une forme ou formule unique, en un tout parfait où les deux éléments sont devenus adéquats l'un à l'autre et se sont réciproquement animés, pénétrés, comme l'âme anime le corps de l'homme et ne fait qu'un avec lui. Le mot *style* lui-même ne signifie plus l'expression personnelle d'un artiste, sa manière d'être et d'accuser son tempérament propre, rigoureusement individuel. C'est pourtant dans le sens que nous avons essayé de leur restituer bien rapidement, que nous entendrons ces mots *style*, *idéal*, *tradition*, lorsque nous les emploierons pour parler de l'œuvre de M. Gustave Moreau, et nous sommes tenu de les employer.

« *OEdipe et le Sphinx* est, en effet, une œuvre de tradition, une œuvre idéale et une œuvre de style, de grand style, faut-il ajouter.

« Il y a bien longtemps que nous n'avions été surpris par la vue d'une composition si puissante. L'impression est d'autant plus vive qu'elle était inattendue. L'auteur est complétement inconnu, son nom ne figure sur aucun des livrets de ces dernières années ; cependant la conception et l'exécution de ce tableau révèlent une maturité de talent et de pensée qui ne saurait appartenir à un novice. Des informations que nous avons prises, il résulte que M. Moreau, qui passa il y a une dizaine d'années dans l'atelier de M. Picot, s'éprit à ses débuts du grand artiste qui eut la gloire d'être le plus puissant coloriste de l'école française. Eugène Delacroix et l'un de ses élèves, Chassériau, lui donnèrent des conseils et, dans l'esprit du maître, il exécuta une *Défaite de Darius* qui fut exposée, je crois, aux Menus-Plaisirs ; il emprunta aussi à la fable d'Hercule le sujet d'une autre composition

qui resta dans l'atelier du jeune peintre. Depuis, crai-
gnant d'ailleurs de s'être engagé dans une voie périlleuse,
et qui l'était en effet, M. Gustave Moreau a voyagé en
Italie, étudiant, copiant les grands maîtres de toutes les
écoles et de préférence les maîtres de la Renaissance. Il
s'essayait également, mais dans la solitude, à des travaux
qu'il tint éloignés de toute publicité, même du jugement de ses amis. Sa résolution était prise de n'aborder
nos expositions que lorsqu'il aurait réussi à se satisfaire
lui-même, et il y mettait la sévérité que peuvent seuls
inspirer l'amour le plus élevé de son art et aussi la conscience de sa force. Cette sévérité aura porté ses fruits.
M. Moreau est arrivé à s'imposer du premier coup au
public et à la critique. — Étudions son œuvre.

« L'artiste a consulté la tradition, avons-nous dit : il
l'a fait en homme et non en enfant, il a regardé les
maîtres non à genoux, comme un disciple, mais face à
face ; leur demandant, s'assimilant celles de leurs qualités
qui avaient le plus d'affinités avec son propre tempérament. Il s'est rendu compte de leurs procédés, de leur
manière d'exprimer leurs inspirations, et dans cette libre
et intelligente étude il a trouvé des procédés personnels
et une manière personnelle d'exprimer ses pensées. Le
véritable talent puise toute sa vertu en lui-même, c'est
de lui-même qu'il tire sa puissance ; il ne demande au
dehors qu'un peu d'aide pour trouver sa voie et s'affranchir des premières difficultés ; il n'en est pas d'exemple
plus frappant, de preuve plus manifeste que le talent de
M. Gustave Moreau. Y a-t-il dans son tableau une
réminiscence de Mantegna? Dans la figure d'Œdipe,
c'est possible ; mais combien il y a loin de là à un pastiche ou à une plate imitation d'atelier, à un devoir

d'élève! L'œuvre est absolument une, individuelle et originale. J'ai dit quelle était la part de la tradition dans ce tableau. Avant d'analyser ses qualités d'idéal et de style, essayons de donner au lecteur une idée générale de la composition.

« C'est *OEdipe et le Sphinx*; je ne rappellerai que pour mémoire la belle académie que M. Ingres a peinte sous ce titre, car il ne s'agit pas ici d'étude de torse, mais d'une œuvre, d'un sujet compris et rendu d'une manière très-élevée et très-neuve. — OEdipe est allé chercher le monstre dans sa retraite presque inaccessible, sur un étroit plateau surplombant l'abîme, entre deux hautes murailles de roches aiguës. Ces roches se découpent à angles tranchants et plongent par leurs cimes dans les vapeurs légères d'un ciel qui, aperçu d'en bas, dans ce cadre de montagnes arides, revêt des teintes sinistres. Un vase antique, décoré de griffons, posé sur une stèle de marbre autour de laquelle un serpent s'enroule et use ses dents; des bijoux, une couronne, un laurier d'or, un lambeau de pourpre, quelques ossements annoncent le séjour du sphinx en ce lieu; le Prince, le Poëte ont été soumis à l'énigme et ont succombé, un papillon voltige sur ces débris de ce qui fut l'Homme, — la puissance et la pensée de l'homme. Le jeune héros est adossé au rocher, dans une attitude naturelle pleine d'aisance et de noblesse, qui annonce le calme et le sang-froid. De longs cheveux, disciplinés, flottent sur ses épaules; une draperie d'un vert intense descend de l'épaule droite à plis menus, et se joue autour des membres inférieurs. Du côté gauche, le coude s'appuie à une saillie de la pierre, et la main repose sur la hampe éclatante, peinte en vermillon, d'une longue lance dont le fer à quatre lames est piqué la pointe en terre.

« Le sphinx est l'animal fabuleux au corps de lionne,
ailé, à la tête et au buste de femme, envoyé en Béotie par
Junon, irritée du rapt de Chrysippe, que Laïus, roi de
Thèbes avait enlevée. Il désolait la route de Delphes à
Thèbes, égorgeant ou jetant à la mer les passants qui ne
pouvaient deviner les énigmes proposées. Les Thébains
promirent la main de Jocaste et le trône à celui qui les
délivrerait : OEdipe devina l'énigme et le sphinx se pré-
cipita dans les flots. Telle est la légende.

« Nous ne connaissons guère dans les monuments de
l'art que le sphinx immobile des Égyptiens. M. Gustave
Moreau a rajeuni cette figure. Il l'a faite légère, aérienne,
soulevée d'un coup d'ailes puissant, et ramassée sur elle-
même, posant à peine de la pointe de ses griffes acérées,
sur la poitrine et les jambes d'OEdipe. Gracieuse, coquette, coiffée d'un étroit diadème qui tranche sur ses
longues et lourdes tresses blondes, relevées de manière
à dégager le front et les tempes, elle se suspend sans
efforts, pressant de la pointe de ses seins la poitrine du
héros. Elle est blonde, jeune et, oserai-je le dire, sa
beauté très-pure est plutôt moderne qu'antique à la
façon des types d'académie. Le sourcil est très-ouvert.
L'œil céruléen, à la prunelle transparente et profonde,
s'attache au regard impassible d'OEdipe. A cette admirable souplesse, maîtresse de soi, calculant et dirigeant
son action, on sent que le monstre, qui se fait si léger en
ce moment, possède une force irrésistible. Si le regard
de son interlocuteur se baisse ou se trouble un instant,
les griffes, qui touchent à peine ce beau corps et l'effleu-
rent comme une caresse, pénétreront profondément dans
les chairs et les mettront aisément en lambeaux.

« Je reprends maintenant et je dis que c'est là une
œuvre idéale, car elle est composée, dans un but déterminé, d'éléments distincts empruntés à la réalité, réunis,
groupés par une création absolument neuve et soudés
pour ainsi dire dans une unité merveilleuse. Il semble
que l'œuvre ait pris forme ainsi, qu'elle n'ait jamais pu
être autrement : toute trace d'efforts est absente ; la
pensée de l'artiste a trouvé sa forme exacte, pleine et
entière, telle qu'elle ne pourrait être modifiée en aucune
façon. Y retrancher ou y ajouter quoi que ce soit, ce
serait la détruire. Tous les détails, leur forme et leur
disposition, aussi bien que la combinaison générale du
tableau, ont été médités, réfléchis et posés avec intention.
Chaque morceau de l'œuvre, du plus petit au plus
grand, a été sérieusement *voulu*. Lorsqu'un artiste
s'impose une telle loi pour l'exécution d'un tableau, il ne
peut faire qu'un chef-d'œuvre ou une œuvre tout à fait
mauvaise ; il n'y a pas place entre deux pour une œuvre
médiocre. — M. Gustave Moreau a réussi.

« Il a fait un tableau de style, non parce qu'il a été
suffisamment correct ou parce qu'il a recherché une
certaine noblesse dans l'attitude de son héros. Son
œuvre a du style parce que dans la correction, dans la
noblesse, il a mis un accent nerveux, précis, vivant qui
constitue son style à lui, sa manière de concevoir, de
voir et de sentir. Il n'a point fait consister le style seulement dans l'agencement des lignes, mais encore dans
l'harmonie générale de la couleur longuement cherchée,
j'en suis sûr, et méditée dans ses moindres éclats. En ce
sens, la composition est étudiée aussi profondément qu'au
point de vue de l'harmonie linéaire, et de manière précisément à ce que la couleur fasse valoir, mette dans tout

son jour une science très-haute de la pondération des lignes.

« Rien de connu, rien de convenu dans cette œuvre sortie tout entière du cerveau de l'artiste. Sans tomber dans une minutie d'exécution que ne comporte point un tableau de cette taille, M. Gustave Moreau n'a pas dédaigné cependant le prestige de l'adresse dans la pratique. S'il fallait absolument poser le doigt sur certains points où le peintre s'est laissé aller à ses tendances archaïques, on signalerait sa manière de plisser les draperies et aussi sa manière d'écrire les contours de ses figures ; il les cercle d'un trait noir, et ce trait se substitue parfois au modelé. Mais le ciel, les rochers, le corps et les ailes du sphinx sont traités avec ampleur ; le vase, la stèle, la lance et tout ce qui est accessoire, avec une précision pleine de recherche, de goût et de dextérité.

« Maintenant est-ce bien la fable d'OEdipe que le peintre a voulu retracer ? A s'en tenir à la lettre du sujet, cela n'est pas douteux. Mais, sous la lettre, il y a l'esprit, et l'on serait bien tenté de reconnaître derrière cette apparence de fable historique, un mythe plus durable, constant, toujours jeune : l'énigme que pose cette figure blonde, insaisissable en sa légèreté, n'est-ce pas l'énigme de la femme elle-même ? Qui répondra ? Le dénoûment du drame échappe absolument, dans cette œuvre, à toute prévision. Évidemment il y a lutte, lutte de fascination et de beauté ; qui pourrait dire comment la lutte se terminera, qui du sphinx ou du héros l'emportera ?

Grande œuvre en somme et d'un jet puissant, d'un sentiment haut et fort, en outre œuvre d'artiste. Et il faut insister sur ce dernier trait, car nous avons vu parfois chez des hommes comme Ary Scheffer, comme H. Flandrin, la hauteur de la conception l'emporter de beaucoup sur la puissance de l'exécution. D'autre part, que de fois dans nos expositions ne nous arrive-t-il pas de remarquer des tableaux où le talent d'exécution poussé aussi loin que possible sert de passeport à des œuvres vides d'idées! Entre ces deux extrêmes, la chaussée est étroite, point si étroite cependant qu'un pied ferme ne puisse s'y poser et s'y tenir. C'est ce que vient de prouver M. Gustave Moreau, en achevant ce beau travail, où il serait possible de saisir bien des allusions, auquel on pourrait appliquer bien des interprétations différentes et toutes également justes. J'y voyais tout à l'heure l'énigme de la femme; n'est-ce pas aussi bien l'énigme ou plutôt l'image même de la vie, toujours menaçante, dépourvue de toute sécurité, ignorante du lendemain, consciente du danger et intrépide devant le danger, telle enfin que nous l'ont faite les événements de ce siècle? Voici les victimes, l'incertitude troublante, l'aridité des milieux, les cieux voilés et sombres; mais aussi la beauté, la fleur, l'oiseau; les choses légères qui enivrent et qui font vivre, près des choses qui tuent; le papillon voletant au-dessus du serpent, le figuier aux fruits savoureux près des rameaux brisés et des couronnes en morceaux : tout ce qui remplace le rayon, mais n'est pas vraiment le rayon, la pure joie qui n'appartient pas à la terre.

« Je ne dirai point de l'*OEdipe et le Sphinx* que ce tableau est le meilleur du Salon; il faut dire en même temps moins et plus : *moins*, en ce sens qu'il ne manque pas d'œuvres d'une exécution parfaite au palais des Champs-Élysées; *plus*, en ce sens que la supériorité de ce tableau dépasse même le cadre d'une exposition d'œuvres modernes : c'est une œuvre unique qui, dans

quelque galerie qu'elle prenne place, occupera toujours
un rang des plus élevés.

« Il se mêle quelque appréhension au sentiment d'admiration qui amène sous notre plume ces mots : œuvre
unique. Lorsqu'il a fait *OEdipe et le Sphinx*, M. Gustave Moreau s'était longuement, lentement préparé ; il a
eu la force de se concentrer en lui-même bien des années, de se refuser aux demi-succès que son talent lui eût
certainement valus dans nos Expositions, s'il les eût
cherchés. Mais aujourd'hui qu'il s'est décidé à sortir de
sa retraite, et qu'il en sort par un succès qui, je n'en
doute pas, va être éclatant (1), M. Moreau touche à l'heure
décisive de sa vie. Tout début accompagné d'un triomphe
me plonge dans des anxiétés faciles à justifier. Que fera
désormais le jeune artiste ? Enhardi, peut-être enivré
par ces premières fumées si douces d'une illustration
naissante, va-t-il se hâter d'exploiter sa célébrité rapidement conquise, et j'entends, par exploiter, se livrer fié-
vreusement à une production immodérée dans le but de
ne plus laisser se refroidir l'attention publique à son
égard ? Là est l'écueil, et il est bien perfide, bien séduisant. Cette œuvre sera-t-elle unique en effet par la puissance, la beauté, la noblesse de la conception dans la
série des œuvres que le peintre est appelé à fournir ? Ou
bien encore cette œuvre sera-t-elle unique parce que ce
terrain si bien préparé n'avait en soi de fécondité que
pour une seule moisson ? J'émets cette dernière hypothèse sans y insister. — La première est plus inquiétante.
Si quelque chose doit nous rassurer cependant, c'est
l'énergie que l'artiste a dû employer pour résister si

(1) Ceci fut écrit le jour même de l'ouverture du Salon, publié deux
jours après. L'événement a justifié nos espérances.

longtemps non-seulement aux sollicitations de ses amis, mais aux siennes propres. Que de fois, dans cette longue attente de la maturité, a-t-il été forcé de réprimer la velléité bien légitime de tenter la fortune ! que d'heures de doute où il a dû s'interroger avec des transes mortelles et se dire : « Arriverai-je ? N'est-ce pas moi qui ai tort ? Ce que j'ambitionne, ce que je poursuis, n'est-ce pas la chimère ? » Cette énergie me rend confiance, et pourtant, malgré la curiosité que ce début excite, il faut prier M. Moreau de ne point se presser. S'il a une seconde œuvre également préparée, mûrie, qu'il nous la donne l'année prochaine, sinon qu'il ne se considère pas comme engagé vis-à-vis du public ; il n'a désormais pour l'opportunité de sa production d'autre juge que sa conscience d'artiste.

« Les grandes gloires de l'école française s'éteignent l'une après l'autre, le champ est donc ouvert à toutes les ambitions ; que M. Moreau mesure de l'œil la carrière et qu'il choisisse entre la vogue d'un jour qui maintenant ne peut lui manquer, et la légitime et durable célébrité vers laquelle il peut marcher d'un pas sûr, à condition d'être prudent.

« Le début de M. Gustave Moreau est l'événement du Salon de 1864. »

En 1865, le jeune artiste exposait de nouveau. Voici en quels termes nous rendions compte de son second début :

« M. Moreau, je le crains, va sentir lourdement cette année le poids de son très-grand succès de l'an dernier. Nous sommes ainsi en France, aussi prompts à réagir contre notre enthousiasme qu'à le manifester. Au Salon de 1864, l'*OEdipe et le Sphinx* a révélé tout à coup un

nom parfaitement obscur, et chacun s'est prêté à le
mettre en évidence; on a murmuré comme d'une commune entente, il est vrai, le mot pastiche; on a fait des
rapprochements entre la manière de l'artiste et celle de
Mantegna; mais, en somme, chacun aussi, ému par l'aspect imprévu, saisissant, à la fois poétique, étrange et
pittoresque du tableau de M. Moreau, a voulu rendre au
peintre une éclatante justice. — En 1865, les tableaux
du même artiste nous apparaissent sans ce cortége de
circonstances favorables qui accompagnaient l'*OEdipe et
le Sphinx.* Il n'a plus pour lui l'imprévu. Pour combattre
les caprices peu durables de notre humeur, il lui reste
heureusement la supériorité de son talent et de son intelligence. Là est sa force réelle, là ce qui distinguera
toujours ses œuvres, avec celles d'un petit nombre d'artistes contemporains, dans la marée montante des ouvrages de pure et banale habileté.

« Comme Médée rajeunissant le vieil Éson, M. Gustave
Moreau a rajeuni la vieille fable de Médée elle-même et
de Jason. Le héros parti d'Iolcos sur le navire *Argo* est
entré dans les eaux rapides et limoneuses du Phase (*ra-
pidas limosi Phasidos undas*). Armé des philtres en-
chanteurs de la magicienne amoureuse, il a bravé les
flammes vomies par les taureaux, il a triomphé des ennemis que ses mains avaient semés et sortis du sein de la
terre, il a tué le dragon gardien de la Toison-d'Or. C'est
ce dernier moment que le peintre a voulu fixer :

>   . ... et auro
> Heros Æsonius potitur, spolioque superbus,
> Muneris auctorem secum, spolia altera, portans...

« Le héros, fils d'Éson, s'empare de ce trésor, et, fier

« de sa conquête, il emmène avec lui, conquête non
« moins chère, celle qui l'a fait triompher. » — L'artiste
s'est bien gardé de suivre littéralement le texte d'Ovide.
La description du poëte n'est que le thème sur lequel
l'imagination du peintre a brodé en toute liberté, accor-
dant le plein essor à sa fantaisie. C'est dans un séjour
enchanté qu'a pénétré Jason, et cela suffit à l'artiste pour
multiplier les témoignages abondants d'une étrange et
féconde invention. Il a réuni dans l'étroit espace de son
cadre les créations symboliques les plus merveilleuses,
un rêve, un éclair de féerie. Et par là M. Moreau affirme
avec l'autorité de son talent exquis les droits de l'imagination dans l'art du peintre au même titre qu'ils existent
dans l'art des vers et de la prose poétique. L'important,
quand le peintre se mesure avec de pareils sujets, c'est
qu'il ne sacrifie pas les procédés essentiels de son art à
l'entraînement de l'idée purement littéraire. Eh bien !
dans le *Jason*, comme dans l'*OEdipe*, M. Moreau est
resté pleinement le maître de sa main, de sa technique
délicate et pénétrante. Son dessin (dans le *Jason*) est
plus sévère même que celui d'*OEdipe*. Maintenant, il est
bien incontestable que l'une et l'autre productions dé-
coulent de la même source. Remarquons toutefois, et ne
craignons point d'y insister, qu'il n'y a pas là pastiche
comme on s'est plu à le dire, mais réminiscence, adoption, si l'on veut, d'un type, d'un certain caractère de dessin, franchement renouvelé par l'abondance même de
l'imagination qui le met en œuvre. On trouve si admirables les œuvres de quelques artistes contemporains qui
nous rendent une lointaine et pâle vision des formes et
du dessin de Raphaël, réfléchis non directement, mais
au troisième et quatrième reflet successivement renvoyé

de l'un à l'autre : pourquoi donc se montrer si sévère pour
ceux qui vont directement au maître ancien dont le tempérament est d'accord avec le leur ? Au moins il y a une
initiative, une énergie incontestable, et dans l'assimilation, dans l'accord des deux puissances, une force d'originalité réelle.

« Le type du Jason, le caractère des emmanchements
a quelque analogie, je le veux bien, avec les types et le
dessin de Mantegna. Mantegna jette volontiers aussi dans
ses compositions les arabesques et les caprices de l'art
ornemental, les formes charmantes des végétations délicates ou luxuriantes. Qu'importe ? M. Moreau accepte le
même principe, il le développe dans une donnée où il est
non-seulement acceptable, mais nécessaire. Prend-il
pour cela un trait de crayon, un contour, une attitude,
une fleur, un ornement à Mantegna ? Nullement, et je
voudrais pouvoir faire un éloge semblable à tous ceux,
même parmi les plus célèbres, qui se piquent d'originalité
lité en copiant des fragments entiers de Raphaël et de
ses imitateurs, à tous ceux qui pillent l'antiquité et
contre qui l'on ne songe point à élever ce reproche de
pastiche.

« Le *Jeune homme et la Mort*, de M. Gustave Moreau, est également une invention capricieuse, riche,
nerveuse et sombre, comme les deux œuvres précédentes
du même artiste.

« J'aime moins ce tableau que le *Jason*, et j'y vois
cependant un effort plus considérable. Je l'aime moins,
parce qu'il y a allégorie et que l'allégorie n'est jamais
claire, parce que le type de l'Amour enfant qui éteint la
torche est rien moins que satisfaisant, parce que le torse
du jeune homme est en disproportion avec le reste du

corps, parce que l'ajustement des draperies qui couvrent
la figure principale est quelque peu étroit, gêné, embarrassé. Et pourtant le même tableau décèle des qualités
plus fermes ; dans le modelé des chairs, dans le dessin,
une main plus libre que dans l'exécution du *Jason*. Le
torse est particulièrement un morceau de peinture excellent qui prouve que le talent de l'artiste peut être, lorsqu'il le veut, très-indépendant de tout archaïsme.

« Le Jeune homme entre dans les demeures élyséennes.
Enveloppée de longs voiles, la Mort qui l'a touché du
doigt flotte encore dans son ombre, elle est chargée de
l'épée meurtrière. Pour lui, sur son jeune front, il pose
le rameau d'or des immortels ; son regard se porte ferme,
confiant, ravi, sur son nouveau séjour où les solitudes se
peuplent d'oiseaux inconnus, aux couleurs éclatantes, où
les fleurs s'effeuillent sous les pas de l'homme prématu-
rément frappé. C'est dans ce milieu enchanté la transfi-
guration, l'apothéose, plutôt que la mort du Héros.

« Je ne cherche point quel rapport peut exister entre
cette composition et la mémoire de Théodore Chassériau,
à qui elle est dédiée ; je l'ai dit plus haut, c'est le propre
des allégories d'être inintelligibles. Contentons-nous de
nos impressions personnelles en face des œuvres de l'art,
et ne cherchons point celles que l'artiste a voulu y mettre.
C'est le sûr moyen de jouir sans trouble des créations du
génie pittoresque et du génie musical. Le poëte dans ses
vers, Shakespeare, par exemple, peut seul préciser ses
émotions et nous les faire partager ; c'est un privilége
refusé aux imaginations poétiques dans les autres arts,
refusé à Albert Dürer comme à Beethoven, les deux plus
grands poëtes du Nord. Leur influence est-elle moins
grande ? Pour éveiller en nous un monde de sensations

qui n'est pas exactement celui qu'ils ont traversé, ne sont-ils pas toujours les initiateurs, les inspirateurs de ce qu'il y a de meilleur dans la condition de l'homme sur la terre, c'est-à-dire le droit d'échapper à la terre par le rêve, l'imagination et de s'envoler vers l'au delà ! »

Le Salon de 1866 nous montrait de nouvelles manifestations de ce jeune et fier talent, et dès l'ouverture j'écrivais les pages suivantes :

« Je m'arrêterai tout d'abord et longuement à l'exposition de M. Gustave Moreau, c'est-à-dire à la personnalité la plus haute parmi les peintres vivants et militants.

« Deux tableaux et deux dessins : cette exposition est aussi complète qu'elle pouvait l'être. C'est autour de ces œuvres que la bataille va se livrer, car — il faut s'y attendre — il y aura bataille, et je m'en réjouis pour le jeune maître. Dix années de travail solitaire ont dû le tremper fortement pour les longues luttes qu'il est appelé à subir. Son talent est formé, sa conviction arrêtée, sa foi en lui-même suffisamment ferme, je pense, pour triompher et sortir intacte des épreuves qui lui sont réservées. Ce n'est point au premier effort, ni au second, non plus au troisième que, dans les arts, au temps où nous vivons, les grandes individualités s'imposent sans conteste à l'admiration générale. De tels ravissements de l'opinion publique ne se peuvent accomplir qu'aux époques primitives où l'émotion esthétique naît et se propage sur un sol vierge de traditions antérieures. Dès qu'avec un homme de génie une tradition s'est fondée, il semblerait qu'il n'y a plus de place immédiate dans l'esprit d'un peuple pour l'intelligence des manifestations nouvelles qu'apporte avec soi un autre artiste d'un génie

égal. Songez alors aux difficultés, à la résistance opiniâtre que doit rencontrer toute expression d'art originale en un siècle comme le nôtre, où d'âge en âge s'est
amoncelé un *humus* de traditions successives tour à tour
victorieuses, puis vaincues, et aussitôt remplacées par
d'autres qui ont passé par les mêmes phases de crois-
sance, de vie et de mort.

« Que d'illustres exemples de cette insoumission des
foules aux forces supérieures! Les trois grands noms
qui dominent l'École française depuis David : Ingres, Géricault, Eugène Delacroix, ne sont-ils pas encore discutés
au moment où nous sommes? Ils ont à la longue, cependant, conquis la grande majorité des amateurs ; mais ce
fut bien une véritable conquête, et dont, sauf M. Ingres,
ils ont peu joui ; ils ont accompli ce travail d'Hercule
d'amener à eux, à leur génie, chacun de leurs admirateurs un à un, et Delacroix a quitté ce monde sans avoir
conscience que sa dernière heure allait être le signal
d'un revirement à peu près unanime de l'opinion à sa
plus grande gloire. Pour Géricault, mort plus jeune, la
gloire a été plus lente encore à venir.

« On comprend qu'il en sera toujours de même pour
les tentatives originales et fortes, et que de plus en plus,
à mesure que le passé grandit derrière nous, les jeunes
audaces auront de la peine à percer la croûte de traditions contradictoires, de pédantisme, d'admirations con-
fuses qui durcit et s'épaissit sous nos pas.

« Toutefois, sachons ne pas faire un crime à l'opinion
d'une résistance qui s'explique ; il faut être juste même
pour les masses anonymes. Prenons-les à un moment de
ce siècle, au temps où elles avaient appris à admirer
et admiraient sincèrement les œuvres de l'école de David ;

c'est alors qu'arrive une petite bande turbulente, la bande romantique, qui se rue à travers des goûts d'art lentement acquis, bouleverse tout, replace à droite ce qui était à gauche, réhabilite les procédés techniques dédaignés, puis oubliés et déconsidérés par David et ses élèves, se moque de la ligne et s'abandonne à des « orgies de couleur : » comment voulez-vous que de prime-saut le public, qui s'était patiemment étudié à respecter la ligne et le bas-relief enluminé, admette pour légitimes et saines ces théories révolutionnaires? Mais avec le temps, avec de nouvelles générations, avec des concessions de part et d'autre, la révolution romantique gagne du terrain, se crée à son tour un public qui professe l'horreur des Grecs et des Romains, qui n'aime que la fantaisie brillante d'un Decamps, l'imagination puissante d'un Delacroix. A peine ce milieu d'art existe-t-il qu'un nouveau réformateur se présente, enfermant dans la même proscription ligne et couleur, histoire et imagination, proclamant qu'il n'y a de beau que le vrai ; et pour affirmer plus nettement sa doctrine réaliste, pour se mettre plus résolûment en contradiction avec le milieu régnant, il choisit, de parti-pris, les types les moins nobles, les moins élégants, les moins éloignés de la vulgarité plate et grossière. L'incontestable talent de Courbet se heurtait évidemment à un public prévenu que devaient, de toute nécessité, choquer effroyablement de pareilles œuvres et de telles conceptions. Pourtant, n'est-il pas vrai que, depuis 1855, le vent a singulièrement tourné en faveur de Courbet, et, quoique, par une vieille habitude, il se plaise de temps en temps à faire rugir le bourgeois et bondir le critique, n'est-il pas vrai néanmoins que, sans avoir renié le principe de son talent, il n'est plus aujourd'hui « ce pelé, ce galeux, » le paria des premiers jours? Les yeux de la foule se sont donc familiarisés avec le spectacle de la réalité ; le paysan, l'homme de travail et la nature elle-même sous ses plus humbles aspects ont conquis leur droit de cité à nos expositions.

C'est alors que M. Gustave Moreau se présente et entre en lice, avec son sérieux amour de la ligne savante, nerveuse et serrée, avec son tempérament de coloriste puissant et fin, avec son sentiment énergique et délicat des drames héroïques, avec l'imagination enchanteresse d'un grand poëte et la supériorité d'interprétation d'un grand peintre qui veut et sait mettre à profit toutes les richesses de son art. De bonne foi, peut-on exiger que la génération habituée aux petits sujets d'intérieur et aux jolis tons gris et fins des précieux, ou aux brutales simpli- cités du réalisme, renie tout d'un coup, et sans hésiter, les goûts frivoles ou les goûts trop modestes entre lesquels il est partagé? Il n'y faut pas songer, n'est-ce pas? Cette volte-face, d'ailleurs, fût-elle possible ou probable, que je la redouterais plutôt que je ne voudrais la souhaiter, dans l'intérêt même de M. Gustave Moreau. Si, en effet, la contradiction cause de cuisantes blessures à l'artiste et lui laisse de profondes amertumes, elle apporte aussi de précieuses garanties au talent. Sans ébranler l'homme vraiment fort dans ses hautes convictions, elle le préserve contre l'excès de ses penchants personnels ; elle le met dans la rigoureuse nécessité de veiller sur lui, sur ses côtés faibles, jusqu'à son dernier jour ; elle l'enlève aux dangers des succès faciles qui causent si vite le rapide éner- vement des qualités originales. Mais je suis tranquille à cet égard : M. Gustave Moreau ne court point cette sorte de dangers; il a le don de soulever autour de ses

œuvres un choc salutaire d'opinions opposées et violemment absolues.

« On a dit (je ne sais quel confrère) ce mot spirituel et
méchant sur le jeune et vaillant artiste : « Bah! il a
passé sa jeunesse à avaler les maîtres; maintenant il nous
les rend par morceaux. » Je cite ce mot injuste et cruel
pour le démonétiser; on est si heureux de colporter une
petite méchanceté toute neuve dans notre monde pari-
sien, que le seul moyen de l'arrêter en route me paraît
être de la vieillir tout de suite en la livrant à la grande publicité. A-t-on reconnu à ce trait l'habituelle tactique de
dénigrement en usage contre les hommes qui ne foulent
point les sentiers flétris par le passage de tous? — Un
peintre très-bien doué naturellement, mais plein de défauts que lui eût enlevés l'étude des maîtres, ose-t-il paraître à nos expositions que l'on crie : « Haro ! sur le
baudet. Voyez-vous ce misérable qui se permet de salir
de la toile, de gâcher des couleurs et qui n'a jamais regardé ni même vu un maître! » — Cet autre, M. Gustave Moreau, si vous voulez, s'est fait un premier fonds
très-riche de culture intellectuelle, puis fort jeune encore, il étudie la peinture sous l'empire de la préoccupation où le plongeait son admiration pour Ingres et Delacroix : mécontent de ses premiers essais, de ses premières
expositions, il renonce bientôt aux Salons annuels; il
entreprend de refaire son éducation, il part pour l'Italie,
il y vit, il y étudie avec passion, n'ouvrant à personne
son atelier où, sans autre contrôle que sa conscience d'artiste, il éprouve ses forces nouvelles. Après dix ans de
ce labeur, il revient à Paris, il expose une belle page,
dont la haute inspiration et l'exécution savante émeuvent
profondément même les moins connaisseurs, où les moins

favorables reconnaissent une hauteur de conception peu
commune. L'année suivante, le premier moment de surprise étant passé, on réagit contre cette première impression ; en présence de deux compositions dont la
peinture était un peu fatiguée par un excès de travail,
on se hâte de proclamer que ces dix ans d'efforts n'ont
pu aboutir qu'au premier tableau, que l'artiste n'avait
qu'une œuvre « dans le ventre, » que c'est un homme
usé, fini, « vidé. » Cette année, avec la ponctualité des
natures fécondes, M. Moreau, après l'*OEdipe et le
Sphinx* de 1864, le *Jason et Médée*, le *Jeune homme
et la Mort* de 1865, expose un *Diomède dévoré par
ses chevaux* et un *Orphée* : ne pouvant l'accuser d'impuissance, on l'accuse de plagiat. — Qui donc a écrit
cette parole : « Rien ne vit isolé; l'isolement, c'est la
mort? » M. Philarète Chasles (1), je crois, et il a dit juste.
Ne voulez-vous pas que l'artiste fasse abstraction de tout
ce qui l'a précédé, qu'il ignore ce qu'ont fait ses aînés,
qu'il recommence à nouveau l'épellation des procédés et
des formes? Il n'est pas que parmi les peuplades sauvages, sans aller si loin, parmi nos paysans, il ne se
trouve en quelque individu le germe des facultés pittoresques : essayez donc de mettre entre les mains de cet
ignorant une boîte à couleurs, des brosses et une toile.
Ce que vous reprochez justement à M. Manet, n'est-ce
pas la choquante inhabileté de son crayon? Que sommes-
nous donc en droit d'exiger de l'artiste (je ne parle pas du
grand nombre qui exerce indifféremment un métier hono-

---

(1) Un des esprits les plus élevés et les plus profonds de ce temps;
un érudit, un poëte, un de ces rares écrivains dont le talent, dont la
pensée s'offrent à nous comme un aliment savoureux, solide, toujours plein; un maître qui a le don précieux d'éveiller et de féconder
l'esprit.

rable, mais de l'artiste supérieur)? Uniquement ceci : qu'il marque à son empreinte personnelle la matière de ses acquisitions d'élève; en d'autres termes : qu'il fonde dans le moule de son propre tempérament, l'or, l'argent et le cuivre par lui recueillis en ses années d'étude, et que, brisant le creuset, il en fasse jaillir un métal neuf, un airain sonore dans lequel il frappera ses œuvres comme autant de médailles affirmant son génie. Je ne sais pas un maître qui ait procédé autrement et je cherche en vain ce qu'aurait pu tenter M. Gustave Moreau pour faire lui-même autrement qu'eux.

« Voyez avec quelle vigueur de conception personnelle, avec quel charme étrange et pénétrant, quelle saveur d'originalité, il reprend toutes ces vieilles fables qui ont bercé l'antiquité grecque et bercé notre jeunesse studieuse; avec quelle profonde intelligence des droits et des limites de son art il se saisit des mythes et des légendes imaginaires, délaissant l'histoire, l'histoire qui exigerait une précision à laquelle s'est toujours achoppée la peinture archéologique. La fable, au contraire, lui ouvre toutes grandes les portes d'un vaste domaine où se meut en toute liberté sa jeune et riche imagination. Qu'importe qu'il altère légèrement des vérités si douteuses au profit de la sensation pittoresque et du sentiment moderne; il importerait beaucoup, il serait très-grave, au contraire, qu'il altérât de la même façon les faits de l'histoire bien et dûment constatés. Qu'il prête aux héros fabuleux des émotions que la culture intellectuelle, le raffinement des civilisations, l'influence chrétienne ont déposées dans nos âmes : il use d'un incontestable droit qu'on pourrait contester s'il animait d'émotions de même sorte des hommes, des philosophes, des

guerriers dont les œuvres, les faits et les gestes sont
parvenus jusqu'à nous avec un caractère d'authenticité
indiscutable. A cette fine intelligence des motifs et des
sujets reconnaissez un esprit sévère et logique, et aussi
une âme singulièrement impressionnable aux enchantements des poésies lointaines, puisqu'elle se les assimile et
les rajeunit avec une passion si constante.

« Dira-t-on (et on l'a dit) que c'est là de la peinture
à idées, de la peinture littéraire faite seulement pour ré-
jouir les lettrés et dicter de subtiles analyses aux critiques? Il ne faut pas se laisser prendre à ces bruits intéressés que propagent les ignares; il faut protester
énergiquement contre de semblables assertions, et, pour
mon compte, je demande instamment qu'on me désigne
au Salon un paysage plus grandiose, un ciel plus féerique que celui de l'*Orphée*, une figure mieux rhythmée
que celle de la jeune fille, et une plus belle tête que celle
de l'amant d'Eurydice dans le même tableau, enfin une
plus grande science des contrastes pittoresques tendant à
l'effet d'ensemble que n'en montre M. Gustave Moreau
dans ses œuvres, qui sont, qu'on se le dise bien, œuvres
de peintre et non d'écrivain.

« La grande supériorité de M. Moreau est précisément
là; c'est que chez lui les créations du génie littéraire se
transforment, dans la secrète alchimie du cerveau, en
créations purement pittoresques. Le récit, la lecture
d'un fait déterminé, l'analyse d'un sentiment ou d'une
sensation évoquent dans son esprit la *vision de la forme
colorée* correspondant exactement à cette sensation, à ce
sentiment, à ce fait. Y a-t-il un peintre, un vrai peintre,
un Véronèse, un Rubens, un Watteau, un Delacroix, un
Courbet, chez qui le phénomène de transposition se passe

différemment? Seulement, les uns appliquent cette alchimie pittoresque à un intérieur de cuisine comme Chardin, comme Vollon de nos jours, et ils font de belles
œuvres; et les autres l'appliquent aux grandes scènes
d'imagination : la *Chute des vices* de Véronèse; l'*Age
d'or* de Delacroix, au Corps législatif; et ils font des
œuvres immortelles. L'objet diffère, mais le procédé est
identique. C'est le même génie, seulement de qualité
plus ou moins haute.

« M. Gustave Moreau a pris pour thème d'un de ses
deux tableaux de l'année la fable d'Orphée. Tout le
monde la connaît, cette fable touchante : Virgile nous l'a
dite, Ovide nous en a retracé le dénoûment, Glück l'a
chantée, Pauline Viardot y a mis son âme. Le poëte in-
consolable de la perte d'Eurydice, s'était montré insensible à la bestiale passion des Ménades. Enivrées des
fureurs de Bacchus, celles-ci se vengèrent de ses dédains
en le tuant, en déchirant son corps et dispersant ses
membres à travers les campagnes de la Thrace. Un fleuve,
l'Hèbre, reçut sa tête et sa lyre. « O prodige! s'écrie
Ovide, cette lyre, entraînée par le courant, murmura je
ne sais quel son plaintif, ces lèvres déjà froides soupirè-
rent une dernière plainte, à laquelle répondit le plaintif
écho des deux rives. » Retrouvée plus tard à l'embouchure
du fleuve, la tête du poëte reçut les honneurs divins.

« M. Gustave Moreau a choisi l'extrême épisode du
drame.

« Une blonde fille de la Thrace a recueilli la tête d'Orphée. Sous le ciel matinal, incendié des feux du matin,
elle a, sur les bords de l'Hèbre, aperçu et relevé d'une
main pieuse cette tête de poëte toute pâle, mais admirable en sa beauté dernière. Elle a posé cette relique

glacée sur la lyre divine qui avait enchanté tout un
peuple et dompté la férocité des bêtes fauves. Chargée de son précieux fardeau, le visage incliné vers
ces yeux clos à jamais, vers ces lèvres à jamais fermées,
elle avance lentement évitant la pierre du chemin, la racine du citronnier aux fruits d'or, attentive, tout émue en
ses touchantes précautions, l'âme emplie de tendre pitié
et d'amour. Elle rappelle la Salomé des livres saints qui
contemplait, elle aussi, mais de quel autre regard, la tête
coupée de saint Jean-Baptiste.

« L'artiste a tout calculé dans cette belle œuvre pour
faire ressortir la tendre et douloureuse émotion de ce
jeune cœur. Sur cette figure d'enfant, il a concentré
toute la souplesse, toute la caressante douceur de son talent. Le reste de la création est indifférent et dur, le
paysage est aride, la stupide tortue se traîne d'un pied
lent sur le sol inculte où le fleuve clair et froid dessine au
loin ses méandres ensablés ; sur de hautes roches hardi-
ment découpées le pâtre, indolemment assis, frappe l'air
du bruit de ses chansons, et le ciel développe au-dessus
ses magnificences d'aurore. Elle-même, la jeune fille a
été surprise en un jour de fête ; la tête d'Orphée en ses
pâleurs d'ivoire est opposée à l'éclat soyeux de ses vêtements, du bouquet fixé sur son sein chargé de bijoux. Le
contraste idéal et pittoresque est ainsi étroitement poursuivi dans l'ensemble, et, de détail en détail, merveilleusement réalisé.

« Je n'établis point de préférence entre l'*OEdipe* et
l'*Orphée*. L'œuvre de 1864 et celle de 1866 sont deux
manifestations également supérieures d'une même faculté de conception poétique, se traduisant aux yeux par
les procédés les plus légitimes de l'art du peintre.

« Dans le *Diomède*, M. Gustave Moreau a déployé
des qualités de mouvement et de drame qui témoignent
des ressources de son beau talent. Je ne sais rien de poignant et de noblement dramatique comme ce Diomède
déchiré, dévoré par ces chevaux. L'artiste, avec un raffinement profondément calculé, a su faire rendre à l'horrible scène toute la sensation de cruauté et de souffrance
aiguë que le sujet pouvait porter. Il faut considérer
comme un trait pénétrant de réflexion d'avoir fait saisir
Diomède non à la face ni à la poitrine, mais par le poignet, ce qui prolonge le supplice et y ajoute une barbarie
atroce. Aussi quelle crispation de toutes les fibres ner-
veuses et sensibles en ce corps suspendu ainsi par une
mince extrémité! Le bras éclate comme une grenade, et
le sang jaillit en une fusée rouge sous la dent furieuse
des bêtes colossales familièrement nourries de chair humaine. Et quelles admirables bêtes : les chevaux du Par-
thénon grossis, grandis à la puissance fabuleuse et surna-
turelle des monstres antiques! L'œuvre de vengeance
s'accomplit dans le palais même de Diomède, dont la
riche architecture se dresse vers le ciel. Du haut d'un
mur qui domine une cour intérieure du palais, Hercule,
avec la sereine indifférence d'un héros qui vient d'accomplir sa tâche, assiste à cette effroyable boucherie; il
plonge ses regards indifférents dans cet antre d'horreur,
aux murs verdis d'une humidité de sang; il voit les igno-
bles vautours s'abattre sur ce charnier et dérober des
lambeaux de chair morte, avalant gloutonnement ces reliefs horribles, épars çà et là sur le sol où s'enfonce le
dur sabot des chevaux, où traînent leurs longues queues
et leurs caparaçons magnifiques.

« Il se peut que le *Diomède*, moins avancé, moins

achevé que l'*Orphée*, séduise le public un peu moins, et
cependant il est peut-être plus intéressant par l'effort
nouveau qu'il révèle.

« En sa *Théogonie*, le poëte dit de lui-même : « Jadis
les Muses enseignèrent à Hésiode d'harmonieux accords,
tandis qu'il faisait paître ses agneaux au pied du céleste
Hélicon. » Tel est le sujet d'un des deux dessins exposés
par M. Gustave Moreau. Le pâtre, jeune et beau, coiffé
du bonnet phrygien d'où s'échappe une longue et flottante chevelure, écoute, les yeux fermés, pour plus de
recueillement, la parole inspirée que lui souffle la Muse
descendue de l'Olympe sur ses grandes ailes, tout
aérienne, et suspendue comme un léger nuage, frôlant
de ses doigts et de son haleine embaumée le front dn
poëte des *Travaux et des Jours*. La composition est
pleine de charme, de délicatesse et de grâce antique.
Quant à l'exécution de ce dessin en lui-même, elle a le
beau caractère des dessins de maître; il est traité au
bistre rehaussé de blanc, modelé par fines et libres ha-
chures indiquées dans le sens des contours et des muscles. Le fond du papier, teinté avec art, offre des contrastes de valeurs et de tons qui donnent à cette petite
page tout l'attrait et la valeur d'une peinture.

« Le second dessin, projet pour émail, représente une
capricieuse péri chevauchant un dragon ailé, au bec et
aux serres d'aigles, à la longue queue imbriquée d'é-
cailles et terminée en fer de lance. Ce dessin a la haute
saveur des créations de l'art hindou. Cette petite péri,
coiffée d'un casque d'or portant le lotus sacré, toute chargée de colliers, de bagues, de perles et de bijoux, heurte
du front les étoiles et laisse bien loin au-dessous d'elle
et la terre, et les nuages, et la région des aigles; elle

12

s'enfonce rayonnante dans l'espace infini. Tout est prévu dans ce petit dessin pour les richesses éblouissantes de la palette d'émailleur de M. C. Lepec ou de M. Frédéric de Courcy (1).

« Voilà donc en cette exposition de M. Gustave Moreau bien des manifestations différentes. A ce que j'ai dit plus haut je n'ajouterai pour aujourd'hui qu'une dernière remarque sur le caractère de son talent : ce qui nous saisit et ce qui domine dans l'œuvre du peintre, c'est le contraste étonnant et rare d'une imagination pleine de verve, toute d'improvisation et de prime-saut, soumise à l'autorité inflexible d'une exécution minutieuse et savante qui n'abandonne rien au hasard. Ce sont là des dons et des qualités de maître. Ayons donc la sincérité de conclure selon notre pensée et de dire, après cette troisième épreuve, que, — M. Delacroix étant mort et M. Ingres n'exposant plus (2), — s'il est au Salon (3) un artiste préparé pour relever le sceptre de la peinture française contemporaine, un homme digne de le porter et de force à le tenir aussi ferme que ses deux illustres devanciers, cet

(1) M. de Courcy, en effet, exposait au Salon de 1867 un émail exécuté d'après une aquarelle de M. Gustave Moreau : *la Chasse*, un jeune seigneur, un prince Charmant des contes de fées, monté sur un cheval blanc et portant sur son gant un faucon. Le motif était encadré de trophées d'armes rattachés entre eux par des têtes de loup, de renard, de sanglier et de cerf. L'invention et la disposition de ce sujet ont l'attrait puissant que la combinaison étrange du fantastique et du réel donne aux marges du Livre d'heures de Maximilien dessinées par Albert Dürer. M. de Courcy, qui manie en maître les difficiles procédés de l'émail des peintres, a cédé à une heureuse pensée en fixant ainsi le dessin nerveux, précis et charmant de M. Gustave Moreau. Il vient également de fixer la *Péri* (Salon de 1868).

(2) M. Ingres, depuis, a laissé un nouveau deuil dans l'école.

(3) Je dois rappeler ici que M. Baudry, un maître aussi, n'exposait pas cette année-là.

artiste n'est autre que M. Gustave Moreau, le peintre de l'*OEdipe*, de l'*Orphée* et du *Diomède*. »

A des hommes du talent de M. Moreau, il ne faut pas craindre de trop demander. Il a en lui cette grande émulation des âmes fières : l'amour de la perfection; il fera donc un pas de plus; il voudra être non plus le fils, mais le frère de ces maîtres dont la technique l'a particulièrement séduit. Déjà dans *le Jeune homme et la Mort* M. Moreau a lutté, il a commencé l'œuvre de son affranchissement définitif. Avec sa haute intelligence, avec son génie poétique si élevé, d'une si étrange fantaisie, le monde des féeries shakspeariennes lui est ouvert; elles attendent l'interprétation pittoresque; et dans cette lutte charmante du réel et de l'imagination, puisqu'il possède l'invention abondante et riche, il affirmera d'une manière éclatante son originalité déjà si peu contestable, en rejetant les derniers liens qui le rattachent à une tradition antérieure.

Cette rareté exquise, ce goût si étrange, d'une délicatesse si personnelle, qui préside à toutes les conceptions de M. Gustave Moreau lui créent (et j'ai longuement motivé mon opinion à ce sujet) une situation tout à fait exceptionnelle dans l'école française. Plus j'étudie l'*OEdipe*, *le Jeune homme et la Mort*, le *Jason*, le *Diomède*, plus la conviction se fait en moi sur l'avenir glorieux réservé à ce jeune peintre. Je ne puis douter en assistant à cet effort constant, en voyant cette variété d'imagination, cette hauteur de conception, ce sentiment si profond du drame et aussi cette intelligence si forte et si délicate à la fois des grandes beautés de la forme plastique, ce sens de la couleur, si rare lorsqu'il s'allie au sens de la ligne; je ne puis douter, dis-je, que M. Gus-

tave Moreau ne s'impose définitivement au public. Le
jour où il aura vaincu la dernière méfiance qui l'empêche
de s'abandonner complétement à toutes les ardeurs de
son inspiration, M. Gustave Moreau poursuivra en maître
la tradition de la grande poésie, du grand art que personne n'a reprise depuis la mort d'Eugène Delacroix.

II

PEINTURE RELIGIEUSE

MM. Michel Dumas, Michel, Delaunay, Jalabert, Brion, Lameire.

La peinture religieuse, par l'élévation de ses tendances, par la noblesse des scènes auxquelles elle est
consacrée, par les sentiments qu'elle prétend éveiller
dans le cœur de l'homme, mérite de n'être point confon-
due avec la peinture d'histoire. D'autres considérations
ajoutées aux précédentes nous décident aussi à la classer tout à fait à part. La beauté plastique, le nu, avons-
nous dit dans notre dernier chapitre, fut de tout temps
l'objet essentiel de la peinture d'histoire ; si les artistes
contemporains paraissent s'en éloigner, ce n'est point de
parti pris, mais par une sorte de nécessité que leur impose la transformation des mœurs ; encore leur reste-t-il
la ressource des palais et des musées, pour déployer leur
science et manifester leur amour de la beauté. Au contraire ils n'ont que de rares occasions de s'affirmer en
ce sens dans les sujets religieux ; lorsque le nu y est admis, la part qui lui est faite est bien restreinte et ne
souffre point la mise en œuvre des formes qui nous ont

12.

valu toutes les Vénus de l'ancien paganisme grec et du paganisme romain de la Renaissance.

Les mêmes lois qui président à la composition linéaire, à la distribution des clairs et des ombres, comme à l'expression de la couleur, président aussi cependant, et d'une façon non moins impérieuse, aux créations de l'art religieux. Mais ici la science de l'artiste, sauf de rares exceptions, ne pourra se manifester librement que dans l'exécution des têtes, des mains, des pieds, d'un bout d'épaule. Il n'en faut pas davantage à un bon peintre, il est vrai, pour révéler sa supériorité. Il lui reste encore la ressource de représenter certains martyres et le plus sublime de tous, les magnifiques scènes si dramatiques, si poignantes qui terminent la Passion de Jésus-Christ.

Le Nouveau Testament a suffi, pendant bien des siècles, à alimenter l'imagination des plus grands maîtres. Ils reprenaient tous ses motifs avec leur inspiration personnelle et savaient sur les mêmes sujets se montrer aussi variés, aussi féconds, aussi originaux que dans le domaine beaucoup plus vaste de l'histoire proprement dite. De Raphaël à Murillo, de Véronèse à Rembrandt, voyez quelles variations inépuisables sur un thème unique! Aujourd'hui il semble que cette fécondité soit absolument tarie. Le dernier qui ait abordé avec quelque originalité les sujets religieux est Eugène Delacroix. Aussi arrive-t-il que sa peinture détonne singulièrement au milieu des œuvres modernes placées dans les chapelles de nos églises (la chapelle des Saints-Anges à Saint-Sulpice) alors qu'elles tiennent parfaitement leur rang dans nos musées. Est-ce Delacroix, est-ce l'école contraire qui se trompe? Y a-t-il même erreur de part ou d'autre? Répondons seulement à cette dernière ques-

tion : — S'il y a erreur, elle n'est point du fait de nos
artistes; n'en rendons pas non plus responsables les
personnes qui leur confient des travaux en se réservant
de les diriger. Les mœurs du clergé, en ce siècle, ont
pris notamment en France, un caractère de gravité, de
sévérité, de tenue qui n'a pas été sans influer sensiblement sur les manifestations de l'art religieux. Nos prê-
tres, en cela, se conformant à leur mission, se préoccupent beaucoup plus de l'idée religieuse que de l'idée
esthétique. Ce ne sont plus de grands seigneurs revêtus
de la pourpre romaine, familiers avec toutes les délicatesses et toutes les sensualités de l'homme de goût, qui
président à la décoration de nos églises. L'œuvre d'art
cède le pas désormais à la représentation simple, modeste, réservée, peu « voyante » en un mot, des sujets que
les livres saints offrent à la méditation des fidèles. Aussi,
dès que cette formule de l'art religieux tel qu'il convient
aux exigences modernes fut trouvée, elle fut en quelque
sorte rigoureusement imposée à tous les artistes. Le
peintre à qui l'on doit cette formule est M. Ingres. Com-
binant la froideur savante de son premier maître David,
la noblesse d'expression de Raphaël, son second maître,
avec la patience d'analyse qui lui était propre, il créa le
type pour longtemps adopté du tableau religieux.
L'œuvre modèle est au musée du Luxembourg, c'est le
Jésus-Christ remettant les clefs du paradis à saint
Pierre en présence des apôtres. Après Ingres, Hippolyte
Flandrin a repris ce type et lui a imprimé le caractère
délicat et mystique de son talent, mais sans le modifier
sensiblement et en le consacrant, au contraire, en lui
donnant une sorte d'autorité définitive. C'est pourquoi il
me paraît impossible qu'un artiste puisse, dans la pein-

ture des sujets sacrés, affirmer sa personnalité, pour peu qu'elle soit originale, sans manquer à des convenances aussi rigoureuses par le fait que l'étaient les lois hiératiques de l'art égyptien de la seconde période.

Le *Salvator mundi*, de M. Michel Dumas ; la *Conversion intérieure*, le *Jésus, source de vie*, la *Sainte Communion*, de M. Michel ; la *Communion des Apôtres*, de M. Delaunay ; toutes œuvres d'une exécution sérieuse, et dans cet ordre digne d'éloges, sont la confirmation éclatante de ce qui précède. On y voit un mélange des formules de Flandrin, de Ingres, arrangées avec un certain goût personnel, mais dénuées de vigueur propre et d'accent original. C'est exactement la peinture qui convient aux nécessités du culte catholique en ce moment.

Les tentatives intéressantes de MM. Jalabert et Brion n'auront assurément aucun résultat. Je ne crois pas même que ces deux artistes y aient attaché une idée de rénovation. Le *Christ marchant sur la mer*, de M. Jalabert, le *Jésus et Pierre sur les eaux*, de M. Brion, malgré l'intérêt qui s'attache à ces compositions, resteront toujours cependant et uniquement des tableaux de genre. L'effet cherché y est trop pittoresque. Ce n'est point mon avis que j'exprime ici, mais celui de la majorité ; en ce qui me touche, je ne trouve point que le caractère religieux d'une peinture soit en rien diminué par la richesse de l'effet ; il suffirait de se rappeler le *Repas d'Emmaüs* ou la *Femme adultère*, de Rembrandt, et plus près de nous le *Jésus endormi pendant la tempête*, d'Eugène Delacroix, pour s'assurer que la beauté esthétique de l'œuvre d'art, loin de rien enlever, ajoute encore à la beauté de l'expression religieuse. Mais tout le monde ne pense pas de même; et c'est le système de sobriété, de sagesse excessive dans l'exécution qui a prévalu. Je ne crois point, par conséquent, qu'il y ait d'ici longtemps quelque possibilité de renaissance pour l'art catholique. Dès qu'il exige des artistes une soumission étroite à certaines formules de convention, il fera plutôt appel aux hommes de talent qu'aux hommes de génie. Les hommes de talent ne manquent point dans l'école, et ils pourront se mouvoir à l'aise dans le réseau de cette convention. Il se trouvera toujours, de génération en génération, un groupe de peintres n'ayant point de grandes ambitions d'artiste, ayant fait de sérieuses études et appliquant à coup sûr les règles apprises, en bons élèves. Mais de maîtres, dans cet ordre, il n'en faut plus attendre.

J'écris cette dernière phrase avec quelque appréhension. En effet, il y a de l'imprudence à engager ainsi l'avenir. Mais l'état des choses étant donné, étant donné cet amour du convenable si voisin du convenu qui préside (pour d'excellentes raisons, je n'en disconviens pas) à la décoration des églises, on ne peut espérer qu'un maître réussisse, le voulût-il, à assouplir sa personnalité jusqu'à la faire entrer dans les cadres qui lui seraient tracés d'avance.

N'avons-nous donc en fait de peinture religieuse aucune œuvre vraiment originale à signaler? Si, nous en avons une. Un effort très-remarquable a été fait dans cet ordre. Il est vrai que cc n'est point un peintre qui a eu cette audace, mais un jeune architecte, M. Lameire. Depuis bien des années il ne nous a rien été montré qui eût plus de grandeur, de style, de noblesse, d'élévation, qui témoignât d'un sentiment religieux plus profond, formulé avec plus d'éloquence, que l'esquisse des peintures entrant dans le projet de décoration intérieure d'une église exposé par M. Lameire. L'artiste a puisé les motifs de ces peintures dans l'*Apocalypse* de saint Jean. Dans l'abside, au milieu de la conque, domine le Christ vainqueur. Au centre de la voûte, représentant là mer de verre, figure l'agneau aux sept cornes accompagné des quatre animaux symboliques. Sur les arêtiers, les quatre anges retiennent les vents captifs aux quatre coins du monde. Sur les murs de l'arc triomphal apparaissent les vingt-quatre vieillards, l'autel de Dieu, la femme vainqueur du dragon, la nouvelle Jérusalem qui descend du ciel. Sur les pieds droits, les douze apôtres. Sur les tympans, les quatre cavaliers. — Tous ces détails, toutes ces figures ont une beauté, une majesté véritablement imposante. Quant à la composition de la frise qui surmonte la galerie du triforium, je la considère comme un chef-d'œuvre d'inspiration. Cette frise représente les invasions des barbares et l'empire de Byzance. M. Lameire, dans l'exécution de ces divers motifs, qui n'est d'ailleurs qu'indiquée, a beaucoup emprunté aux monuments assyriens. Il leur a demandé la somptuosité barbare du détail, la sévérité et la simplicité du trait caractéristique, la majestueuse allure et la noblesse d'attitude qui s'est maintenue dans les mœurs des souverains de l'antique Orient. M. Lameire a donné dans cette œuvre le témoignage d'une des facultés les plus rares dans l'art moderne, l'audace et la grandeur de la conception. Il est vrai que ce projet emprunte une bonne partie de sa puissance au développement total de l'ensemble. Aujourd'hui que l'on a pour habitude de morceler le travail, de partager l'exécution d'une façade entre plusieurs statuaires, la décoration d'une église entre plusieurs

peintres, il est bien impossible de se rendre compte de
l'originalité de chacun d'eux, Ne faut-il pas en effet
qu'ils se soumettent tous à une loi uniforme, qu'ils éteignent de leur propre mouvement les saillies de leur
personnalité, afin que l'ensemble du monument décoré
par tant de mains différentes conserve une certaine apparence d'unité? Le moyen est infaillible pour engen-
drer la médiocrité. Confiez à M. Lameire une chapelle à
Saint-Augustin ou ailleurs, et sans aucun doute nous n'y
rencontrerons plus toutes ces qualités imprévues qu'il a
déployées dans le projet exposé, ou bien son œuvre,
comme celle de Delacroix à Saint-Sulpice, fera disson-
nance dans le groupe des peintures environnantes. Mais
je parle de M. Lameire comme d'un peintre; c'est qu'en
effet ses aptitudes comme peintre nous touchent plus que
ses aptitudes comme architecte. Et puis, peu importe,
en somme, la provenance de l'œuvre; l'important à nos
yeux était de signaler cette tentative très-remarquable
d'une innovation dans le style religieux, alors que nous
n'avions rien trouvé qui eût une pareille valeur d'intention dans les galeries de peinture.

Ingres, et après lui Flandrin, en fondant le type accepté de l'art religieux, ont arrêté pour longtemps toute
espèce de manifestation originale en ce sens. Cela tient
assurément aux conditions morales où vit l'Église catholique aujourd'hui; mais cela tient aussi, n'essayons point
de le dissimuler, à ce que le talent de ces deux hommes
éminents n'avait en soi rien de suscitateur. L'art chez
Ingres et chez Flandrin n'a plus rien de jeune, il n'a rien
des œuvres qui sont un commencement. Il est absolument
et uniquement un résultat, et chez Flandrin surtout un
résultat débile. Il résume la somme des acquisitions anté-

rieures fondues dans un moule définitif, par des esprits intelligents mais limités. En eux jamais de faiblesse. Tout est prévu, tout est arrêté; mais aussi jamais d'élans, jamais de verve, jamais d'éclairs, jamais d'échappées vers des formes imprévues, jamais d'ouverture sur un monde nouveau à la conquête duquel de jeunes générations après eux puissent s'élancer. Le dernier qui ait eu de ces grands élans est Eugène Delacroix, et encore, pour être absolument juste, faut-il dire que Delacroix lui-même n'a repris dans le grand art religieux que d'anciennes formules remaniées par lui et appropriées à l'individualité propre de son génie. Il ne créa en ce sens que dans ses œuvres de petites dimensions, considérées à tort comme tableaux de genre.

Oserai-je conclure? Je ne, le fais qu'en tremblant; mais le fond de ma pensée sur l'avenir immédiat de l'art religieux est qu'il appartient uniquement aux praticiens. Il faudrait une révolution dans les mœurs, un développement imprévu du goût dans la majorité, pour que cet art désormais offrît quelques ressources à un maître. Il est bien entendu qu'il n'est ici question que des tableaux religieux destinés à la décoration des églises. Pour les musées, les Salons, le point de vue est tout différent. La légende catholique restera toujours une source d'inspiration des plus fécondes pour les grands artistes.

III

MM. Tony Robert Fleury, Bida, Gérôme, L. Glaize, Hamon, Jourdan, Lefebvre, Sellier, Ulmann, Henner.

Le musée de Versailles a tué le genre historique. Nous avons vu, au contraire, à quel point il s'était imposé aux écoles étrangères. A l'heure qu'il est, il n'y a guère parmi nos artistes que M. Tony Robert Fleury qui en maintienne la tradition. On se souvient du succès qu'obtint au Salon de 1866 son tableau intitulé *Varsovie, le 8 avril* 1861. L'inspiration de cet ouvrage avait précisément ce degré d'actualité qui arrête nécessairement le grand public devant certaines œuvres. *Le Moniteur* du 12 avril 1861 a dicté le programme du jeune artiste. « Une foule d'environ quatre mille personnes, dans laquelle se trouvaient beaucoup de femmes et d'enfants prosternés à genoux, entourait la colonne Sigismond sur la place du château. Les troupes cernaient de tous côtés... L'infanterie fit feu... » Le jeune peintre, qui porte un nom déjà célèbre dans l'école moderne, a jugé, non sans raison, que la vie contemporaine ne contenait pas moins d'émotions tragiques que le passé; ce motif si

13

dramatique a été traité par lui avec passion, il en a compris toutes les douleurs et, ce qui n'est pas un moindre mérite, il a apporté dans l'exécution de cette page qui prêtait volontiers à certaine emphase mélodramatique une sobriété, une simplicité d'ordonnance qui prouve sa finesse de goût. Bien que M. Tony Robert Fleury ait cherché visiblement l'accent de vérité par la justesse des types, l'exécution par elle-même annonce plus d'adresse et de procédés acquis que d'originalité et de procédés trouvés. On retrouve dans cette œuvre des réminiscences de la peinture de M. Gallait et l'influence des leçons de Paul Delaroche. Nous sommes tellement désaccoutumés des tentatives sérieuses en fait d'art, le tableau de genre a détourné à son profit tant d'hommes de talent, que la surprise a été grande de voir ce jeune homme aborder audacieusement une toile de cette importance et réussir. Cependant, méfions-nous de telles surprises et craignons, en voulant rendre pleine justice à un effort intéressant, de dépasser la mesure. Je définirai le mérite particulier à l'œuvre de M. Robert Fleury fils, en disant qu'il a écrit en excellente prose une belle page d'histoire. C'est quelque chose, je pense; il n'en a pas fallu davantage pour la gloire d'un Augustin Thierry. Maintenant, il y a précisément entre cette grande toile et bien des œuvres de nos expositions la différence que nous trouvons en littérature entre un récit d'histoire et une belle pièce de vers. Beaucoup préféreront l'historien au poète; quelques-uns, sans dédaigner l'historien, trouveront plus d'art chez le poète. Néanmoins, l'effort est vraiment méritant; la vie moderne dans ses grandeurs est demeurée jusqu'ici sans interprète, le *Varsovie* a prouvé qu'elle pouvait définitivement entrer et de plain-pied dans l'art. L'importance des dimensions de ce tableau ajoute un intérêt de plus à cette tentative.

Je signale ce fait parce que, ainsi que nous l'avons déjà dit, il nous faut constater une tendance croissante dans l'école à s'éloigner des grandes toiles pour « faire petit. » Nous avons donné les raisons qui expliquent cette tendance ; cependant il faut féliciter hautement l'artiste qui, sans calculer les probabilités du placement de son œuvre, a la possibilité, le loisir et aussi le courage d'entreprendre un travail si considérable.

Le véritable maître du genre historique n'expose point à la peinture. On a déjà deviné que nous voulons parler d'un dessinateur admiré de tous, M. Bida. Nous avons revu au Champ de Mars, avec un extrême plaisir, son *Massacre des Mamelucks*, déjà exposé au Salon de 1861. C'est là aussi de l'histoire moderne. Et pour n'employer que le crayon, M. Bida ne la traite pas avec moins de grandeur, d'ampleur et de passion que s'il brossait des toiles de plusieurs mètres. Ce beau dessin a toutes les qualités d'invention, de mouvement, de vérité historique et de science qui constituent les œuvres supérieures.

Nous rattacherons aussi au genre historique quelques ouvrages qui, à vrai dire, et bien qu'ils soient consacrés à des sujets d'histoire ancienne, sont plutôt des tableaux de genre et par les dimensions et par l'exécution. Je ne dédaigne point le talent employé à ces sortes de compositions, il s'en faut de beaucoup.

J'admire, par exemple, la prodigieuse patience, l'extrême habileté avec laquelle M. Gérôme a interprété les scènes de l'antiquité qu'il lui a plu de choisir : les *Gla-*

diateurs, la *Mort de César*, *Phryné devant le tribunal*,
les *Deux Augures ;* mais quelles que soient la précision
et la vraisemblance archéologique qui président à ces
restitutions des mœurs antiques, comment se fait il que
tant de science nous laisse si absolument froids ? A quoi
cela tient-il ? Sans doute à ce que l'artiste, qui est véritablement d'une habileté sans rivale, n'attache d'importance réelle qu'à cette perfection du rendu, n'applique
toute son intelligence qu'au bien faire, à la netteté des
procédés. Il accorde assurément une part importante à la
composition ; mais loin de prendre ses sujets par leur
côté émouvant, il semble que M. Gérôme ait peur de
l'émotion et l'écarte systématiquement. L'émotion se
venge en se tenant à son tour fort loin de cette peinture,
qui n'est en somme que très-spirituelle d'intention et
très-habile d'exécution.

M. Gérôme a cependant un grand mérite à mes yeux ;
en ce temps où l'on se contente facilement d'une ébauche
rapide et de première impression, il est de ceux qui
apportent encore une conscience extrême à leur travail, et n'abandonnent leur œuvre qu'après y avoir mis
toute la somme de talent qu'ils pouvaient y mettre. Le
succès de M. Gérôme dans le public a été extrêmement grand, et va toujours croissant. Il faut expliquer
cette sympathie des amateurs pour ce talent si réel,
mais si peu passionné. La plus grande part en revient
à cet amour de la perfection qui tient le peintre à l'égal
des amateurs. L'acquéreur, aujourd'hui, n'hésite point
à payer une œuvre d'art à des prix considérables ; mais,
— à moins qu'une immense réputation comme celle de
Delacroix, qu'un concours de circonstances favorables,
une vogue passagère, lui imposent la libre facture d'un

talent spontané qui se contente de fixer une émotion fugitive en traits rapides et violents, — le public va rare-
ment aux œuvres énergiques et puissantes qui lui paraissent d'une exécution trop lâche et trop facile. Pour dire
le mot crûment : il en veut pour son argent; il veut, le
jour de son acquisition, pouvoir prendre le tableau sur
ses genoux, l'étudier point par point à la loupe; et il
estime d'autant plus le mérite de l'œuvre qu'il pourra
compter d'infimes détails de plus près. M. Blaise Des-
goffes, dans ses natures mortes, pousse cette perfection
du détail aussi loin qu'il est possible sans tomber dans
les vulgarités du trompe-l'œil. Aussi se dispute-t-on le
moindre de ses ouvrages. On y peut compter, en effet,
jusqu'aux fils qui composent la trame d'un tissu de soie.
Le procédé de M. Gérôme est analogue; il excelle à
rendre, et jusqu'à l'illusion, la souplesse, l'aspect et la
nature des étoffes, la fragilité et la transparence du cristal, la densité et la richesse des métaux d'or, d'argent,
appliqués aux pommeaux des pistolets, à la poignée du
sabre de ses soldats orientaux. Mais si ce travail de patience réussit à merveille dans l'application aux choses
inertes, disons aussi qu'il est bien loin de réussir au
même degré dans l'application aux choses vivantes. La
vie, c'est précisément ce qui échappe à ce genre d'effort,
et c'est pourtant, à nos yeux, le but que l'artiste devrait
poursuivre de toute son ambition. M. Gérôme, dont personne ne songe à contester l'adresse infinie, les grandes
qualités d'intelligence et d'ingéniosité, n'a cependant
réussi jusqu'à présent à fixer que l'immobilité. Il semblerait que ses tableaux sont peints d'après des figurines
d'ivoire drapées et ajustées elles-mêmes d'après la réalité. Quelques maîtres, dit-on, modelaient d'abord les

figures qu'ils voulaient introduire dans leurs tableaux ; mais c'était assurément une indication de mouvement plutôt qu'un modèle définitif. Cette opération, M. Gérôme ne l'accomplit pas effectivement ; et pourtant je ne sais quel mauvais génie frappe d'une paralysie si complète tous les personnages qu'il met en scène. Maintenant, allant au fond des choses et à l'essence même de l'art, tel que le conçoit M. Gérôme, peut-être y aurait-il quelque chicane à lui-faire sur la manière dont il entend et interprète la vie antique. La *Phryné*, les *Deux Augures*, notamment, révèlent une inclination vers la caricature qui amuse un moment, mais qui ne laisse point de satisfaction réelle ni durable. Si nous étions encore sous la domination de l'école de David, si les grandes toiles héroïques de son école, les Ajax, les Agamemnon, les Ulysse, les Romulus s'imposaient avec autorité dans nos Salons à la vénération du public, on comprendrait cette tentative de réaction contre les prétentions classiques, contre ces glaciales tragédies. Mais il y a longtemps que tout cela est démodé, a disparu des expositions. Le romantisme en a fait bonne justice.

L'effort de M. Gérôme en ce sens était donc inutile et vient après coup, comme l'*Orphée aux enfers* ou la *Belle Hélène*. Les peintres qui se sont inspirés de M. Gérôme, qui ont repris, comme lui, avec une certaine familiarité et avec la même conscience d'archéologues les mœurs antiques, y ont apporté souvent plus de sérieux et nous ne les en blâmons point. Il suffit de rappeler le nom et les ouvrages de M. Alma Tadéma, que nous avons vus dans la galerie des Pays-Bas. Le comique, disons-le d'un mot, n'est point du domaine de la pein-

ture; il appartient uniquement au crayon ou à la
plume.

Nous retrouverons M. Gérôme parmi les peintres de
genre. Puisque aujourd'hui nous nous sommes arrêtés
plus particulièrement au genre historique, nous termine-
rons ce chapitre en rappelant les ouvrages de MM. Léon
Glaize, Hamon, Jourdan, Lefebvre, Sellier, Ulmann,
Henner, qui, à des degrés différents, ont traité des sujets antiques avec talent, mais plutôt dans le caractère
d'une œuvre de genre ou d'une œuvre d'étude, qu'avec
la grande inspiration qui convient à l'histoire proprement
dite.

IV

MM. Yvon, Pils, Armand Dumaresq, Rigo, Protais, H. Bellangé, Gigoux.

En France, la peinture de batailles, de batailles modernes, est entre tous les genres celui qui donne à ceux
qui l'exploitent la plus rapide popularité. Gros, le premier, osa l'aborder et peindre cette manifestation spéciale de la vie contemporaine ; il le fit en grand artiste
et y trouva trois chefs-d'œuvre : il peignit Aboukir, Jaffa,
Eylau ; Charlet, Raffet, Horace Vernet, Hippolyte Bellangé, avec toutes les nuances de leur talent individuel,
sont de la descendance directe du maître. Après eux sont
venus, poursuivant la même tradition, Yvon, Pils, Armand Dumaresq, Rigo et *tutti quanti*. Mais, en passant
de mains en mains, cette tradition s'est profondément
altérée, elle a perdu de sa grandeur héroïque, affirmée si
hautement par Gros, — si manifeste encore chez Charlet,
chez Raffet, — encore apparente chez Vernet parfois,
chez Bellangé en ses œuvres dernières. Aujourd'hui nos
peintres de batailles sont moins des artistes, c'est-à-dire

des êtres doués de passion et de sensibilité, que des chroniqueurs, des rédacteurs de bulletins militaires. Ils rapportent le fait et rien que le fait. De là ces longs commentaires, ces interminables analyses qui accompagnent le titre de leurs œuvres au livret. On y suit, et il faut suivre sur leurs toiles les récits officiels du *Moniteur*. « Telle division était ici, là tel général a été frappé, plus loin était ce pan de mur, à droite cet escarpement, à gauche ce rideau de peupliers. » Tant de précision intéresse la majorité des visiteurs, intéresse les hommes spéciaux; mais d'une tout autre manière que de l'intérêt purement esthétique.

C'est la pente qui entraîne toutes les écoles en ce temps-ci. La réalité, le fait, le sujet, grand ou petit, l'anecdote et non l'art lui-même, voilà ce qui arrête. Le sentiment lui aussi (et à bien plus forte raison la passion), est banni de ces vastes machines, exécutées pourtant — pourquoi le contester? — avec un véritable talent de pratique. Mais qu'il y a loin de là, sans remonter jusqu'au maître, qu'il y a loin de ces récits d'une glaciale exactitude à la puissante passion, à l'énergie dramatique qui anime deux petites lithographies de Raffet, je veux dire deux grandes pages : la *Revue nocturne*, le *Bataillon sacré*. Ici, l'héroïque emportement de l'homme vers les œuvres d'action furieuse, les éblouissements rouges qui lancent le soldat en aveugle à travers les mêlées les plus effroyables, et aussi l'ennoblissement du sacrifice par le dévoûment à la patrie! Chez Raffet, la guerre est interprétée dans sa sauvage et sublime poésie. Or, il est juste que l'art ajoute son interprétation, sa poésie, à ces fureurs. S'il se borne à les traduire d'une façon mathématique, ne risquent-elles pas, en effet —

l'heure du péril et de l'enivrement passée — de nous devenir odieuses comme œuvres de barbarie! Nos peintres, plus peintres qu'artistes, ne voient point leur faiblesse, leur infériorité à cet égard. Ils ne comprennent pas qu'il est essentiel de dominer son sujet pour rester à sa hauteur, que se tenir strictement à son niveau, c'est se condamner d'avance, et, à coup sûr, à lui rester inférieur. On reviendra, nous l'espérons, de ces tendances vers la réalité étroite.

Et voyez que le public lui-même d'instinct appelle l'œuvre poétique en de tels sujets. Quelle meilleure preuve de ce retour d'opinion, que l'accueil sympathique fait aux tentatives dirigées en ce sens par M. Protais ! L'inspiration en M. Protais n'est pas tournée à l'héroïsme; il a pénétré de préférence chez le soldat les secrètes mélancolies qui couvent au fond des jeunes cœurs, même des plus braves, au moment qui précède ou qui suit l'action. Au front de tous ces jeunes hommes qui, dans un instant, iront au-devant de l'ennemi sans sourciller, on lit la pensée rapide, mais intense, de la patrie absente, la mémoire du foyer, des amitiés de famille, des amours rompues à l'appel du clairon. Ailleurs, il nous dira l'agonie douloureuse, l'éveil rapide des plus lointains souvenirs au moment de la mort, au fond de quelque fossé perdu sur la terre ennemie, toute une vie embrassée d'un coup d'œil, résumée dans une suprême angoisse. Encore une fois, la note n'est point précisément grande, mais elle est juste, délicatement comprise et exprimée, et par là émouvante.

N'est-il pas bien difficile, en effet, de résister au charme mélancolique du tableau de M. Protais, intitulé le *Soldat blessé?* Tenant sa plaie à deux mains, il a quitté le champ de bataille ; il s'est lentement et péniblement traîné hors du chemin des combattants, loin du passage des escadrons et des batteries d'artillerie ; il s'est affaissé dans un pli de terrain verdoyant, parfumé de fraîcheur, oasis emplie de fleurs jetées là au hasard par le printemps, en sa libre insouciance, en sa fécondité. Le contraste est calculé entre cette renaissance de vie printanière et la mort qui envahit ce corps tout jeune de ses ombres froides et livides ; l'opposition est voulue pour arriver à l'effet dramatique ; mais qu'importe, en somme, si l'émotion est juste ! Sans doute, ce n'est pas là absolument la terrible vérité des guerres ; il n'y a pas dans ce tableau la poignante émotion, l'angoisse qui vous prend à la gorge quand vous lisez les rapports officiels des chirurgiens de l'armée ou les pages terrifiantes de M. Dunant sur Solferino. C'est cela un peu, mais traduit par une âme de poëte tournée vers l'idylle ou plutôt vers la douce élégie. Chacun interprète la vérité comme il la sent ; tout ce que nous avons le droit d'exiger à cet égard, c'est la sincérité, et M. Protais a certainement cette probité de l'artiste ; elle donne à ses œuvres cet attrait qu'on ne peut leur contester.

L'indication, pour n'être point d'un Tyrtée, est poétique cependant, et il n'en faut pas davantage pour attacher le public aux conceptions élégantes et touchantes de ce peintre. M. Protais, le poëte des petites faiblesses, j'allais dire des petites lâchetés, qui trouvent place au cœur des héros eux-mêmes, est dans la vérité humaine ; et par cela seul il est dans la vérité de son rôle d'artiste ; il dépasse le fait brutal — lettre morte — pour arriver au fait moral, intime, humain, à l'expression des mouvements secrets qui remuent l'âme des personnages mis en scène. Il substitue à l'agitation la vie. Or, dans l'art, l'agitation ne saurait compter; le mouvement extérieur n'est que matière à expression; par lui-même il est nul, sans valeur, sans droits; la vie seule a droit, c'est-à-dire chez l'homme, l'action morale traduite par une action physique et encore mieux pittoresque ou plastique.

On a souvent reproché à la critique de se mettre en contradiction ouverte avec les décisions de la foule, étrangère à l'étude et à la culture de l'art; on l'a blâmée avec quelque sévérité de ne point ratifier aveuglément les popularités faites par les masses. La critique, ainsi accusée de se retirer sur les sommets dédaigneux d'un parti pris étroit, exclusif, injuste, n'est pas toujours dans son tort, et il serait facile de la défendre.

Mais à propos d'Hippolyte Bellangé, il n'y aura point partage d'opinion. La célébrité qu'il a conquise en touchant avec insistance et avec force la fibre nationale, les artistes la maintiendront et la lui feront plus durable. — Pourquoi? — Parce qu'il ne fut pas seulement un très-habile metteur en scène de sujets patriotiques; parce qu'il fut aussi un véritable artiste et un peintre.

Bellangé était élève du maître à jamais illustre qui fit *Eylau, Aboukir* et *Jaffa*, trois pages immortelles. Gros avait eu le premier, dans l'École française, cette perception de génie que l'art d'un temps héroïque ne pouvait être un art d'académie et de convention. En cela, bien supérieur à son maître, à David, il jeta toute brûlante, en d'immenses toiles, la passion qu'éveillait en son âme l'épopée impériale. Il a fixé par le pinceau quelques-uns des chants de ce vaste et profond et tragique poëme qui s'appelle l'*Empire!* — un poëme, en dépit

des rhéteurs, qui dépasse les Iliades classiques de la supériorité du réel sur les légendes.

David, lui, n'avait pas compris, n'avait pas senti
cette grandeur à laquelle le vrai peut atteindre. Sa dé-
tention au Luxembourg avait jadis apaisé sa fièvre révo-
lutionnaire. Son cœur avait cessé de battre depuis la
mort de Marat. Dès ce moment il s'était plongé tout vif
dans l'empire des morts; il essayait froidement de galva-
niser la statuaire antique, et de quelle antiquité? la statuaire romaine! Voyez le *Couronnement* (à part le
groupe de l'autel), voyez surtout la *Distribution des
aigles*. Les personnages sont figés dans une immobilité
de glace. C'est l'immobilité de la sculpture, moins ses
beautés très-particulières. Les vaillants colonels, si
jeunes, si ardents, qui s'élancèrent avec tant d'impétuo-
sité au-devant de ces drapeaux qu'ils devaient rapporter
en lambeaux de leur course à travers l'Europe; les voilà
ces officiers, tout à coup arrêtés, suspendus, fixés dans
leur mouvement, frappés par une foudroyante catalepsie;
pauvres héros, fiers de leur pose d'atelier, dont la cuisse
de marbre fait craquer aux jointures leur uniforme de
parade.

Il fallait un autre souffle pour transmettre à la postérité la vivante image de ces générations guerrières. Les
combinaisons du cerveau (la vraie force de David) y
étaient bien impuissantes; bien impuissants à cette forte
action de l'art devaient être les froids calculs de l'intelligence et de la volonté. Pour rendre de tels élans et de
tels drames, pour en perpétuer l'image, il fallait des facultés d'émotion infiniment plus sensibles. Il y fallait la
flamme d'une organisation féminine, c'est-à-dire passionnée, l'âme d'un Gros, les violents emportements

d'âme d'un Géricault, ou l'incurable blessure des aspirations de l'enfant refoulées par le destin, la profonde déception des rêves de jeunesse écroulés sous le coup des
événements; il fallait ces longs regrets que 1815 avait
jetés dans l'âme des Charlet, des Horace Vernet, des
Raffet, des Bellangé.

Hippolyte Bellangé sortait précisément de l'atelier
dont les vastes murailles avaient vu tour à tour les flam-
boiements d'*Aboukir*, les terreurs de *Jaffa*, les mornes
immensités d'*Eylau*. Voyons quelle part il a choisie dans
l'héritage du maître, et ce qu'il a su y ajouter de son
propre fonds, de ses acquisitions personnelles.

Gros avait eu la qualité des vieux maîtres, celle de
faire grand dans l'immense, celle d'imposer à d'énormes
compositions une grandeur d'aspect, une élévation d'accent, indépendante des dimensions de la toile. C'est un
secret qui se perd dans notre école. Après Géricault,
après Delacroix, nous ne le retrouvons plus chez les
peintres modernes. Horace Vernet ne l'avait point : il y
suppléait par d'autres qualités. Bellangé ne l'a jamais
cherché. Dans ses tableaux de Versailles, assez vastes
cependant, il déploie de larges panoramas; il les emplit
et les anime avec verve, il reproduit fidèlement les longues lignes stratégiques des batailles, on y suit du regard tous les mouvements de troupes rendus avec précision, avec une parfaite connaissance des lieux et des
choses; mais cette profusion de détails en exclut la
grandeur. Gros, avons-nous dit, fut grand dans des
cadres immenses. Bellangé n'atteint à la grandeur que
dans les petits cadres.

Un certain état d'exaltation morale est nécessaire à
l'artiste pour qu'il réussisse à communiquer, par les

moyens de l'art, une forte émotion au spectateur. On conçoit aisément que cette manière d'être ne saurait passer en habitude, que cet état d'âme ne peut rien avoir de permanent. C'est pourquoi l'on compte les inspirations héroïques dans l'œuvre de Bellangé.

Déjà, dans l'épisode de la *Campagne de France*, on voit l'intensité de la pensée ; mais en ce tableau, des premiers qu'ait peints l'artiste, la main n'obéissait pas encore avec souplesse à l'esprit qui la commandait. La bataille de *Fleurus* réalise en ce sens un progrès considérable. C'est l'œuf d'où le talent de Bellangé est tout entier sorti. On y retrouve le point de départ des chemins divers dans lesquels il a rayonné : des groupes composés savamment, des types variés, tous expressifs, la précision dans le geste, de l'esprit, de l'entrain ; quelques scènes de sentiment ; c'est un des meilleurs tableaux officiels de Versailles, c'est aussi la meilleure parmi les grandes toiles de l'artiste, et néanmoins il s'est élevé bien au-dessus de cette composition dans ses tableaux de chevalet.

Un des sujets où l'inspiration ne l'a jamais abandonné, qu'il a repris dix fois avec un égal succès, c'est Waterloo. Ce glorieux et douloureux écroulement de l'Empire avait retenti au plus profond de son être. Toujours il y revenait et chaque fois il puisait dans la vivacité de son émotion, aussi profonde qu'au premier jour, de nouvelles formules pour exprimer son deuil d'un tel désastre.

Il a donné les bulletins de toutes les heures de la journée : depuis la charge des cuirassiers de Milhaud, trois mille chevaux gravissant les pentes gardées par l'infanterie anglaise, jusqu'aux dernières heures de la nuit,

après la déroute : le champ de bataille couvert de morts
et de mourants, traduction de la strophe de Casimir Dela-
vigne :

> On dit qu'en les voyant couchés sur la poussière,
> L'ennemi, l'œil fixé sur leur face guerrière,
> D'un respect douloureux frappé par tant d'exploits,
> Les regarda sans peur pour la première fois.

Le *Champ de bataille* des Messéniennes est daté de
1849. De la même date est le *Waterloo* du musée
d'Amiens, représentant, sous le ciel livide, le bataillon
sacré brûlant ses dernières cartouches et justifiant le mot
historique de Cambronne. Depuis 1849 jusqu'au jour de
sa mort, il retrace avec insistance les épisodes de l'épopée impériale, ne se permettant que de courtes excur-
sions dans les sujets plus modernes ou d'un autre caractère. Cette passion pour la France impériale va toujours
croissant jusqu'à ses dernières années où il se montre
exclusivement dominé par ses souvenirs et ses impressions d'enfance. Il relit l'*Histoire du Consulat et de
l'Empire*, de Thiers, il lit le *Conscrit de 1813*, le
Waterloo, d'Erckmann-Chatrian, et, dans le récit historique comme dans le roman, il trouve tous ces motifs
saisissants : le *Soir d'une bataille*, l'*Épisode de la Retraite de Russie*, le *Grenadier de l'île d'Elbe*, le *Défilé
après la victoire*, et ce dernier tableau si poignant *la
Garde meurt!* qu'il jeta sur la toile avec son dernier
souffle.

Dans toutes ces compositions, il réalise une grandeur sombre et saisissante. Sa brosse a désormais acquis la souplesse d'un organe obéissant directement à
l'inspiration. Sa *Garde meurt* n'est qu'une esquisse,
mais on ne l'imagine pas plus achevée. Il y a tout mis :

l'émotion héroïque et la science consommée acquise par une longue suite d'études. Il a des tableaux plus parfaits, il n'en a aucun où il soit maître au même point.

L'exposition du quai Malaquais en a montré cependant qui sont de véritables chefs-d'œuvre d'invention et d'exécution. Je les nomme par ordre chronologique ; ce sont presque tous tableaux de chevalet : la *Prise d'une Redoute* et le *Toast à la Victoire*, deux épisodes de la guerre d'Espagne ; celui-ci traité avec fougue, avec une légère exagération de l'expression comique, le premier peint avec la finesse et l'ampleur d'un Meissonier. Il s'y ajoute une qualité de couleur exceptionnelle. Bellangé a été souvent coloriste, par exemple, dans le *Temps d'arrêt* : deux hussards rouges à cheval arrêtés à la porte d'une chaumière et allumant leur pipe ; dans le *Galant Hussard*, une merveille, la perle de l'œuvre à mon avis ; le cheval bai du soldat est digne de Géricault. Un autre tableau, un sujet à demi grave, à demi familier, donne l'extrême mesure de ce que peuvent apporter de valeur à l'œuvre d'art les mouvements d'expression : c'est le tableau qui représente Napoléon Ier la veille de la bataille de la Moscowa. L'empereur est debout, au bord de sa tente, entouré de son état-major de maréchaux tous reconnaissables, et notamment Ney, à leur attitude habituelle. Au premier plan, sur une chaise boiteuse, équilibrée tant bien que mal, Napoléon a fait exposer le portrait de son fils, du roi de Rome, tout rose et tout blond, avec le grand cordon en sautoir sur ses vêtements blancs. Les vieux soldats de toutes armes, balafrés, hâlés, aux mines rébarbatives et en ce moment curieuses et attendries, s'approchent timidement, se penchent, se pressent l'un contre l'autre, formant un cercle respectueux autour du portrait; les plus éloignés se hissent sur les pointes, glissent un regard entre les têtes, attendent leur tour; ils ne peuvent s'arracher à cette contemplation. La scène est charmante et touchante, l'œuvre conduite avec une entente admirable du geste et de la physionomie; je recommande particulièrement à l'étude de l'observateur le hussard rouge vu de dos : le dessin de cette figure est d'une rare élégance et d'une étonnante vérité. Les têtes sont modelées savamment, scrupuleusement, sans sécheresse ni minutie. C'est excellent.

A cette énumération, ajoutez encore le *Billet de logement*, les *Pénibles adieux*, le *Départ*, tous ces motifs si vivants, si justes, si vrais (je puis l'affirmer) de la vie du cavalier en cantonnement. Les couleurs éclatantes des uniformes, le cuivre des casques, l'acier des sabres, la silhouette fine et forte des chevaux de guerre se mêlent d'une manière pittoresque au mobilier rustique des fermes, aux costumes des champs; les grosses moustaches contrastent étrangement avec les joues rebondies et fraîches des jeunes paysannes. Tout ce détail, si bien vu, si spirituellement observé, est peint de main de maître.

Je suis moins sensible dans l'œuvre de Bellangé aux sujets larmoyants et aux sujets tout à fait comiques qu'il a également touchés. Sa force à mes yeux, comme composition, est dans le sourire et dans l'énergie sombre. L'enjouement de l'esprit lui sied à ravir, point le gros comique. Les drames épiques, il les sent et les rend fortement; il me paraît moins heureux dans le mélodrame, où il se rapproche trop de la convention des théâtres de l'ancien boulevard du Temple.

Ce qui éclaire et dirige le talent de Bellangé, c'est la

sincérité de son patriotisme. Par deux fois, déjà jeune homme, il avait vu l'étranger dans Paris. Il ne pouvait oublier ce spectacle; et quand il met nos soldats aux prises avec l'ennemi, il y mêle de sa propre fureur. Je ne sais rien de plus tragique, de plus farouche que son bataillon carré d'infanterie républicaine repoussant une charge de dragons autrichiens. Ce sont des paysans, ayant encore aux mains le cal de la charrue; ils manœuvrent leurs baïonnettes comme des fourches; le serre-file n'est point là pour la parade, de l'épaule et du genou il soutient le centre des rangs qui fléchiraient sous le poids des chevaux lancés contre eux. Au milieu le capitaine, sur son maigre petit cheval, brandit son épée comme il ferait d'un bâton. De ce mélange si profondément calculé d'énergie militaire et de sauvagerie paysanesque, l'effet ressort étrange et magnifique, l'impression reste ineffaçable.

Voilà les soldats de la République! Dans cet œuvre on peut suivre l'histoire de nos armes jusqu'en 1815. Voici le premier Consul arrivant à l'armée des Alpes; les campagnes d'Italie, Marengo et sa terrible cavalerie, Wagram et ses batteries de cent canons, Napoléon à la Moscowa, Napoléon à Boulogne, Napoléon traversant un de nos villages au début d'une campagne, Napoléon en Espagne, Napoléon au retour de l'île d'Elbe, Napoléon passant une revue au Carrousel, etc. Que l'Empereur marche avec ses états-majors, précédé de ses éclaireurs au dolman rouge, à l'allure si martiale, le mousqueton sur la cuisse; qu'il s'avance plein d'émotion sur le champ de bataille; qu'on aperçoive au loin sa silhouette méditative tournée vers les côtes anglaises; qu'il soit ou non dans le tableau, on le sent, on le devine dans

l'œuvre entier; c'est le héros qui anime ces corps de
fer, les lance, les retient, au gré de son génie; de page
en page on les voit se transformer, se renouveler avec
lui : ici glorieux, superbes, invincibles; là, à ce point
fatal où nous ramène si souvent Bellangé, décimés, fau-
chés un à un, perdant leur sang par mille blessures, les
joues caves, les yeux brûlés par la poudre et par les
larmes, mourant debout dans la fournaise de la dernière
heure à Waterloo.

Et nous avons sur la navrante réalité de ce tableau
un précieux témoignage. Un soldat illustre le disait aux
artistes, réunis un 14 août, au Louvre : *La garde
meurt !* le reportait à ces funestes moments de sa
carrière. « Témoin de cette journée néfaste, disait M. le
maréchal Vaillant, j'ai retrouvé dans cette composition inachevée un des plus cruels souvenirs de ma vie;
je vois encore sur ce champ de bataille dévasté nos derniers soldats debout, combattant autour du drapeau, et
affirmant par leur fière contenance que ce jour-là encore
l'honneur survivait à la fortune. » — « Heureusement,
continuait le maréchal, il a été donné à Bellangé de
voir, avant de mourir, les victoires du second empire :
Sébastopol, Magenta, Solférino ont fait oublier à l'artiste
et au citoyen les malheurs qui avaient affligé sa jeunesse. » Non-seulement il a vu ces victoires, mais il les a
célébrées à diverses reprises. C'est cette partie de son
œuvre qu'il nous reste à examiner.

Par deux fois, il est revenu à l'Alma; l'une de ses
toiles est à Versailles; l'autre a été peinte d'une main
ferme et déjà bien habile par Eugène Bellangé sur la
composition de son père. On se rappelle avoir vu aux
dernières expositions son *Combat des rues* dans Ma-

genta, le *Salut d'adieu*, si grave, les *Deux Amis*, dont
la foule, au Salon, ne pouvait se détacher, œuvre ingénieuse sans doute, mais où l'ingéniosité se relevait par
la justesse de l'expression, par l'ordonnance parfaite des
groupes, par la belle qualité de la peinture.

Mais le chef-d'œuvre. de cette nouvelle série est un
tout petit tableau qui nous était inconnu et qui nous a
longuement retenu à l'exposition du quai Malaquais.
C'est la prise des *Embuscades russes* devant le bastion
Central (Crimée). Il fait nuit et vraiment nuit, non une
nuit de papier peint. La lune court sous les nuages dé-
chiquetés, jetant sa pâle lueur sur le terrain glaiseux,
découpant les mâles silhouettes de nos soldats, dessinant
le contour pittoresque des gabions. A l'horizon, très-
rapproché par l'obscurité, montent et se croisent dans
l'atmosphère les bombes et les obus, décrivant sur le
bleu noir du ciel leurs paraboles enflammées, joyeuses
comme des feux de fête, sinistres aussi comme une constante menace de mort. Et en effet le colonel Viennot, de
la légion étrangère, vient d'être frappé mortellement. —
On a souvent essayé de peindre la nuit, les paysagistes
des écoles du Nord notamment, et nos jeunes paysagistes
français; jamais on n'a mieux réussi que ne l'a fait Bellangé en cet admirable tableau.

Je m'arrête à deux magnifiques aquarelles : les *Soldats de la République* et le *Passage du Chemin creux*.
H. Bellangé en ces compositions est l'égal de Charlet; il
y a en lui une surprenante pénétration, une merveilleuse
intelligence des dates; ses soldats de la République représentent bien la France lancée aux frontières. Ce sont
des paysans; ils se battent comme des lions, mais sans
pose, sans crânerie : ils n'ont point encore l'allure; sous

le bleu de l'uniforme, on aperçoit le bleu de la blouse.
Voyez-les au passage du Chemin creux, et vingt ans plus
tard, à Waterloo : ce sont les mêmes héros, mais façon-
nés par la guerre, par la discipline, par la conquête, par
le passage à travers toutes les capitales de l'Europe. On
pourrait poursuivre cette comparaison curieuse, toute à
l'avantage du talent de H. Bellangé. On remarquerait
entre autres détails, la manière de combattre. Ici, dans le
carré d'infanterie républicaine que je citais tout à l'heure,
les premiers rangs fléchissent sans doute, car au
centre de la pression un homme s'accote au sac d'un de
ceux qui faiblissent sans reculer ; il l'étaie de sa forte
épaule, sans souci de la théorie et à la façon d'un charretier poussant à la roue. Au passage du Chemin creux,
toute cette lourde cavalerie emplit le champ de bataille,
le traverse au galop des grands chevaux de guerre ; malgré l'irrégularité des alignements, on voit cependant que
chaque homme individuellement connaît sa place dans le
rang, sait où il va et comment il doit y aller. L'inspiration, le mouvement, tout cet ensemble est admirable.

Dans la suite des aquarelles on voyait, à trois ou quatre
reprises différentes, un des cuirassiers de Waterloo, le
carré républicain, la grande charge de cavalerie, cent
sujets aimables traités par l'aquarelle d'une touche limpide, spirituelle, exquise, des dessins à la plume étudiés
patiemment, et, tout à côté, des sujets d'improvisation
d'un superbe caractère. Il y a là un Napoléon à Waterloo
appartenant à M. E. Lepoitevin, quatre traits de plume,
que l'on peut mettre au Louvre, auprès des dessins de
maîtres. Je le voudrais voir dans la salle des dessins entre
un Géricault et un Gros.

Et par le fait, Bellangé était un artiste de forte race.

Il s'est un peu dispersé; mais on compte bien des toiles magistrales, bien des morceaux de musée dans son œuvre. Par là, Bellangé passera à la postérité.

Au moment de fermer ce chapitre sur la peinture de sujets militaires, nous devons apporter un correctif aux critiques que nous avons faites sur la tendance des ar-tistes qui exercent leur talent dans cette direction ; nous devons ajouter, pour être équitables envers les peintres de sujets militaires, que le souvenir trop voisin, trop immédiat des faits de guerre qu'ils représentent ne contri-bue pas médiocrement à paralyser leur verve. Trop de témoins intéressés sont là tout prêts à les rappeler à la réalité sèche. Il leur faut, à ces témoins, une exactitude minutieuse, et jusqu'au compte de boutons de chaque uniforme. Aussi aura-t-on certainement remarqué que nos artistes se donnent plus librement carrière, et satis-font ainsi de beaucoup plus près aux exigences de leur art dès qu'ils abordent des sujets militaires moins rappro-chés de nous. On peut contrôler cette assertion dans le *Waterloo* de M. Armand Dumaresq, dans le *Waterloo* d'Hippolyte Bellangé, dans la *Veille d'Austerlitz* de M. Gigoux. Et, en effet, en de telles œuvres il y a eu choix ; l'initiative personnelle du peintre s'est affirmée ; il a eu un motif déterminant pour s'arrêter à tel épisode plutôt qu'à tel autre : émotion morale ou émotion pitto-resque, la première inséparable de la seconde chez l'ar-tiste complet. Qu'importe alors la stratégie, qu'importe la couleur du passepoil ! L'artiste palpite, et voilà qui est bien, qui est beau, qui est vrai même et d'une vérité plus profonde et plus haute que la vérité minutieuse du détail. Vérité de détail et vérité poétique n'ont rien de commun. L'effigie d'un grand ensemble ne se compo-

sera jamais de l'effigie exacte de tous les éléments dont
cet ensemble est formé. — Peut-être appartient-il à des
générations moins immédiatement affectées par les faits
de peindre la guerre contemporaine.

V

LA PEINTURE DE GENRE

MM. Meissonier, Gérôme, H. Leroux, Robert Fleury, Laugée, Charles Comte, Édouard Frère; madame Henriette Browne; MM. Ribot, Tissot, Toulmouche, Charles Marchal, A. Leleux, Patrois, Bonnat, Hébert, Diaz, H. Baron, E. Lami.

A plusieurs reprises, dans le cours de ces études sur l'art européen à l'Exposition universelle, nous avons dû constater l'importance, croissant de jour en jour, que les écoles étrangères accordent à la peinture de genre. L'école française, nous devons le constater également, témoigne des mêmes prédilections. Chez elle aussi, le Genre proprement dit gagne du terrain, et d'une façon chaque jour plus considérable, sur les autres genres. Il n'est pas admissible que cet envahissement progressif d'un art dont l'inspiration est secondaire soit le résultat d'un parti pris et comme d'un mot d'ordre universellement accepté. De toute nécessité il y a là une cause supérieure. Cette cause, nous l'avons indiquée déjà, au moment où nous avons parlé de la peinture d'histoire.

Évidemment, on ne peut attribuer ce nouvel état de choses qu'à l'accroissement continu du groupe d'amateurs

14

qui compose le public d'art. En effet, le nombre des personnes qui aujourd'hui ont le désir et sont en état d'acheter des tableaux s'est singulièrement augmenté depuis un siècle. Or la majorité a le droit ou, tout au moins, le pouvoir de demander aux artistes qu'ils se conforment, dans une certaine mesure, à ses goûts, à ses exigences. La conséquence de cette situation nouvelle est rigoureuse. Le lecteur déjà l'aura aperçue. La plupart des acquéreurs sont logés fort à l'étroit; les peintres ont donc été réduits à ne faire que des tableaux de chevalet. Le tableau de chevalet, destiné, en raison de ses petites dimensions, à être vu de très-près, impose rigoureusement au peintre qui l'exécute une facture très-soignée, très-précise, une fidélité d'interprétation qui conduit à l'habileté de main, à la dextérité plutôt qu'à la grandeur. Cette préoccupation dominante du procédé, en maintenant l'artiste dans un cercle assez étroit, en somme, l'a peu à peu détourné des motifs d'inspiration élevée. D'autre part, ce public nouveau, habitué, de son côté, à considérer la peinture comme un « art d'agrément, » ne cherche nullement dans un tableau la grande émotion ; il ne demande à l'art qu'une satisfaction, qu'une récréation de l'esprit. En outre, fort peu préparé par son éducation première, n'ayant — sur les bancs universitaires — reçu aucune notion précise et juste, fût-elle même élémentaire, sur le rôle, sur le but et sur la pratique de l'art, il demeure (je parle toujours du plus grand nombre) tout à fait insensible aux beautés spéciales de l'art de peindre. La mélodie des contours, l'harmonie de la couleur lui échappent d'une façon absolue et sont pour lui lettre close. Étant donné ce défaut de préparation chez le public, étant connu le caractère de futilité qu'il apporte au jugement des œuvres d'art, il n'est pas étonnant que ses prédilections s'adressent presque exclusivement à la peinture de genre.

Qu'est-ce, en effet, que le tableau de genre? Toute œuvre de cette sorte se définit si peu par elle-même que, vous le voyez, on est forcé de la classer sous cette dénomination absolument vague : *le genre*, sans épithète qui qualifie le mot. Dans les autres directions, les tableaux viennent se ranger sous des désignations parfaitement claires et qui ne laissent aucun doute sur le but qu'elles offrent à l'artiste : peinture d'histoire, peinture religieuse, peinture de sujets militaires, peinture d'animaux, de paysage, de marine, de nature morte, etc. Mais, « peinture de genre, » cela ne présente à l'esprit qu'un sens de convention. Si nous essayons de préciser l'objet du tableau de genre, nous devons nous tenir, nous aussi, dans des généralités très-vagues. Nous répéterons tout d'abord que le tableau de genre est un tableau de chevalet. Il n'est pas superflu, comme on pourrait le croire, de rappeler ce premier principe. Quelques peintres, en effet, dévoyés par l'habitude de voir ou d'exécuter des tableaux de genre, transportent dans des ouvrages de grandes dimensions les habitudes de cette sorte de peinture ; erreur capitale qu'il ne faut point laisser passer sans protester lorsque l'occasion se présente de le faire. Ce premier point établi, il nous reste à déterminer l'objet du tableau de genre. Son principal intérêt, je dirai même son unique intérêt, aux yeux du public, réside dans le choix du sujet. N'avons-nous pas vu que la plupart des visiteurs, au Salon, n'étaient nullement disposés à demander à l'œuvre d'art la grandeur, l'émotion tragique, passionnée, qui comporterait d'ail-

leurs des cadres plus vastes ? A défaut du sens héroïque,
d'une part, et, d'autre part, à défaut du sens pittoresque
qui ne leur est point du tout familier, ils ne s'arrêtent
guère qu'à l'ingéniosité du sujet. Ce qui leur plaît, ce
qui a le don de les charmer, c'est uniquement l'anecdote
gracieuse, aimable, quelquefois l'anecdote historique,
parfois aussi une scène de mœurs anecdotique empruntée à la vie élégante de notre temps, ou à la vie cava-
lière et à la vie de cour des derniers siècles. L'esprit
dans le motif, l'adresse dans l'exécution, à ces deux
termes se bornent les désirs de la majorité, et conséquemment l'ambition d'une foule d'artistes. En trois
mots : petits cadres, petits sujets, petite peinture.

On peut objecter à cette critique de tout un ensemble
de tableaux, que les écoles du Nord ont légué à l'admiration des générations modernes une quantité considérable de tableaux qui ne sont que des tableaux de genre.
Nous répondrons que les petits maîtres flamands et hollandais ont rendu leur action légitime aux yeux de la
postérité par leur sincérité, par leur naïveté. Ils avaient
au moins (je laisse ici de côté les qualités de leur peinture), ils avaient le mérite de reproduire avec fidélité et
bonhomie les scènes de mœurs qui s'accomplissaient
chaque jour sous leurs yeux. L'art n'était pas organisé
comme il l'est aujourd'hui, les artistes ne croyaient
point avoir reçu de mission spéciale, ils peignaient tout
bonnement la vie de tous les jours, celle qui les entourait, parce qu'ils avaient pris de bonne heure l'habitude
d'observer la nature. La réalité posait devant eux, et,
sans se mettre en quête d'autres modèles, sans autre
souci que de faire de bons ouvrages, ils la rendaient
avec la fidélité, la simplicité, avec la puissance de colo-

ration, avec la précision du caractère pittoresque qu'ils
étaient, dès l'atelier du maître, habitués à poursuivre.

A ce titre, combien même ne leur sommes-nous pas
reconnaissants d'avoir laissé sur leur temps des témoignages d'une exactitude si précieuse. A quelques exceptions près, nos peintres de genre ne sont nullement
engagés dans la même voie, il s'en faut de beaucoup
qu'ils aient la même sincérité. En ce qui est de la naïveté, qui songerait à leur en demander? notre temps
n'est point naïf. Et puis l'érudition, la critique ont
étendu singulièrement le champ de l'art. Je ne songe
donc point du tout à blâmer, ni à condamner d'une manière absolue la peinture de genre telle qu'on l'exerce
aujourd'hui. Je comprends très-bien que nos artistes
profitent des découvertes de l'archéologie moderne, des
facilités d'information historique répandues par la pu-
blication des mémoires, par les travaux de nos historiens, par l'ouverture des bibliothèques publiques, des
cabinets d'estampes, des musées, qui nous donnent non-
seulement le récit des faits qui se sont accomplis dans le
passé, mais aussi le cadre dans lequel ces faits se sont
produits. On admet parfaitement que le public qui lit
nos historiens, qui lit ces mémoires intimes, qui s'intéresse aux personnages de la petite histoire, et à l'anecdote, et à la mode, et au costume, aime à retrouver dans
l'œuvre de nos peintres la trace des mêmes lectures, des
mêmes goûts, et à voir mis en action, représentés dans
leur centre réel, dans leur intimité, les héros (héros de
roman en quelque sorte) qui lui sont devenus familiers.
Mais sans condamner le genre en lui-même, il y a lieu
de se préoccuper de l'extension qui lui est accordée; il
est permis de trouver que nos artistes, en se réduisant

14.

ainsi au rôle d'amuseurs, ont perdu et perdront de plus en plus de leur autorité sur le public. Il n'y a pas de raison pour qu'un jour ou l'autre nos expositions ne fassent concurrence aux publications illustrées, et n'en arrivent à nous montrer les scènes principales du roman en vogue. Cela s'est déjà fait quelquefois. Il est nécessaire de signaler, en poussant les choses à l'extrême, vers quelles perspectives nous nous avançons. Dans toutes ces réflexions sur la peinture de genre, je réserve absolument la question de talent, qui fait excuser bien des choses, et qui nous force bien souvent à capituler avec les principes.

C'est ainsi, par exemple, qu'en présence des tableaux de M. Meissonier, j'oublie très-volontiers les reproches que je suis tenté de lui adresser lorsque, n'ayant plus ses peintures sous les yeux, je réfléchis au rôle que l'éminent artiste aurait pu prendre dans la peinture moderne. M. Meissonier est de cette génération qui a suivi le romantisme, et les prédilections romantiques, dans une certaine mesure, ont pesé sur lui et déterminé la direction et l'emploi de son remarquable talent. Le romantisme, qui sur tant de points était dans le vrai, s'est trompé sur quelques autres. Il avait horreur de ce qui lui paraissait appartenir aux goûts simples, trahir le bourgeois, « le philistin. » Le simple et le sincère étaient rudement malmenés alors, au profit de la couleur, du clinquant, du haillon, des paillettes. M. Méissonier a conservé de ce parti pris affirmé par ses aînés le dédain de la vie moderne. Il s'est systématiquement renfermé dans les siècles antérieurs; le seizième et plus encore le dix-huitième ont obtenu et gardé ses prédilections. Depuis quelque temps, et nous l'en félicitons bien vivement, le très-habile artiste s'est rapproché du temps présent, et sa *Campagne de France*, son *Solférino*, son portrait de M. de Delahante prouvent que, s'il l'eût voulu, que s'il ne s'était pas immobilisé dès le début à reproduire des types disparus, il eût atteint, dans la peinture des mœurs contemporaines, une supériorité au moins égale à celle que personne ne lui conteste dans la peinture des mœurs du temps passé. En effet, M. Meissonier n'est point seulement un peintre d'une habileté sans rivale dans l'imitation scrupuleusement fidèle des objets inanimés qui créent un milieu à ses personnages; nul plus que lui n'a souci de l'expression morale qui se traduit non-seulement par le jeu de la physionomie, mais encore dans l'attitude du corps, dans les froissements que l'habitude journalière donne au mobilier, aux vêtements, aux moindres objets qui sont au service de l'homme.

Nous ne reviendrons pas sur les tableaux déjà connus de M. Meissonier; on n'a pas oublié l'*Attente*, la *Lecture chez Diderot*, un chef-d'œuvre, le *Capitaine*, le *Corps de garde*. Parmi les œuvres plus récentes, l'*Ordonnance* vous aura tout particulièrement séduit par l'entente de la mise en scène, par la justesse d'expression des physionomies et par la fermeté d'une exécution véritablement magistrale. Un capitaine de dragons de la république occupe le centre de la composition. De passage en quelque ville conquise, il a pris possession du meilleur logement de la ville. Botté, éperonné, sanglé dans son uniforme, comme un homme toujours prêt à mettre le pied à l'étrier, tout au plus s'accorde-t-il le soulagement de déposer pour un instant sa pesante coiffure, son casque de cuivre au turban de peau de tigre. Adossé à la cheminée, il reçoit des mains de l'ordonnance

l'ordre que lui envoie un chef supérieur. Le lourd cavalier, la pelisse à l'épaule, la sabredache battant au jar-
ret, les talons sur la même ligne, immobile, grave, tend
le pli au capitaine. Au second plan, un officier de hussards, assis près d'une table, attend insouciamment l'annonce de quelque victoire nouvelle ou d'un ordre de
marche. — M. Meissonier a ce don, que personne ne
possède au même degré, de pénétrer à fond les types
qu'il met en scène. Il a acquis, par un phénomène de
vision d'une perspicacité extrême, la faculté de mettre
en relief tous les menus détails qui caractérisent une profession et, bien plus, l'accent, le caractère individuel dans
une même profession. Et ne croyez point qu'aucun de
ces détails soit inventé ; on n'atteint point à cette justesse
prodigieuse sans l'exercice constant des facultés d'observation. M. Meissonier, par son rare talent, nous récon-
cilie presque absolument avec la peinture de genre ; mais,
en dépit de la séduction qu'il exerce sur nous, on ne
peut s'empêcher de regretter qu'il n'ait pas appliqué
plus tôt des dons si remarquables à peindre les hommes
et les mœurs de notre temps.

M. Gérôme, à cet égard, nous laisse des regrets moins
vifs ; ses représentations du passé, nous l'avons déjà
dit dans un précédent chapitre, ont une certaine froideur
glaciale qui ne s'est point fondue au contact de la vie
moderne. A plusieurs reprises, le très-habile artiste a
tenté, en effet, de fixer quelques sujets d'actualité ; il y
a mis, chaque fois, pour le moins autant de talent qu'à
l'exécution de ses œuvres archéologiques ; mais l'immobilité, qui est une des faiblesses de ce talent si précieux
d'ailleurs, frappe davantage encore lorsqu'elle atteint
les hommes et les choses que nous voyons quotidienne-

ment. On fait moins facilement alors la part de convention qui est nécessaire pour juger équitablement les ouvrages de M. Gérôme, que lorsqu'il nous retrace quelque épisode de la vie antique. De même, on admet volontiers la rigidité du bas-relief pour les héros de l'antiquité; nous ne la supporterions pas s'il s'agissait du temps présent. Lorsque les sculpteurs ont eu à traiter des sujets modernes, inconsciemment ou non, ils ont toujours donné ou cherché à donner plus de mouvement, plus de vie à leurs œuvres. Mais, n'insistons pas sur nos regrets, et, nos réserves étant faites, acceptons pleinement les conceptions ingénieuses des hommes de talent qui se sont consacrés à la peinture de genre, dans ses rapports avec l'histoire ou plutôt avec l'anecdote historique.

La *Sérénade*, de M. Hector Leroux, et son tableau de *Tibulle et Délie*, augmentent de deux morceaux charmants la série d'œuvres délicates que l'artiste a consacrées aux scènes de la vie antique. Là, dans la rue déserte, sous l'étroite fenêtre doucement éclairée de l'intérieur, s'élèvent les aériennes modulations de la double flûte soutenue par l'accord de deux autres instruments. Ici, l'amour s'exprime moins bruyamment et plus tendrement encore. Tibulle retient dans les siennes la main de Délie, toute confuse et délicieusement troublée. — Scènes aimables, traitées avec une mesure d'expression, avec une délicatesse de sentiment qui se fait rare. De belles lignes, un dessin fin, élégant, un effet toujours juste, qualités précieuses, ajoutent leur valeur spéciale à la valeur de conception qu'apporte M. Hector Leroux en ces évocations touchantes du monde antique.

Dans cet ordre, saluons un maître, M. Robert-Fleury.

M. Robert-Fleury n'est-il pas d'ailleurs un des précurseurs de ce genre qui depuis a trouvé tant d'adeptes? Dès le début, l'artiste a déployé dans ses œuvres une qualité exceptionnelle, que ceux qui l'ont suivi ont rarement retrouvée, je veux dire la force. Depuis le *Colloque de Poissy*, un de ses premiers ouvrages et de ses meilleurs, qui est au Musée du Luxembourg, jusqu'au *Charles-Quint*, exposé en 1867 au Champ de Mars, M. Robert-Fleury a successivement fixé dans ses œuvres des épisodes sévères de l'histoire. Cette première qualité dans le choix du motif révélait une fermeté d'esprit, un tempérament robuste qui donne à son talent une valeur particulière. Par là il a pris et gardé une place à part dans l'estime des amateurs sérieux. Au fond, le public est bon juge : il est aussi et souvent perfide dans ses préférences; il entoure, il acclame, il fête sans réserve l'artiste qui flatte ses goûts frivoles, mais de telles sympathies sont en général de courte durée, et il fait payer cher de faciles triomphes à ses favoris d'un jour; il garde son estime durable à ceux qui savent s'imposer à lui, et c'est ce qu'a fait M. Robert-Fleury. Dans l'art de ce maître, pourtant, la convention a pris une bien large place, et nos sympathies aujourd'hui iraient à des ouvrages où l'observation de la réalité serait moins fréquemment sacrifiée à la pratique dès longtemps adoptée de certains procédés personnels ; mais à l'heure où M. Robert-Fleury est entré dans la mêlée romantique, il y avait une première conquête à faire, et c'était précisément celle des procédés; l'école de David les avait dédaignés si profondément que personne dans l'école ne connaissait plus le métier proprement dit, la technique et les ressources de l'art de peindre. On oublie trop sou-

vent, lorsqu'on parle de l'école romantique, que sa réaction était alors parfaitement logique et qu'elle fut conduite avec une rare vigueur dans le sens le plus profitable
aux intérêts de l'art. C'est aux romantiques que nos
peintres aujourd'hui doivent la liberté d'exécution qui
leur est acquise, par conséquent la facilité d'observer
la nature avec sincérité et de la rendre comme ils l'ont
observée. Ceux qui ont entrepris cette conquête, enfermés nécessairement dans l'analyse des procédés familiers
aux maîtres antérieurs, y ont perdu l'habitude de regarder directement la réalité ; ils y ont pris celle de voir
l'homme et les phénomènes naturels à travers la peinture
des maîtres du passé. Aussi leur peinture, à eux, est-elle
souvent conventionnelle. Sans se douter qu'ils commet-
taient un contre-sens ou bravant les conséquences de
leur parti-pris, ils ont adopté (et cela est surtout sensible dans les ouvrages de M. Robert-Fleury) les colorations enfumées et rances que le travail du temps avait
ajoutées aux colorations primitives des peintures anciennes. Il ne semble point que M. Robert-Fleury, par
exemple, ait jamais vécu à l'air libre, qu'il soit jamais
sorti des galeries et des musées. Avec tout cela cependant, malgré ces tendances vers le factice et le convenu
dont l'époque où il fut élevé est bien plutôt responsable
que l'artiste lui-même, M. Robert-Fleury a su affirmer
une vigueur de conception et d'exécution qui lui sont
bien personnelles et le mettent à cet égard hors de pair.

Pour se rendre compte de la différence de direction
qui sépare nos jeunes peintres de leurs aînés, il suffit,
après avoir vu le *Charles-Quint* au monastère de Saint-
Just, de se transporter devant le tableau de M. Laugée,
Sainte Élisabeth de France, sœur de saint Louis, la-

vant les pieds des pauvres à l'abbaye de Longchamp dont elle était fondatrice. On sera frappé de la limpidité des colorations, de la justesse des valeurs attentivement poursuivies d'après la réalité. Ce qui n'empêche nulle- ment l'artiste d'avoir affirmé une sévérité d'inspiration tout à fait remarquable.

Auprès de ces représentants de l'anecdote historique dans la peinture de genre, vient se placer M. Charles Comte, qui apporte une recherche de précision archéolo- gique intéressante dans ses sujets tour à tour sérieux et bouffons. Son *Eléonore d'Est* et le tableau intitulé *Sei- gni Joan*, témoignent du même penchant à ressusciter le côté anecdotique de l'histoire, des chroniques et des fables. Le premier représente Éléonore d'Est, veuve de François de Lorraine, duc de Guise, deuxième du nom, faisant jurer à son fils, Henry de Guise, surnommé plus tard le Balafré, de venger son père assassiné devant Or- léans, par Poltrot de Méré, le 24 février 1563. Le se- cond est inspiré d'un passage de Rabelais : « En la rostisserie du petit Chastelet, au devant de l'ouvroir, un faquin (portefaix) mangeoit son pain à la fumée du rost. Quand tout le pain fut beaufré, le rostisseur happe le fa- quin au collet, et vouloit qu'il lui payast la fumée de son rost. Le badault peuple accourt... Là se trouva Seigni Joan, le fol. Leur discord entendu, il commanda au fa- quin que lui tirast de sa gibecière un tournois Philippus, le feist sonner par plusieurs fois avec sa marotte sous le nez du rostisseur et dit à haute voix : « La cour vous dit « que le faquin qui ha mangé son pain à la fumée du rost, « civilement a payé le rostisseur au son de son argent. »

Assurément, cela est amusant ; mais avouez que le sujet ici excède les limites de la peinture. Rabelais, quelque admiration qu'on ait pour son génie, n'est point cependant entré dans la familiarité de toutes les mémoires à l'égal des légendes sacrées; or, c'est précisément parce que les livres saints sont connus de tous, que tous les épisodes de l'Ancien et du Nouveau Testament sont du domaine de la peinture. Charles-Quint est un personnage d'une importance historique telle, que ses moindres actes publics sont également familiers à la grande majorité des personnes qui visitent nos expositions. Le sujet adopté par M. Laugée passât-il sous les yeux d'un ignorant, que l'intention du peintre ne lui échapperait cependant point. En effet, quand il ne saurait pas que cette princesse qui lave les pieds des pauvres est sainte Élisabeth de France, l'action pour lui n'en serait pas moins touchante et conserverait toute sa valeur d'émotion. En est-il de même du *Seigni Joan* de M. Comte? Évidemment non, et le peintre s'en est bien rendu compte, puisqu'il a cité au livret l'extrait de Rabelais dont il s'est inspiré. Jamais on ne traduira par les moyens pittoresques le bruit d'une marotte frappant sur une pièce de monnaie; jamais, quelque habileté que l'artiste apporte à traduire le jeu des physionomies, il ne pourra leur faire exprimer cette idée complexe : « la cour vous dit que le faquin qui ha mangé son pain à la fumée du rost, civilement ha payé le rostisseur au son de son argent. » C'est là un de ces abus auxquels se trouvent souvent entraînés les peintres de genre; les plus grands n'y ont pas toujours échappé : qu'on se rappelle l'*Henri IV* et l'*Arétin*, de M. Ingres.

Au moins les peintres de genre qui emprunteront leurs motifs à la vie moderne sont-ils exempts de pareils égarements par la nature même de leurs sujets. Ils s'atta-

chent tout simplement aux émotions douces, aux sentiments aimables, à de petites scènes d'intérieur comme
M. Edouard Frère, exposant le *Benedicité*, la *Prière*,
la *Bibliothèque*, les *Petits bûcherons*, le *Poéle;* ou
comme madame Henriette Browne exposant les *Sœurs
de charité*, la *Pharmacie*, la *Toilette*, la *Consolation*.
Chez l'un comme chez l'autre artiste, ce sont des motifs
d'intimité domestique, de la vie claustrale ou de la vie
de famille, intelligibles pour tout le monde, où le sujet a
une certaine importance, mais une importance assez
secondaire en somme pour laisser à l'artiste tout le souci
de l'œuvre d'art purement pittoresque, je veux dire la
préoccupation du tableau en lui-même : composition,
couleur, dessin.

Dans le même sens, nous devons signaler les *Réta-
meurs*, de M. Ribot qui, avant d'aborder des sujets plus
ambitieux, excellait et excelle toujours dans ces petites
scènes familières. D'autres peintres, M. Tissot et M. Toulmouche, se consacrent plus exclusivement à la vie élégante. M. Toulmouche est arrivé à une habileté excessive
qui confond les visiteurs, ce public dont je parlais au
début de ce chapitre. Puisse ce suffrage de la foule con-
soler le peintre de n'avoir pas obtenu des suffrages plus
sévères! M. Tissot, au contraire, est un des jeunes
peintres que nous suivons depuis ses débuts avec le plus
d'intérêt; ses divers essais dénotent un esprit inquiet,
chercheur, hardi et, s'il lui arrive de se tromper (à qui
cela n'arrive-t-il pas? si ce n'est aux gens médiocres),
il se trompe du moins en homme de talent et en homme
bien doué. Je réserve pour un prochain chapitre les
peintres qui ont traduit plus spécialement la vie des
champs; je ne les classe point parmi les peintres de

genre, leur place me paraît être au premier rang des
paysagistes. Nommons plutôt ici quelques peintres qui
sont allés chercher le pittoresque dans celles de nos anciennes provinces où la mode parisienne n'a pas encore
pénétré : M. Marchal, par exemple, l'aimable peintre des
mœurs alsaciennes; M. Leleux, le peintre des derniers
Bretons. Quelques autres vont hors de France à la recherche du caractère et de la couleur. Je ne parle pas de
nos orientalistes, qui auront leur chapitre à part, mais
de M. Patrois, entre autres, qui a rapporté d'un voyage
en Russie des scènes intimes, des danses nationales, des
intérieurs traités avec un sentiment très-fin et un talent
facile. Nous avons aussi un groupe d'Italiens, à la tête
duquel il faut nommer M. Hébert et M. Bonnat. C'est
Léopold Robert qui a mis dans l'école française les
paysans italiens à la mode, et Dieu sait si cette mode
tient à notre peinture de genre par des racines profondes
et tenaces ! cependant M. Bonnat nous prouve qu'on peut
traiter les mêmes sujets que Léopold Robert sans l'imiter
et en restant parfaitement original.

Les *Pèlerins dans l'église Saint-Pierre de Rome*
sont le tableau de genre où se révèle un des plus énergiques tempéraments pittoresques de notre jeune école.
L'image de saint Pierre occupe le milieu de la composition.
A droite des femmes, des pèlerines font leurs dévotions;
l'une d'elles s'est détachée du groupe et approchée de la
statue colossale dressée sur son haut piédestal de marbre.
La jeune femme se hisse sur la pointe des pieds par un
mouvement dont l'effort naïf a été surpris et rendu avec
un art exquis; elle ajoute le contact de ses lèvres à la
somme de pieux baisers qui, par deux fois, a suffi pour
user l'orteil de bronze de la statue. A gauche, deux

moines, une fillette (la petite Pasqua Maria) adossée
au mur, et une femme de l'aristocratie romaine agenouillée, perdue dans le flot des étoffes noires, complètent
la composition. — La peinture de M. Bonnat est vigoureuse ; il sait trouver l'effet, il a la science, il a le goût, il
me rappelle avec des qualités vraiment modernes d'esprit
et d'allure notre maître français, Valentin, dont il a aussi
quelques défauts. On étouffe un peu dans ses toiles. L'air
ambiant y est épais, lourd. On n'y voit jamais le ciel, et
le soleil ne s'y aperçoit que par le contraste puissant et
juste des lumières et des ombres. Ainsi son petit mendiant,
si effronté, si gai, si charmant avec ses cheveux en brous-
saille, son débraillé spirituel, avec ses ongles blancs sur
sa peau brune, se détache sur un fond de bitume qui
certes contribue à la chaude harmonie du tableau et la
fait valoir, mais qui n'est point la lumière. Peu importe !
La *Pasqua Maria*, le *Mezzo bajocco*, *Eccellenza* de
M. Bonnat représentent la vie heureuse et forte, le
sourire et le bien-être, la beauté et la force de la riche
nature italienne. Le petit mendiant italien a le diable au
corps. La vie frémit dans tout son petit être. Il est
déguenillé à plaisir, son regard brille comme une
flamme sous une forêt de cheveux ébouriffés. Il tend la
main, le sourire aux lèvres, le poing sur la hanche ; ce
n'est pas là un pauvre honteux, mais un petit polisson
ivre de soleil et de liberté ; il ne gémit point en demandant son petit sou, c'est avec un accent de malice joyeuse
qu'il lance ce cri que l'on croit entendre : *Mezzo bajocco,
Eccellenza*. Les *Pèlerins* au pied de la statue de saint
Pierre, dans l'église de Saint-Pierre-de-Rome, et les
Paysans napolitains devant le palais Farnèse, à Rome,
sont des types de cette même beauté classique, de cette

force et de cette élégance de formes, qui se sont perpétuées sur le sol latin, à travers les âges et les révolutions, identiques à ce que nous les montrent déjà les témoignages qui nous restent de l'antiquité romaine et les témoignages plus récents que nous ont laissés les grands maîtres de la Renaissance italienne.

Il y a chez M. Bonnat un double courant d'études et de travaux tout à son honneur, et très-intéressant à observer. Peintre, et des meilleurs, des plus vigoureux, M. Bonnat, qui est aussi un artiste, s'est fait très-rapidement un nom connu, aimé du public, par ces petites scènes de mœurs italiennes. Ses figures d'enfants à la mine futée, aux haillons pittoresques, et, en 1864, ses *Pèlerins* dans l'église Saint-Pierre-de-Rome arrêtaient le plus grand nombre de visiteurs par l'intelligence de la composition et l'esprit du sujet; ils retenaient les amateurs par les qualités de force et de couleur particulière à cette peinture. Le même succès fut également acquis à son petit tableau : *Paysans napolitains* devant le palais Farnèse, à Rome. Eh bien ! M. Bonnat n'est pas seulement le peintre de ces sujets charmants, il est aussi l'auteur d'un *Adam et Ève* retrouvant le corps d'Abel, d'un grand *Martyre de saint André*, d'un *OEdipe et Antigone* et d'un *Saint Vincent de Paul* prenant la place d'un prisonnier. M. Bonnat est donc aussi un peintre d'histoire, un peintre qui a fait ses études complètes et qui doit à sa persévérance méritoire dans un genre sévère sa supériorité dans le genre aimable. Ce sont ses petits tableaux qui ont fait sa réputation, ce sont les grands qui ont fait la valeur de l'artiste. Il a procédé à l'inverse de Ribot, qui s'élève courageusement du genre à l'histoire; il est arrivé au genre par l'histoire, sans déserter toute-

fois le premier champ d'études qui lui avait été si favorable. Il fait tantôt ici œuvre de salon, œuvre d'amateur ;
tantôt œuvre d'église ou de musée.

La peinture de M. Bonnat est toujours robuste et saine.
Son jeune talent, formé à l'école de la peinture d'histoire, se ressent de cette mâle préparation. L'auteur de
Adam et Ève, du *Martyre de saint André*, de l'*OEdipe*
devait traiter avec cette vigueur et cette sûreté de main
les sujets purement pittoresques et de moindre importance qu'il aborde aujourd'hui.

M. Hébert, lui aussi, a reçu cette forte éducation, indispensable à l'artiste qui veut arriver à la supériorité
absolue dans quelque ordre que son talent se développe.

Ses beaux portraits de femme, d'un sentiment exquis,
affirment avec éclat ce premier fonds d'études sérieuses.
Mais l'artiste se révèle d'une façon plus complète encore
dans ses tableaux d'une grâce si touchante . les *Cerca-
rolles*, *Rosa Nera* à la fontaine, la *Perle noire*. Le
peintre de la *Mal'aria* restée célèbre ne s'est point dé-
menti ; il s'est fait et il est demeuré l'interprète profond
de ces longues mélancolies qui assiégent l'âme dans les
corps débilités par les fièvres des terres insalubres. On a
souvent reproché à M. Hébert de s'immobiliser dans ces
sujets d'une si profonde tristesse. C'est le genre de reproche que je comprends le moins. Critiquera-t-on les
procédés d'un artiste, et dans une certaine mesure, le
choix de ses sujets ? S'il s'écarte des possibilités de l'interprétation pittoresque, cela se conçoit. Mais il me
paraît tout à fait inique de vouloir imposer à l'artiste un
mode de sentiments étrangers à son tempérament.

Notre époque critiquante a de ces exigences déraison-

nables. Nous voudrions exercer sur les hommes de talent,
dans quelque ordre qu'ils se manifestent, la même action
que nos horticulteurs exercent sur le monde végétal. Je
ne juge point ceux-ci, mais je ne puis croire qu'il soit
permis d'imposer à un peintre nos goûts, notre manière
de voir, d'être et de sentir. Nous serions mieux avisés en
jouissant simplement et pleinement des qualités spéciales
à chacun, de la variété des talents et de la diversité des
inspirations.

Nous aurons complété cette revue rapide des diverses
applications de la peinture de genre en mentionnant enfin
les fantaisistes, les petits-fils du romantisme ; leur maître,
je le constate avec regret, n'a pas exposé ; on devine que
je veux parler de M. Diaz, le peintre charmant de toutes
les rêveries, de toutes les visions, de tous les enchantements, de tous les caprices d'imagination. A défaut de
cette féerie, de cette magie, il faut nous contenter des
élégances de M. Henry Baron : le *Tir à l'arc*, en Toscane,
et la *Fête de Saint-Luc*, à Venise, la fête des maîtres
peintres qui se réunissaient ce jour-là, comme on sait,
pour célébrer leur patron. C'est dans le même groupe
que je nommerai aussi M. Eugène Lami qui, depuis plus
de trente ans, a semé dans les portefeuilles d'amateurs
une quantité prodigieuse d'aquarelles pleines de verve,
de jeunesse, d'entrain, de vie facile, joyeuse et somptueuse, le premier qui ait su fixer pour l'avenir les élégances de la vie moderne.

J'ai dû passer sous silence le plus grand nombre des
peintres de genre, et j'en ai peu de remords. Le public
est friand de leur peinture ; ils n'ont pas besoin de lui
être signalés. D'ailleurs qu'en dirais-je ? Je n'aurais fait
que développer ces considérations hâtives :

Ils traitent avec une extrême habileté les sujets familiers, ils s'amusent et nous amusent d'une bagatelle, d'un
événement insignifiant en lui-même qui séduit et captive
un moment par la grâce et l'enjouèment du détail. Ils
réussissent à plaire, à capter l'intérêt. Ils glissent avec
une dextérité spirituelle entre deux écueils qu'ils rasent
souvent de bien près, la licence et la bouffonnerie. Ils ont
de la vivacité et point de passion ; ils disent l'anecdote à
ravir, mais ils n'ont point d'imagination ; ils ont la finesse,
le sourire de salon, nulle tendance au rire ni à la satire ;
de la délicatesse et nulle profondeur. Et le spectateur,
cédant au prestige de cette légèreté, de cette bonne grâce,
de cette amabilité, de cette surface que rien ne trouble et
n'émeut, s'avoue vaincu, prend plaisir à écouter ces
conteurs et paye son plaisir à beaux deniers comptants.
Quel singulier rôle jouerait le critique chagrin qui vien-
drait troubler cet aimable échange de pittoresques futi-
lités et de futiles admirations !

VI

PAYSAGES ET PAYSANS

MM. Paul Huet, Théodore Rousseau, Corot, Daubigny, Cabat, Lanoue, C. Pâris, J. Didier, Français, Busson, Harpignies, Nazon,
Daubigny fils, Imer, G. Doré, J. André, Jules Dupré, Chintreuil,
Blin, Hanoteau, Lapierre, Lavieille, Troyon, Courbet, Rosa Bonheur, Jules Breton, François Millet.

L'École française, en ce siècle, n'a pas été déshéritée.
Une école qui peut citer les noms de Gros, de Géricault,
d'Ingres et d'Eugène Delacroix, est assurée d'occuper le
premier rang dans l'histoire des arts en France. Mais lui
manquât-il un tel prestige, n'eût-elle point ces titres
précieux, qu'elle pourrait invoquer d'autres mérites,
d'autres titres — sérieux aussi — auprès de la postérité.
Elle se réclamerait de son admirable intelligence de la
nature. Sans doute, les faits et gestes de l'homme, ses
passions, ses sentiments intéressent l'humanité d'une
façon plus pressante que le spectacle des phénomènes extérieurs. Si nos paysagistes s'étaient uniquement bornés
à la reproduction, à la traduction textuelle des formes
spéciales et des colorations qu'a revêtues notre planète,
le paysage, quelle que fût l'habileté de nos peintres,
n'aurait point pris et gardé le rang si élevé qui lui est
acquis désormais dans l'art moderne. Ce qui fait la gran-

15.

deur de ce genre, c'est que l'artiste, qu'il le voulût ou non, a associé la nature à ses douleurs et à ses joies, qu'il s'y est réfugié comme en un lieu d'asile, à l'écart de la dévorante activité, de la fièvre permanente des cités; c'est qu'il l'a prise définitivement comme un intime confident de ses regrets, de ses désirs et de ses aspirations. Ce mode d'interprétation devenu général, devenu familier à tous nos paysagistes, s'est affirmé pour la première fois avec éclat dans les œuvres de l'école de 1830.

Le premier qui regarda la nature et la traduisit en petit-fils de Jean-Jacques Rousseau et de Bernardin de Saint-Pierre, est M. Paul Huet. Le premier aussi, il a compris et exprimé les tumultueuses émotions de la nature complice des émotions de l'homme, et a révélé cette complicité à chacun de nous par les moyens de l'art. Il est important de rappeler aux générations plus jeunes, qui pourraient l'avoir oubliée, cette initiative si glorieuse pour celui qui eut l'inspiration de la concevoir et l'audace de poursuivre. Il a poursuivi en effet : et toutes les œuvres qui emplissent la longue carrière de M. Huet ont été tour à tour l'expression toujours grande, toujours poétique des passions et des sentiments qui tour à tour traversent le cœur de l'homme, l'image des situations tragiques, sereines, mélancoliques, tendres, allègres ou douloureuses que le développement de la vie impose à chacun de nous successivement. Tantôt en ses pages a passé le souffle terrible des grands drames shakspeariens et tantôt le soupir ailé de la *Flûte enchantée*, de Mozart. Voyez la *Grande marée d'équinoxe aux environs de Honfleur*, les *Falaises d'Houlgath*, le *Gave débordé*, le *Bois de la Haye*. Quel contraste entre le déchaînement de ces violences irrésistibles, de ces forces aveugles, où les eaux, les nuées, les grandes lignes de roches inexpugnables n'éveillent dans l'esprit des spectateurs que des idées de terreur et de désolation ; quel contraste, dis-je, avec le *Bocage normand* si humble et si doux, avec le *Bas-Meudon* si souriant, avec le *Parc* où flottent les brises tièdes et les limpides clartés du printemps. Le clavier est complet, toutes les notes ont leur résonnance particulière, leur signification, leur accent. Dès le début, dans cette voie nouvelle, le paysage français avait trouvé par Huet sa formule la plus élevée et aussi la plus féconde. En effet, ce n'était point là une convention stérile. Le monde infini des formes extérieures nous était ouvert, et dans ce dictionnaire immense de lignes et de couleurs, chacun n'avait plus qu'à puiser les signes correspondants à son émotion personnelle. Ce paysage romantique fut donc en somme la première révélation et la plus éclatante de ce qu'on a depuis appelé le paysage réaliste. Et, s'il faut le dire, nous sommes allés bien vite et trop vite peut-être vers la réalité absolue. Dans le paysage comme dans les autres genres, nous avons trop complétement sacrifié la simplicité radicale au terre à terre, et cela au détriment de l'imagination dont les premiers maîtres avaient affirmé les droits à l'égal des droits du réel. Dans le paysage romantique de Paul Huet comme dans le paysage d'Eugène Delacroix, la réalité est le point d'appui nécessaire, obligé, de l'imagination. La nature est pour eux le symbole commun, universel, par lequel ils manifestent leurs pensées. Là, à mes yeux, est exactement la très-haute supériorité de ces artistes.

C'est par là que l'œuvre de Huet atteint à la forte signification des genres en apparence plus élevés qui met-

tent l'homme en action. Oui, à ne considérer que les
moyens de l'art, le peintre qui prend ses symboles dans
l'activité du dieu, du héros ou simplement de l'homme,
met en œuvre des éléments d'art plus nobles que celui
qui n'agit que sur les formes naturelles. Mais il est essentiel de considérer surtout le résultat définitif, et si le
tableau d'histoire, même traité d'une main habile, n'est,
au total, qu'une collection de beaux morceaux d'académie, on peut affirmer que le paysage passionné d'un Paul
Huet aura une signification et conséquemment une valeur d'art infiniment supérieure.

Nous sommes accoutumés à classer M. Paul Huet
parmi les paysagistes ; mais ses tableaux prouvent que
cet artiste éminent n'est point et n'a jamais été exclusi-
ment paysagiste, et qu'il ne s'est point fait du paysage
une spécialité rigoureuse. Les grands mouvements de
nuées dans le ciel, les caprices de la lumière sur les eaux,
sur les vastes étendues de verdure, les lignes imposantes
de nos hautes falaises normandes ont souvent tenté son
talent vigoureux et poétique, pathétique même. Cependant les scènes familières de la vie rustique ne l'ont pas
laissé indifférent, pourvu qu'elles fussent encadrées dans
un milieu rendu pittoresque par la combinaison des
lignes ou seulement par un effet de lumière inattendu et
piquant.

Nous avons revu, en 1867, un *Torrent le soir dans
les Alpes :* une nappe d'eau bouillonnante, brisée,
heurtée d'assises en assises, descendant entre deux
hautes murailles de granit qui se découpent en silhouettes
comme des ruines féodales sur le ciel doré et strié de
nuages étincelants et sombres tour à tour. Dans le gouffre
étroit et mystérieux, un aigle tournoie, frôlant de ses

larges ailes les végétations humides, l'angle abrupt des
roches amoncelées au pied des sapins noirs. Comme un
repos à cette scène, à ce spectacle imposant, le maître a
peint un véritable tableau de genre, la *Porte de la route
d'Uriage* : la vie de village surprise dans son intimité
naïve et familière; à droite et à gauche les maisons aux
contrevents verts; dans la rue le mouvement, les paysannes aux costumes pittoresques, un gamin talonnant sa
monture à longues oreilles, un baudet pacifique; ici un
gros pataud de cheval blanc, cheval de travail, encore
résistant à la fatigue, dételé près d'une charrette qui
porte sur ses brancards fichés en terre; plus loin dans
l'ombre le feu d'une forge; et au centre le motif ou plutôt le prétexte du tableau, la porte de la route d'Uriage,
taillée dans le roc, arrondie grossièrement en forme de
voûte où la lumière s'éteint peu à peu et se refroidit, se
bleuit d'ombres froides et transparentes. Au-dessus de
la porte, de robustes frondaisons s'élancent dans l'azur
éclatant; elles plongent dans la pleine lumière qui tombe
par nappes diagonalement tranchées depuis le faîte des
maisons, de manière à laisser dans la demi-teinte toute
une moitié de la rue.

Voici trois autres tableaux qui montrent trois faces
différentes de ce talent poétique et sympathique : *un
Matin en Bretagne*, noyé dans les brumes légères,
grises, perlées d'un petit cours d'eau qui se heurte en
bouillonnant aux piles du vieux pont; les chaumières, les
hautes cimes fuient le regard, s'estompent délicatement,
s'enveloppent comme d'une gaze d'argent toute frémissante des humidités de la nuit; de belles vaches relèvent
çà et là, en de vifs accents, par les tons vigoureux et
chauds de leur robe luisante, les transparences vagues

et nacrées de cette charmante peinture. — L'*Intérieur
de forêt* laisse une tout autre impression : c'est l'ombre
discrète, tiède et mystérieuse du bois sacré antique moins
la terreur; la nature y est bonne et tendre à l'homme,
protectrice et non terrible; peut-être y parle-t-on à demi-
voix, mais nullement sous le poids des mystiques appré-
hensions; on y va penser et aimer aussi. — Nouvelle et
bien différente impression devant le troisième tableau.

Le peintre exposait à l'un de nos derniers Salons la
sauvage silhouette des falaises d'Houlgath. Il s'est approché de la côte, a gravi la muraille immense, s'est
trouvé sur le plateau, et là il a peint ce qu'il avait sous
les yeux : au loin la mer blanchissante d'écume; à ses
pieds le désert balayé par les vents du large; en quelques replis de terrain l'herbe longue et odorante poussant, à l'abri des rafales, sous le soleil de midi; les troupeaux paissant, et près d'eux la petite vachère en jupe de
couleur rouge, de ce rouge qui éclate et vibre avec une
si puissante harmonie dans le vert intense des prés sa-
lins.

Ces ouvrages si différents de pensée et d'aspects nous
prouvent, une fois de plus, la variété de talent et la souplesse de ce maître fécond, qui, depuis quarante années,
toujours luttant, a vu se développer notre moderne école
de paysage, après l'avoir devancée dans la voie de la sincérité qui fait sa gloire aujourd'hui. A cette qualité essentielle, M. Paul Huet a toujours joint une constante
élévation de pensées, une recherche persistante de la
grandeur soit par l'effet, soit par la ligne, et les amis de
notre art national ne sauraient oublier qu'à Londres, en
1862, le plus beau paysage, le plus ferme par l'exécution, le plus imposant et le plus vrai, était un paysage

français emprunté au musée du Luxembourg, l'*Inonda-tion de Saint-Cloud*, de M. Paul Huet.

Le *Gave débordé*, du même artiste, n'est pas une moins grande œuvre; c'est une de ces compositions pathétiques où il rend avec tant d'ampleur le spectacle de la nature en ses imposantes violences. Des torrents d'eau ont, nuit et jour, tombé de ces masses de nuages orageux dont le ciel est encore tout bouleversé. Ils ont glissé sur la pente abrupte des hautes montagnes, se sont précipités dans la vallée, et sans relâche se gonflant et grossissant, ont transformé en un fleuve immense le paisible ruisseau, le Gave innocent qui entretenait l'éternelle verdure des vastes prairies. Sous les grands arbres, de belles vaches enfoncent leur dur sabot dans le sol détrempé, d'où se dégage une atmosphère d'humidité qui voile les monts chargés de forêts et couronnés de neige. Des hêtres au tronc lisse dressent leur fût élégant, comme de frêles colonnes dont l'éclat argenté fait paraître plus intenses encore les noirs feuillages, luisants et verdoyants après la pluie. Du fond de l'horizon, le Gave en courroux s'avance; en ses remous puissants et terribles, il marque les accidents, les dépressions et les saillies du terrain qu'il balaie de son cours impétueux. C'est une image des forces irrésistibles de la nature, rendue avec cette énergie de sentiment particulière à M. Paul Huet, et dont le résultat dans ses ouvrages se peut définir en deux mots : la grandeur dans la vérité !

Il y a en ces pages savantes, il y a dans le *Bois de la Haye* la vie et la vérité que l'observation de la nature donne seule, et aussi la beauté de l'effet, le large équilibre de l'ensemble, le caractère propre aux œuvres complètes que seules peuvent ajouter à la première sensation

sur nature, la réflexion, le calcul, l'artifice légitime, autrement dit l'art lui-même. Il est vraiment très-majes-
tueux ce bois de la Haye, avec ses arbres de si haute
taille, uniformément inclinés par le vent de la mer, solidement, profondément agrafés bien au-dessous de la
nappe d'eau échappée du canal qui les baigne à leur pied
de son flot incessant. Dans les brouillards épais, dans la
brume argentée qui s'élève des eaux, on distingue la
vague silhouette du moulin hollandais, et plus haut le
croissant qui annonce la fin du jour. A travers les perspectives lointaines de la forêt, le soleil au couchant jette
ses derniers éclairs. Dans cette lutte indécise de l'ombre
et de la lumière, à cette heure du jour, une barque traverse le canal profond, ramenant hommes et chevaux
après le travail. De son sillage elle brise le tranquille
reflet des arbres au fût élancé, aux branches penchantes,
longues et lourdes, toutes chargées d'humidité pesante.
— Voilà un tableau, et ce sont les tableaux que je cher-
cherai d'abord pour m'y arrêter dans notre exposition de
paysages.

Après Huet, parut Théodore Rousseau (1834). Déjà
dans l'œuvre de cet artiste éminent, le principe posé par
Huet s'altère; le réel déjà l'emporte sur l'imagination. Mais
Théodore Rousseau, dans cette lutte avec la réalité, acquiert une telle puissance, une telle précision de moyens;
il poursuit son admirable modèle avec une telle tenacité,
il s'attache à faire passer sur la toile la magie puissante
des effets les plus riches et les plus variés avec une telle
passion et un tel succès, que son œuvre, d'une moins
haute inspiration que celle de Huet peut-être, nous pénètre pourtant d'une égale admiration et agite en nous
par des moyens différents, une somme d'émotions, sinon

aussi larges, au moins aussi intenses. Comment expliquer cela? Le mode d'action est absolument opposé, le résultat est également puissant. Je ne voudrais point faire de parallèle entre deux maîtres, mais analyser les termes de ce problème séduisant. Paul Huet, nous l'avons dit, ajoute visiblement à la nature, il lui impose son émotion personnelle et par suite nous l'impose à nous-mêmes, à une condition toutefois, c'est que notre état d'âme en présence de ses compositions sera d'accord et vibrera à l'unisson avec l'état d'âme qui dicta à l'artiste l'une ou l'autre de ces belles pages; alors l'effet est irrésistible. Si, au contraire, il y a désaccord, s'il y a lutte, l'œuvre de Paul Huet peut à tel moment donné nous affecter à contre sens, irriter notre sensibilité, ce qui se produit infailliblement dans les cas où notre état personnel est assez vague pour que nous n'en ayons point conscience. Dès que nous sommes informés sur notre disposition contradictoire, une rapide réaction nous soumet aussitôt à l'influence de l'œuvre d'art. Chez Rousseau, au contraire, le procédé, tout différent, agit presque à coup sûr. Théodore Rousseau n'ajoute rien en connaissance de cause au motif de paysage qu'il tente de fixer. Tout son effort est dirigé dans le sens de l'interprétation aussi fidèle que possible de l'effet qui l'a frappé. Cet effet, incontestablement il le choisit, et l'ensemble de son exposition témoigne assez de la variété de ses choix pour expliquer la variété d'émotion qu'il inspire (nous reviendrons tout à l'heure sur cette importante question du choix dans le paysage). Mais le peintre, une fois fixé sur son motif, se borne à appliquer toute sa science et toute son énergie à traduire avec une scrupuleuse fidélité, avec une naïveté souvent bien audacieuse, l'ensemble et le détail de l'effet auquel il s'est arrêté. Par sa merveilleuse puissance il réussit pleinement. Aussi qu'arrivet-il? C'est que si Rousseau ne nous impose point d'émotion calculée par lui, il nous laisse, en présence de son interprétation, toute la liberté et toute la faculté d'émotion que nous aurions eues en présence du spectacle qu'il nous montre si nous y eussions assisté. Le peintre n'agit pas directement sur nous, il fait agir la nature elle-même. L'œuvre de Rousseau, si personnel au point de vue étroit de l'exécution, est, par la conception, cependant, singulier phénomène, absolument impersonnel. Huet est un poëte qui traduit ses émotions propres à l'aide de la nature et dans une grande forme lyrique. Rousseau est un admirable témoin qui rapporte strictement ce qu'il a vu, mais qui sait voir, qui ne peut voir que des spectacles dignes d'être fixés, et qui écrit ces fermes rapports avec une mâle éloquence.

Quelque volonté, quelque soin que Théodore Rousseau apporte à laisser la nature se manifester à nous sans interprétation préconçue; quoi qu'il fasse pour demeurer impersonnel, il y a une ombre sur son œuvre cependant, une ombre qui n'est point dans la nature. Un voile de tristesse profonde recouvre tous ses paysages. C'est la nature incontestablement, mais la nature comprise par un philosophe désabusé, par un homme dans toute la force de l'âge, robuste, sain, mais revenu de toutes les illusions de jeunesse. Il recherche de préférence les landes arides, les roches sauvages, les paysages de la Sologne, la saison déclinante, le soleil au couchant; le chêne est son arbre de prédilection; son œuvre est toujours d'une gravité sévère. Le Berry, que madame Sand a fait si doux, les métairies au bord des cours d'eau, les

étangs, les rivières encadrées de verdure, sous le soleil
du printemps, ont sous sa main la même austérité que
l'automne, que les clairières sablonneuses, que les sombres lisières des vieilles forêts de notre Gaule subsistantes
encore. Nul éveil, nulle aurore; il n'y a point d'enchantements en ces paysages, ni de jeunesse; l'enfant n'y ri-
rait point, les amants n'oseraient y aimer. Acceptons et
admirons cette expression hautaine; elle nous rappelle,
en effet, que la nature n'est point volontiers hospitalière
et qu'elle traite plus habituellement l'homme en marâtre
qu'en mère (1).

La suite considérable des tableaux de Rousseau est
une source intarissable d'émotions. Peut-être cependant
par la hardiesse et l'étrangeté de l'effet, le *Curé à cheval* l'emporte-t-il sur tous les autres; mais il y a dans
ceux-ci tant de puissance, de force, de vérité profonde,
de beauté pittoresque, qu'il est bien impossible de justifier une préférence. Le curé n'est que la *remarque* qui
sert à désigner le tableau, il n'occupe dans la composition
qu'une place secondaire. M. Théodore Rousseau subor-
donne toujours l'homme à la nature, il le traite comme
un accessoire. Le vrai motif de l'œuvre, c'est une ligne
de hêtres à l'automne. Au bord du chemin creux où passe
le vieux curé monté sur un pacifique cheval blanc, les
hêtres lancent vers le ciel d'un bleu intense leurs fûts
brillants de mousses argentées. Leur cime seule est chargée de branches et de feuilles déjà rougies, pâlies par
les premières gelées. L'opposition inattendue de ces

(1) Je recommanderai à ce sujet et non pas aux amateurs seulement, mais surtout aux paysagistes, le volume de M. Eugène Noël,
intitulé *la Campagne*, œuvre exquise, pénétrée d'un sentiment profond de la nature et d'une vive intelligence, d'une intime connaissance du paysage et du paysan.

roses, de ces verts pâles avec le bleu profond est d'un réel si audacieux qu'elle nous surprend tout d'abord ; puis on admire l'aisance superbe avec laquelle le grand artiste a vaincu les énormes difficultés qu'il s'était imposées. Les terrains, l'horizon brumeux, bordé d'une ceinture de nuages qui accrochent les rayons du soleil comme des pics dans une chaîne de montagnes, tout le détail de cette belle peinture traité avec la même originalité vigoureuse, nous laisse sur l'impression que procurent les chefs-d'œuvre. — Au milieu de *la Clairière*, du même artiste, un chêne tord ses bras robustes et noueux sous le ciel chargé de nuages. Le terrain, comme tous les terrains de M. Théodore Rousseau, est solide, résistant, ferme et fait pour porter les lourdes forêts. — L'*Effet du soir* est une étude de ciel zébré, étincelant, reflété avec les chaumières, les arbres, avec les moindres herbes dans l'eau d'une mare accroupie dans les roseaux. — Un ciel encore avec ses nuées effrangées, rompues, laissant apparaître l'azur, pâli, verdi, comme délavé, déteint, mais d'une transparence incomparable est le principal motif du sujet intitulé : *Après la pluie*. — *Le Pont* est un vieux pont de pierre à trois arches enjambant un petit cours d'eau. La rive est ombreuse, chargée de grands arbres, et sous leur dôme d'ombre s'abritent çà et là quelques chaumières. Le linge de la dernière lessive, étendu sur le bord de l'eau, jette une ligne claire dans ces ténèbres transparentes. La journée s'achève, le soleil descend à l'horizon, disparaît derrière les parapets du pont ; un valet de ferme entre dans la rivière avec trois chevaux au retour des champs. Le calme, la solitude, l'existence à cent lieues de Paris ; une beauté pittoresque qui tient toute au talent de l'artiste, telle est l'alliance mystérieuse des facultés purement plastiques et des impressions toutes morales que sait éprouver et rendre ce grand maître du paysage moderne.

Arrêtons-nous un instant devant quelques-uns des derniers tableaux de Théodore Rousseau. Il exposa pour la première fois en 1834, avons-nous dit ; il y a trente ans de cela, et Théodore Rousseau fut jusqu'à sa dernière heure le même peintre vigoureux, le même artiste profond donnant à ses jeunes émules le plus noble exemple de l'inquiétude constante qui doit animer le paysagiste. La *Chaumière sous les Arbres* est une de ces toiles magistrales où la nature nous apparaît par le regard d'un artiste qui connaît à fond son modèle, mais qui sait aussi ce que c'est qu'un tableau. Cette peinture énergique, puissante, où les tons ont une intensité devenue exceptionnelle dans l'école, peut dès aujourd'hui prendre place dans une galerie de tableaux anciens ; elle ne faiblira pas et ne souffrira pas du rapprochement, qui, à peu d'exceptions près, serait mortel pour la plupart des tableaux d'exposition. C'est donc une œuvre d'art d'abord, mais en outre un tableau absolument franc, d'intention saine, fortifiant d'aspect comme la nature elle-même à laquelle vient s'ajouter la délicate jouissance du sentiment humain pleinement exprimé. Cet ouvrage fait nombre avec tous ceux que l'artiste n'a cessé de produire dans la même voie depuis trente ans.

Un autre tableau, *le Village*, est celui auquel je faisais allusion tout à l'heure en parlant de l'inquiétude constante, de cette recherche que rien ne lasse, dont Rousseau donna le courageux exemple. Assurément sa réputation était assez solidement établie pour que rien ne vînt la compromettre lorsqu'il exposa le *Village*. Cependant on fut généralement sévère pour ce paysage, et à son sujet un esprit aussi léger que brillant lança à l'étourdie le mot cruel de « laborieuse et triste défaillance. »

Étudions-la donc, cette œuvre condamnée. En admettant qu'elle soit absolument mauvaise, une erreur d'un artiste comme Théodore Rousseau est toujours très-digne d'étude; il est intéressant d'apprendre comment un grand peintre peut se tromper. — C'est un village. Un petit chemin le traverse dans toute sa longueur et va se perdre en droite ligne à la lisière d'un bois qui coupe l'horizon. A droite et à gauche des chaumières s'échelonnent de distance en distance; elles sont humbles, basses, couvertes de chaume; leur luxe, c'est l'enclos de verdure qui les entoure et borde le chemin. Au premier plan un terrain communal un peu pelé, tondu de près au passage des troupeaux, et quelques arbres à la silhouette précise, au feuillage rare. — Que reprochera-t-on à ce tableau? la simplicité avec laquelle il est composé? Si ce n'est que cela, il est facile de répondre : 1° que l'artiste a fait en sa vie assez d'œuvres purement pittoresques pour se permettre une heure de simplicité absolue; 2° que la plupart des paysages de la jeune école fort admirés, et selon moi très-légitimement, affectent le même excès de simplicité. — Qu'est-ce donc alors? Le manque d'effet? Ceux qui ne se seront pas contentés de passer devant le tableau et de tourner sur leurs talons, ceux qui auront contemplé cette petite toile assez patiemment pour l'isoler des tableaux qui l'entourent et ne plus la juger par comparaison, mais pour elle-même, ceux-là auront sans doute reconnu combien, au contraire, l'effet était juste et profond; la pleine lumière inonde toutes les parties du tableau, elle descend du ciel en nappes fines, se répand en tous lieux, pénètre dans les moindres retraites, tourne autour des arbres, crible leur feuillage grêle; il n'y a point d'ombre ou il n'y en a que bien peu, parce que le soleil presque au zénith frappe les objets dans la direction où les voit le spectateur, et c'était là l'étrange, le difficile, le tour de force — réalisé — que de donner l'impression de l'éclatante lumière sans contraste, sans opposition d'ombres vigoureuses à la façon de Decamps, et l'on peut dire à la façon de Théodore Rousseau lui-même. *Le Village* est, à mon avis, une des œuvres les plus singulières et les plus délicates de ce temps-ci, telle qu'un peintre de premier ordre seul pouvait la concevoir et l'exécuter; et je dis bien *le Village* et non *un Village*, car Rousseau a fixé là un type. — Maintenant l'ouvrage est-il sans défauts? Non; je concède que le paysan à cheval qui vient de face sur le chemin est indiqué d'une manière gauche, maladroite, tout à fait insuffisante; je n'aime point non plus le petit toutou qui trottine auprès du cavalier; mais ne voyez-vous pas la valeur exquise de ces notes fauves, bleues, rouges, qui piquent leur éclat dans cette harmonie claire et sobre et la font valoir d'autant mieux? Cette œuvre précieuse était écrasée au Salon de 1864 par son voisinage, et elle le serait de même dans une galerie quelle qu'elle soit. Elle a besoin d'espace et n'aura toute sa puissance qu'isolée, sur un panneau étroit, dans un salon ou dans un cabinet peu chargé de tableaux.

En supposant que cette tentative ne paraisse pas heureuse à tout le monde, pourquoi la reprocher si fort à l'artiste? N'avions-nons pas, à cette exposition même, les *Chaumières sous les arbres*, qui sont l'expression complète du talent de Théodore Rousseau, en son meilleur temps? Le peintre a maintes fois sacrifié le charme agreste de la nature à l'intention absolument pittoresque de ses œuvres; il nous prouve que le premier ne lui était point étranger et il le traduit tel qu'il le ressent, dans sa plénitude et sa simplicité non apprêtée; c'est une satisfaction, une curiosité de peintre, fort légitime qui nous a valu en somme une œuvre d'un accent très-rare, très-curieux, où la main d'un maître, je le répète, pouvait seule triompher comme elle l'a fait en dépit des assertions contraires, étourdiment jetées aux quatre vents de la critique.

D'autres maîtres ont su apporter une fantaisie plus haute, une poésie plus touchante dans l'interprétation des phénomènes extérieurs, il suffit de citer M. Paul Huet, M. Corot; mais nul n'a trouvé d'accents plus vrais, plus profonds pour rendre la vie intense et puissante de la nature, nul n'a été plus sincère que Théodore Rousseau.

C'est par cette sincérité même et aussi par sa science comme peintre, par son entente des beautés pittoresques qui constituent l'œuvre d'art, c'est par ces qualités trop souvent isolées, qu'il se maintiendra toujours aux premiers rangs des paysagistes de l'école française qui n'ont plus de rivaux dans le passé et n'ont point encore d'égaux dans le présent.

Évoquons ici le souvenir de quelques œuvres de Théodore Rousseau qui furent exposées au cercle de la rue de Choiseul.

D'abord une esquisse violente et sombre où un groupe d'arbres séculaires, détachés de la lisière des forêts, tordus par la tempête, s'enlèvent et se découpent dans leur

masse imposante sur un ciel terriblement mouvementé,
gonflé d'orage, gros de sinistres menaces. A ces énergies
de facture audacieuses, le maître oppose d'autres audaces toutes de simplicité.

Théodore Rousseau a souvent de ces surprises pour
ceux qui le suivent dans le constant développement de
son talent; il a de ces transformations subites dont la
soudaineté déroute au premier abord. Et pourtant quel
maître réel et quel sentiment élevé de son art chez ce
peintre ! Il ne s'est jamais arrêté. Dix fois, cent fois, il a
redit les mêmes motifs, et comme un poëte varierait les
rimes et les rhythmes, il a varié, sans relâche comme sans
fatigue, ses procédés pour arriver du bien au mieux et
du mieux au parfait. Il avait l'ambition insatiable dans cet
ordre. Il allait en vertu de sa conception personnelle et
s'inquiètait assez peu de l'effet que produirait son œuvre
sur le public. Combien il avait raison, mais combien il
faut être fort pour avoir raison ainsi, et souvent contre
tous ! Le public n'aime point les surprises, il vous sait
mauvais gré de chaque effort nouveau. Vous n'êtes plus,
ô peintre, identiquement ce que vous étiez la veille : le
passant, le demi amateur qui, du premier coup d'œil, n'a
pu vous reconnaitre et s'écrier : « Voilà *un Rousseau !* »
le demi-amateur, le passant vous garde rancune de votre
activité. Aux insatiables de perfection cependant la bonne
part est aequise; ils ont pour eux la durée, le temps, la
postérité.

Auprès des emportements de couleur particuliers à la
Lisière de forêt, voici la *Clairière*, un cirque naturel
bordé de hautes futaies blondissantes à l'automne comme
les épis au soleil. Et, de fait, la nappe de lumière dorée
descend du ciel clair, se glissant implacable, pénétrant et

fouillant partout, tombant en éclats de prime-saut, ren-
voyée en reflets, en contre-reflets, donnant la chasse à
l'ombre et une chasse victorieuse.

Je rappelais tout à l'heure les critiques que soulevait,
au Salon de 1864, un tableau d'un effet à peu près semblable, quoiqu'il fût obtenu par d'autres procédés, le
Village, également de Rousseau? On s'étonnait de l'apparente absence de modelé, du peu de vigueur des ombres.
La stupéfaction générale à ce sujet prouve à quel point le
public des expositions a le regard faussé par la familière
contemplation des tableaux. De ce que les peintres, depuis la Renaissance, ont, en vue d'un certain effet pittoresque, systématiquement exagéré l'intensité des demi-
teintes et des ombres, nous ne savons plus reconnaître
le vrai dans sa simplicité. Or le vrai sur ce point peut se
formuler en ces mots : « Plus il y a de lumière, plus les
ombres sont faibles, atténuées et transparentes; » en
termes plus généraux : « Dans la nature, l'intensité des
ombres est en raison inverse de l'intensité de lumière. »
Cette loi est constante. Il plaît parfois à Théodore Rousseau de l'observer, quoiqu'il sache fort bien ne pas reculer devant certaines conventions qui peuvent avoir leur
légitimité, puisque le principe même de la peinture est
une convention. Rousseau de temps en temps revient
donc au vrai dans sa simplicité. Et gardez-vous bien de
croire que les tentatives de cette sorte soient celles qui lui
coûtent le moins de peine. Il est difficile d'être simple.
Être simple : voyez là le résultat d'un art très-supérieur;
tel est l'art de La Fontaine en ses *Fables*, celui de
Théodore Rousseau en cette *Clairière* et en son tableau
de la *Ferme du Grand Chêne*.

On fera — et l'on peut faire sans aucun parti pris —

des objections à la qualité d'exécution de ces deux peintures ; je les entends, ces critiques, je les devine, et elles
partent surtout des lèvres des hommes du métier. — Eh
bien ! oui, cela est vrai, la facture n'est pas irréprochable ; le nez sur la toile, vous apercevez des maigreurs
inqualifiables, vous comptez des touches maillées et trico-
tées comme en un tissu grossier. Mais, mettez-vous à
la distance nécessaire, et de ce point regardez, et
admirez aussi, la justesse merveilleuse de l'impression,
l'éclat de cette belle lumière tombant à profusion sur les
arbres, sur les bâtiments rustiques. Est-ce là ce qu'a
cherché et voulu le peintre ? Assurément. — Est-ce là ce
qu'il a obtenu ? Sans doute. — Que faut-il de plus ?

Loin de moi la pensée de dédaigner les procédés, la
facture, le métier, en un mot. Si je pense fermement que
la connaissance parfaite du métier ne constitue pas à elle
seule un grand artiste, cependant il m'a toujours paru
que la première qualité à exiger d'un peintre était de
savoir peindre. Mais qui voudrait soutenir que Théodore
Rousseau ignorât aucun des éléments de son art ? Ce qu'il
a fait a donc été fait sciemment, en vertu d'un acte délibéré
de sa conscience et de sa volonté. Il réduit quelquefois à
néant l'œuvre du pinceau pour ne laisser dominer que
son impression. Et l'impression, la sensation qu'il a
éprouvée, il nous la communique large, forte, entière.
Je me résume d'un mot sur cette question : Théodore
Rousseau est à mes yeux un maître ; mais — c'est là ma
seule réserve — un maître dangereux. Je ne conseille-
rais à personne de l'imiter ni de s'autoriser des argu-
ments qu'il peut invoquer. Il est souverain, mais souverain dans une perfide exception.

Au principe poétique de Paul Huet, au principe de la

réalité choisie, formulé par Théodore Rousseau, s'ajoute
un troisième principe, celui du paysage composé. Son
plus célèbre représentant est M. Corot. Corot est le dernier interprète vraiment supérieur du paysage historique ; lui seul a pu donner un reste de vie à cet art
qu'avaient tué les routines étroites et les pauvres imitations qui s'étaient transmises dans l'école française
sous l'empire de l'admiration légitime inspirée par les
grandes œuvres de Nicolas Poussin et de Claude Lor-
rain. Ne prenons pas trop au sérieux cependant le
principe que nous avons attribué à M. Corot. Certainement cet artiste a un penchant instinctif vers le paysage
composé, mais on aurait tort de chercher dans ses ouvrages les grandes lignes et les fermes assises du paysage
français du dix-septième siècle. Il voit la campagne romaine et les nymphes mythologiques à travers les brumes
des étangs de Ville-d'Avray. L'étiquette est souvent plus
pompeuse dans le catalogue de ses tableaux que le tableau lui-même. La bonne volonté de composition est
évidente. Mais, au fait et au prendre, ce qui domine surtout dans les paysages de Corot, c'est l'impression, et
une impression, disons-le, toujours semblable à elle-
même. Dans l'inépuisable variété d'effets que nous offre
le spectacle de la nature au cours des saisons et des
heures, M. Corot n'est guère sensible qu'aux lumières
voilées des aubes printanières et des crépuscules attiédis.
Cette impression du réveil, des fraîcheurs matinales, et
celle des heures indécises où la lumière entre en lutte
contre l'obscurité naissante, il les a traduites avec une
grâce et une finesse de sensibilité exquises. Toujours
j'ai pensé et bien souvent j'ai dit que l'artiste supérieur est celui qui apporte une parole nouvelle dans la

langue de l'art. A ce titre, la supériorité est acquise à
M. Corot, et il peut marcher de pair avec Huet et
Rousseau. Car si M. Corot s'écarte obstinément de la
réalité et lui substitue une certaine manière conventionnelle, cette manière lui appartient en propre. Le malheur, c'est qu'il fait école ; c'est qu'une foule de petits
peintres s'imaginent qu'il suffit de faire gris, de ne préciser aucune silhouette, de laisser flotter toutes les lignes
pour atteindre la poétique émotion des paysages de
M. Corot.

Le *Souvenir de Mortefontaine*, avec ses grands arbres inclinés, plongeant leur reflet profond dans les eaux
immobiles, avec ses silhouettes vagues, baignées dans la
brume argentine du matin, est une des pages les plus
fines, les plus charmantes de ce maître tant et si vainement imité.

Comme tous les maîtres, M. Corot est inimitable. Mais
(je ne parle plus seulement du paysage) il est certains
maîtres au génie sévère et correct qui peuvent être utile-
ment consultés ; M. Corot, au contraire, est, comme Delacroix, un excentrique, et leur influence sur une école
serait désastreuse ; ils ne peuvent donner que ce qui est
en eux, ce qui vivifie leurs productions essentiellement
personnelles et en détermine le sens exquis ; ils sont
grands autant par leurs défauts caractéristiques que par
de vulgaires qualités. Ces défauts sont précisément ce
qui fait leur accent individuel ; entendus d'une certaine
façon et tournés à exprimer certains effets pittoresques,
ils constituent leur supériorité. De tels peintres n'ont de
qualités communes avec aucun autre artiste ; que voulez-
vous donc qu'ils lèguent à leurs élèves ? une manière, une
convention plus triste cent fois que la convention acadé-

mique qui s'appuie au moins sur quelques excellents principes d'enseignement élémentaire? Et c'est bien, en effet, ce qu'ils font. Voyez toutes les œuvres imitées de M. Corot; il n'y a rien : ni conscience ni science; ni conscience de la nature, ni la science froide des ateliers académiques.

Je note ici comme un délicieux souvenir dans l'œuvre de M. Corot une œuvre adorable entrevue à une exposition. Ce tableau de M. Corot s'appelle le *Petit Bois*. Il est extrêmement original, et assurément ce n'est point à l'originalité du motif qu'il doit ce mérite, qui, à mes yeux, prend place immédiatement après la première des qualités. — Est-il nécessaire d'ajouter que le premier mérite d'un tableau est le mérite d'exécution, et que les plus belles idées du monde mal traduites, par un pinceau ou un crayon ignorant, n'ont aucune valeur? — L'originalité de ce *Petit Bois* réside donc toute dans l'interprétation du sujet qui par lui-même est assez banal, quoique toujours séduisant. C'est, en effet, un motif bien simple, une longue allée couverte, s'enfonçant sous bois. M. Corot a varié cette composition élémentaire. Il n'a point refait une de ces belles allées de parcs princiers où Alfred de Dreux faisait galoper ses amazones et ses chasseurs en habit rouge; il n'a point repris non plus la longue perspective où Rousseau a entre-croisé les fortes ramures de sa double rangée de châtaigniers. Ce berceau de verdure n'est pas emprunté aux majestueuses solitudes des forêts, il ne l'est pas non plus aux élégants points de vue des grands parcs. C'est exactement un petit bois ou, pour dire plus juste en généralisant davantage, le petit bois. L'allée est étroite sous la futaie peu élevée. La voûte n'est point assez épaisse pour intercep-

ter d'une manière absolue la transparence des rayons
solaires; elle l'est juste assez pour les empêcher de pénétrer directement jusqu'à terre. L'ombre y est douce,
toute verte et tiède; elle est formée de mille reflets
croisés, entre-croisés, renvoyés de branches en branches
et par nappes successives glissant de feuille en feuille.
Le regard, de quelque côté qu'il se tourne en ce lieu, ne
rencontre que des harmonies de verdure, on en est de
toutes parts enveloppé, comme baigné. Çà et là les fûts
minces et flexibles des jeunes bouleaux lancent comme un
filet d'eau jaillissante leur tige d'argent vers les cimes,
note claire et cristalline dans ce concert de couleurs
d'une mélodie plus voilée. Au centre de ce petit bois,
où l'on est si éloigné de l'active réalité des grandes
villes, un poëte s'est assis rêvant à quelque idylle; c'est
Théocrite ou plutôt Longus dans cette retraite de printemps composant la pastorale de la vie printanière, le
récit des premières amours, *Daphnis et Chloé.*

Nous nous bornons ici à étudier la physionomie générale de l'œuvre de nos paysagistes éminents. Si nous
analysions leurs procédés, nous aurions à féliciter les
trois maîtres que nous venons de nommer, et surtout les
deux premiers, d'avoir, quelle que fût la simplicité ou la
grandeur de leur composition, gardé avec un soin extrême le caractère de tableau que doit avoir toute peinture.

Peintres, amateurs, critiques, depuis des années nous
faisons l'école buissonnière du paysage. En haine des
paysages académiques composés de pièces et de morceaux empruntés aux maîtres du genre, et, qui pis est,
composés sans verve, sans chaleur, sans imagination par
des artistes qui paraissent n'avoir mis le pied dans la

campagne jamais, jamais n'avoir vu la nature qu'au
Louvre ou aux Estampes, nous avons crié au miracle,
nous avons été surpris, ravis, le jour où parurent à nos
expositions de simples études de Daubigny, exprimant
fidèlement, sans recherche de style, sans souci de la
composition, croyait-on, le premier coin de nature qui
s'était présenté aux yeux du peintre à sa sortie de la
ville, à l'endroit où cesse le pavé des rues. Le succès
est un tentateur puissant; il perce de larges voies où
se précipite la foule des imitateurs. L'imitation, qui produit habituellement de si tristes résultats, n'en produi-
sit momentanément que de bons en cette circonstance.
C'est que les paysagistes imitèrent dans les œuvres de
Daubigny, non son procédé, mais sa méthode. Comme
lui, ils s'aventurèrent à travers champs, à la lisière des
bois, au bord des rivières, et (sans se donner, eux, la peine
de choisir) ils entassèrent *études* sur *études*. Revenus à
Paris, aux mois d'hiver, les plus consciencieux réco-
piaient ces études en de plus vastes dimensions, soignant
un peu plus la facture; mais pour la plupart, ils se bor-
naient à envoyer chez l'encadreur, telles quelles, ces
pochades exécutées librement et rapidement, sous le
coup d'une première émotion, d'une heureuse sensation
pittoresque. Ainsi nous avons vu un flot d'*études* mon-
ter, grossir, s'enfler peu à peu, devenir marée, et finale-
ment, tournant à l'inondation, envahir les galeries du
palais des Champs-Élysées. Le public constate qu'il n'y
a pas un mauvais paysage au Salon; il en conclut, — à
tort ou à raison, — que le paysage est un art des plus
faciles. Pour moi, je trouve que le public conclut d'une
manière très-juste. Et pourquoi? C'est, ô très-aimables
paysagistes, c'est que vous n'avez depuis dix ans

exercé que votre main et nullement votre raison. Vous êtes devenus d'admirables machines à copier, vous voyez clair et bien, votre main assouplie traduit fidèlement ce que vous avez vu. Mais au faisceau de vos qualités charmantes, il en manque une qui les couronnerait toutes et leur donnerait une bien autre valeur; il y manque tout simplement un peu d'art. Je vous admire errants dans la nature, les uns cueillant indistinctement toutes les fleurs qui tombent sous leur regard, les autres cherchant les fleurs plus rares, au parfum plus exquis. Voilà qui est parfait. Mais vous nous montrez vos fleurs pêle-mêle, comme elles se sont assemblées, au hasard, sans vous inquiéter que les plus humbles étouffent ou dissimulent les plus riches : alors nous n'admirons plus. Nous aimons cependant à regarder, à respirer ces gerbes, ces bottes de bonnes et de mauvaises herbes, parce qu'elles ont conservé la saveur, la pénétrante odeur de la nature. Pour admirer, nous exigeons davantage; nous demandons œuvre de discernement et d'intelligence, œuvre d'art en un mot. « Voilà la gerbe : très-bien ! disons-nous; quand nous ferez-vous le bouquet ? L'étude est parfaite; à quand le tableau ? »

Le tableau, nous le trouvons toujours chez vos prédécesseurs et maîtres, Paul Huet, Théodore Rousseau, Corot; chez Paul Huet surtout. Rappelez-vous l'*Inondation de Saint-Cloud*, les *Falaises de Houlgath*, le *Torrent dans les Alpes*, le *Gave débordé*, pour ne nommer que le plus célèbre et les plus récents : voilà des œuvres, de belles œuvres et non des études. Et vous ne supposerez point que de telles compositions n'aient pas nécessité des études antérieures, vous ne nierez point qu'elles n'aient conservé la vive émotion des beautés, des grandeurs na-

turelles, l'impression des sites imposants. Il ne s'agit pas
là de compositions comme celles dont nous parlions tout
à l'heure et dont vous avez bien fait de nous débarrasser,
ce ne sont point des constructions factices, péniblement
amassées, recueillies par un cerveau aride dans les maîtres du passé et ajustées avec l'incohérence stupide d'un
jeu de patience.

Il peut sembler excessif de faire à ces maîtres un
mérite d'une préoccupation qui paraîtra fort simple et
par trop élémentaire au lecteur. On doit croire, en
effet, que tous les peintres s'attachent à ne présenter
au public que des œuvres définitives. Cette loi, qui est
élémentaire, en effet, est bien fréquemment violée par
notre jeune école de paysage. Elle se contente volontiers
de reproduire avec une grande sincérité, mais aussi avec
une grande rapidité d'exécution, le premier motif venu,
le premier coin de nature qui s'offre aux yeux de l'artiste
à la sortie de la ville ; en un mot, elle accorde trop facilement à de simples études l'importance d'un tableau.
Le tableau, c'est-à-dire l'œuvre d'art, exige, à défaut de
composition, comme chez Paul Huet et chez Corot, le
choix comme chez Théodore Rousseau.

La jeune école a été attirée dans cette voie par les
succès de son plus jeune chef, qui est un maître également, M. Daubigny ; seulement ce qui l'a trompée, c'est
qu'elle a cru que la simplicité des motifs familiers à
M. Daubigny était un pur effet de hasard, alors qu'au
contraire elle était le résultat des tendances intimes de
l'artiste vers la réalité simple.

Les imitateurs de M. Daubigny ne paraissent pas s'être
aperçus qu'à sa façon, lui aussi, il choisissait ; et parce
qu'ils rencontrent à chaque pas, dans la campagne, des

paysages tout faits, du caractère de ceux que M. Daubigny aime à interpréter, ils en ont conclu qu'il suffisait purement et simplement d'éliminer toute espèce de choix. Mais qu'ils se le disent, et ne craignons point de le répéter, l'œuvre d'art n'existe que là où interviennent les facultés de réflexion et de calcul, et c'est ce qui rendra toujours l'œuvre d'art supérieure aux images photographiques et à la nature elle-même.

L'originalité de M. Daubigny tient précisément à cette simplicité sous laquelle apparaît toujours la nature dans ses œuvres. Il ne cherche point la grande émotion poétique comme Paul Huet; il ne cherche point non plus la variété d'effets lumineux dont M. Théodore Rousseau a fait la préoccupation de toute sa carrière; il se rapprocherait plutôt de M. Corot, à cela près cependant, que, dans sa sincérité absolue, il évite le fard mythologique dont M. Corot charge régulièrement un coin de sa palette. L'odeur de l'herbe mouillée, l'odeur des fermes, l'odeur résineuse des bateaux amarrés sur les bords de l'Oise, lui paraissent, et à juste titre, concourir davantage à l'harmonie réelle de la campagne. Chez Daubigny, le paysage est toujours voisin et ami de l'homme. Non qu'il introduise nécessairement la figure humaine dans ses tableaux, il diffère ainsi et de toutes façons de Théodore Rousseau, qui, lui, au contraire, accorde presque toujours au paysan une place dans la campagne et chez qui pourtant la nature apparaît dure, indifférente et supérieure à l'homme. Daubigny la veut au moins égale, sinon soumise et familière. Corot, lui, la surprend avant le réveil du paysan, alors qu'elle appartient encore aux fées mythologiques. Dans les paysages de Paul Huet, elle sympathise, elle est en accord constant non avec tous les hommes, mais avec tel homme, à tel moment donné, et plus encore avec la passion qui le domine, avec ses larmes et avec son sourire, avec ses terreurs et avec ses joies.

Si tous les paysagistes, peintres d'études, avaient eu l'ampleur d'exécution et le sentiment profond de la nature, qui font le mérite pittoresque et la valeur morale des œuvres de M. Daubigny, on ne se serait pas lassé de la modestie un peu étroite de leur effort.

M. Daubigny est revenu, en 1867, à sa douce rivière de l'Oise. Il lui fut infidèle en 1865, et l'humble petite nymphe fut vengée par les rigueurs dédaigneuses dont ses sœurs altières du parc de Saint-Cloud, les nymphes de marbre, accablèrent le peintre. Mais tout est oublié aujourd'hui, l'inconstant est rentré en grâce, cette petite querelle d'amoureux n'aura eu d'autres suites que les joies du pardon, les douceurs de la paix désormais accomplie.

A part les qualités de peintre, chez M. Daubigny, ce qui nous touche dans ses œuvres, et ce que n'ont point les paysagistes qui l'imitent, c'est qu'il est simple et simple avec sincérité. On sent qu'il aime les bords humides de sa belle rivière, ses ombrages frémissants, son ciel chargé de grosses nuées, ses eaux courantes, courbant les joncs sur leur passage, la lisière du champ de blé, les fleurettes joyeuses épanouies dans les hautes herbes de la rive, les lessiveuses battant le linge d'un bras agile. Il a pour tous ces mirages de formes et de couleurs la curiosité et l'amour d'un enfant. A cette sincérité du sentiment qui le guide et auquel il sacrifie, il est redevable du meilleur de sa force, il lui doit la puissance d'attrait attachée à ses paysages; c'est par là que, sans calcul, inconsciemment, il sait nous émouvoir, par là que sa peinture nous intéresse toujours. Avec une habileté de facture remarquable, le peintre des bords de l'Oise est resté, d'inspiration, naïf : chose rare aujourd'hui.

Au second rang, après les quatre maîtres, on devrait citer des noms très-justement estimés. Parmi ceux qui perpétuent la tradition du paysage composé, il faudrait rappeler les belles inspirations du Cabat d'autrefois; celles de cet autre artiste, M. Français, qui jadis... mais qui depuis...; les combinaisons de lignes que M. Lanoue emprunte à la campagne romaine. Dans la voie de Théodore Rousseau, on s'arrêterait aussi aux fortes conceptions de Jules Dupré. A la suite de M. Corot se rangeraient les paysagistes d'impression, M. Nazon, M. Busson, le doux et timide Chintreuil. Puis, derrière M. Daubigny, la légion des peintres de la réalité fidèlement observée et choisie dans sa simplicité, les Blin, les Hanoteau, les Lapierre, les Lavieille. Quant au paysage poétique, il paraît avoir trouvé en Paul Huet son premier, son unique représentant dans l'école contemporaine. Je reprends quelques-uns de ces noms et d'autres encore.

M. Lanoue est parmi nos paysagistes un de ceux qui ont le plus la préoccupation du tableau. Sa vue du *Rocher des Nazons*, dans la campagne de Rome, est une œuvre savamment composée, remarquable par l'élégante noblesse des lignes patiemment cherchées, une œuvre de style, animée cependant par la fidèle observation de la nature. Cet artiste est à peu près le seul représentant du paysage classique qui ait su s'affranchir de la convention et vivre en plein air. M. Camille Pâris, cependant, un jeune homme, se produit évidemment sous l'empire de la même idée qui doit être féconde en beaux résul-

tats. Ses *Maremmes* et sa vue de l'*Aqua-Cetosa*, aux
environs de Rome, révèlent à ne pas s'y méprendre le
rôle que le jeune artiste entend donner à l'intelligence
dans la peinture du paysage. Nous le félicitons très-sin-
cèrement de ces tendances excellentes qui lui ont valu
en 1866 un succès très-légitime. Nous ne quitterons
pas les paysagistes qui demandent leur inspiration à
l'Italie sans signaler au visiteur les *Cascatelles de Tivoli*
et la *Terrasse d'un couvent*, où M. Anastasi a disposé,
sous l'azur du ciel, sous les treilles, au milieu des fleurs,
un groupe de moines romains qui ne nous paraissent
point exclusivement occupés des célestes contemplations.

Dans le genre qui nous arrête en ce moment, le Salon
de 1866 nous réservait encore une heureuse surprise, la
révélation subite d'un talent savant, plein de force et de
goût chez un jeune homme qui avait déjà du talent, mais
un talent absolument impersonnel. J'ai suivi toutes les
expositions de M. Jules Didier depuis dix ans tout à
l'heure. Il obtenait le prix de paysage historique à l'école
des Beaux-Arts en 1857, et je dois dire qu'à mes yeux,
il grossissait assez tristement la phalange nombreuse des
peintres à qui l'enseignement de l'école donne un certain
talent correct, froid, dénué de qualités originales, dénué
de défauts aussi. Je rangeais *in petto* M. J. Didier parmi
ces peintres dont la longue carrière se passe dans le
demi-jour du succès d'estime, parmi ceux dont il n'y a
rien à dire et qui, sur la foi de leur titre de grand prix,
trouvent auprès des amateurs timorés de timides encouragements et le placement modeste de leur peinture. Que
s'est-il passé dans le cerveau de l'artiste? On ne peut le
dire. N'avait-il jamais vu de Troyon jusque-là? Peut-
être Mais il est bien clair aujourd'hui qu'il a jeté là ses

lisières d'école, qu'il a étudié Troyon et qu'il a su pourtant ne pas abdiquer sa personnalité naissante dans cette étude. Le voilà devenu robuste, bien portant, le voilà devenu un peintre qui a pris rang et qui compte. C'est surtout dans l'exécution des animaux que sa jeune vigueur se révèle. Ses grands bœufs de la campagne romaine sont admirables; le paysage reste encore un peu froid, un peu terne : ce n'est point le cadre où ces belles bêtes doivent vivre et se mouvoir. Mais M. J. Didier ne s'arrêtera pas en chemin. La conversion est commencée, presque achevée, il l'achèvera.

Voilà donc des œuvres largement assises et en dehors du cercle étroit de la convention. Mais la convention n'est point morte. Voici, en effet, que M. Français, en humeur de paradoxe depuis quelques années, s'efforce de réhabiliter le faux style des paysagistes de la Restauration; les lauriers académiques des Bidault l'empêchent de voir juste. Il dépense une habileté prodigieuse à découper des silhouettes arides et minces, à éteindre toute vie, toute ampleur, toute fécondité dans ses paysages. La composition, sous la main expérimentée de cet artiste, est toujours élégante; à distance, elle attire, on s'y laisse prendre; de près, l'exécution, pleine de talent proprement dit, savante en ses détails, mais dépourvue de tout accent de nature, laisse l'impression d'une œuvre médiocre, et, ce qu'il y a de pis, médiocre de parti pris. Le *Bois sacré* est un ouvrage de même famille que l'*Orphée* du Luxembourg, un de ces paysages composés comme M. Aligny et M. Paul Flandrin en ont tant signés en leur vie. La *Villa italienne*, moins pédante peut-être, ne nous console point de voir ainsi perdu, par je ne sais quel esprit de système, un talent si aimable et que cha-

cun aimait autrefois. Le talent est resté, et même il a
grandi ; mais il n'a plus la grâce légère, le souffle aérien
des jours écoulés : il n'est plus que de l'adresse mise au
service d'une convention stérile et usée sans ressources.

Rappelons rapidement quelques œuvres de nos jeunes
paysagistes : le *Garde-Chasse* de M. Busson. M. Busson
a peint la nuit. C'est une belle nuit d'hiver, en forêt. Les
silhouettes des hautes branches se découpent finement en
mille menus rameaux sur la sombre coupole du ciel, traversé de froides nuées, animé, piqué de scintillations d'é-
toiles. Courbé sous le carnier, suivi de ses chiens haras-
sés, hâtant le pas entre les arbres, franchissant les mares
d'eau glacées, rayées de filets de lumière, le garde-chasse
avance vers la maison forestière dont la porte, toute grande
ouverte, lance au loin des feux rouges comme la gueule
d'une fournaise. Cet excellent tableau s'appelle le *Retour
du garde-chasse*. M. Busson a rendu avec un rare talent ces délicates et difficiles oppositions de lumière ; il a
vraiment traduit la nuit.

M. Busson est de la dernière génération de nos paysagistes ; il est de l'école qui tend à tout simplifier, à
prendre les aspects les moins accidentés, pour laisser à
la nature toute sa puissance d'action en la dégageant de
l'intérêt purement pittoresque. Un autre de ses paysages
est très-doux, très-fin, manquant un peu de consistance
peut-être, surtout dans le ciel. Il a choisi une mare creu-
sée en forme de coupe dans un pli de terrain. De belles vaches rousses et grises s'y reflètent, s'y penchent à l'ombre
des grands saules au feuillage argenté ; des bois à l'horizon bordent le ciel envahi et bientôt couvert par un rideau de nuées opaques. C'est frais, tranquille et doux.

Rappelons aussi les meilleurs tableaux d'un jeune ar-

tiste mort au seuil du succès, deux œuvres exquises de
M. Blin exposées en 1865 : l'une, le *Vieux moulin*, est
une composition fraîche comme le printemps, un sourire
d'avril; l'autre, intitulée un *Soir d'été en Sologne*, est
une page admirable où toutes les harmonies du crépuscule ont été fixées avec une supériorité de talent et de
sentiment tout à fait magistrale. L'heure est indécise,
flottante; ce n'est pas encore la nuit, et ce n'est plus le
jour. A l'horizon, les hautes futaies s'estompent et baignent leurs reliefs puissants dans l'ombre argentée qui
tombe du firmament; elles se reflètent avec les contours
de la rive dans les eaux d'un étang pesantes et lisses
comme un miroir de plomb fondu. La brise va s'élever,
les cimes immobiles frémir et s'agiter; le grêle feuillage
des saules tout à l'heure bruira, les longs reflets perpen-
diculaires s'effaceront, pâliront et se rideront sous les
plis innombrables des flots courts et pressés. Mais, à
cette heure, tout mouvement est suspendu. Après la vi-
brante activité des journées ardentes, la vie s'affaisse et
semble s'immobiliser un instant, comme pour mieux reprendre le silencieux travail des nuits fécondes. C'est
un accord de lumière incomparable entre ce pan de nature et l'âme du spectateur, subitement élevée, subitement éclairée par cette sorte d'hymne plein d'éloquente
émotion; c'est un chef-d'œuvre de poésie calme, grave
et d'une haute mélancolie dans sa forte sérénité.

D'autre part, voici M. Harpignies, qui transporte en
Italie ses impressions grises de nos paysages du Nord.

Ces différences dans la manière de voir et d'interpréter la nature chez des paysagistes d'un talent supérieur
prouvent bien, en somme, que l'artiste est toujours forcé
de *tricher* avec la réalité et d'avoir recours à une cer-

taine convention. Les hommes doués d'originalité n'adoptent point de convention toute tracée; ils créent pour eux et d'accord avec leur tempérament certains artifices d'expression; les plus faibles leur empruntent ces ressources nécessaires. Quant à lutter de vérité avec la nature, il n'y faut pas songer; c'est une généreuse ambition, mais aussi une ambition chimérique. N'est-ce pas dans une semblable lutte que s'est épuisé longtemps un brave et excellent paysagiste, travailleur infatigable, pénétré du vif amour des champs, le peintre Chintreuil? Nous le voyons toujours en quête des effets (oserai-je le dire?), des phénomènes *hygrométriques*. Il dépense une somme de talent considérable, non sans résultat assurément, mais pour un résultat qui n'équivaut pas toujours à son hardi et curieux effort. Il se bat contre des fantômes; il veut étreindre l'impalpable. Chintreuil est hanté par l'idée fixe de peindre l'eau en suspension dans l'atmosphère. Il poursuit son rêve depuis l'aube jusqu'à la fin du jour. Il étudiera l'aspect de la nuit expirante à l'heure où les étoiles commencent à blanchir, où de froides lumières parties de l'horizon s'allongent en rasant le sol; — il étudiera l'évaporation de la rosée nocturne aux premiers rayons du soleil, — puis les singuliers effets de lumière qui se produisent au moment où renaît le soleil après l'orage, — puis encore l'éclat contrasté de masses d'arbres recevant le soleil et s'enlevant sur un fond de ciel couleur d'ardoise, lourd de pluie, — la silhouette vague et rapidement décroissante des lisières de bois plongées dans l'épais brouillard du soir, aux derniers jours d'automne. Il touche de bien près, le courageux artiste, à la réalisation de son rêve, de si près qu'il nous fait presque regretter d'avoir déclaré son ambition trop haute et son œuvre impossible.

Et, en effet, sa longue foi si touchante, la voilà enfin récompensée. Le brave et excellent artiste (en vertu de la médaille qu'on vient enfin de lui donner) est désormais exempt des boutades de ses anciens juges et à l'abri des humiliations du refus qui l'atteignaient hier encore, après de longues années de production dans une voie bien personnelle. La haute supériorité de Chintreuil (son tort auprès des habiles) est de chercher toujours le difficile et le rare. Il n'a jamais compté avec ses aises ni transigé avec cette grande passion qui l'a toujours tenu, celle des beautés naturelles restées jusqu'à ce jour sans traducteur. Les aurores humides, chargées de rosée, de vapeurs froides que dissipent lentement les premiers rayons du soleil; les brouillards d'hiver qui font la nuit dans les bois dès trois heures d'après-midi; les heures crépusculaires n'ont jamais eu de témoin plus attentif ni de plus fidèle interprète. Son *Lever de lune* sur la plaine, au temps des avoines, donne l'expression complète de son talent. Il y a saisi et rendu avec une vérité sans égale ce qu'il y a de plus insaisissable, de plus fugitif en ces effets de nature si peu observés. Voyez de même en son paysage d'automne : n'a-t-il pas voulu fixer ce qui semble échapper à toute fixité, cette pluie des dernières feuilles que les vents d'automne détachent de la forêt et promènent dans l'espace par tourbillons. Notez que ce phénomène annuel dure un jour, deux au plus. La dernière fois que le hasard m'en a rendu témoin, c'était un 1er novembre, par une journée déjà froide, mais de pure lumière et de plein soleil. Les cimes de la grande avenue de marronniers et de tilleuls avaient, la veille encore, chargées de feuilles, l'ampleur et la riche couleur de l'au-

tomne. Après vingt-quatre heures de cette neige incessante qui passait dans l'air comme une nuée de papillons
d'or, l'avenue dénudée avait pris la silhouette rigide de
l'hiver. Chintreuil aime ces accidents. Son œuvre entier
est fait de transitions analogues, de ces combats du jour
et de la nuit, de ces passages de l'automne à l'hiver, de
l'hiver au printemps. Il laissera dans cet ordre une note
unique et complète.

J'ai nommé M. Nazon dans le groupe des peintres inspirés par M. Corot.

M. Corot et M. Nazon procèdent avec la nature à peu
près l'un comme l'autre. Le premier ne la regarde qu'à
travers le crépuscule du matin ou du soir; le second, le
matin et le soir aussi, mais deux ou trois heures après le
lever ou avant le coucher du soleil. Tous les deux ils conservent à merveille en leurs œuvres l'impression exacte
de leur observation, et la font passer très-exactement aussi
dans les yeux du visiteur. Maintenant, les gens minutieux
leur reprochent bien de la négligence, pas mal de laisser-
aller, une grande indécision de formes. Il est certain
qu'à s'approcher de leur peinture, on n'y distingue qu'un
à-peu-près de toutes choses ; mais, à distance, cet à-peu-
près est charmant, séduisant, très-vrai d'aspect. C'est
beaucoup. Il n'en faut pas davantage pour le visiteur qui
passe en flânant dans l'exposition, se laissant aller à sa
première impression, en jouissant, et n'ayant cure de la
déflorer par un contrôle sévère. Or, le plus grand nombre
des visiteurs s'en tient là. Il est satisfait d'une émotion
agréable ; il a plaisir à l'exprimer auprès de ses amis, et
de cette façon s'est faite la vogue autour des œuvres de
M. Corot ; de cette façon se fait et s'accroît la vogue autour des œuvres de M. Nazon, vogue un peu rapide peut-

être, mais justifiée en somme par la belle qualité de la lumière qu'il répand dans ses tableaux. Cependant il y a en ce moment chez l'artiste une sorte de défaillance. M. Nazon a eu, comme paysagiste, du talent d'abord, puis de l'habileté ; sa *Plage* et surtout sa *Vague* ne révèlent plus aujourd'hui que de la dextérité. Il fait ses arbres à main-levée, comme un paraphe d'écriture, ses vagues en verre filé ; et pourtant, au premier aspect, ses paysages séduisent par leur allure intelligente et spirituelle. L'artiste est assurément supérieur à ses derniers ouvrages ; mais il ne se donne plus la peine de *vouloir* ni d'être sincère en face de la nature ; ses amis doivent l'avertir.

Qu'on me permette maintenant de prendre quelques noms au hasard et de les rattacher à leurs origines, lorsqu'il y aura lieu.

Le fils de M. Daubigny nous avait jusqu'à ce jour causé une certaine inquiétude. Il ne nous avait montré que d'étonnants pastiches des tableaux de son père. C'était bien comme étude, nul comme tentative personnelle, menaçant de stérilité pour l'avenir. Aujourd'hui, M. Daubigny fils témoigne de sérieux efforts pour dégager son individualité, non-seulement dans l'exécution, mais dans le choix de ses sites. Sa *Vue prise en Picardie* et sa *Halte de Bohémiens* en sont une preuve. Évidemment il cherche le tableau, et surtout dans une de ses deux toiles, la *Halte*, moins importante que l'autre, il l'a trouvé. On ne peut méconnaître la parenté de son talent avec celui de M. Daubigny père ; mais cette parenté se trouve ramenée maintenant à la mesure et à la légitimité des liens qui unissent un élève à son maître. Je ne reprocherai que légèrement au jeune artiste d'avoir

17.

monté si fortement la tonalité générale de sa peinture. Il
y a excès sans doute; mais il a su conserver dans toute
l'étendue de ses tableaux une telle justesse de relation
entre les différentes valeurs, que si l'œuvre paraît un
peu sombre, elle se tient cependant et se présente dans
une très-forte et très-heureuse unité. — Il n'a point
toujours eu ce bonheur.

Les plus fermes talents ont de ces inégalités, très-ex-
plicables dans une certaine mesure d'écart. Mais je rencontre dans l'œuvre d'un même artiste, M. Imer, deux
toiles dont on a peine à comprendre l'excessive dissem-
blance. Autant l'un, le *Château de Perne*, est choquant
par le désaccord flagrant des lumières, autant l'autre, le
Rempart d'Aigues-Mortes, séduit dès l'abord par sa
coloration harmonieuse et chaude. L'un est faux d'aspect, mal équilibré, mal venu et comme peint de souvenir, dans l'atelier, sous le jour indécis d'une après-midi
d'hiver. L'autre, au contraire, a retenu la puissante lumière de notre Provence; il s'y ajoute un attrait de plus,
la caractéristique et imposante grandeur particulière aux
lignes sévères de l'architecture sarrasine. · L'effet de
l'œuvre d'art en ce dernier tableau est pleinement obtenu. Il enfonce dans l'esprit une vive image qui éveille
à son tour un monde de rêveries. Elle nous prend et, de
vive force, nous rejette dans le passé. Sous les murs de
la vieille ville, brûlés du soleil et tout ensablés aujour-
d'hui, on revoit courir les eaux profondes du canal où
tenait la flotte des croisés. Les remparts, maintenant dé-
mantelés, se repeuplent d'hommes d'armes; on y place
par l'imagination le mouvement prodigieux de l'embar-
quement d'une armée; dans le ciel flottent de nouveau
les bannières des barons de Saint-Louis. Et à six cents

ans d'intervalle, revenant à la réalité, on trouve que
cette aridité, que cette désolation du sol convient à ces
lieux témoins d'un des faits les plus follement audacieux
de notre histoire féodale. Et à quoi, à qui devons-nous
cette émotion? à l'artiste, et au grand caractère qu'il a
su donner à son œuvre.

M. Gustave Doré, qui a tenté de tout, a fait aussi de
beaux paysages, notamment : le *Torrent* et la *Nuit
dans les Alpes*. L'eau bouillonnante de son torrent descend d'assises en assises avec un tumulte effroyable;
elle se déchire sur les pics de granit qui jaillissent des
flots sous une couche de mousse verte et visqueuse, elle
glisse entre deux hautes murailles de roches énormes et
semble entraîner par une sorte d'attraction irrésistible un
vol d'oiseaux lancés dans la direction de l'impétueux courant. La *Nuit* offre un contraste complet avec le *Torrent*. Les croupes géantes des montagnes baignent dans
une ombre bleuâtre et transparente ; elles sont couvertes d'une végétation vigoureuse, de forêts de pins
semblables à une sombre toison verte. Au delà des sommets les plus proches se dresse une seconde ligne de
cimes aiguës, toute rose aux premiers feux de l'orient.
Sur cette immensité, la lune arrondit son mince croissant qui tranche dans le pâle azur du ciel. M. Doré a
réussi à rendre sensibles dans ces compositions deux
phénomènes physiques opposés, dans leur intensité la
plus grande : le silence et le bruit.

Étrange succession de contrastes! Sans sortir d'un
même champ du même domaine, voici, artiste contre artiste, paysagiste contre paysagiste, Dupré auprès de
Rousseau ; Dupré qui, de plus en plus, exagère la mise
en évidence des procédés, quand de plus en plus Rous-

seau les éteint. Et, tous deux, ils sont dans la légitimité
de leur art, si ingrat, si rude à ceux qui savent peu; si
souple, si complaisant, si docile entre les mains de ceux
qui ont dompté le monstre.

La faveur publique — l'inconstante — semble s'être
un moment retirée des œuvres de Jules Dupré. Si elle se
mesurait à la valeur réelle des talents, Dupré est de ceux
au contraire dont les rares mérites eussent dû la retenir.
Pourquoi dissimuler ses défauts? Il en a. Mais ils sont
liés de façon si étroite à des qualités supérieures qu'il
faut les bénir et non les bannir. Je revoyais récemment trois paysages du maître. En remontant le courant, il fait preuve d'un goût exercé, bien personnel,
et aussi de fermeté. Je comprends que le spectateur novice soit quelque peu effaré à la vue de ces peintures de
haut relief, traitées avec des emportements de brosse et
des violences d'empâtement peu ordinaires, je l'avoue.
Et voyez cependant qu'en fait de pratique il n'y a pas de
règles absolues, car chez Dupré l'œuvre est toujours
grande et ne s'oublie point. Donc, s'il faut des règles,
c'est pour savoir les enfreindre et savoir qu'on les en-
freint. — N'est-ce pas Rossini à qui l'on reprochait un
jour d'avoir violé l'arche sainte des traités d'harmonie,
d'avoir fait entendre deux quintes consécutives dans un
opéra : « *Deux?* reprit le maître, vous vous trompez,
j'en ai mis *cinq.* »

Qui donc a tort? Celui qui invoque les règles? Nullement. — Celui qui les brusque? Pas davantage. — Disons-le donc : c'est l'homme, sans génie propre, qui fait
plat en les suivant platement. Si Dupré pèche en un
point, ce serait plutôt par excès d'horreur pour ce qui est
vulgaire et de facile abord.

Les œuvres de M. Jules Dupré rendent bien l'idée qui présidait à l'interprétation de la nature aux débuts de la renaissance du paysage en France. Ce que voulaient ces peintres, avant tout, c'était une puissante combinaison de tons calculée en vue d'un grand effet pittoresque. Dans cette direction, *le Grand Chêne*, de M. Jules Dupré, plongeant ses fortes racines dans l'humidité d'une vaste mare où s'abreuvent de belles vaches rousses, — étendant d'autre part ses hautes ramures dans le ciel chargé de grosses nuées blanches, est vraiment très-beau, très-riche d'aspect et de fière tournure. Dans les autres paysages de M. Jules Dupré, qui sont beaucoup plus petits que le premier, on aperçoit peut-être un peu trop le procédé. La couleur s'y amoncelle par places avec l'énergie d'un bas-relief. Les nuages sont pétris dans la pâte, les mousses d'arbres ciselées dans l'épaisseur de la peinture. A distance, cependant, tous ces détails d'exécution, qui nuisent à l'effet s'ils sont vus de trop près, se fondent dans l'ensemble et reprennent à peu près leur valeur normale.

Aussi quel joyaux précieux que son *Souvenir du Berry !* Une petite rivière s'y faufile dans un nid de verdure sombre, dont les végétations luxuriantes se colorent puissamment sous un ciel d'azur vibrant et chaud. En ce concert de couleurs, les robes rousses des vaches laitières jettent leur note éclatante et joyeuse. Le motif n'est rien; il ne doit sa valeur, bien réelle pourtant, qu'à la magie de l'exécution. Il y a loin de là aux simplicités étudiées de Théodore Rousseau, et néanmoins il se dégage des tableaux des deux artistes une égale sensation de vérité, de saisissante réalité, de cette réalité que le peintre comme le poëte a le privilége de faire si haute,

si séduisante, si grande en ajoutant aux phénomènes
extérieurs l'émotion propre qu'ils lui causent, en réali-
sant la définition de l'art si justement célèbre : *Homo
additus naturæ.* « La Nature plus l'Homme. »

Un des peintres qui ont le mieux justifié cette définition dans leurs ouvrages, c'est Diaz. Il a joué, sur le
thème que lui fournissait la nature, les fantaisies les plus
capricieuses et les plus audacieuses. Sa faculté dominante, c'est le don de vie. Il anime d'un souffle énergique ses figures, ses paysages, ses compositions de
toutes sortes. Comme celles de Dupré, ses peintures ne
sauraient plaire aux myopes.

Il n'a point la minutie, la sécheresse, la ligne patiente
et studieuse, toutes ces choses faites pour ravir ceux qui
comptent feuilles et brins d'herbe dans un paysage. Mais
fées coquettes, jeunes amours, pages élégants, humbles
filles des champs, bûcherons, contrebandiers, tous les
personnages que son imagination fait sortir des forêts
enchantées se meuvent dans un milieu où la vie circule
avec l'air. Quelle dépense de finesse, de grâce, d'esprit,
d'opulence de toute sorte en sa *Descente des Bohémiens* : une bande picaresque, hommes, femmes, enfants, chantant, hurlant, riant sous le haillon, enlacés
pour la descente à travers les larges ravins, creusés aux
flancs des montagnes boisées ; à l'ombre de la haute forêt, ce torrent de bonne humeur s'écoule et va s'abattre,
indiscipliné, pillard, maraudeur, sur la ville prochaine
pour y exploiter la bêtise, la naïveté et la confiance de
ses habitants. L'œuvre, pleine de mouvement, de vie,
d'entrain, est une fête pour les yeux.

Rappelez-vous aussi (car ce ne sont là que des réminiscences, le peintre n'exposant plus) son *Souvenir de*

Fontainebleau : nulle trace de contours arrêtés; les roches, les bruyères, les troncs d'arbres blanchis de végétations parasites, la silhouette de la fillette hâtant le pas sous l'orage qui se forme au ciel; tout cela est enveloppé dans l'atmosphère chargée d'humidité; la ligne des corps est insaisissable et mouvante comme la vie même. — Et puis, qualité commune à tous ces maîtres du paysage moderne, à Paul Huet, à Théodore Rousseau, à Jules Dupré, à Diaz, cette peinture a une force, une consistance et une vigueur de ton, qui lui assurent un privilége auquel nos plus jeunes peintres renoncent trop volontiers. Les toiles signées de ces noms peuvent être accrochées dans un musée auprès de tableaux anciens; elles n'y perdront rien, au moins comme richesse d'aspect. Tentez l'épreuve sur les œuvres des paysagistes qui arrivent aujourd'hui à prendre rang, leur peinture s'évanouira en fumée; elle est chlorotique. L'influence de Corot — tant fêté, tant adulé — n'est pas étrangère à cette décadence de la couleur. Il a réussi à faire des paysages d'un sentiment exquis en variant toutes les nuances du gris. On lui a emprunté sa palette, — peu chargée, il est vrai : — Le maître bien fin a laissé faire, et sans inquiétude : il gardait pour lui le sentiment. Et, en effet, par cette naïveté savante qu'il sait imprimer à ses moindres ouvrages, Corot nous attachera par exemple à des compositions aussi dénuées de complications que la *Fontaine en Bretagne :* un désert gris et le « je ne sais quoi ».

Trouvons place en ces dernières lignes pour nommer un peintre appartenant à cette première génération de peintres qui fondèrent la forte école du paysage moderne. Je parle de M. Jules André. Comme Huet, qui fut le premier, comme tous les vaillants de cette époque, il est resté constamment sur la brèche, persistant dans sa foi, dans l'amour de la nature, dans l'excellence de son art, sans révolte contre l'injuste oubli des générations plus jeunes et comptant légitimement que l'histoire impartiale relèverait et garderait le nom de tous ceux qui ont donné le premier signal de ce retour à l'observation directe et intelligente des phénomènes extérieurs, qui ont brisé les premiers avec la routine misérable de l'ancien paysage, et par là ont commencé cette renaissance d'un genre qui nous vaudra auprès de la postérité quelque indulgence pour nos défaillances d'autre sorte.

La nature reste toujours jeune, toujours féconde en beautés inattendues. Ces beautés, elle les revèle, incessamment variées, à tous ceux qui l'aiment et qui l'étudient avec quelque ardeur ; sans compter, elle livre ses trésors inépuisables à l'indiscrète poursuite des artistes qui savent la surprendre, — bien venus dans leur indiscrétion, elle se montre à eux sublime ou naïve tour à tour, rayonnante ou rêveuse, pompeuse ou familière, selon le caprice ou plutôt selon la qualité d'âme de celui qui l'interroge. Aussi n'y a-t-il pas à s'en dédire, en dépit de nos réserves : le paysage sera pour l'avenir le titre de gloire le moins contesté, sinon le plus grand, de l'école française contemporaine.

Chaque exposition nous confirme dans cette opinion, et d'une manière éclatante. C'est parmi les paysagistes que l'on compte le moins de médiocrités et le plus de talents ; c'est dans le paysage surtout que nos peintres se montrent originaux, sincères, passionnément épris de la vérité, curieux de tout effet pittoresque nouveau, cherchant

sans relâche à pénétrer les secrètes leçons de leur maître
unique : la Nature. Par cette sincérité, ils se sont dès
longtemps affranchis des routines mortelles à l'art, ils se
sont élevés au-dessus des mesquines conventions.

Un autre groupe d'artistes a voulu et su associer à la
nature l'activité et le mouvement de la vie animale.
Troyon est resté le maître regretté et non encore rem-
placé de cette école. Il aimait également la nature dans
sa réalité agreste, mais toujours il l'a subordonnée au
voisinage des fermes. Vous souvenez-vous de son admirable *Moulin?* C'est un moulin à vent. Il s'élève sur un
tertre et découpe sa fine silhouette sur le ciel qui s'étend
derrière lui et descend comme un rideau jusqu'à ses premières assises. Le ciel est uniformément voilé, formé
d'un tissu de nuées épaisses, denses, tassées et serrées
en un seul morceau. Mais, derrière ce transparent, le soleil, à l'horizon, jette ses rayons circulaires et dessine
comme une auréole, dégradée du jaune d'or au gris am-
bré. Au centre même se détache, toute dans l'ombre, la
géométrie bizarre du moulin. Sous le crépuscule, le
meunier à cheval s'éloigne et va rendre en farine aux
fermiers voisins le blé qu'ils lui ont apporté. Aux derniers
plans on aperçoit une indication, une ligne fugitive,
d'autres moulins déjà perdus dans la nuit. Dans une direction un peu différente de ses autres ouvrages, *le Moulin*, à mon avis, est le chef-d'œuvre de M. Troyon. En
le voyant, il nous revient en l'esprit des réminiscences de
certains paysages de Rembrandt.

Comme peintre d'animaux, chez Troyon, c'est l'animal
domestique qui occupe toujours la première place dans
son œuvre, qui exige et retient tout l'intérêt. Chez Courbet, point ou peu d'animaux domestiques, mais le fauve,

traqué, chassé, poursuivi par l'homme. Quant à madame
Rosa Bonheur, si son talent est resté français, elle a depuis longtemps cessé de l'appliquer aux mœurs de la
campagne française : la verte Écosse est devenue sa patrie d'adoption.

La vie rurale, dans une activité plus complète encore,
a trouvé d'autres interprètes qui n'ont point voulu séparer
le champ — de l'homme qui le cultive, le paysage — du
paysan : tels sont MM. Jules Breton et François Millet.
Ils sont l'un et l'autre à la tête de deux écoles radicalement et systématiquement contradictoires. M. Breton
n'oublie jamais qu'il est artiste, il fait dans toutes ses
œuvres une part très-large à sa conception antérieure
de la beauté et du style. Il exige de ses modèles une certaine noblesse d'allures, une élégance de contours, une
majesté de lignes qui font assurément honneur à son sens
de dessinateur, mais que ses modèles ne lui apportent
point sans quelque correction de sa part; en un mot, il
embellit la nature. Il arrive ainsi à des résultats plus
sympathiques et plus séduisants pour le public des villes,
peu épris en somme de la réalité et à qui le paysan fait
assez généralement horreur. En ce temps-ci cependant,
comme cette horreur ne s'affiche point, on est fort heureux de rencontrer la paysannerie élégante de M. Breton, qui a une apparence de réalité suffisante pour n'être
point taxée de paysannerie à la Boucher. Au fond, l'altération du type réel est aussi sensible chez M. Breton que
dans les œuvres de Boucher.

M. Jules Breton s'est fait un rapide succès avec ses
paysannes françaises aux allures de Romaines. Sa *Gar-*

deuse de dindons est vraiment très-belle, simple, grave,
mélancolique , — entre-t-il tant de mélancolie dans
l'âme des gardeuses de dindon? — L'exécution, comme
dessin, comme lumière, comme couleur, est tout à
fait suffisante. La conception semble inspirée par madame Sand, cette figure paraît détachée de ses belles
pages sur la Provence; M. Breton a même écrit au-dessous d'un croquis de la *Gardeuse de dindons* des lignes
qui ne seraient pas indignes de l'illustre écrivain; les
voici telles que je les trouve dans l'*Autographe :*

« .... Elle était immobile, assise sur un morceau de
rocher, le regard plongé dans le ciel. Un peu plus loin,
quelques dindons picoraient dans l'herbe, et entre des
broussailles de tamarins, la Méditerranée dessinait une
ligne bleue. Je passai à côté de cette étrange fille sans
qu'elle daignât me remarquer. Je la contemplai quelque
temps; mais comme la chaleur était extrême, je rentrai
au village par le chemin des oliviers... »

Les *Vendanges* annoncent une trop vive préoccupation du peintre des *Moissonneurs*. M. Breton n'est plus
dans cette œuvre que le Léopold Robert des coteaux
bourguignons.

M. Millet, tout au contraire, a dès longtemps le parti
pris de la réalité brutale; il arrive au style à force de sincérité. Maintenant est-il vrai que tous les paysans soient
aussi voisins de la brute qu'il les fait? La chose est douteuse. Dans ces yeux, nul éclair; dans ces cerveaux écrasés, nul rayon d'intelligence n'a jamais pénétré. Le
peintre les choisit machines à sarcler, à labourer, à garder et à tondre les moutons. En eux, nul sentiment;
l'instinct seul, et l'instinct de la bête de somme. L'image
est fidèle, mais fidèle seulement pour le très-petit nombre

parmi les paysans, pour une minorité qui sans cesse et
de jour en jour décroît. On ne voit même point sous ces
front abrutis le point où pourrait se loger l'amour de la
terre, de la propriété, qui est si profondément enraciné
chez nos paysans. Quant aux passions, aux moindres
mouvements du cœur, n'en cherchez pas trace sur ces
faces mornes; le peintre leur refuse toute initiative, tout
désir, toute action personnelle. Chez eux, tout est réduit
à l'état de fonction animale. Étant donné ce parti-pris,
M. Millet a rendu sa pensée avec force. Que de fois cependant le procédé dans son œuvre est inférieur! Je ne
voudrais point chicaner en ces appréciations d'ensemble
sur de menus détails, mais combien il est difficile d'admettre sans protester cette égalité de facture qui traite
exactement de la même façon le chaume des épis, l'écorce
des arbres, le poil ras des chevaux et des bœufs, la laine
des moutons, la plume des oies barbotant dans les mares
et jusqu'aux vêtements de toile, de laine et de coton qui
recouvrent ces paysans misérables, et jusqu'à leur épiderme. Ce procédé, qui ajoute à toutes formes comme
une enveloppe de cuir râpeux, est-elle aussi systématique, comme la laideur et l'abrutissement des gens? Il
faut le croire, car M. Millet, dans un de ses ouvrages,
dans un seul, il est vrai, a prouvé que, lorsqu'il le voulait, il pouvait, sans sortir de la réalité, donner à ses
figures et la vie physique, et la vie du cerveau; que l'on
voie le tableau intitulé *Bergère avec son troupeau*, et
l'on se rendra compte du système de ce peintre par le
contraste de cette œuvre excellente avec ses autres
œuvres.

Somme toute, par cette multiplicité de tendances, la
nature est pénétrée dans ses manifestations les plus di-

verses et révélée dans toutes ses expressions. L'ensemble
de ces directions opposées forme au total une école de
paysage sans rivale, même dans le passé. Dans les autres
genres, les écoles étrangères élèveront des prétentions
plus ou moins justifiées à entrer en lutte avec nos artistes
français : dans l'intelligence de la nature et dans l'art de
l'interpréter, nos paysagistes sont incontestablement au-
dessus de toute comparaison. S'il y avait une exception
à faire en faveur d'un groupe étranger, ce serait tout au
plus en faveur des préraphaélites anglais, si âprement
amoureux de la nature.

VII

L'ORIENT

MM. Eugène Fromentin, Gérôme, G. Boulanger, de Tournemine, Berchère, Guillaumet, Z'em, Huguet, Pasini, Dehodencq, Fabius Brest, Mouchot, Th. Valerio, Belly.

Nos paysagistes ont suffisamment prouvé que notre sol offrait une variété de motifs qui suffit à alimenter toute une école. Quelques-uns de nos peintres cependant, et ce ne sont pas les moins habiles, cédant à un vieux reste d'influence romantique, ont jugé que la campagne française était trop peu colorée, trop peu lumineuse pour satisfaire à leurs appétits de lumière et de couleur. Je serais tenté de leur reprocher de n'avoir pas su apprécier ce qu'ils avaient sous les yeux, de n'avoir point compris toute la beauté des spectacles qui leur étaient offerts. Cependant la vie moderne a fait une part si large aux voyages qu'il est très-naturel et tout légitime que le voyageur trouve dans l'art un souvenir, un écho, une image du désir qui lui-même l'entraine au loin. Les voyages ont leur littérature; pourquoi n'auraient-ils pas leur art? Nos réserves étant faites, non pas sur le principe de cet art, mais sur les motifs qui ont déterminé l'action de certains artistes, nous devons accepter plei-

nement cette manifestation, qui forme une branche à
part dans l'ordre du paysage. La plupart de nos peintres
voyageurs ont adopté l'Orient, que Decamps et Marilhat
ont les premiers introduit dans l'école française.

Grâce à la rapidité et à la facilité des communications,
l'Orient aujourd'hui a hérité du privilége que l'Italie fut
seule à posséder pendant des siècles. Il attire, il appelle
à lui, comme le faisait autrefois la terre latine, tous les
peintres amoureux de la lumière et des costumes pittoresques. L'art qui reproduit les sites et les types des
contrées avoisinant les confins de notre Europe, soit au
delà, soit en deçà, la peinture ethnographique est un
genre absolument moderne, sans tradition, sans racines
dans le passé, appartenant en propre à l'école française
contemporaine, et ce ne sera pas le rayon le moins brillant de notre couronne aux yeux de la postérité. Le
genre où se sont illustrés les Decamps, les Marilhat, les
Fromentin, les Tournemine, etc., un genre illustré par
Eugène Delacroix est assuré de vivre dans l'estime des
amateurs.

L'orientalisme pittoresque courut à ses débuts le
risque de n'être qu'un thème nouveau offert à l'ingéniosité, à la fantaisie individuelle des artistes; Decamps, qui
avait trouvé cette clef d'or d'un monde jusqu'alors inconnu dans l'art, usa de ce monde avec une liberté, avec
une licence que son admirable talent absout pleinement;
cependant il faut bien dire que Decamps à sa façon nous
fit un Orient imaginaire; ses vues d'Égypte et du Caire
ne sont pas beaucoup plus sincères que les décorations
charmantes peintes par Boucher, au dernier siècle, pour
le théâtre de madame de Pompadour. Boucher peignait
l'Inde à toute brosse, en poëte plein d'invention, de

bonne grâce et de joyeuse humeur. Il n'avait d'autres
éléments d'exactitude que des croquis d'arbres, de
plantes et de costumes rapportés par des navigateurs.
Ces créations n'ont donc aucune valeur comme témoignage sur les pays qu'elles sont censées représenter. On
pourrait presque en dire autant des tableaux de Decamps.
Le mérite et l'honneur de Marilhat, au contraire, c'est
d'être resté sincère en présence d'une nature inconnue,
sans rien sacrifier de ses qualités, de ses facultés, ni de
ses droits d'artiste.

Nous n'avons plus aujourd'hui ni Decamps, ni Marilhat,
mais il nous reste M. Fromentin, M. Gérôme, M. Tournemine, M. Ziem, M. Berchère, et de nouvelles re-
crues, MM. Guillaumet, Huguet, Pasini, Fabius Brest,
quelques autres encore, qui ont grossi récemment la
petite phalange de nos peintres orientalistes.

M. Eugène Fromentin a au plus haut point la belle
énergie des grandes natures d'artiste : il ne se contente
point facilement. Chaque année, il tente un effort nouveau, il cherche un effet, une impression dont il n'ait pas
encore triomphé. On se rappelle encore la *Rue d'el
Aghouat*, pénétrée jusque dans l'ombre par une lumière
tellement intense que cette ombre en était elle-même
toute lumineuse. Ce fut un des tableaux qui fondèrent
sa réputation, il y a une dizaine d'années. Voyez maintenant les derniers. Nul arrêt en cette carrière d'artiste
si bien remplie.

La *Tribu nomade* en marche vers les pâturages du
Tell est une des œuvres les plus complètes que nous ait
données le talent très-distingué de M. Eugène Fromentin. Le peintre de la vie arabe, si prompt à saisir la
valeur pittoresque d'un détail de mœurs, s'est arrêté cette

fois à un spectacle d'ensemble. Sous l'œil des chefs, haut perchés sur leurs grandes selles aux couleurs éclatantes, les longs troupeaux, les hommes et les femmes de la tribu traversent un gué peu profond et s'enfoncent dans la montagne couverte de végétation verdoyante. Ce que je ne rends pas en ces lignes, c'est l'harmonie de couleur de cette excellente page, la justesse, la variété et l'esprit des attitudes, la beauté des groupes, la finesse nerveuse des chevaux. Il semble que M. Fromentin ait voulu résumer en cette œuvre tout ce qu'il savait du pittoresque des mœurs et de la nature arabes ; il y a dépensé assurément vingt motifs de tableaux avec une générosité qui prouve son abondance. L'*Étang dans les oasis* est tout différent. Si la *Tribu en marche* est une composition, l'*Étang* n'est qu'une impression et ne veut pas être plus. A l'horizon, le foyer rouge du soleil couchant jette ses feux horizontaux, qui se prolongent à travers l'épais feuillage des arbres qui bordent la rive. Quelques Arabes demandent au contact de l'eau le repos après de longues heures de marche, la fraîcheur après les heures ardentes du milieu du jour.

Rappelez-vous le *Fauconnier arabe* si merveilleusement lancé à travers la plaine. Les *Arabes en chasse* filent sous le ciel au galop de leurs belles montures. Le vent de la course enlève les lourdes draperies. La voix des grands lévriers, le cri des chasseurs, les coups de feu animent, emplissent de vie, de mouvement, l'étendue verdoyante. C'est un de ces épisodes de la vie arabe que M. Fromentin fixe d'une main si délicate, si précise et si nerveuse. Il a des colorations charmantes, des gris, des violets d'une élégance exquise. En une très-belle aquarelle l'artiste a peint la *Halte du Courrier*. Le cheval frémit encore de la longue course, à peine et pour un moment interrompue. Le cavalier boit à longs traits dans une jatte que lui a présentée une femme arabe sortie de sa tente à cet effet. Un enfant et une autre figure complètent cette composition harmonieuse, légère, toute en en lumière. L'attitude du cavalier buvant avec avidité et cependant avec la sobriété de geste des Orientaux est une véritable trouvaille.

On a tout dit, je pense, sur les contradictions du caractère français qui sont un peu celles de l'humaine nature en général. Nous nous fatiguons très-volontiers d'entendre appeler Aristide *le juste;* si un artiste, un peintre exploite pendant quelques années avec persistance une veine originale qu'il a découverte ou rajeunie, nous avons bientôt fait de nous écrier : « C'est toujours la même chose, » et de passer. Si, au contraire, ce même artiste ne fait pas toujours « la même chose, » s'il nous surprend par un effort de talent dans une direction qui ne lui était pas familière, nous en sommes presque choqués comme d'un manque d'égards. C'est à peu près ce qui arriva en 1864, à M. Eugène Fromentin. Il nous avait habitués à ses colorations légères, claires, d'une harmonie fine et calme, toute lumineuse, comme imprégnée de sérénité; son *Coup de vent dans le Sahara* est précisément l'opposé de tout cela ; il n'y a plus de lumière dans ce ciel où maintenant roulent pêle-mêle de rapides nuées chargées de pluie; plus de contrastes piquants de vert et de rouge dans le costume des cavaliers sahariens, dans le harnachement des chevaux arabes ; les hautes selles, les vestes aux riches couleurs ont disparu sous les burnous aux plis de laine, larges, lourds, et fouettant au vent sous le souffle de la tempête; les cavaliers se ramassent sur eux-mêmes, se pelotonnent, se groupent en faisceau pour tenir tête à la rafale; ils n'ont plus l'attitude élégante, dégagée, aisée, des jours de soleil et de brises printanières; les chevaux eux-mêmes ont perdu leur allure fière, relevée, qui dessinait sur leur robe soyeuse des ondulations luisantes et frémissantes; les quatre pieds fichés en terre, arcboutés au sol, l'oreille basse, l'œil mi-clos, ils tendent le cou, courbent la tête et laissent passer l'orage; les hautes herbes qui, aux premiers plans, s'élançaient légères, droites, coquettes, fleuries, sont couchées, renversées, flétries, aplaties, collées sur le sol, où elles rampent avec une effrayante rigidité. La première impression, en présence de ce tableau de M. Fromentin, est donc de l'étonnement; et de l'étonnement quelques hommes de goût cependant ont conclu trop rapidement à une condamnation. Nous trouvons au contraire, dans cette même œuvre, la preuve, non du développement, mais de l'activité du talent chez M. Fromentin, et à ce titre nous lui savons un gré infini de l'avoir entreprise et menée à bien. L'esprit aime à rapprocher de cette composition mouvementée et à lui opposer le *Bivouac arabe au lever du jour*. Le contraste me paraît intentionnel entre ces deux œuvres, et, pour moi, je voudrais les voir dans la même galerie, comme les deux expressions extrêmes d'un même talent et d'un talent des plus sympathiques. Autre contraste : le *Simoun* nous révélait sous ses aspects désolés, ravagée, convulsée par l'ouragan, cette même nature que l'artiste nous montre si coquette en ses belles matinées de soleil, et si lourde au contraire, si morne et comme affaissée, exténuée de chaleur, à l'heure incendiaire de midi. Maintenant M. Fromentin a voulu peindre la *Nuit* dans le Sahara algérien. Des

Arabes maraudeurs, le couteau aux dents, s'approchent en rampant des chevaux entravés autour des tentes endormies, coupent les liens, et silencieusement s'enfuient avec leurs captures. La lumière astrale éclairant seule cette scène de rapt audacieux, sous ses teintes grises et blafardes tout accent de couleur disparaît. Dans l'obscurité les proportions des hommes et des chevaux prennent une grandeur singulière, et leurs silhouettes ainsi agrandies se détachent en demi-teintes puissantes sur le sombre firmament constellé de points étincelants, vibrant dans la nuit. L'artiste a vaincu toutes les difficultés qu'il s'était comme à plaisir imposées. Plus on regarde cette belle œuvre, plus elle renvoie à l'âme du spectateur la sereine et calme impression, l'émotion grave et poétique que le peintre a voulu traduire. La *Chasse au héron* est une de ces scènes de la vie arabe que M. Fromentin excelle à décrire avec la plume comme avec le pinceau. Il varie avec une admirable aisance dans ces charmants tableaux les motifs et les combinaisons de tons qui lui sont propres et qui donnent à sa peinture le caractère de distinction, d'élégance, d'originalité fine et nerveuse, signature authentique de toute œuvre sortie des mains de l'éminent artiste.

Les tableaux de M. de Tournemine sont depuis longtemps en possession de la faveur publique. Je ne sais si l'Orient est aussi pimpant, aussi paré, aussi charmant qu'il nous le présente. Ses confrères le font plus âpre, plus sévère et plus dur. Il est probable cependant que la note qu'il nous donne est juste, parce qu'il ne s'arrête de préférence qu'aux sites dont l'harmonie résonne d'accord avec l'harmonie qu'il porte en lui-même et qu'il exprime d'une façon toute poétique. Je ne sais point beaucoup de

tableaux plus aimables, plus agréables à regarder et à
posséder que ceux de M. de Tournemine. On ne se fatigue point de les voir, parce que le peintre, amoureux de
son art, jette à profusion dans son œuvre une multiplicité, un fourmillement de détails d'une exécution spirituelle qui soutiennent et retiennent l'attention. L'impression de ses paysages d'Orient est toujours vivace et
toute pleine d'émotions gracieuses ; on sent en présence
de ces toiles ce que le peintre a senti en présence de la
nature, et c'est là le privilége de l'artiste intelligent et
conscient de ses propres émotions : il nous impose comme
une réalité les transformations que subit le réel à travers
son imagination.

M. de Tournemine s'est taillé son royaume de peintre
dans la Turquie d'Asie. Il n'y a pas d'artiste qui ait
plus que lui le don de nous faire aimer le pays qui l'a
charmé. En dépit de leur talent et par leur talent même,
les Fromentin, les Berchère, les Pasini nous laissent sur
les sites qu'ils nous présentent une pleine et entière satisfaction. Nous admirons et nous croyons sur parole, sur
palette. Avec M. de Tournemine, l'impression est tout
autre. Son Orient est si séduisant, qu'on voudrait y aller
voir, et s'il est un paradis des yeux tel qu'il nous le fait,
on voudrait y vivre. L'Orient des *Mille et une Nuits*,
l'Orient des féeries a trouvé en ce maître aimable son interprète, son traducteur fidèle, plein de talent, d'imagination, possédant un très-vif sentiment pittoresque,
c'est-à-dire le sentiment de la couleur, la joyeuse limpidité des lumières, et la légère et vivante harmonie des
lignes.

M. Gérôme, qui a touché à tous les genres avec son
infaillible habileté, qui tour à tour a traité l'histoire, et

18.

le genre, qui a interprété dans ses œuvres l'antiquité, le dix-septième siècle et le dix-neuvième, lui aussi s'est épris de l'Orient. L'Orient lui a même inspiré deux tableaux que l'on peut considérer comme ses chefs-d'œuvre : le *Hache-paille égyptien* et le *Prisonnier*. Jamais M. Gérôme n'a été si voisin de la vie.

Ce n'est point l'imagination qui fait le mérite des ouvrages de M. Gérôme. Il semblerait, à le juger seulement par sa peinture, que c'est là une qualité dont il ne fait pas grand cas. Les artistes imaginatifs laissent quelque chose à faire et à deviner au spectateur; qu'ils le veulent ou non, ils fournissent un thème sur lequel vient broder à son tour l'imagination de celui qui contemple leurs tableaux. M. Gérôme, au contraire, veut dire et arrêter définitivement la forme et le sentiment de tout ce qu'il touche avec son pinceau. Il précise; et pour beaucoup d'esprits, c'est un soulagement que de n'avoir à faire nul effort de perspicacité devant une œuvre d'art; aussi le succès de ce peintre est-il très-grand, et trouve-t-il chaque année une confirmation nouvelle dans la majorité du public de nos expositions.

Le *Marché d'esclaves* de M. Gérôme me paraît être le dernier mot de l'habileté de main. La scène se passe à l'intérieur d'une cour entourée de constructions arabes. Un chef enveloppé de ces longs vêtements qui se drapent et se plissent savamment sous la main de l'artiste, apprécie, avec la cynique indifférence d'un maquignon examinant un cheval, la valeur vénale d'une jeune esclave amenée toute nue devant lui; il entr'ouvre les lèvres et la regarde aux dents, qui sont fort belles et vraiment jeunes. Si ce sauvage en haïck attache un certain prix à cette fraîcheur, le marchand fera bien d'en tirer parti, car ce

n'est guère que par là, par la tête, que la jeune fille offre
quelque beauté, M. Gérôme étant rarement heureux
dans le dessin de ses figures de femmes. Il sait, par
contre, traduire la physionomie de ces barbares d'A-
frique, et il reste sans égal dès qu'il s'agit de rendre les
accessoires et en particulier les étoffes.

La grande qualité de M. Gérôme, c'est la conscience
de l'exécution. Mais il pousse cette vertu si loin qu'il ne
peut prendre sur lui de rien sacrifier dans ses compositions.
Il traite tout, les chairs et les draperies, le pelage des
animaux et les terrains, la pierre et l'acier, les lointains
et les premiers plans avec la même scrupuleuse minutie
(un peu trop aussi avec les mêmes procédés). Il y a excès.
La nature, à laquelle il faut toujours revenir en cet art
dont le moyen (non le but) est l'imitation, la nature
nous montre de perpétuels exemples de détails éteints,
de masses entières sacrifiées au profit d'autres parties
mises spécialement en lumière. Aussi arrive-t-il que la
perfection même de la facture nuit aux œuvres de
M. Gérôme et enlève à ses paysages notamment (voyez
son *Relai de chiens* au désert) l'enveloppe d'air et d'atmosphère sans laquelle les corps paraissent se mouvoir
dans le vide.

Les toiles de M. Gustave Boulanger soulèvent fréquemment les mêmes objections (le *Gué*). Mais on s'explique,
grâce à l'ingéniosité des combinaisons et à la recherche
des détails, la faveur dont les œuvres conçues dans cet
esprit sont l'objet de la part d'un groupe nombreux d'a-
mateurs. Les amateurs veulent être amusés plutôt qu'é-
mus. Ils subiront l'émotion d'un grand effet de nature
largement compris et rendu, ou d'une vaste composition
qui leur imposera par le caractère et le style ; à un cer-

tain degré de culture esthétique, on ne saurait y échapper. Mais leurs préférences iront toujours à l'œuvre très-achevée, finement exécutée, amusante par l'esprit de détail et souvent par le sujet seul. La tendance n'est pas nouvelle chez nous, et bien des circonstances qui se dérobent à toute direction contribuent à la favoriser. Ce sont les mêmes qui font que les arts sévères, la sculpture, la gravure, ne rencontrent d'autres encouragements que ceux de l'État et mourraient de leur belle mort au milieu de l'indifférence générale, s'ils devaient attendre la vie de la passion, je dirai même, de la sympathie des particuliers.

Dans chacun des genres que la peinture exploite de nos jours, on pourrait établir trois classes d'artistes bien distinctes : les poëtes, les précieux et les réalistes. Dans le groupe des poëtes, j'ai nommé MM. Fromentin et Tournemine ; il convient d'ajouter à ces deux noms parmi nos orientalistes MM. Huguet, Mouchot, Dehodencq, F. Brest et Ziem.

M. Huguet voit l'Orient un peu trop peut-être à travers les ouvrages de M. Fromentin. Cependant on ne saurait lui adresser le reproche de pastiche ; il sait aussi payer de sa personne, rendre sa propre impression dans la disposition de ses petits groupes d'Arabes auprès des blanches murailles de quelque village se découpant en silhouette sur le ciel bleu.

M. Mouchot recherche de préférence les carrefours, les rues aux lignes accidentées, historiées de couleurs « voyantes, » dominées par les minarets aux formes élancées : telle est, par exemple, sa vue du Caire toute baignée d'ombres chaudes et transparentes. Ce peintre a tenté cependant une petite pointe en dehors de ses habitudes, il a fait un excellent tableau d'une vue de cette île charmante, la perle de la haute Égypte, l'île de Philœ, dont les voyageurs nous ont appris à reconnaître et à aimer les antiques ruines noyées dans les hautes cimes des palmiers du Nil. — Je veux placer ici le nom de M. Dehodencq parmi ceux des artistes qui ont vu l'Orient en poëtes. C'est une singulière hardiesse que d'avoir repris, après Eugène Delacroix, le motif d'une *Fête juive au Maroc* ; mais cette audace est bien légitimée par l'accent original que l'artiste a su ajouter à cette scène peinte avec une verve endiablée, avec une énergie qui ne recule pas devant quelques lourdeurs d'aspect pour frapper plus fort et plus rude. — M. Brest, un de nos plus jeunes orientalistes, a besoin d'affermir ses procédés restés jusqu'à ce jour un peu vagues. Son *Débarcadère d'Eyoub*, dans la Corne-d'Or à Constantinople, est pourtant une des meilleures pages qu'il ait peintes. Les navires de hautes formes, aux poupes majestueuses, se reflètent dans les eaux profondes, à l'ombre des ramures épaisses qui étendent leur bienfaisante et pittoresque verdure sur les rives du Bosphore. — Mais le poëte par excellence des eaux d'Orient, c'est M. Ziem. Constantinople et Venise ! Que de strophes son pinceau n'a-t-il pas écrites sur ces deux villes qui enchantent les yeux épris de la splendide symphonie des couleurs ! M. Ziem, en ces derniers temps, s'est égaré parfois à la poursuite de chimères pittoresques irréalisables, mais il nous revient souvent aussi avec tout le prestige de son exécution puissante, vivante et souple, si riche en colorations exquises.

M. Guillaumet a pris place subitement, en 1863, aux premiers rangs de nos peintres voyageurs. Sa *Prière*

dans le désert au soleil levant était une belle page où se
révélait la tendance de l'artiste à chercher la grandeur
dans la composition en respectant scrupuleusement la
sincérité des effets pittoresques. Le *Marché arabe* et le
Soir dans le Sahara sont conçus et accomplis sous l'empire de la même préoccupation. L'aspect général est
empreint de cette beauté sévère que donne toujours
l'étude exacte de la réalité. Dans le détail de ses ouvrages, il se rencontre aussi certaines violences d'attitudes
que l'artiste eût pu corriger sans aucun doute et qu'il a
préféré respecter aux dépens même du charme de l'œuvre. — C'est ce même parti pris d'exactitude scrupuleuse qui donne aux peintures, gravures et dessins de
M. Théodore Valerio cet attrait, cette séduction qu'entraîne avec elle la vérité. L'émotion qui résulte des œuvres achevées dans cet esprit n'est point la même que
celle que nous laissent les créations purement poétiques;
c'est un plaisir qui s'adresse à l'intelligence, à l'esprit,
plutôt qu'aux sens; et lorsque cette tendance, moins
pittoresque qu'historique ou géographique, est légitimée,
comme chez M. Valerio, par un talent d'exécution très-
réel, c'est dans son ordre une satisfaction très-grande
dont nous sommes redevables à ces artistes, qui mar-
quent un but précis et presque utile à leurs productions.
On sent en face des œuvres de cette sorte qu'il n'y a
point là de tricheries ou fantaisies, on voit et on apprend
à connaître des types. — Les vues d'Égypte de M. Berchère nous causent une impression exactement semblable. Sont-elles prises sur nature? Je ne sais, mais
j'en jurerais presque, tant elles recèlent cette forte apparence de vérité qui ne se trouve point toujours au même
degré dans les œuvres les plus charmantes de nos orien-

talistes. Je rappellerai notamment deux très-beaux tableaux de M. Berchère. L'un représente le *Ralliement des caravanes à la halte de nuit* : un Arabe monté sur un dromadaire et dressant dans la nuit, comme un fanal, le feu d'une torche ; l'autre est d'une peinture plus souple, plus légère et d'une couleur plus harmonieuse que d'habitude. M. Berchère y a fixé le souvenir intéressant des murailles de Jérusalem, près de l'ancien camp des Croisés en Syrie.

Je terminerai ce chapitre par le nom de M. Belly, qui a trouvé en Orient une des plus grandes impressions de paysage que je connaisse, une très-curieuse étude de la *Mer Morte;* des terrains arides, pierreux, désolés, noyés dans la brume sinistre qui plane et pèse sur les eaux comme un linceul ; au-dessus de ces lourdes nuées enveloppant le sol, quelques cimes lointaines apparaissent rosées par les reflets du couchant ; l'aspect de cette étude est vraiment saisissant, plein d'émotion. Ce tableau déjà a figuré au Salon de 1866. Rien ne peut donner une idée plus complète et plus navrante d'une terre maudite et d'où la vie se serait à jamais retirée. Notre satellite, qui passe pour une planète morte, doit être ainsi.

En résumé, nos orientalistes ont jeté dans la circulation des émotions esthétiques d'un ordre inattendu, qui avaient échappé absolument aux anciennes écoles. L'Orient, si déshérité en fait d'artistes, a trouvé dans nos artistes français la formule imprévue de son paysage. C'est une corde de plus ajoutée par eux à celles qui, des plus graves aux plus hautes, composent le clavier si riche et si varié de l'art contemporain.

VIII

LA JEUNE ÉCOLE

Peintres et Excentriques. MM. Courbet, Vollon, Roybet, Carolus
Duran, Alphonse Legros, Boudin, de Gas, Henri Lévy, Humbert,
Victor Giraud, Fantin La Tour, Manet.

A toutes les époques, on a pu distinguer parmi les
peintres des artistes dominés avant tout par la passion
du métier, de la facture proprement dite et des procédés
techniques, des hommes dont il faut dire qu'ils sont *plus
peintres* qu'artistes. Emportés par un tempérament énergique, et puissant dans sa spécialité, ils n'ont que peu ou
point de souci du sujet, de l'idée, de la conception, de
la signification de leur œuvre; ils sacrifient au plaisir
pittoresque et tout sensuel d'une libre et forte exécution
les beautés d'un autre ordre. Les facultés poétiques, les
dons spéciaux de l'imagination, l'expression des passions,
l'émotion du drame humain, les agitations de notre âme
en ses douleurs, en ses joies, en ses troubles de toute
sorte : tout cela leur paraît autant de subtilités absolument étrangères à la peinture, autant d'erreurs et de
contre-sens anti-pittoresques mis à la mode par les raffinés, par les esprits littéraires.

Je ne dis point que l'abus de la spiritualité n'ait pas
de fâcheuses conséquences dans les arts; il mène rapidement les artistes à négliger la partie essentielle, la
partie pratique; il les habitue à se contenter d'une idée
plus ou moins ingénieuse au détriment des qualités fonda-
mentales et des exigences premières de leur art. Aussi
ces peintres dont je parle ont-ils en tout temps cherché
à imposer comme un système raisonné, sous le nom de
naturalisme au dix-septième siècle en Italie, de réalisme
au dix-neuvième siècle en France, leur attachement
exclusif à la peinture de morceau, leur éloignement, —
moins volontaire qu'ils ne le disent, — pour l'idée et
l'expression. Qu'il nous suffise de rappeler à ces peintres,
trop jaloux de leurs qualités d'exécution, que les créations
de Michel-Ange, de Léonard de Vinci, de Rembrandt,
de Géricault, d'Eugène Delacroix, nous justifient d'admirer dans une œuvre d'art quelque chose de plus que
le morceau : — la conception et la pensée dominante.

Je m'arrêterai aujourd'hui à ceux de nos artistes qui
se rapprochent le plus du type que nous venons d'es-
quisser. On comprend bien qu'ils ne sont pas nécessairement et également exclusifs; chez la plupart, cette
passion du métier s'accommode et se pare plus ou moins
d'intentions supérieures. Mais je crois avoir marqué
avec précision leur caractère, le trait principal qui leur
est commun, à savoir que le peintre en eux domine
l'artiste, c'est-à-dire le poëte. Ils sont bien capables de
considérer cette dernière phrase comme un éloge, et ils
n'auront pas précisément tort, car ils sont beaucoup plus
près du vrai de l'art que ne le serait un artiste ignorant
et dédaigneux du métier, quelque doué qu'il fût sous le
rapport des facultés poétiques et de l'imagination. La

première loi du peintre, c'est de savoir peindre. Voilà pourquoi je tiens à faire une classification spéciale de ces peintres énergiques et endiablés qui, pour n'être guère que des peintres, doivent exercer une forte et salutaire influence sur les jeunes gens. Il en est d'eux comme de ces virtuoses de l'archet et du clavier, les Paganini, les Liszt (encore ceux-là étaient-ils artistes, mais dans cet ordre que de machines!), qui réalisent sur leur instrument des difficultés inabordables pour tout autre qu'eux, mais qui, par l'exemple, par les études qu'ils imposent à leurs élèves, maintiennent à un niveau très-élevé parmi les artistes musiciens la moyenne du talent et l'habileté de l'exécution. Sans doute on préférera de beaucoup à ces brillantes exceptions les maîtres comme Haydn, Mozart, Beethoven, les créateurs; mais les premiers ont bien aussi leur part légitime d'action, de rares mérites, une juste célébrité.

Les noms qui se présentent tout de suite à la pensée, dans l'ordre qui nous occupe, sont ceux de Courbet, de Ribot et de Vollon.

L'exposition particulière de Courbet a révélé par son ensemble le talent simple, franc, fort de cet homme singulier, si capricieux, si digne par moments de l'admiration de ses partisans, si digne aussi par ses boutades des quolibets de ses adversaires. La véritable supériorité de Courbet, quand il est supérieur, c'est de voir juste et vrai, et de peindre comme il voit. Il dédaigne les artifices d'opposition et de contrastes violents, il modèle ses chairs dans la lumière diffuse, également répartie sur l'ensemble de la figure, par reflets pénétrant dans les demi-teintes, dans les ombres qui demeurent ainsi légères et transparentes. On reproche au peintre

son réalisme, mais dégagez le système et ne voyez que
le résultat. L'homme est jugé sans doute, mais le peintre
reste. Ainsi on lui reproche d'avoir donné aux vêtements
de *la Femme au perroquet* l'apparence du vêtement
moderne; la jupe avec sa ceinture en ruban de toile
choque quelques puristes. Je ne comprends pas très-
bien cette critique s'adressant à Courbet. Cette femme
nue a-t-elle d'autres prétentions que d'être un beau modèle? Pas que je sache. Courbet n'a point songé à nous
montrer ni à peindre autre chose. Veut-on qu'il chif-
fonne aux pieds de cette belle fille, sortie du pavé de
Paris, une tunique ou quelque autre draperie, abstraite
de forme et de couleur? Ce serait vraiment un contre-
sens.

Pour moi, je le trouve supérieur dans la figure à ce
qu'il est dans le paysage. Ici, malgré les grandes qualités de détail, malgré la beauté d'exécution des animaux
considérés isolément, le paysage pris en soi a un défaut
général dont je dirai la source. Les divers plans chevau-
chent, empiètent les uns sur les autres; les rochers du
fond, par place, viennent en avant et s'ouvrent comme
pour enchâsser les arbres des plans intermédiaires. Cela
tient au procédé employé par M. Courbet. Je demande
pardon au lecteur de lui donner ici, à ce propos, quelques explications techniques, je les évite soigneusement
d'habitude; pour une fois, il voudra bien m'excuser, et
je m'efforcerai d'être aussi clair que possible.

Chacun sait que, dans la pratique ordinaire de la peinture à l'huile, le peintre mélange ses couleurs sur la
palette et les applique sur la toile à l'aide de brosses de
dimensions variées. La volonté de l'artiste conduit sa
main, dirige ainsi le procédé d'une façon très-rigoureuse,

très-méthodique, et n'abandonne rien au hasard. Si l'artiste ne fait pas toujours ce qu'il voudrait faire, au moins ne fait-il rien qu'il ne l'ait voulu. En nettoyant sa palette après une journée de travail, M. Courbet aura, comme tous les peintres, remarqué que le mélange des couleurs, qu'il avait préparées pour peindre un objet déterminé, lui donnait, en s'écrasant sous le va-et-vient et l'aplatissement du couteau à palette, une finesse et une richesse de tons qu'il n'obtenait pas avec le travail de la brosse. Appliquant inconsidérément cette observation, il a peint depuis cette époque ses ciels, ses terrains, ses troncs d'arbres, ses dessous de feuillage avec le couteau à palette ; il prépare à l'avance le ton local approximatif, et il le pose à plat sur la toile en l'étendant et l'amincissant sous la lame flexible du couteau. Ce procédé lui fournit sans doute des morceaux de peinture solides et fins; mais il arrive aussi, fatalement, que le hasard mêlé à la partie lui joue des tours pendables en détruisant la perspective aérienne et l'unité de chaque plan. Les belles toiles de sa jeunesse n'étaient pas peintes ainsi ; à tous les points de vue, elles ont plus de mérite et dureront plus longtemps que ses derniers paysages. Dans l'exécution de la figure nue, sous peine de détruire toutes les formes, l'usage du couteau à palette est impossible, ou il doit être corrigé et-couvert par le travail de la brosse. De là, à mes yeux, l'évidente supériorité de la *Femme au perroquet* sur la *Remise de chevreuils*. Ce n'est donc pas ignorance ni impuissance chez M. Courbet, c'est faiblesse de peintre pour les résultats séduisants d'un procédé perfide et dangereux plus qu'il ne le croit. Peut-être les tableaux ainsi traités seront-ils plus longtemps à s'écailler que la peinture à la brosse, grâce à l'homogénéité de la pâte; je dis *peut-être*; mais ce qui ne fait point de doute pour moi, c'est que le jour où ils commenceront à s'altérer, ces tableaux seront perdus : la peinture, au lieu de se casser par fragments imperceptibles, faciles à rapprocher, à remplacer au besoin, s'enlèvera par plaques énormes et d'une manière irrémédiable. M. Courbet, si merveilleusement organisé pour voir la nature dans ses beautés simples et pour traduire exactement ce qu'il a observé, voudra-t-il donc persévérer plus longtemps dans une méthode qui compromet non-seulement l'avenir de sa peinture, mais qui de plus trahit si évidemment sa volonté?

Quant à M. Vollon, il est de tous les artistes nommés en tête de ce chapitre, celui qui se rapproche le plus du peintre exclusif que j'indiquais plus haut. Je crois que parler de sujets, d'idées, de pensées à Vollon, à cet homme qui peint pour peindre, pour le régal de ses yeux et de sa main, ce serait s'exposer à se faire rire au nez. Je ne vois personne qui ait plus que lui au salon le « diable au corps » de la peinture. La première chose venue, tout ce qui tombe sous son regard lui est prétexte à peindre; c'est une organisation admirablement douée, avec une faculté bien particulière. Cet artiste, si dédaigneux du style, que en trois ans il nous a envoyé trois intérieurs de cuisine; ce peintre, si insoucieux de l'élégance donnée par la ligne, a dans sa palette, dans sa couleur une élégance des plus exquises. Il a beau nous montrer ses maritornes essoufflées sous le poids de la hotte aux provisions, haletantes au feu des fourneaux, ruisselantes de l'action qu'elles mettent à récurer leurs chaudrons; il a beau faire, il trouve des rouges, des verts, des blancs d'émail d'une richesse merveilleuse. Il en est de même de ses paysages, de même aussi de ses fleurs, et cela paraîtra moins étonnant ; mais ce n'est point dans la nature qu'il trouve ses harmonies : elles lui sont particulières, absolument personnelles.

M. Vollon, quoi qu'il fasse, a un don spécial que ses plus curieuses tentatives ne sauraient lui enlever, c'est la distinction sans rivale de sa couleur. Voyez sa simple étude du plus doux, du plus gai, du plus spirituel des poissons, un énorme marsouin échoué sur la plage ; près de cette masse huileuse et grise, naguère si agile, si aimable, et désormais inerte, il a jeté les joyeux éclairs de coloration, les transparentes lumières, les nacres miroitantes de quelques poissons de basse extraction, des harengs, des crevettes, des crabes, une morue ; au loin l'horizon vert de l'Océan, et au ciel les grandes nuées poussées par le vent. Ce n'est qu'une étude, mais c'est aussi le plus curieux, le plus amusant panneau de salle à manger qu'on puisse trouver. Faut-il que le brave peintre donne une preuve étonnante de son extrême habileté ? Voyez donc maintenant sur ce tapis de velours vert, près de ce grand bol bleu céladon aux vieux ors ternis, cette grappe merveilleuse de raisins du Midi, si large et si achevée, œuvre de maître si la *maëstria* se mesure à l'étonnante fidélité, à l'extrême variété de l'interprétation, sans maigreur, sans petitesse, mais au contraire avec une fermeté, une souplesse, un brio d'exécution des moins communs. Maintenant nous pouvons lui dire, à cet habile artiste : « Mon cher Vollon, assez de cuisines ! Vous avez fait vos preuves de talent en triomphant des difficultés très-grandes que vous offraient vos tristes murailles, vos légumes pâles aux tons froids ; allez, enfoncez-vous dans la voie que vous vous êtes ouverte par le *Singe à l'accor-*

déon, par ce *Cabinet d'armes* que vous n'avez pas exposé, mais que j'ai vu. C'est là, dans les magnificences de couleur que vous montreront les pourpres, les soies, les orfévreries, les fleurs, c'est là que vous trouverez, sans rien perdre de votre beau talent, le rang qui vous est dû. »

C'est une vraie joie que de voir grandir tout à coup et se développer un jeune artiste que l'on croyait encore, à la veille de l'Exposition, un débutant timide, embarrassé de l'imitation immédiate de ses maîtres. Je signalais en 1865, à mes lecteurs du mardi, un petit tableau de M. Roybet, un tableau, quoique un peu gauche, plein de promesses, né sous le souffle de Ribot et de Vollon, et tout à coup ce talent naissant, tout hésitant, sort du nid, ouvre les ailes et s'envole librement au plus haut. Le *Fou sous Henri III* fut un des tableaux les plus remarqués du Salon de 1866, et le goût du public fut bien d'accord cette fois avec le goût proprement dit. L'œuvre est excellente. Sous son costume rouge des pieds à la tête, il est fort beau, ce fou ; beau, entendons-nous, beau à la façon pittoresque, car son corps est long et maigre, son visage plein de ruse et de méchanceté. D'ailleurs, il occupe bien son emploi de fou de cour ; il en a le geste, l'attitude et la bassesse. Les dogues tenus en laisse par l'homme à la marotte sont peints de main de maître. Tout se tient dans ce groupe qui s'enlève avec une harmonie sévère, intense, concentrée sur un fond de verdure qui a la qualité de ton des vieilles tapisseries. M. Roybet a vu Véronèse ; il a pris conseil de ce peintre souverain, il en a retenu quelque chose dans son œuvre, il lui a pris le secret de sa puissante harmonie.

Déjà M. Roybet s'écarte un peu, par l'intention ex-

pressive de sa figure, du groupe d'artistes auquel je l'ai
rattaché. M. Carolus Duran s'en éloigne encore davantage : il se préoccupe, et beaucoup, du motif de ses
compositions; il appartient à la même famille cependant
par ses fortes qualités d'exécution.

M. Carolus Duran a été pendant trois ans, je crois,
pensionnaire de la municipalité de Lille à Rome. Certes,
il n'y a point perdu son temps. Il avait déjà du talent
quand il est parti, et chacun des envois qu'il a faits de
Rome à nos expositions attestait de bonnes et sérieuses
études. Phénomène digne de remarque, ce jeune homme
a eu là-bas le bon esprit de poursuivre ses travaux dans
le sens où il les avait dirigés ici. Il a profité, et cela se
voit, de la contemplation des maîtres ; mais il ne leur a
pris ni leurs sujets, ni leurs procédés. Il est resté ce qu'il
voulait être : un peintre moderne. En 1863, il avait exposé une grande toile des *Moines disant la prière du
soir au pied d'un Calvaire* dans la campagne. L'œuvre
était forte, simple; elle avait gardé de l'impression grave,
austère, que devait avoir la scène elle-même telle qu'elle
s'était offerte dans la réalité aux yeux de l'artiste. C'était,
autant qu'il m'en souvient, le tableau religieux le plus
sincère, le plus élevé de cette exposition. Depuis,
M. Carolus Duran a exposé une toile d'un grand mérite,
véritable œuvre de peintre, l'*Assassiné*. L'artiste a fixé
dans cette page d'un beau caractère un souvenir des
mœurs de la campagne romaine. Je suis frappé de la
justesse des attitudes, de la variété d'expressions fort
éloquentes en chacun des assistants groupés autour du
cadavre. La vengeance, la douleur, la pitié, la curiosité
bête, tous les sentiments qui se partagent une foule en
pareille circonstance, ont été mimés et rendus par le

jeune artiste avec une précision remarquable. Notez, en outre, que le peintre n'est pas resté au-dessous de sa tâche, que son talent, très-ferme déjà, n'a pas trahi ses intentions, et vous aurez reconnu que le nom de M. Carolus Duran est de ceux qu'il faut retenir et désormais chercher au Salon chaque année.

M. Alphonse Legros avait depuis quelques années cessé d'exposer en France. Bien que ses débuts en peinture et aussi ses eaux-fortes lui eussent acquis l'estime des amateurs, il disparut tout à coup de nos Salons, mais le bruit de ses succès traversant le détroit nous apprit un jour que le jeune artiste s'était fixé à Londres. Il nous est revenu avec deux tableaux : une *Église*, qui n'est qu'une variation peinte sur un thème qui lui est cher depuis longtemps : un intérieur d'église, des moines dans leurs stalles tenant en main un cierge court et fondant à la chaleur de la flamme ; étude de gestes et d'expressions d'un caractère bien particulier, étude aussi de lumière et de couleur. Mais le second tableau de M. Legros nous révèle son talent sous un jour tout nouveau. Il représente la *Lapidation de saint Étienne*. L'œuvre saisit dès l'abord par son style nullement copié, mais inspiré des premiers maîtres de la Renaissance, avec un apport d'originalité individuelle nettement affirmé. M. Legros, qui a un sentiment très-vif et spontané de la couleur, a étudié de préférence et avec passion, dans les galeries d'anciens tableaux, les peintres qui ont obtenu le caractère par la précision sévère et naïve du dessin. La *Lapidation de saint Étienne* porte très-heureusement les marques de cette prédilection. L'œuvre a une allure tout à fait magistrale et vraiment au-dessus des petites habiletés de ce temps. Elle est simple, saine et forte, digne d'un musée.

M. Boudin s'est fait le très-spirituel chroniqueur des
toilettes féminines aux bains de mer. Il a le premier
compris tout ce qu'il y avait de grâce pittoresque dans ces
caprices de la mode qui font gémir les moralistes austères,
mais qui réjouissent le peintre et sont une bonne fortune
pour son habile pinceau.

Personne n'a vu ni rendu comme M. Boudin le joyeux
fourmillement de couleurs de ces toilettes élégantes, le
froissement des étoffes au souffle de la mer, le contraste
si particulier à notre temps de ce qu'il y a de plus mobile, de plus inconsistant avec le spectacle éternellement
grandiose de l'immense Océan. Est-ce un contraste ? un
rapprochement ? — Le poëte a dit : « Perfide comme
l'onde. » En tout cas, les tableaux de M. Boudin contiennent une indication sur nos mœurs précieuse à conserver. On n'a jamais, en vérité, fait plus follement
parade de l'amour de la nature. C'est une manie toute
récente que de passer la saison d'été à la mer. L'histoire
ne dit pas que Louis XIV l'ait jamais regardée, peut-être
même le grand roi ne l'a-t-il jamais vue. M. Boudin, le
premier, a surpris et nous a conservé ce côté piquant de
la vie moderne, et il l'a fait en artiste sans s'arrêter au
petit détail, à l'apparence étroite et mesquine des choses,
en les voyant au contraire par leurs aspects vivants et
remuants. L'écueil en de pareils motifs, c'était de faire
petit, menu, c'était la pose, c'était de tomber dans l'image
de mode. L'artiste a évité le péril fort heureusement; il
ne s'est attaché qu'aux ensembles, laissant le paysage, le
ciel et la mer dominer tous ces groupes, qui n'y prennent place que d'une façon purement épisodique. Tout
cela s'épanouit dans le joyeux éclat de couleurs des
feuilles peintes japonaises.

Si je n'avais peur de paraître saisir au vol une transition de rencontre, je dirais que je trouve des traces de cette étude des feuilles japonaises dans les deux tableaux d'un jeune homme qui, si je ne me trompe, exposait en 1867 pour la seconde fois seulement, M. de Gas. L'un est une composition assez importante égarée dans les hauteurs du grand salon de l'ouest, et dont, à cette distance, il était bien difficile d'apprécier les mérites ; l'autre était intitulé *Portrait de famille*. Ce sont deux jeunes filles, représentées en buste et vêtues de noir, dont la silhouette se détache sur un fond de tenture à teinte neutre. Cette peinture attache par l'évidente simplicité, je dirai presque par la naïveté du moyen employé. Mais, qu'on ne s'y trompe point, c'est une simplicité longuement méditée, résultat de l'étude, de la réflexion, de l'effort. Le jeune artiste a écarté toute convention préalable, dédaigné tout artifice de palette ; il a soigneusement disposé ses modèles dans le milieu de leur vie habituelle et s'est placé devant la nature avec la ferme résolution de n'y rien ajouter de lui-même, la considérant en cette étude comme un guide, comme un maître suffisant à son ambition du moment. Point d'effet pittoresque, un modelé soigneusement poursuivi dans la lumière diffuse, quelquefois un peu trop sommaire ; une recherche très-délicate des finesses, des nuances, de la vie en mouvement, mais d'un mouvement simple et grave ; telle est la tentative de M. de Gas, tentative vraiment méritante en ce temps d'habiletés excessives.

Le Salon de 1867 renfermait quelques œuvres d'artistes jeunes qui témoignent de courageuses et très-méritantes inspirations vers les formes élevées et grandes de l'art. Je signalerai notamment comme étant dans

cette voie excellente M. Henri Lévy, qui a pris à Racine
le beau motif de son *Joas*, sauvé du massacre des petits-
fils d'Athalie, et M. Humbert, auteur de l'*Enlèvement*,
épisode de l'invasion des Sarrasins en Espagne. On
aura été frappé, en présence de ces deux toiles, de
retrouver, dans l'une comme dans l'autre, une inspiration directe d'un maître longtemps méconnu, un souvenir d'Eugène Delacroix. En de tels sujets, qui comportent le drame, la passion, le mouvement, nul maître, en
effet, ne pouvait être plus heureusement consulté.
M. Lévy a été obsédé par des réminiscences de la *Médée*,
M. Humbert par des réminiscences du *Massacre de Scio*.
Heureuse obsession qui n'a point empêché chacun des
deux jeunes artistes de faire en leur œuvre un apport
très-intéressant de qualités individuelles.

A ce même Salon a fait son second début un très-
jeune homme qui, désormais, n'a plus qu'à poursuivre
dans la voie qu'il s'est ouverte. Ce jeune peintre porte
un nom déjà aimé dans les arts : il est fils et neveu des
deux frères Giraud ; l'un, Charles Giraud, qui se partage
avec un égal succès l'étude de nos somptueux intérieurs
parisiens et celle des pittoresques intérieurs des chaumières bretonnes ; l'autre, Eugène Giraud, le peintre de
l'Espagne romantique et des mœurs parisiennes, le
maître pastelliste à qui nous devons tant d'élégants et
vivants portraits, l'admirable caricaturiste connu seulement des artistes et qui laisse dans les cartons du comte
de Nieuwerkerke, aux soirées du Louvre, la plus étonnante galerie d'illustrations contemporaines, pages mille
fois précieuses, presque des pages d'histoire que l'avenir
recueillera soigneusement.

Le fils de ce cher maître, M. Victor Giraud, débutait,

il y a trois ans, au Salon par une œuvre de jeunesse pleine de tapage, de rires, de mouvement, de vie joyeuse, un *Déjeuner*, où il avait prodigué une verve d'action et une habileté d'exécution surprenantes. Aujourd'hui, après quelques années de recueillement, il nous revient transformé. En dehors de toute convention d'Académie, de son propre mouvement et de sa libre interprétation, il nous donne une étude de mœurs antiques, le *Marchand d'esclaves*. Le motif, maintes fois traité, a été rajeuni par M. Victor Giraud. Il y fait rayonner sa composition autour du groupe principal formé du marchand et d'une jeune esclave qui se présente, chaste et nue, voilée de sa seule pudeur, à l'appréciation de l'acquéreur nonchalant. Le sujet prêtait à l'étude délicate des contrastes de types, de formes, d'expression, et l'artiste a tiré grand parti de ces oppositions prévues qui ajoutent tant de variété à la qualité même de sa peinture. Ce qui domine dans le tableau, c'est une ample draperie bleue dont est revêtu le jeune homme assis au centre de la composition. Cette draperie est d'une richesse de coloration étonnante. Une telle note équivaut à un signalement. Si nous nous en rapportions aux théories de Stendhal et de Taine sur l'influence du tempérament dans le caractère de l'œuvre d'art, nous jurerions, à voir ces bleus maniés avec une supériorité si rare, que l'artiste appartient à la race blonde. Cette couleur, le bleu, si froid, a pris sous la brosse du peintre une singulière puissance, une chaleur de ton qu'elle doit assurément à la disposition savante de toutes les tonalités du tableau, aux chairs ambrées, dorées des esclaves, au gris sobre et sévère des vêtements du marchand, au pelage blanc des beaux lé-

vriers couchés dans un angle de la toile, à l'air qui circule dans ce tableau, à la lumière qui enveloppe toute la
composition des premiers plans aux plans les plus recu-
lés. M. Victor Giraud a désormais pris place aux premiers
rangs dans notre jeune école, avec cette originalité, digne
d'être signalée, que dans son talent la force n'exclut nullement l'élégance, que le sentiment du réel s'y accorde
parfaitement avec celui de la distinction des formes et
de la couleur.

Il est curieux de constater à quelles aberrations peut
conduire l'excès d'un sentiment excellent en soi : l'horreur du convenu. C'est dans les ouvrages exposés depuis
quelques années par M. Fantin-la-Tour que cette constatation est facile à faire. Bien loin d'être empêché par l'i-
gnorance, M. Fantin-la-Tour a un fond d'études sérieuses
qu'il accroît chaque jour. Il fait au Louvre d'admirables
copies, parfois de libres et superbes interprétations d'a-
près les maîtres, spécialement les maîtres coloristes. Son
instinct et son tempérament le poussent aux effets de coloration ; il a eu, tant au Salon des refusés qu'au Salon, des
esquisses absolument imparfaites, qui annonçaient cependant une recherche intéressante des prestiges du ton,
Comme dessinateur, sans qu'il puisse se piquer d'une
correction irréprochable, il est très au-dessus des erreurs
grossières où tombe M. Manet. Avec tout cela, il n'a
rien fait encore que des morceaux dont on dit : « Cela
promet. » Cependant M. Fantin-la-Tour a exposé au
Salon annuel deux portraits : le sien à titre d'étude et
celui de M. Manet, œuvre excellente d'un peintre qui
dispose en maître de tous les procédés de son art, et qui
n'a pas craint de faire ce portrait d'une ressemblance
« criante. » Je ne sais pourquoi on dédaigne si fort ce

résultat qui me paraît essentiel dans ce genre de peinture. Qu'un artiste fasse avant tout et pour son compte
personnel une œuvre d'art, j'y souscris très-volontiers ;
mais, sur ce point, je confesse que je suis horriblement
« bourgeois » et « philistin » : j'estime beaucoup cette
chose vulgaire, si l'on veut, mais infiniment précieuse,
à mon avis, la ressemblance. M. Fantin a su réunir ce
dernier mérite à celui d'une peinture ferme, franche,
savante. Ce n'est pas le premier portrait que le jeune
artiste expose, et nous l'avons toujours vu triompher en
peintre consommé des délicatesses, des finesses de ton
qui caractérisent d'une façon toute particulière les chairs
des tempéraments blonds.

Mais nous demanderons un nouvel effort à M. Fantin.
Qu'il suive l'exemple des peintres de son âge, de ses ca-
marades, les Legros, les Carolus Duran, les Roybet,
les Giraud. Qu'il arrive au tableau. Qu'il nous révèle enfin
l'artiste, après avoir révélé une fois de plus le peintre
dans cet excellent portrait de M. Manet : un nom qui
éveille la discussion aujourd'hui. Et pourtant, osons le
dire, le public est injuste pour M. Manet. Il n'y a rien de
plus singulier, je l'avoue, que les tableaux exposés par
ce peintre dans un atelier ouvert par lui avenue de l'Alma ;
et, selon l'humeur, selon la disposition d'esprit dans laquelle on les considère, il n'y a rien de plus triste. Ces
tableaux sont comiques en soi, à les examiner sans tenir
compte des intentions qui les ont inspirés ; ils sont
tristes comme l'est tout gaspillage — irréfléchi ou volontaire — de facultés qui pourraient être fécondes. Que
faire ? Faut-il rire ou s'indigner ? Le rire et la colère
n'ont point une bien grande valeur critique ; on ne s'in-
digne point, on ne rit pas non plus à la vue d'une infir-

mité : soyons donc de sang-froid et jugeons le cas pathologique qui sévit en ce moment sur un certain nombre d'artistes.

Si nous tenions à remonter à l'origine du mal, il faudrait rendre M. Courbet responsable. Mais il nous paraît plus intéressant de parler tout de suite de M. Manet, le dernier venu dans la tribu des excentriques.

Ceux qui n'ont appris le nom de M. Manet qu'à l'exposition de 1865 ne voudront jamais croire que l'auteur d'*Olympia* et du *Jésus insulté par les soldats* est un homme sérieux, un artiste convaincu, procédant en vertu de certaines lois calculées, de certains principes débattus avec lui-même et déterminés d'une façon précise ; ils se refuseront à admettre que ce peintre puisse jamais faire et ait jamais fait des œuvres de talent. S'il m'était possible d'oublier ce que j'ai vu, ne fût-ce qu'une seule fois, en fait de peinture, je serais très-probablement de l'avis des personnes dont je parle ; mais il est tels ouvrages de M. Manet qui déjouent toutes les assertions négatives suggérées par le *Jésus insulté* et l'*Olympia*.

L'*Enfant à l'épée* et des tableaux de nature inanimée où l'artiste avait jeté des fruits et des poissons sur des nappes d'un blanc éclatant, des études de pivoines encore, révélaient chez M. Manet des qualités pittoresques incontestables, originales, procédant d'une légitime théorie qu'il s'était faite, et que ses ouvrages rappelés ici justifiaient parfaitement. Cette théorie, je crois la deviner, et elle mérite d'être expliquée. En dépit des productions singulières par lesquelles elle s'affirme ici, elle a du bon. Je dirai aussi en quoi M. Manet trahit lui-même la vertu de sa tentative.

M⸱ Manet, je pense, aura remarqué, comme tous ceux qui ont quelque habitude de l'observation pittoresque, que les peintres en général, à de très-rares exceptions près (Rubens, Véronèse, peut-être), ont tous adopté un procédé de coloration qui n'était, comme la peinture elle-même, qu'un mode conventionnel d'exprimer ou d'interpréter la nature. Cette altération du ton réel est magnifique chez les maîtres, et elle est très-défendable, quoi qu'en puisse penser M. Manet. Chez les disciples des maîtres et chez leurs imitateurs, au contraire, la manière personnelle du grand artiste devient un manière injustifiable, inerte, sans intérêt, sans vie, sans accent. Comme, en somme, le nombre des disciples dans toutes les écoles est toujours infiniment supérieur à celui des maîtres originaux, il en résulte que, trompé par la quantité des peintures de seconde et de troisième main, M. Manet s'est cru fondé à condamner absolument et rigoureusement le principe de l'altération du ton réel tel que la nature le présente, principe, je dois le répéter, parfaitement légitime chez les hommes d'un talent propre et tout à fait individuel.

Qu'a donc tenté M. Manet? Rien que de parfaitement légitime aussi; il a voulu, en ce qui le concerne au moins (car je ne lui crois point des prétentions de chef d'école), il a voulu ramener la peinture à la reproduction strictement fidèle des tons de la nature éclairés par la lumière diffuse. Je précise et dis que les objets, dans ce cas, doivent être éclairés par la lumière diffuse, car si on les supposait directement éclairés par la lumière du soleil, il y aurait de tels écarts d'intensité entre les parties lumineuses et les parties d'ombre, que nos couleurs chimiques seraient parfaitement impuissantes à les rendre fidèlement; en présence d'un pareil problème, toutes les images familières de l'impossibilité nous viendraient sur les lèvres; la difficulté serait la même que si l'on voulait vider la mer avec une écuelle ou prendre la lune avec les dents.

M. Manet, je ne sais s'il y avait réfléchi, voit maintenant, sans aucun doute, qu'avec sa poursuite du ton réel, il restreint singulièrement le champ des évolutions pittoresques, il s'interdit de reproduire autre chose que des scènes d'intérieur ou des sujets à l'air libre observés sous un ciel extrêmement couvert (et la difficulté serait encore énorme) ou bien enfin des sujets pris aux heures crépusculaires du matin et du soir. Dans ces conditions seulement, il peut, avec quelque espérance de succès, réaliser sa chimère du ton réel; seulement alors, les valeurs d'ombre, de demi-teinte et de lumière offrent des rapports assez voisins, assez peu différents d'intensité, pour être traduits fidèlement par les couleurs chimiques. Dès que le grand jour intervient dans la nature, l'impossibilité de la reproduire fidèlement, sans convention, intervient avec lui.

Après les quelques observations qui précèdent, le lecteur s'expliquera peut-être comment il se fait que M. Manet ait des admirateurs sincères (presque des fanatiques) dont je ne fais point partie, j'ai hâte d'en donner acte. C'est ainsi, du moins, que je comprends qu'un peintre justement célèbre, membre de l'Institut, d'un talent très-sévère, très-correct, m'ait fait par rencontre l'éloge de M. Manet. Assurément, habitué à la difficile observation de la nature, son regard d'artiste lui révélait les mérites de cette lutte obstinée avec l'une des plus grandes difficultés de l'art de peindre.

Eh bien! dans cet esprit, M. Manet a réussi quelques ouvrages. Sans altération il a rendu avec fermeté, avec vérité, avec justesse, des effets, — non des effets, car le propre de cette peinture est nécessairement de fuir l'effet, — mais des sujets choisis, consciemment ou non, dans les limites que j'ai indiquées plus haut : des objets inanimés posés sur une table d'intérieur, des scènes prises au dedans, à la lumière du nord. Chaque fois qu'il a voulu sortir de ces limites, faire agir ses personnages en plein air, M. Manet invariablement, et parce qu'il ne pouvait arriver à autre chose, a perdu tout mérite de fidélité. Nous l'avons bien vu dans son *Déjeuner sur l'herbe*, nous l'avons vu de nouveau dans sa *Course de taureaux*. Dans le premier tableau, il avait eu forcément recours à la convention commune à tous les peintres; dans le second, la scène était éclairée par une lumière de crépuscule, un clair de lune effacé, et cependant l'artiste visait alors à donner l'impression du plein midi, du soleil éclatant.

Maintenant que j'ai essayé de déterminer dans quelle mesure l'effort de M. Manet est acceptable, je dois dire que le côté grotesque de son exposition tient à deux causes : d'abord à une ignorance presque enfantine des premiers éléments du dessin, ensuite à un parti pris de vulgarité inconcevable. M. Manet compromet l'originalité de sa tentative par une insuffisance de moyens d'exécution dont on ne peut se rendre compte qu'en présence de ses figures nues. La figure exige une science préalable, une routine parfaitement vulgaire, toute d'acquisition et qui ne fait pas l'artiste, mais qui est son instrument même : je veux dire l'habitude de dessiner avec précision, de serrer de près l'indication des contours, des formes pleines, des saillies et des cavités du modelé, habitude nécessaire qui, encore une fois (et l'on s'y trompe souvent), ne constitue pas l'artiste, qui ne constitue même pas le dessinateur, mais qui leur fournit les moyens de réaliser toutes leurs conceptions de geste et de mouvement.

M. Manet n'a point cela, il est moins avancé à cet égard qu'un élève médiocre de la petite École de dessin. (Que de paysagistes, d'autre part, ne sont pas plus avancés que lui!) Avec le goût de l'art, avec cet instinct très-particulier qui est la faculté artiste par excellence, le vivant désir de reproduire et de fixer les phénomènes extérieurs, avec une certaine idée théorique préconçue et juste malgré quelques réserves, il arrive à provoquer les rires quasi-scandaleux qui attroupent les visiteurs devant cette créature étrange qu'il appelle *Olympia*.

La construction baroque de « l'auguste jeune fille, » sa main, en forme de crapaud, causent l'hilarité et chez quelques-uns le fou rire. En ce cas particulier, le comique résulte de la prétention hautement affichée de produire une œuvre noble, (« l'auguste jeune fille », dit le livret) prétention déjouée par l'impuissance absolue de l'exécution; ne sourit-on pas en voyant un enfant se donner l'air important d'un homme? Dans cette *Olympia*, tout ce qui est dessin est donc irrémissiblement condamné. La coloration générale elle-même est désagréable. En certaines parties seulement elle est juste : ainsi dans le ton des linges, dans les contrastes du drap, du cachemire et des fleurs. Mais si nous prenons au sérieux l'effort de M. Manet, nous devons lui dire que, dans la nature, les ombres charbonneuses sont rares et qu'il n'en voit ou du moins qu'il n'en fait point d'autres. Il ne tient aucun compte des reflets, des contre-reflets; et ce n'est qu'en les étudiant qu'il peut réussir à donner à sa peinture l'harmonie que la nature possède toujours.

Je ne dis rien du *Jésus insulté*. Les vulgarités de l'exécution sautent aux yeux, et c'est ce que je me sens le moins porté à excuser chez cet artiste qui a tant de défauts au service d'une seule idée esthétique.

Mais n'insistons pas davantage. On me dit que M. Manet lui-même auprès d'un groupe de jeunes gens passe déjà pour un timide, un classique à perruque, et que nous n'avons rien vu de l'art de l'avenir. Mais ces folies m'amusent et ne me révoltent point du tout. Mieux vaut mille fois cette exaltation insensée que la quiétude mortelle des satisfaits.

IX

MM. Bida, Pils, Harpignies, Chaplin, Pollet, J. Tourny, E. Lami,
S. A. I. madame la princesse Mathilde.

L'artiste autrefois dessinait beaucoup plus qu'il ne le
fait aujourd'hui. Il voyait dans le dessin quelque chose
de plus et de mieux qu'un moyen expéditif de grouper
les lignes essentielles de son tableau. Des amateurs, que
leur médiocre fortune empêchait de former une galerie
de peintures, réussissaient à collectionner de pleins portefeuilles de dessins. Et ces dessins n'étaient point tous
traités en croquis comme le sont la plupart des ouvrages
de ce genre plus récents. Dans la quantité, bon nombre
étaient achevés, soignés et travaillés comme une œuvre
d'art complète en soi. La pratique du crayon avait cet
excellent résultat qu'elle forçait le peintre à chercher la
forme précise et serrée, au lieu de la laisser indécise et
flottante, et pour ainsi dire noyée dans les vagues *à peu
près* de l'ébauche.

Dira-t-on que le public est insensible aux productions
de cette sorte toujours un peu sévères et abstraites?
L'argument serait de peu de valeur et l'excuse insuffi-

sante. Le goût public doit être formé par les artistes,
bien loin qu'il lui appartienne de guider leurs manifestations. Oublie-t-on d'ailleurs en quelle estime sont tenus
les beaux dessins de Decamps? On ne peut non plus
ignorer que ce sont les dessins de M. Bida qui ont fait
la légitime réputation de cet artiste et lui ont assuré le
rang qu'il occupe dans l'école française contemporaine.

A part quelques paysagistes qui, de temps en temps,
envoient à nos expositions des *fusains* intéressants,
M. Bida est à peu près le seul qui considère le dessin
comme un genre ayant ses procédés, ses lois techniques
et répondant pleinement à une très-noble ambition
d'artiste. On sait qu'il a accepté la lourde tâche de reproduire les motifs essentiels des livres saints pour une
édition de la Bible que prépare une de nos grandes li-
brairies parisiennes.

Quand l'œuvre sera complétement achevée et livrée à
l'appréciation du public, il est bien probable que le mode
d'interprétation adopté par M. Bida sera très-chaude-
ment discuté. L'artiste, en effet, a rompu net avec la
tradition de Raphaël et de Poussin ; au costume de convention adopté par les maîtres pour exprimer les mœurs
bibliques, il a franchement substitué le costume des no-
mades du désert africain. M. Bida a, pour le soutenir
dans cette tentative, deux auxiliaires qui, se prêtant un
mutuel secours, plaident éloquemment sa cause. Il a pour
lui la vraisemblance historique, autrement dit la *couleur
locale*, et, ce qui me paraît bien plus sérieux, il a le talent. Horace Vernet, en des essais de même nature, n'a
su s'autoriser que de la persistance des mœurs, des coutumes, des manières de vivre, de se vêtir en un milieu

semblable. Il pouvait être dans le vrai théoriquement, mais il a été trahi par les faiblesses de son procédé, si évidentes en cette suite de peintures les plus médiocres de son œuvre. Chez M. Bida ce n'est certes pas l'exécution qui nuira au système. Il suffit de jeter les yeux sur ses dessins pour s'assurer que jamais l'artiste n'a eu plus de finesse et de fermeté, plus de largeur d'effet et de sentiment que dans cette interprétation nouvelle des sujets et des personnages sacrés. Pourtant, — voyez la force persistante de l'éducation première sur nos organes, et par suite sur nos jugements, — nous avons bien de la peine à nous habituer à ce mélange de réel et d'idéal ; on est presque choqué de rencontrer la grande figure du Christ errant parmi les bazars du Caire ; il y a dans cette confusion des sublimes légendes chrétiennes et du pittoresque oriental moderne une sorte de contradiction, un choc du divin et de l'actuel qui nous trouble. L'Orient, par Decamps, Marilhat, Fromentin, Berchère, etc., nous est devenu aussi familier que nos boulevards. Cette vérité locale équivaut donc à un tel rajeunissement des faits et gestes appartenant aux personnages sacrés qu'en dépit de la vraisemblance elle nous paraît invraisemblable et presque blessante, comme le serait l'affirmation d'une religion nouvelle, comme le serait un Christ en habit noir.

M. Fromentin a touché à cette question dans son beau livre : *Un Été dans le Sahara*. A plusieurs reprises, il avait été frappé, lui aussi, de la conformité de fond et d'aspect que présentent les mœurs des tribus arabes avec celles des tribus d'Israël. Et, cependant, il a conclu formellement contre sa propre impression : « Oui, a-t-il dit, ce peuple possède une vraie grandeur, il la possède

seul, parce que seul, au milieu des civilisés, il est demeuré
simple dans sa vie, dans ses mœurs, dans ses voyages.
Il est beau de la continuelle beauté des lieux et des saisons qui l'environnent. Il est beau surtout parce que,
sans être nu, il arrive à ce dépouillement presque complet des enveloppes que les maîtres ont conçu dans la
simplicité de leur grande âme. Seul, par un privilége
admirable, il conserve en héritage ce quelque chose
qu'on appelle biblique, comme un parfum des anciens
jours. Mais tout cela n'apparaît que dans les côtés les
plus humbles et les plus effacés de la vie. Et si, plus fréquemment que d'autres, il approche de l'épopée, c'est
alors par l'absence même de tout système, c'est-à-dire
en quelque sorte en cessant d'être Arabe pour devenir
humain. Devant la demi-nudité d'un gardeur de troupeaux, je rêve assez volontiers de Jacob. J'affirme, au
contraire, qu'avec le *burnous* saharien ou le *mach'la* de
Syrie, on ne représentera jamais que des Bédouins. » Le
raisonnement dans cette page est fondé sur l'observation
des faits, analysés par le regard d'un peintre mis au service d'un esprit réfléchi autant qu'élevé.

Les raisons que j'appellerai « raisons de sentiment »
ne sont pas moins concluantes : « Costumer la Bible,
c'est la détruire ; comme habiller un demi-dieu, c'est en
faire un homme. La placer en un lieu reconnaissable,
c'est la faire mentir à son esprit ; c'est traduire en histoire un livre antéhistorique. Comme, à toute force, il
faut vêtir l'idée, les maîtres ont compris que dépouiller
la forme et la simplifier, c'est-à-dire supprimer toute
couleur locale, c'était se tenir aussi près que possible de
la vérité... *Et ego in Arcadiâ...* Sont-ce des Grecs?
est-ce l'Arcadie? Oui et non : non, pour le drame ; oui,

dans le sens de l'éternelle tragédie de la vie humaine. »
Voici, en quelques lignes, l'arrêt définitif formulé sur ce
point par M. Eugène Fromentin : « Donc, hors du général, pas de vérité possible, dans les tableaux tirés de
nos origines; et bien décidément il faut renoncer à la
Bible, ou l'exprimer comme l'ont fait Raphaël et Poussin. » Je ne vois à cette conclusion qu'un côté faible, et
l'objection la voici : Ni Poussin, ni Raphaël n'avaient eu
conscience de cette analogie des mœurs bibliques et des
mœurs arabes. Ne peut-on se demander ce qu'eussent
osé et légitimé par leur génie ces maîtres épris de vérité
s'ils avaient reçu cette impression de grandeur antique
laissée, à tous ceux qui l'ont pratiqué, par ce peuple, par
un peuple qui, à ce qu'affirment les voyageurs et notamment l'auteur d'un *Été dans le Sahara*, fait involontai-
rement et souvent penser à la Bible. La question ne saurait être résolue. Il est vrai, — et nous l'avons dès l'abord
constaté, — que le mode d'interprétation adopté par
M. Bida bouleverse toutes les conceptions dont notre
mémoire nous fournit la formule extérieure en pareille
matière. Mais ignorant quelle valeur idéale les maîtres
eussent donnée à ces motifs s'il les avaient interprétés à
l'orientale, nous ne pouvons préjuger que d'une façon
bien irrésolue l'avenir réservé à cette tentative.

Dans le cadre où s'exerce M. Bida, celui du livre,
l'effort est très-digne d'intérêt et il a de plus ce privilége
de ne pouvoir blesser aucune conviction. Il n'y aurait
contestation sérieuse que le jour où un peintre voudrait
étendre ce système à la peinture murale dans les églises.
Et pourtant, en dépit de nos hésitations, de nos réserves,
de nos scrupules, de nos timidités, vienne un artiste de
génie, un grand peintre qui adopte un tel parti, et le

système qui nous trouble si vivement aujourd'hui sera à jamais consacré, une nouvelle tradition d'art religieux se fondera, l'éducation pittoresque des générations à venir sera faite sur ces données, et les hommes trouveront probablement en ces formes contestées par nous la même somme de mysticisme, d'élévation chrétienne, le même idéal divin que reflète, à nos yeux, l'ancienne tradition de l'école romaine.

Il en est de l'aquarelle comme du dessin. Très-peu d'artistes considèrent ce procédé comme suffisant aux nécessités expressives de l'art. Ils en font un moyen de notations. M. Pils, par exemple, qui jette si vivement sur le papier ses types d'artilleurs. Tel autre, un paysagiste, M. Harpignies, se sert de l'aquarelle en ses courses comme du procédé le plus expéditif pour fixer, forme et couleur, le souvenir du site qui l'a séduit; telle est la petite *Marine à Sorente*. M. Chaplin en fait des réductions de ses peintures galantes, si recherchées dans la région qui s'étend entre le boulevard des Italiens et le boulevard extérieur. M. Pollet l'utilise pour enluminer ses dessins de *Nymphes* au bain, dessins un peu mous, un peu ronds, mais exécutés avec conscience et d'une main habile. Je ne rencontre dans nos expositions que trois artistes qui traitent l'aquarelle comme un art très-spécial et très-digne qu'on s'y consacre. M. Joseph Tourny d'abord, qui s'y livre tout entier, qui a fait tant d'admirables copies d'après les maîtres, et entre autres le portrait d'Érasme, d'après Holbein, et le portrait de Condottiere, d'après Antonello de Messine, deux de nos chefs-d'œuvre du Louvre inspirés du même principe d'analyse scrupuleuse, méthodique, patiente et pénétrante, éclairé chez Antonello par les chaudes lueurs des couchants d'Italie,

chez Holbein, par les clartés froides mais intenses des
ciels du Nord. M. Tourny, d'une main également savante
et avec une égale piété a su rendre fidèlement ces deux
belles pages où le génie du Nord et le génie du Midi se
rencontrent dans la même passion d'analyse, dans la
même sévérité magistrale appliquées à la reproduction
du masque humain. Ici l'homme de guerre, là l'homme
d'étude, revivent avec les marques de leur individualité
propre, celle d'Érasme et celle du soldat inconnu; mais
en outre la gloire commune aux deux artistes en ces
œuvres consiste à nous avoir à jamais donné, et d'une
façon générale, *le* soldat et *le* savant, alors qu'ils n'a-
vaient sous les yeux qu'*un* soldat et *un* savant. Ils ont
d'après l'individu fixé le type.

M. Tourny est passé maître lui-même en cet art si
rare et si difficile d'interpréter les grandes écoles. Plus
d'un cabinet d'amateur s'est enrichi de ses précieuses
copies, malheureusement trop peu connues du public,
gardées comme elles le sont par leurs possesseurs avec
un soin jaloux et bien exclusif. Le peintre a d'autres
ressources d'ailleurs; et quel que soit son talent de traducteur, il fait mieux encore et n'abdique pas entière-
ment sa personnalité au profit des maîtres anciens. Une
tête de Moine, peinte par M. Tourny d'après le modèle
vivant, révèle la conscience des études de cet ancien prix
de Rome, ainsi que la largeur de ces procédés d'aquarelle
trop délaissés.

Rien de plus curieux que de voir, auprès des travaux
sévères de M. Tourny, les légères et pimpantes fantaisies de M. Eugène Lami : son *Walter Raleigh* étendant
le velours de son manteau sous les pas de la reine Élisabeth, ou son *Louis XIV* rentrant au château de Ver-

sailles; l'immense escalier dit des *Cent marches* chargé
de petites figures vêtues de soie, de velours, couvertes
de rubans, et, au pied de l'escalier, l'équipage avec
son escorte de mousquetaires remettant l'épée au four-
reau; enfin ses pimpantes fantaisies inspirées d'Alfred de
Musset.

Invoquons un nouvel exemple, qui fait désormais autorité et qui démontre, sans contestation possible, avec
quelle souplesse l'aquarelle entre des mains habiles se
prête aux combinaisons d'art les plus variées.

Nous voulons parler des belles études de S. A. I. madame la princesse Mathilde. On sait en effet que la princesse ne borne pas son goût pour les arts à se composer
une galerie, mais qu'elle pratique également la peinture
avec un rare talent.

Qui ne se souvient, en effet, de son *Seigneur du
temps de Louis XIII* et de l'excellente copie d'un portrait de Rigaud, le *Jeune duc de Lesdiguières* qu'elle
avait envoyés au Salon de 1863? L'année suivante, elle
a exécuté de même une copie et une œuvre originale modestement désignée sous le titre : *Étude d'après nature.* Cette étude d'après nature est à la fois une fantaisie romanesque et une figure de style. C'est une jeune
femme vêtue de la tunique bleue des fellahs d'Égypte.
Mais l'humble costume des fellahs est singulièrement
ennobli par la richesse de la coiffure où se mêlent la
pourpre, les diadèmes, les parures de sequins, les voiles
élégants; la tunique, aux manches courtes et larges, qui
se drape étroitement sur les formes du corps, est elle-
même ornée d'une légère et courante broderie d'or. Ce
n'est donc point une femme de condition inférieure que
nous avons sous les yeux; le pur contour des bras, l'aris-

tocratie de la main trahiraient les nobles loisirs de cette
étrange beauté, si les yeux calmes, profonds et rêveurs,
de grands yeux noirs, pleins de feu, n'indiquaient une
méditation dégagée des fatigues quotidiennes de la vie.
C'est un type mystérieux, plein d'énigmes. Est-ce vraiment une fellah subitement tirée de sa condition misérable, et par un caprice du maître livrée à l'oisiveté
du harem? Est-ce, au contraire, une sultane disgraciée
songeant aux heures envolées sans retour? N'est-ce pas
plutôt Scheherazade composant les récits merveilleux des
Mille et Une Nuits? Je laisse la solution de ces problèmes
à l'émotion du visiteur, car c'est le propre des créations
originales, en peinture comme en musique, de fournir
un thème à tous les caprices de l'imagination. Cette belle
fille, cette perle d'Orient est assise au bord d'une terrasse ouverte sur le bleu étincelant d'un ciel sans limites;
son bras droit suit le mouvement de son corps plein
de force et de souplesse. Près d'elle une plante aux fleurs
d'un violet pâle glisse et serpente sur le marbre des colonnes et des terrasses, cadre sévère et froid qui contraste
savamment avec la vie puissante et chaude concentrée
dans le visage.

Le second tableau de la princesse est une copie de
l'admirable portrait de madame Lenoir, par Chardin,
appartenant à M. Lacaze.

Sur un fond uni de teinte neutre, la tête s'enlève
légèrement inclinée du côté gauche. Les cheveux, blonds
jadis, ont blanchi; mais le regard est resté jeune, il est
plein d'indulgence et de grave bonté. Sur les cheveux,
une dentelle qui les encadre est fixée par un pli de ruban
au sommet du front intelligent et large. La forme du nez,
primitivement d'une coupe correcte et sensuelle, s'est un

peu altérée, mais la narine est toujours mobile, vivante.
Malgré le doux sourire qui l'illumine, la bouche à ses
angles est légèrement plissée. Belle encore, à demi-
voilée par les bouts retombants d'un fichu de gaze né-
gligemment noué autour du cou, la poitrine disparaît
entre les larges nœuds d'un corsage de soie. Des épaules
descend un mantelet noir d'où s'échappe avec quelques
dentelles le bras gauche, d'un dessin très-ferme. Les
mains sont petites et posées simplement sur les genoux :
la main droite tient un vieux livre aux tranches jaunies;
le pouce de la main gauche se dessine en raccourci sur
la couverture jaspée du volume, qui s'est refermé sur un
doigt faisant office de signet. Ces mains, la lumière s'y
joue en caprices charmants et doucement remonte vers le
front où elle se concentre en un rayonnement suprême,
image du rayonnement intérieur de cette âme qui apparaît
éclatante et sereine sur le visage. Jamais flamme plus
vive et plus pure n'éclaira visage humain de reflets plus
doux, jamais les luttes et les amertumes, les douleurs
de la vie ne laissèrent leur trace plus voilée de rési-
gnation courageuse sur les traits d'une vieille femme.
Mais la trouver vieille, le peut-on? et n'est-ce pas en
face de ce portrait que s'échappa ce cri resté célèbre :
« Il n'y a pas de vieille femme! (1) »

Le livret nous apprend que cette belle copie appartient à M. Sainte-Beuve. M. Sainte-Beuve aura certes
bien des envieux ; mais chacun reconnaîtra que cette
image si fine, d'une distinction morale si haute, ne
pouvait être plus dignement placée que dans le cabinet
de l'auteur des *Portraits de femmes.*

(1) Michelet, *l'Amour.*

Ces deux tableaux sont peints à l'aquarelle. On peut donc dire que, si l'artiste a trouvé une création originale dans son Étude d'après nature, il s'est servi pour la rendre de moyens non moins originaux. Jamais, en effet, l'aquarelle n'avait été traitée dans ces dimensions et avec cette largeur, avec cette vigueur qui produit l'illusion de la peinture à l'huile. Par la persistance et par son talent hors ligne, la princesse a placé au premier rang un genre de peinture relégué jusqu'alors au second parce que personne n'y avait trouvé de pareille ressources. Dans l'Étude, le mérite de l'exécution est à la hauteur du mérite de l'invention, et, dans la Copie, l'artiste a vaincu les difficultés les plus grandes avec une aisance merveilleuse. Le modelé du front, des cheveux et de la coiffe, dans des gammes claires, juxtaposées sans opposition, sans contraste, est un réel tour de force que l'on constate, sans comprendre comment il a été réalisé. Il est essentiel aussi de faire remarquer combien les peintures de la princesse sont vigoureuses de ton et en même temps harmonieuses; les valeurs exactes de la coloration y sont cherchées avec autant de soin que l'élégance des lignes; rien n'est abandonné au hasard, en effet, dans ces œuvres supérieures où triomphe un goût exquis. Et ce goût, s'il est naturellement épris des grands et nobles aspects, n'est point exclusif cependant ni systématique; nous en avons un témoignage irrécusable en ces deux ouvrages, où l'artiste, après avoir traduit avec une irréprochable fidélité une œuvre toute de sentiment et d'expression, a donné comme sa note personnelle une œuvre de haute fantaisie et de style.

Quand d'un procédé aussi ingrat que l'aquarelle on a réussi à tirer de semblables éléments de force et de grâce, on arriverait aisément à s'approprier les procédés beaucoup plus simples de la peinture à l'huile. Aussi comprenons-nous que madame la princesse Mathilde ait résisté aux sollicitations qui la pressaient de renoncer à l'aquarelle. C'est avec une légitime fierté qu'elle persiste dans un art où elle ne rencontre point de rivaux.

L'éminente artiste a depuis longtemps habitué le public à trouver chaque année au Salon une œuvre originale et une copie de sa main. C'est un moyen ingénieux et simple de mettre en évidence la souplesse de ses procédés d'exécution. Dans la copie, elle se plaît à réunir toutes les difficultés du genre de peinture qu'elle a élevé à un degré de perfection exceptionnelle. Il y a même une sorte de coquetterie d'artiste sûr de lui-même à affronter ainsi et à vaincre les résistances qu'offrirait à un talent moins ferme la reproduction à l'aquarelle de peintures à l'huile extrêmement compliquées. Dans l'œuvre originale, la princesse, au contraire, recherche le calme et la sobriété des grandes lignes, elle soumet le prestige de sa riche palette d'aquarelliste au sentiment très-pur du dessin. C'est un double effort que nous devons signaler dans les ouvrages de ce peintre tour à tour fougueux et sévère, hier dessinateur, aujourd'hui coloriste.

La *Tête de jeune fille* est prise de profil. Ce jeune visage aux longues paupières à demi-closes, voilées d'ombres transparentes, est encadré dans les masses brunes de la chevelure relevées sur le front, rejetées en arrière, flottant entre les épaules et à peine retenues par un large ruban d'un bleu froid qui fait un habile et charmant contraste avec les pâleurs ambrées de cette beauté toute méridionale. Le modelé savant et fin suit avec une exactitude scrupuleuse les plans de la face qui

sont fermes et nettement accentués jusque dans les transitions et les passages les plus délicats. Le coloris a une
chaleur singulière, des tons puissants et doux dans
l'ombre dorée de la chevelure et dans les reflets de
lumière portés sur le cou, de manière à préciser les
moindres saillies de la charpente intérieure. Les épaules
et les bras sont enveloppés dans une de ces belles étoffes
de laine blanche légères, soyeuses, souples, merveilles
de fabrication industrielle. Cette belle œuvre a pris
place au Musée du Luxembourg.

Les amateurs ont encore présente à la mémoire l'aimable et vivante composition de l'*Intrigue*, exposée par
M. Vannutelli à l'un de nos derniers Salons. C'était un
fourmillement de tons éclatants, un feu d'artifice de
couleurs, une pétulance de gestes, d'attitudes gracieuses,
élégantes, tout en révérences, en causeries, en échange
de mots plaisants et galants, une scène, une fête de Watteau dans le paradis des peintres, à Venise. Madame la
princesse Mathilde, en reproduisant cette peinture amusante et charmante, a su ajouter au brio, à la verve mouvementée de la composition originale, cette limpidité,
cette transparence, cette vivacité de tons qui est le privilége de l'aquarelle. Au nombre des difficultés vaincues
dans cette reproduction, on aura remarqué l'art avec lequel
les blancs des étoffes de soie ont été réservés. Tous ces
tableaux se réunissent donc pour donner une idée complète de la variété d'un remarquable talent, désormais
affranchi et consacré par cette médaille, pour laquelle
l'artiste avait bravement lutté dans la lice ouverte à
tous les peintres et que l'auguste princesse a voulu
accepter avec tant de bonne grâce.

Ce que chacun admirait dans les études d'après les

maîtres et d'après nature exposées jusqu'alors par l'artiste,
c'était l'ampleur, la vigueur du pinceau qui sait enve-
lopper des puissantes harmonies de la couleur une suprême élégance de formes, en même temps que la finesse
et la précision du modelé.

L'exposition du Cercle de la rue de Choiseul en
1867 (1) nous a montré une manifestation bien diffé-

(1) Le Cercle de l'Union artistique donne chaque année le premier
signal des expositions. Peintres et amateurs se réunissent pour cou-
vrir les parois de cette charmante et discrète galerie de la rue de
Choiseul. Les tableaux de nos chers maîtres français, de nos maîtres
modernes quittent tour à tour l'intimité du salon et du cabinet de
ceux qui les avaient réunis. Ils viennent, grâce à cette courtoise
complaisance, nous rappeler d'année en année et remettre dans
l'active circulation de la critique les noms préférés de ce siècle, nos
coloristes illustres notamment : les Delacroix, les Decamps, les Rousseau, les Diaz, cette fleur éclatante de notre école. On aime à revoir
à intervalles périodiques, tous les deux ou trois ans, ces toiles célèbres, ces peintures de chevalet, qui nous redisent les combats d'aventure, la guerre de buissons, les escarmouches de la grande lutte
romantique, dont le Luxembourg et Versailles nous redisent les
batailles rangées. A ce rapprochement de 1830 et de 1860, l'étude
gagne singulièrement. On compare, on juge le chemin fait en avant,
les pas faits en arrière ; en somme, il y a profit pour tout le monde.
Une question à ce sujet :
Pourquoi le Cercle de la rue de Choiseul est-il le seul endroit à
Paris où l'on puisse voir de la peinture de M. Ricard ? Cet artiste,
qui a fait tant d'admirables portraits, tient rigueur au public et
n'expose plus aux Salons annuels depuis bien des années. Il n'appartient à personne de forcer la volonté de cet excellent peintre.
Mais il nous est permis d'exprimer un regret sur une abstention qui
paraît systématique sans avoir été motivée ; car les tableaux de
M. Ricard ont toujours été accueillis par le public et par la presse
avec la plus vive sympathie. M. Ricard, comme portraitiste, a eu le
mérite, à peu près exceptionnel en peinture, non-seulement de
représenter fidèlement nos contemporains, mais encore de donner à
ces témoignages sur la vie moderne cette beauté d'art qui dans les
œuvres des maîtres supprime le transitoire et l'actuel. Les portraits
de M. Ricard figureront un jour dans les musées et viendront affirmer
que le costume moderne, interprété par un artiste, maître de toutes
les ressources de la peinture, n'est d'aucune façon inconciliable avec
la beauté spéciale de l'œuvre d'art.

rente de ce même talent, la copie d'une *Mascarade vénitienne*, d'après Tiepolo.

Jean-Baptiste Tiepolo, le dernier Vénitien, n'est pas
un maître ; il n'a ni l'âme profonde ni la science sévère
des grands peintres ses prédécesseurs. Mais quel admirable *décadent!* quelle verve et quel feu! quelle grâce
et quelle abondance en ses compositions! Avec quel
emportement, quelle fièvre de pinceau il lance aux pla-
fonds des chapelles ses groupes de figures aériennes qui
se meuvent librement, montent et descendent dans les
lumières, dans les transparences, dans les gloires de
l'atmosphère céleste ! Des taches violentes, des figures
grimaçantes et tourmentées, des quartiers de roche, des
ruines aux bizarres silhouettes forment un contraste pittoresque à ses légions d'anges, à ses saintes planant à
des hauteurs vertigineuses dans l'éther éblouissant. C'est
là l'impression première et sur laquelle il faut rester,
sous peine de perdre, à l'analyse de ces formes trop
rapides et de convention, la charmante émotion du premier regard. Dans cette mesure, on conserve le souvenir
d'un ravissant dévergondage de pratiques et d'une délicieuse intempérance d'esprit.

Appliquez cette prodigieuse facilité aux scènes de la
Comedia dell' arte ; — jetez dans le cadre pittoresque
des constructions vénitiennes tout le théâtre fiabesque
de Carlo Gozzi : le Tartaglia bredouilleur, le burlesque
Brighella, le Trufaldin au profil bergamasque, l'illustre
Pantalon (le Joseph Prudhomme des lagunes); — mêlez
à cette foule les intrigants, les charlatans, les amoureux,
les courtisans, les courtisanes ; — tous les ridicules et
toutes les élégances; — tous les types de la place publique : gentilshommes, bourgeois et peuple, travestis

de mille façons, affublés de perruques monstrueuses, de faux nez extravagants, de lunettes en œil-de-bœuf, hardis à l'attaque, lestes à la riposte; — voyez les jarrets fièrement tendus sous le manteau de soie, la barbe des masques soulevée au souffle des quolibets, les feutres défoncés, les plumes froissées et brisées, les chiens eux-mêmes perdus dans ce pêle-mêle, dans ce fouillis éclatant de formes et de couleurs; — au-dessus, se découpant dans le profil des hôtelleries aux enseignes mouvantes et grinçantes, le ciel de l'Adriatique : et vous aurez une idée des Mascarades vénitiennes de Tiepolo.

Madame la princesse Mathilde, en son aquarelle, a rendu cette abondance du pittoresque, — vie bruyante, mouvement désordonné, tapage de couleurs, feu d'artifice de lumières, — avec une sûreté de main et une verve de talent des plus remarquables. Les tons vibrants, les rouges vifs, les blancs spirituellement heurtés, les noirs veloutés et profonds, les reflets et les frémissements de la soie aux larges plis spirituellement cassés, cette fantaisie de l'artiste charmant est transportée toute vive de la toile sous le verre de l'aquarelle, et la voici désormais redoublée dans tout son éclat, dans tout son feu. L'œuvre est exécutée comme d'un jet à la façon de l'original : étonnante faculté d'assimilation d'un même talent qui d'autre part étudie si sévèrement les grands maîtres et si simplement la nature !

X

CONCLUSION SUR LA PEINTURE FRANÇAISE

Au moment de conclure, rendons tout d'abord justice
à nos chers peintres. Ils cherchent. Ils sentent qu'ils ne
.sont pas dans une voie définitive, ils ne se figurent point
qu'ils ont en main la recette du parfait. Tant de vanité
ne leur donne pas le change. Ils savent bien qu'ils n'ont
point tous atteint le but offert à l'ambition des grands
artistes, et, pour obtenir un résultat à portée de leurs
forces, ils déplacent et rapprochent le but. Ils ne sont
point aveuglés et voient toutes les difficultés de leur art.
Croyez-vous que cela les décourage ou les lasse? Point
du tout. Ils n'en sont que plus vaillants. Ils cherchent
constamment et se dispersent dans les directions les plus
opposées. Cette incertitude amène bien, il est vrai, une
sorte de va-et-vient, une diversité d'efforts qui produit
une réelle confusion, et c'est cela qui nous préoccupe.
Mais c'est aussi cela qui nous rassure et qui nous intéresse. Car le mouvement et même la confusion, c'est la
vie.

Toutefois, je le reconnais (et j'en fais mon deuil assez volontiers), la peinture ne paraît point éprise plus que de raison de l'idéal correct des sculpteurs, ni de l'idéal abstrait et quintessencié que regrettent et que recommandent les esthéticiens traditionalistes. Elle a, par contre, d'autres ambitions qui ne sont pas trop indignes et méritent quelque considération. Je sais qu'il est d'usage aujourd'hui de se lamenter sur la triste situation de l'école, décòuronnée de ses gloires. Parce que M. Ingres, parce que Delacroix, Ary Scheffer, Vernet, Decamps, Delaroche, nous ont été enlevés, on rapetisse autant que faire se peut les courageux efforts des peintres vivants.

La tendance est mauvaise, malsaine, injuste; et il est assez singulier qu'elle soit adoptée de préférence par de jeunes écrivains. Les contemporains des maîtres que nous citions tout à l'heure ne s'y trompent pas, eux; plus expérimentés, garantis contre l'inclination au dédain par le souvenir des luttes qu'eurent à soutenir à leurs débuts ces artistes dont la célébrité nous écrase aujourd'hui, ils ne craignent point de rendre sincèrement justice au présent. La générosité de leur élan qui les fit autrefois combattre de la parole et de la plume avec les artistes compagnons de leur jeunesse ne les a pas abandonnés. C'est maintenant parmi les jeunes gens que se rencontrent les détracteurs de leur propre temps. Et pourtant, si le prestige des célébrités disparues ne pesait pas si durement sur nous, on avouerait que bien des œuvres, à peine remarquées au Champ de Mars, eussent suffi à fonder la réputation d'un peintre, il y a trente ans. Ainsi va le monde, toujours en avant, toujours en progrès, et de génération en génération, se dépréciant lui-même au profit du passé.

Étant avertis, n'hésitons pas à reconnaître que notre école de paysage, par exemple, soutient la comparaison avec les anciennes écoles du Nord les plus illustres. La nature n'a jamais été interrogée avec plus de passion et d'intelligence, avec un plus vif sentiment de ses beautés multiples et infinies. Dans la peinture de genre, à la vérité, l'anarchie est au comble. Mais cette libre fantaisie s'exerçant pleinement est-elle un si grand mal, et ne voyons-nous pas que le talent spirituel, abondant, habile et facile, est précisément à la hauteur de cette peinture, qui n'est en somme que le repos et l'agrément du regard en nos habitations devenues de plus en plus étroites? Les vrais peintres d'ailleurs, ceux qui sont plus soucieux de l'art que du côté anecdotique de leur sujet, ne font pas absolument défaut à la peinture de genre. Le vingtième siècle trouvera dans nos tableaux de genre des trésors d'observation, des perles dans ce prétendu fumier que nous foulons d'un pied dédaigneux, les yeux fixés vers je ne sais quel rêve permanent d'art sublime. Le sublime ne peut être la monnaie courante dans la littérature ni dans les arts.

Pourtant toutes les aspirations vers ce que l'on appelle le grand art ne sont point anéanties. Quelques tentatives en ce genre ont trouvé des admirateurs; elles correspondent à certains besoins de l'esprit dans les sociétés cultivées, et si elles ne nous laissent pas une pleine satisfaction, la faute en est à l'insuffisance de l'artiste, non à la direction qu'il a suivie. En dépit de nos sympathies pour la représentation de la vie moderne trop négligée par les peintres, nous sentons parfaitement que les siècles écoulés appartiennent de droit aux arts du dessin; mais il faut, pour les explorer avec quelque succès, autre chose que des recettes d'école : je veux dire une âme libre et haute, une intelligence étendue, ferme, lettrée, un talent puissant, fécond, souple, dégagé des entraves scolastiques, habile à varier ses procédés et sachant imprimer à ses créations le caractère de l'esprit moderne. Quelques-uns de nos peintres ont beaucoup de ces qualités essentielles au grand peintre d'histoire; il ne leur manque qu'un peu plus de décision dans l'esprit, plus de clarté dans la conception, plus de fermeté dans la pratique. Les œuvres de M. Gustave Moreau, par exemple, réunissent toutes les conditions exigées des œuvres de grand style et de grand art. J'ai parlé de ces belles pages assez longuement pour ne plus y insister. Je dirai seulement qu'il n'y a point là un retour vers le passé, comme on l'a dit trop légèrement, ce n'est pas le signal d'une renaissance pseudo-classique; je ne puis y voir une sorte de cheval de Troie portant dans ses flancs des légions de Grecs et de Romains. Non, c'est l'interprétation de l'histoire par un artiste moderne et, malgré l'extrême différence des procédés purement techniques, je reconnais une parenté assez étroite entre M. Gustave Moreau et Eugène Delacroix, ce maître des premières prédilections du jeune artiste, celui-là précisément qu'on l'accusait d'avoir renié. C'est le même souffle et le même accent, le même coup d'œil jeté sur les âges disparus, la même énergie à s'assimiler les mythes évanouis ou plutôt à les rajeunir en leur imposant une forme nouvelle, en leur donnant un sens plus large, en les soumettant aux conceptions de l'esprit nouveau.

Dans ce court résumé, j'ai voulu indiquer seulement le beau côté des choses, je n'ai pas dit que dans la peinture de genre la plupart des artistes négligeaient trop la valeur pittoresque de leurs œuvres au profit de la valeur anecdotique; j'ai dissimulé peut-être une partie de la vérité sur nos paysagistes en n'avouant pas qu'ils tombent dans l'excès de simplicité; il est pourtant une critique générale qu'il me paraît essentiel d'exprimer tout de suite parce qu'il y a urgence; elle porte sur l'ensemble de l'école; je l'ai fait entrevoir plusieurs fois dans le courant de ces études; il est temps de la développer plus longuement : — Il faut que nos peintres se méfient de la tendance croissante vers les colorations neutres.

Le principe de ce penchant date de bien loin déjà. Il remonte à Louis David dont les doctrines, transmises par M. Ingres à ses disciples et par eux à leurs propres élèves, ont gagné de proche en proche jusqu'à ceux-là même qui se croient le plus éloignés de la voie indiquée et suivie par l'auteur de *la Source*.

Les évolutions de l'art ont de bien singulières destinées. Voici le Romantisme, par exemple, qui s'annonça et se fit si bruyant, si frondeur, qui, plein de verve et de jeunesse, sentit le péril et réagit à outrance contre le dépérissement où la pratique matérielle de l'art était tombée entre les mains des générations sorties de l'atelier de David. A l'imitation de Géricault, le premier révolté, il se remit en quête des procédés pratiqués par les maîtres; il chercha l'effet, la couleur, tous ces éléments oubliés, dédaignés, d'une facture piquante, spirituelle, énergique. Le Romantisme a passé : longtemps il s'est cru le plus fort et longtemps il l'a été; mais il a passé sans avoir réussi à fixer profondément la trace de son passage dans l'école. — Au point de vue qui nous occupe, cela est regrettable. Sans doute, le Romantisme

eut ses erreurs, ses excès; sans doute il fit souvent de
l'audace à contre-sens et à contre-temps, mais il avait
tenté un légitime effort, un retour à tout ce qui est le
charme et l'attrait de la peinture dans sa technique, effort resté sans imitateurs, et que prolongent seuls, ou à
peu près seuls, les derniers représentants d'une époque
évanouie, les Théodore Rousseau, les Paul Huet... et
encore n'est-ce que dans un seul genre, le paysage.
Quelques jeunes peintres cependant semblent revenir à
cette méthode essentielle de l'exécution vigoureuse qui
ne recule point devant les richesses d'une facture solide,
non plus que devant les intensités de l'effet et de la coloration. Mais la grande majorité de l'école française moderne a suivi trop fidèlement l'impulsion donnée après
David par M. Ingres, et en même temps que M. Ingres,
par le plus illustre de ses élèves, Hippolyte Flandrin.

Toutefois je n'hésite pas à revenir sur une assertion
déjà émise un peu plus haut : la plupart de ceux qui su-
bissent cette influence le font inconsciemment, ils ne
sont point pour cela des peintres de style ou d'histoire ;
ils en sont à mille lieues, pour employer une locution
familière, et bien certainement ils ne croient point qu'il
y ait d'assimilation possible entre leur peinture et la
peinture académique contemporaine. On ne peut se le
dissimuler pourtant ni le taire, notre exposition, au milieu
des autres écoles, avait un peu l'air, malgré ses hautes
qualités, d'une exposition de gravures ou de dessins.

Quoique le palais du Champ de Mars soit désormais
fermé, il est bien facile de contrôler la justesse de notre
assertion à ce sujet par une épreuve décisive et con-
cluante. Que le visiteur, en sortant du palais des Champs-
Élysées, se dirige vers les galeries de peinture du Louvre.

Dès son entrée dans la salle dite des « Sept Cheminées »,
il sera étonné de l'impression de chaleur et de puissance
que dégagent, par comparaison avec ceux du Salon annuel, les tableaux de Gros, de Prudhon, — de Géricault, .
cela va de soi, — mais de Guérin et de David eux-mêmes.
S'il poursuit sa visite un peu plus loin et qu'il aille jusqu'au Salon Carré de toutes les écoles, s'il pénètre dans
la galerie des Sept Maîtres, dans la grande galerie des
écoles d'Italie, de Flandre et de Hollande, il éprouvera
la même sensation qu'un voyageur transporté en une
nuit du nord au midi de la France, la sensation immédiate d'un tout autre climat; la peinture à ses yeux
aura pour ainsi dire changé d'objet en changeant d'aspect, ou plutôt il verra ce que c'est que la peinture proprement dite, la peinture franchement, solidement exécutée, mise en œuvre avec toutes ses ressources, toutes
ses magies, toutes ses séductions. — Nous abaissons
d'un ton chaque année le diapason normal de la couleur.
Le gris nous submerge; si l'on n'y prend garde, nous
finirons par nous enliser dans le gris.

C'est là en ce moment le sujet de notre plus vive inquiétude.

Mais déjà quelques jeunes artistes ont vu le danger.
Et la réaction commence, trop violente, comme toujours,
et parfois insuffisante en ses moyens. Peu importe! Dès
que le mal est reconnu, il est à peu près conjuré.

Je ne voudrais point terminer par une critique cette
étude sur l'école française. Notre réserve étant faite,
nous préférons constater en cette dernière page que la
situation générale est bonne et de nature à nous rassurer
pleinement contre les assertions des esprits chagrins. Il
n'en manque point qui, de bonne foi, proclament la dé-

cadence de l'art français, parce qu'il leur arrive de compter au Salon dix, vingt œuvres médiocres pour une
œuvre excellente. Ceux-là sont affectés d'une sorte de
myopie particulière qui les empêche de voir à distance ;
ils ne s'aperçoivent pas que le médiocre retombe dans
l'oubli, par son propre poids, aussitôt après la fermeture de l'exposition ; tandis que les belles œuvres, dont le
nombre augmente chaque année, s'ajoutent l'une à l'autre
et grossissent le glorieux *Stud book* de notre école.
Il y a bien encore d'autres alarmistes, moins intéressants, ceux qui obéissent à l'esprit de système ou de
parti ; leur jugement en matière d'art est infirmé d'a-
vance. Sans souci de ces lamentations, auxquelles l'oreille
s'habitue comme à une ritournelle obligée, inscrivons
donc parmi les très-bonnes années cette année de 1867.
La France est sortie triomphante de cette épreuve. Notre
école de peinture a établi une fois de plus sa supériorité
dans les différents genres.

Si nous comparions entre elles ces diverses manifestations du sens artistique, c'est au paysage qu'il faudrait
accorder, non la préférence peut-être, mais le prix
d'excellence. En effet, sauf d'illustres exceptions dans
les autres genres, le paysage a trouvé la voie offerte à
l'art moderne, celle de la sincérité ; aussi tous nos paysagistes ont-ils cette quiétude d'esprit, cette sécurité
dans la production que donnent la conscience et le culte
du vrai. Après cette longue et heureuse sieste dans les
vertes prairies, au bord des eaux courantes, à l'ombre
des rameaux frémissants, nos artistes ne se décideront-
ils point à revenir vers les villes où mille sujets attendent
l'interprétation d'un talent ferme et sincère ? Sans doute
le passé, l'histoire ouvrent devant l'artiste de génie leurs

profondes et sublimes perspectives; mais le présent est-il
absolument déshérité, ne voit-on point qu'il importe de
laisser un témoignage de nous-mêmes? A défaut du génie, n'est-ce pas dans la vie moderne que l'artiste de
talent pourrait trouver et devrait chercher des créations
originales? Il n'est vraiment ni juste ni glorieux que
l'esprit humain se répète à l'infini. S'il ne peut faire
autrement, au moins doit-il s'appliquer à varier les formules, et c'est à cela que l'art français réussira s'il
continue à se retremper dans la source éternellement
féconde, la Nature. L'école française lui est redevable
d'une de ses plus belles fleurs, d'un fleuron de sa couronne, le paysage; mais le paysage n'est que Rêverie,
il nous faut désormais l'Action !

LA SCULPTURE

LA SCULPTURE

DANS LES ÉCOLES ÉTRANGÈRES

Angleterre : MM. Wyon, Adams, d'Epinay, Marshall-Wood. — *Belgique* : MM. Bourré, A. Cattier, J. Geefs, Groot, L. Harvé. — *Allemagne* : MM. F. Drake, R. Begas, Rietschel. — *Russie* : MM. Kamensky, Lieberich. — *Suisse* : MM. Somajini, Caroni. — *Italie* : MM. Vela, Miglioretti, Luccardi, Argenti, Strazza, Magni, Benganzani, Jean Dupré. — *Conclusion.*

L'art statuaire était représenté dans les galeries étrangères, au Champ de Mars, d'une façon bien moins complète que la peinture. La difficulté et l'appréhension des transports ont fait reculer beaucoup d'artistes. Notre étude ne pouvant porter que sur ce qui nous a été montré, ne saurait conséquemment avoir le caractère d'un jugement définitif sur chaque école.

Ainsi nous avons pu nous arrêter longuement aux tableaux de l'école anglaise. En dépit d'une certaine infériorité de pratique, elle méritait en effet d'être analysée avec soin, précisément à cause du contraste violent qu'elle oppose aux habitudes esthétiques des écoles du continent. Mais la sculpture du Royaume-Uni est bien loin d'offrir une égale somme d'intérêt. Si le lecteur n'a pas oublié ce que nous avons dit du tempérament spécial de l'Angleterre en fait d'art, aisément il se rendra compte de l'incompatibilité qui existait entre ce tempérament et un art comme la sculpture, essentiellement classique. L'idéalité abstraite, purement plastique, qui s'impose à la statuaire, demeure infailliblement sans action sur des intelligences tout entières tournées à la spéculation pratique, charmées même, en peinture, par l'intérêt anecdotique du sujet plutôt que par la beauté propre de l'œuvre d'art, entrainées vers l'observation et la reproduction minutieuses de la réalité plutôt que vers l'interprétation et l'épuration de la forme.

Or, s'il est un art qui doive se dégager de l'étroite réalité, c'est surtout la statuaire. Les laideurs et les infirmités humaines peuvent avoir leur beauté pittoresque; l'ancienne école espagnole ne s'est pas fait faute de l'exploiter. Mais la sculpture répugne énergiquement au difforme; le marbre ne convient qu'à la beauté absolue. Cette beauté, en outre, ne trouvant sa plus haute expression que dans le nu, tend par cela même à choquer les habitudes de réserve sévère adoptées par la société anglaise. Toutes ces causes, qu'il suffit d'indiquer, se sont opposées au développement de l'art statuaire chez nos voisins.

Les rares sculpteurs anglais donnent une application pratique à leur talent. Ils font des portraits, des bustes. Parmi ces artistes nous nommerons MM. Wyon, Adams et d'Epinay. La seule statue de quelque importance qui ait été exposée n'est en somme que de la *statuaire de genre*, s'il est permis d'accoupler ces deux mots; elle est signée par M. Marshall Wood qui a pris pour thème la célèbre *Chanson de la chemise*, de Thomas Hood. Mais l'artiste, avec ses délicatesses de pratique, avec ses grâces d'in-

terprétation, a complétement dénaturé le sombre drame
du poëte. Des larmes amères qui brûlent les yeux de la
pauvre fille, des sanglots qui soulèvent sa poitrine, il a
fait une douleur de keepsake.

La Belgique témoigne d'efforts un peu plus heureux
dans cet art difficile. Mais la même préoccupation de
l'utile ou de l'anecdote se manifeste en ses envois. On
citera, comme exception, l'essai de statuaire monumentale tenté par MM. Bouré et Armand Cattier, auteurs des
statues d'Ambiorix et de Boduognat, qui doivent décorer
une des portes d'Anvers; et la statue équestre de
Léopold Ier, par M. Joseph Geefs, œuvre sage, raisonnable, bien faite, bien composée, sans défauts, et sans
qualités exceptionnelles, convenable en tous points pour
sa destination officielle. Les Belges auront là une image
décente et ressemblante du fondateur de la dynastie. A
l'exception d'un buste très-remarquable exécuté par
M. de Groot, le portrait de M. Van Wolxem, ancien bourg-
mestre de Bruxelles, nous ne voyons guère parmi les
meilleurs ouvrages des autres sculpteurs belges que des
réminiscences traitées d'une main assez habile, mais au
total dépourvues d'accent, de caractère, d'originalité.
D'autre part, le succès fait par la foule aux grotesques
charmants et spirituels de M. Léopold Harvé n'est vraiment point de nature à encourager l'art sérieux en Belgique.

En Hollande, pénurie complète de statuaires. A peine
çà et là quelques bustes sans intérêt pour le public européen. En Allemagne, peu d'envois. Le plus important
est la statue équestre du roi de Prusse, par M. Frédéric Drake. Statue énorme, monumentale, d'un fier et
ferme caractère, que le jury a placée au premier rang

dans l'ordre des récompenses. M. Drake est élève de Christian Rauch. L'élève ne fait point oublier le maître qui avait exposé en 1855 le modèle du monument de Frédéric. Au Salon annuel de 1865, quelques amateurs avaient remarqué une statue d'un autre élève de Rauch, M. Reynold Begas, une *Vénus consolant l'Amour piqué par une abeille*. L'œuvre avait une rare puissance de vie : richesse et vérité de modelé, ampleur de chairs travaillées à la Rubens. Elle nous avait mis en goût de voir de nouvelles œuvres du même artiste. Nous aurions dû nous en tenir à notre première impression. Dans son groupe en marbre, *Pan instruisant un enfant*, M. Begas a exagéré son procédé déjà brutal, et perdu cette fleur de vie, ce velouté de la chair, ce modelé gras et ferme qui donnaient une rare valeur au plâtre de la *Vénus* exposé en 1865.

Nous ne nous faisons ici qu'une idée fort incomplète des réputations le plus solidement établies à l'étranger. C'est à peine si nous connaissons le nom de M. Rietschel, dont la mort est fort regrettée au delà du Rhin, et nous ne connaissons rien de ses grands travaux de statuaire monumentale. Il ne faudrait donc pas juger l'artiste d'après les deux petits bas-reliefs exposés sous son nom, et pourtant, à défaut d'originalité, ils révèlent une main habile, un artiste soigneux, une heureuse et charmante inspiration.

Phénomène curieux, et dont chacun aura été frappé, l'art statuaire, cet art marmoréen, semble répugner aux climats glacés. En Danemark, en Suède, en Norwége, rien ; à peine un graveur en médailles, le Suédois Ericsson. En Russie, quelques statues lourdes, banales, froidement académiques ; un effort pourtant de statuaire

moderne : la *Veuve*, par M. Kamensky; et quelques
bronzes de M. Lieberich, qui s'essaie avec une certaine
naïveté hésitante dans un genre que notre Barye a rendu
illustre, la sculpture d'animaux.

Le Nord étant si pauvre, redescendons vers le Midi.

La Suisse, — est-ce le voisinage des glaciers? — n'est
pas mieux partagée. De ses cantons italiens lui viennent
cependant quelques statuaires, au nom et au talent étroitement italiens : M. Somajini, M. Caroni, qui ont acquis
toute l'habileté de pratique où excelle la statuaire d'outre-
monts.

Et c'est l'Italie effectivement qui a fait l'envoi de statues le plus considérable. (L'Espagne et le Portugal ne
sont pas sérieusement entrés dans la lice.)

La foule s'est arrêtée, dès l'ouverture de l'Exposition,
devant la statue de M. Vincenzo Vela représentant *les
Derniers Jours de Napoléon*. Ici le public a été subju-
gué par l'intérêt du motif, plein d'une si profonde émotion. Il a étudié aussi et avec curiosité les tours de force
du praticien qui a eu la patience de sculpter en trompe-
l'œil une couverture de laine jetée sur les genoux de
l'empereur mourant et les dentelles qui tombent sur sa
poitrine et sur ses mains. Ces mains elles-mêmes dont
le détail d'épiderme a été poursuivi et rendu avec une
minutie qui n'est au fond que de l'enfantillage, ont excité
l'admiration du passant. L'artiste a hérité une partie des
couronnes que consacrait à la mémoire du héros le souvenir populaire. Pourtant, si nous allons au fond des
choses, l'œuvre, comme statuaire, n'a qu'une valeur
tout à fait secondaire. Je ne m'arrête même point au
défaut de ressemblance, qui a son importance en un tel
sujet; mais, à part cette dextérité de praticien dont

M. Vela fait preuve dans les accessoires, la statue, en elle-même, n'a qu'un mérite d'ingéniosité. La tête est d'un modelé tout à fait insuffisant; l'expression a été cherchée, amenée jusqu'à la convention théâtrale. Les amis du talent de M. Vela le retrouvent plus complet et plus à l'aise dans l'aimable figure intitulée le *Printemps* que dans son *Napoléon* ou dans son *Christophe Colomb*. La dextérité de M. Vela ne paraît point s'accommoder des œuvres de force.

C'est un peu là d'ailleurs le caractère général de toute l'école de sculpture italienne, merveilleusement habile et souple, féconde en élégances maniérées, en détails amusants, mais puérils, et travaillant le marbre avec une adresse exceptionnelle. Êtes-vous touché des finesses d'un bas brodé à jour ou d'un travail de guipure? arrêtez-vous devant la *Charlotte Corday*, de M. Miglioretti; êtes-vous plus sensible à l'imitation de l'écume et des remous du flot? contemplez la *Scène du déluge*, de M. Luccardi. Dans ce débordement d'afféteries, distinguons cependant le *Rêve à quinze ans*, œuvre gracieuse de M. Argenti; le groupe élégant d'*Aminthe et Sylvie*, par M. Strazza, de Milan; le *Socrate*, plus sévère, de M. Magni; et enfin un groupe arrivé trop tard pour prendre part au concours des récompenses : les *Amours des Anges*, par M. Benganzani, composition qui réunissait à toutes les qualités italiennes de la pratique, de rares qualités d'inspiration, de dessin et de mouvement.

Mais une œuvre capitale, qui prend place d'autorité au premier rang, figurait dans la galerie italienne; c'est la *Piétà* de M. Jean Dupré, de l'académie de Florence. M. Dupré est un statuaire savant et de plus un artiste, c'est-à-dire un poëte, un homme inspiré qui ne se sert du marbre que pour exprimer plastiquement une émotion profonde, qui ne pétrit la forme humaine que pour traduire un grand sentiment. Là est tout le secret de la supériorité de M. Dupré sur ses compatriotes si habiles, mais si complétement dénués d'inspiration. Dans cette *Piétà*, la figure de la mère, le mouvement des traits et l'attitude du corps ont une rare puissance d'expression, — éloquence douloureuse; — élan de passion! Le jury a légitimement accordé une médaille d'honneur à cette œuvre tout à fait remarquable.

Le public a été surpris par cette adresse de main qui fait à peu près tout le mérite de la statuaire italienne. Il s'en est fallu de peu, sous le coup de cette surprise, qu'il ne lui donnât le pas sur la statuaire française. L'erreur eût été grave. Toute cette adresse, ne l'oublions point, n'est que du métier. Or, le métier n'a de valeur que s'il est mis au service d'une science plus haute et d'un sentiment d'art supérieur.

L'Italie pourtant est la seule nation qui entre sérieusement en ligne avec la France sur ce point. Il est à remarquer que l'art statuaire, qui a trouvé sa plus pure formule sur le sol de l'Italie de la Renaissance, n'a jamais pu s'acclimater plus au nord que la France. Nous verrons, dans un prochain chapitre, quel élément particulier nos artistes ont ajouté à cette forme de l'art; mais, dès aujourd'hui, nous pouvons constater que nos frontières septentrionales sont l'extrême limite de la zone où peut germer, croître et s'épanouir cette fleur de sévère allure.

Pourquoi cela? c'est que la statuaire est, en effet, un art de plein air, de plein soleil, de place publique, de palais aux vastes portiques, un art de vie commune, vie de fêtes ou vie politique. Aussi voit-on les quelques tentatives de sculpture qui puissent compter dans le Nord se manifester dans la décoration des églises gothiques. Ailleurs ? Non. Assurément, l'Europe entière, aujourd'hui, est trop pénétrée des mêmes éléments d'éducation, l'élite a trop reçu les mêmes goûts, a trop les mêmes besoins pour que, de la Baltique à la Méditerranée chaque nation ne veuille orner de statues ses palais, ses places, ses monuments religieux et civils ; mais il saute aux yeux que ce besoin de décoration, spontané au Midi, est factice dans le Nord ; qu'ici l'instruction laborieuse fait des sculpteurs, tandis que là ceux qui luttent avec le marbre le font par choix, par entraînement naturel, avec passion.

Si, — ce qui n'est pas douteux, — le climat influe sur les formes instinctives de l'art chez les peuples, c'est dans le dénombrement géographique des grands statuaires que cette influence s'affirme avec le plus d'évidence. Qui nommerez-vous au Nord ? Thorwaldsen ! Rauch ! Schwanthaler, si vous le voulez ! mais quoi ? des exceptions écloses dans la serre chaude de la tradition classique. La vie, là-bas, vers ces brouillards, dans ces neiges, proche du pôle, est tout intime, trop resserrée, tassée près du foyer. L'art de cette intimité, c'est la peinture ; — le maître ? Rembrandt.

LA SCULPTURE

DANS L'ÉCOLE FRANÇAISE

MM. Guillaume, Perraud, Carpeaux, Paul Dubois, A. Préault, Clésinger, Cain, Frémiet, Brian, Crauk, Salmson, Mathurin Moreau,
Cavelier, A. Millet, Gumery, Falguière, Bartholdi, Thomas, Ottin, Carrier-Belleuse, Gaston Guitton

L'école de sculpture française est aujourd'hui sans
rivale en Europe, c'est-à-dire dans le monde de l'art.
Quels que soient nos devoirs de courtoisie envers les
artistes étrangers qui ont accepté l'hospitalité de la
France, nous ne pouvons dissimuler l'évidente supériorité de nos statuaires. Le jury, qui disposait d'un
nombre de prix limité, a dû se trouver fort embarrassé
pour les répartir entre tous ces hommes de talent dont
la plupart avaient des droits égaux à obtenir des récompenses d'égale valeur.

Les deux grandes médailles ont été accordées à
M. Guillaume et à M. Perraud. M. Guillaume, le très-
éminent directeur de notre École des Beaux-Arts, a
exposé une série de bustes de Napoléon Ier représenté
aux diverses époques de sa vie : élève de Brienne, général en chef de l'armée d'Italie, premier Consul, Empe-

reur (1804 et 1812), à Sainte-Hélène. Cette précieuse collection appartient au prince Napoléon. Toute la délicatesse et toute la science de l'artiste, son habile pénétration de la physionomie humaine se manifestent avec éclat dans cette répétition multipliée du même type, étudié si scrupuleusement dans les modifications imposées par le cours des années et des événements. Cette belle tête, au masque romain, se prêtait merveilleusement, il est vrai, à la sévère interprétation, aux lignes fières et majestueuses de l'art statuaire. Mais nous avons vu précédemment qu'entre les mains d'un artiste de moindre génie le type, si ferme qu'il fût, pouvait être singulièrement altéré. Et puisque nous évoquons ici le souvenir du *Napoléon mourant*, de M. Vela, qu'on me permette encore une critique à propos de cette œuvre si vivement goûtée, une objection capitale que j'avais hésité à exprimer. En présence des ouvrages de M. Guillaume, toute hésitation cesse, car il s'agit de bien expliquer la supériorité de l'artiste français : supériorité, non-seulement de facture et de main, mais, ce qui importe plus encore, supériorité d'inspiration, qualité d'art plus haute. C'est surtout le motif qui me choque dans la statue de M. Vela. Une vignette, un tableau de genre, passe encore. Mais j'ai toutes les peines du monde à m'expliquer comment un artiste devant le bloc de marbre d'où il voulait faire sortir l'image de Napoléon, a pu songer au Napoléon affaissé, brisé par l'angoisse des dernières heures. Cette attitude, qui rappelle celle du *Malade imaginaire*, convient-elle au héros? Où est l'épée? où le Code? où le sceptre? Un artiste français n'eût jamais donné suite, quand bien même elle eût traversé son cerveau, à une conception si étroite, si petite, si peu

digné de l'idée de grandeur qu'éveille en nous le nom
seul de Napoléon. Aussi détourné-je les yeux de cette
couverture, de cet oreiller qui ont une odeur de fièvre,
de pharmacie, de chambre close, pour les reporter sur la
belle, héroïque et fière statue de l'Empereur qui domine
la suite des bustes de M. Guillaume ; là est formulée
l'idée plastique du héros dont le génie rayonne sur l'histoire du monde aux premières années du dix-neuvième
siècle. L'artiste a résumé dans cette œuvre, concentré
dans cette synthèse, la série d'observations, la multiplicité d'expressions si patiemment suivies et analysées
dans les bustes.

M. Perraud a borné son envoi à ce groupe de l'*Enfance
de Bacchus* qui déjà lui valut une médaille d'honneur au
Salon de 1863, œuvre tout à fait remarquable par la
composition et par l'exécution, combinaison harmonieuse
de lignes élégantes et simples, de morceaux savamment
traités et groupés dans une heureuse et vivante unité ;
excellente statue décorative, en un mot. Maintenant,
faut-il le dire, nous sommes toujours étonné, et de telles
surprises ne nous sont point ménagées par les sculpteurs
français, de voir tant de science réelle, une *maëstria* de
talent si peu contestable aboutir à de semblables résultats. L'imagination est un don qui paraît être, à quelques
exceptions près, rigoureusement refusé à nos statuaires.
Est-il donc impossible d'arracher la sculpture moderne
au cercle éternellement parcouru des motifs mythologiques? le monde, depuis deux mille ans, n'a-t-il pas
fourni une seule idée plastique? sommes-nous condamnés
aux Faunes à perpétuité? si le lointain des vieilles théo-
gonies est indispensable pour ajouter quelque idéal aux
formes de cet art qui ne vit que de dure matière, l'Olympe

grec est-il l'unique source de cet idéal? Non, et tout le monde le sait aujourd'hui, excepté les sculpteurs.

Mais la longue et rude éducation de nos statuaires les éloigne, semblerait-il, de toute lecture, de toute étude nouvelles. On leur a indiqué une mine jadis féconde : l'antiquité classique; et ils y retournent sans cesse, bien qu'elle soit à jamais épuisée. Peu leur importe! Au lieu de chercher dans la poésie mystique des autres races, au lieu de chercher dans la vie réelle des motifs originaux, ils préfèrent reprendre, ressasser à l'infini les vieux thèmes retournés de toutes façons par leurs devanciers.

La France moderne n'aurait donc pas eu de statuaire si les mondes hellénique et romain ne nous avaient légué les chants de leurs poëtes! Et que d'idées fausses, contradictoires, consacrées ainsi! Dira-t-on que c'est trop s'attacher au sens littéral des mots; que l'*Éducation de Bacchus*, par exemple, sous son apparence mythologique, est la formule plastique de l'éducation de l'enfant? Eh bien! quand même, il y aurait lieu de protester, et avec énergie. Car, de toute évidence, personne d'entre nous ne consentirait à confier son enfant à ces paysans lubriques que vous baptisez du nom de *Faunes*. S'agirait-il de Bacchus lui-même, au contraire? Ce serait pire. Qu'avons-nous de commun avec ce dieu de la tonne? quelle pensée, quelle sympathie pour ce roi du Caveau?

M. Perraud n'a donné que ce groupe jusqu'à présent, et un *Adam*. Ce bagage l'a conduit à l'Institut. Il est vrai que ce sont là des œuvres de praticien savant, sévère; nous l'avons assez dit pour qu'il nous soit permis aujourd'hui de demander que chez M. Perraud l'artiste succède à l'homme de talent, que le poëte, que l'homme d'imagination se révèle derrière le praticien.

Quelle abondance, au contraire, et que de souplesse dans l'œuvre de M. Carpeaux, depuis le groupe d'*Ugolin* jusqu'à la statue du Prince impérial! Le beau bronze qui dans le jardin des Tuileries est placé en regard du *Laocoon* n'a cependant pas quitté son socle de pierre pour aller figurer au Champ de Mars. Conçue en prévision du marbre, l'importante composition a enfin reçu sa destination primitive. Lorsque le temps aura adouci les âpretés de ce marbre à peine échappé aux morsures de la râpe, lorsqu'il aura perdu ce premier éclat froid, dur, bleuâtre que lui a laissé le travail de pratique si récent, le groupe d'*Ugolin* restera comme l'un des plus fiers ouvrages de l'École française. Les transparences de la blanche matière ont jeté des demi-teintes dans les cavités profondes de l'énorme bloc. L'œuvre, à cette transformation, a gagné par les lumières, par les valeurs. Quant au grand sentiment d'ensemble, il reste le même, et — à considérer le détail — rien de plus poignant, de plus touchant, de plus vrai, de plus simple que les corps des trois enfants les plus jeunes, affaissés, morts, ou dans les affres de la mort, aux pieds d'Ugolin.

Qu'on rapproche de ce groupe dramatique la gracieuse figure du petit *Pêcheur à la coquille*, la *Rieuse* si charmante, l'élégante et séduisante image du Prince impérial, ces bustes d'allure si noble, comme celui de madame la princesse Mathilde, ou si vivante, comme celui du peintre Eugène Giraud; qu'on se rappelle le fronton magnifique du pavillon de Flore, et ce chef-d'œuvre dans le même ensemble décoratif, le bas-relief, la *Flore* : et l'on admirera cette fécondité du jeune maître, cette souplesse, cette puissance et cette science obéissant toujours à l'inspiration dominante qui lui permettent d'aborder tour

22

à tour avec une égale assurance, avec un égal succès les
œuvres de force et les œuvres d'élégance, les grandeurs
tragiques et les simplicités souriantes, les passions humaines, en un mot, dans leur inépuisable variété.

Dans le vaste panorama des quais de Paris, les plus
beaux du monde au point de vue pittoresque, une longue
façade de palais souverains dresse sous le ciel son élégante architecture toute chargée des œuvres capricieuses
et charmantes du ciseau français de la Renaissance. En
son harmonie première, cette façade fut brisée et resta
pendant des siècles interrompue par les constructions
commencées sous Henri IV, continuées sous la régence
de Marie de Médicis et destinées à relier au palais des
Tuileries le Louvre de Henri II qui s'arrêtait au pavillon
de Lesdiguières. L'aile bâtie par l'architecte Metezeau
entre le pavillon Lesdiguières et le pavillon de Flore était
lourde et sombre; elle contrastait d'une manière regrettable avec l'architecture légère et colorée de Philibert De-
lormé. Cette disparité choquante n'existe plus. L'œuvre de
reconstruction récemment entrepris, rapidement poursuivi, s'achève en ce moment. L'ancien pavillon de Flore
est déjà relevé, terminé; sur ses deux façades à angle droit
il s'est couronné de sculptures. La façade d'honneur sur
le jardin a été décorée par M. Cavelier, un artiste élégant
et correct. La décoration de la seconde façade, celle qui
se reflète dans la Seine, et d'un crépuscule à l'autre baigne
dans la pleine lumière du soleil, est échue à M. J.-B.
Carpeaux.

L'ensemble de cette décoration se divise en trois parties : un bas-relief entre les deux fenêtres de l'attique;
au-dessus, une frise d'enfants supportant un fronton
circulaire : enfin le couronnement de ce fronton.

Le sujet principal était celui-ci : « La France impériale portant la lumière et protégeant l'Agriculture et la Science. » Assise sur l'aigle aux ailes déployées, la jeune et fière figure de la France tient en sa droite le flambeau dont l'éclat se répand sur le monde. A ses pieds, sous sa main tutélaire, deux figures d'hommes, couchées sur la double pente du fronton, représentent, l'une les travaux des champs, l'autre les travaux de l'esprit. Cette dernière figure, accoudée du bras gauche, et la tête dans la main, mesure au compas la sphère terrestre. La première s'adosse au bœuf de labour, ses deux bras reposent sur la croupe de la forte bête dont la tête aux yeux doux revient en avant par un artifice de composition très-habilement calculé. A droite et à gauche, des instruments symboliques achèvent de préciser le caractère de la composition : là une ancre, un canon, ici un fer de charrue, la ruche et le van.

Cette aride énumération de figures ne peut éveiller l'idée la plus lointaine du résultat superbe auquel est arrivé M. Carpeaux, de l'harmonie et de la légèreté qu'il a su donner à ce groupe colossal, de l'aisance et de la vie qu'il a fait entrer dans la forme pyramidale, triangulaire, où il avait à se mouvoir. Avec son art fait de science, de souplesse et d'imagination, il a maintenu dans un puissant contraste de formes et dans une grande unité d'aspect ces trois figures importantes. La composition est pleine partout, sans enfantillage, sans bouche-trou, sans cheville ; il semble (et cela doit être) que le groupe soit sorti d'un jet de la pensée de l'artiste ; chaque détail y est rigoureusement nécessaire et comme imposé. Les belles figures latérales se font équilibre, soutiennent cette lourde masse dans leur parallélisme dé-

gagé cependant de toute symétrie en réplique et des glaciales répétitions; elles ont, avec l'accent de l'originalité
la moins contestable, la mâle tournure des figures de
Michel-Ange au tombeau des Médicis. Le génie français,
celui des pompes décoratives du dix-septième siècle, —
si bien en son lieu, ici, et en un tel sujet, — anime l'ensemble et revit d'une façon toute particulière dans la
figure de la France, dans ce corps aux formes pleines et
cependant juvéniles, dans ces hautes draperies moulées
dans le pli du vent par une main vigoureuse.

La frise d'enfants se détache sur le nu de la pierre
avec une singulière énergie. Les six petits génies chargés
de palmes se modèlent sous le soleil avec l'ampleur et la
couleur de la vie. Ces reliefs de la frise si fortement enlevés se justifient par la nécessité bien comprise par l'artiste de donner pour le regard une base résistante au
lourd fronton qu'elle supporte sans fléchir. Il fallait là,
évidemment, une ligne épaisse, saillante aux yeux,
chargée en couleur.

Mais la merveille, le chef-d'œuvre dans cette œuvre
magnifique, c'est le bas-relief; la figure de Flore agenouillée, pleine de grâce et de sourires, et sous ses
beaux bras étendus faisant passer une ronde joyeuse
d'enfants turbulents et trébuchant. Comparez ce jeune
corps de femme aux meilleurs marbres de l'exposition. Ces
derniers, même chez les plus habiles statuaires, sont et
resteront toujours du marbre. La Flore de M. Carpeaux
est faite de chair vivante et frémissante ; le sang de la
jeunesse, impétueux et riche, gonfle ces tissus ; il circule,
abondant et chaud, sous cette pierre transfigurée. Nulle
gêne, nulle contrainte en ce corps si frais, si jeune, si
souple! Et pourquoi? C'est qu'il est admirablement

construit et proportionné; c'est que sous l'enveloppe des contours on sent le ferme appui de la charpente intérieure. Quoi de plus exquis que la poitrine, les flancs, l'attache des bras, que l'admirable genou gauche de cette Flore? La figure entière est un chef-d'œuvre, je le répète, et dans cette figure on goûte un charme irrésistible à étudier isolément chaque fragment.

Tout ce fronton, exécuté par un maître en l'art statuaire, a été composé pour l'effet d'ensemble comme par un peintre. J'ai dit le rôle de la frise d'enfants, le calcul rigoureux de ses reliefs lumineux et de ses fortes ombres; le groupe de Flore conçu dans le même sentiment pittoresque, soutient et continue l'effet prévu de la frise; il consolide la base aux fortes résistances, sur laquelle s'élève et s'enlève dans la sérénité, dans la lumière, le couronnement aérien du grand fronton.

Ce n'est pas un des moindres mérites de M. Carpeaux que d'avoir en ce temps-ci accompli cette décoration non pas dans les conditions habituelles de la statuaire d'atelier, mais pour la place que sa sculpture devait occuper, pour le plein soleil, et pour le style de l'architecture dont le modèle s'étend du pavillon Lesdiguières jusqu'au pavillon d'Apollon. Son œuvre s'incorpore au monument, s'attache à la pierre comme une vivante enveloppe et y laisse pour jamais l'énergique empreinte d'un talent supérieur, le sceau des maîtres.

L'art des maîtres, en effet, ne réside point seulement dans l'originalité de leur facture, il se manifeste aussi par la variété de leurs créations et par l'originalité propre à chacune de leurs œuvres. C'est pourquoi de très-habiles artistes parmi nos contemporains, parmi les peintres surtout, enfermés et spécialisés dans un procédé unique, ne

23.

réalisent pas les espérances de grandeur que certaines de leurs productions avaient permis de concevoir. Les maîtres en peinture, les Véronèse, les Rubens, les Titien, les Rembrandt ont traité avec une égale majesté les genres et les spécialités où se confinent tant de peintres adroits; le paysage, le portrait, la nature morte, où excellent, mais à un degré inférieur, les petites écoles! Cette souplesse du talent, M. Carpeaux la possède comme personne aujourd'hui. Son pavillon de Flore en fournit les témoignages les plus irrécusables, son œuvre entier l'atteste. Il a en chacun de ses bustes nombreux, en chacune de ses créations personnelles, affirmé la variété inépuisable de son talent et de son sentiment d'artiste.

Voyez sa statue du Prince Impérial. Les eût-on soupçonnées capables de saisir avec une telle assurance la grâce délicate, la beauté, la bonté de l'enfance, et la fière intelligence de la race, ces mains qui avaient manœuvré les masses pesantes du fronton des Tuileries? Il n'y a pas à s'y méprendre cependant : c'est bien la même science profonde du corps humain, la même sûreté d'observation et, ce que je n'ai pas encore signalé chez M. Carpeaux, le même don heureux d'imprimer à tout ce que touche son ébauchoir l'accent noble, généreux, sympathique qui fait l'attrait particulier de ses œuvres, qui en est comme la signature. Sa science, il la doit à l'étude des maîtres et de la nature; sa faculté de composer, à l'imagination, à l'intelligence; mais l'élévation, la chaleur, le caractère de bonté inhérent à ses productions, c'est à quelque chose de plus intime et d'absolument personnel qu'il le doit; c'est du cœur de l'artiste que sort cette force attractive, ce courant de sympathie qui s'établit entre son œuvre et le spectateur.

Qui a vu le Prince Impérial une fois reste frappé de la pénétrante ressemblance de ce portrait. Je dis « ressemblance pénétrante ; » il ne s'agit pas là, en effet, d'une similitude de traits pure et simple, d'une reproduction correcte d'après un modèle. C'est la pensée qui habite sous la courbe élégante de ce beau front, c'est le regard jeune et intelligent, doux et ferme de ces yeux grands ouverts, c'est l'harmonie, l'équilibre moral et physique de tout l'être que le savant artiste a surpris ainsi et fixés pour la postérité. Quand on a vu le Prince, disais-je tout à l'heure, la ressemblance de l'image vous stupéfait. Effacez son nom de la plinthe, présentez l'œuvre à qui vous voudrez, laissez-la traverser les siècles : il n'est personne, en la voyant, aujourd'hui, comme dans deux mille ans, personne qui ne reconnaisse l'origine et la prédestination souveraines de l'auguste enfant.

L'artiste a représenté le Prince Impérial debout, simplement vêtu du costume élégant des enfants de son âge : la veste longue, le pantalon large, bouffant, retenu au-dessous du genou et recouvrant la jambe à demi. Le bras droit tombe naturellement le long du corps ; la main fine et charmante s'attache au poignet par une légère inflexion d'une grâce exquise. Le bras gauche est passé autour du cou de Noirot, le grand épagneul de l'Empereur. Le bon chien redresse sa grosse tête et cherche des yeux le regard de son jeune maître. Noirot n'est-il pas là comme le légitime symbole de la fidélité placé sous la protection de cette jeune main qui s'ouvrira un jour pour tant de puissance !

L'exposition de M. Carpeaux confirme donc, sous des formes bien différentes, ce qu'avaient attesté déjà ses œuvres antérieures, si diverses : un talent puissant, également habile à exprimer la force et la grâce, reposant sur la science accomplie de son art, sur le respect, sur le culte des maîtres, sur l'observation attentive, toujours en éveil, que donne l'amour profond de la nature; un talent épris de grandeur et de sincérité. Je dirai peut-être un jour comment ce talent s'est révélé, s'est formé, par quelles traverses il a passé, de quels obstacles, amoncelés par les fatalités de la vie, il a triomphé victorieusement; je dirai au prix de quelle dépense de volonté — la volonté : un mot qui résume toute la vie de M. Carpeaux ! — au prix de quelles luttes et de quels efforts, il est arrivé à prendre le premier rang dans la statuaire française.

L'Exposition universelle met de nouveau sous nos yeux bien des œuvres qui nous sont chères. Énumérons les plus importantes : et, tout d'abord le *Narcisse,* le *Saint Jean,* le *Chanteur florentin* de M. Paul Dubois et un groupe qui nous était inconnu une *Vierge tenant l'enfant Jésus,* du même artiste. En ces œuvres, nulle pompe, nul déploiement de force, mais un goût exquis, une fleur de jeunesse et une délicatesse dans l'invention qui révèlent l'artiste supérieur.

Voyez l'inconstance des jugements humains : M. Paul Dubois n'a obtenu qu'une deuxième médaille à l'Exposition universelle pour une œuvre qui lui avait valu en 1865 la médaille d'honneur, et d'emblée, à l'unanimité, alors qu'au contraire le jugement de peinture avait cette année-là été l'objet de tiraillements sans nombre.

Ne soyons point surpris de ce contraste et surtout craignons d'en tirer sur la prospérité comparative de la peinture et de l'art statuaire, des conclusions vraisemblablement justes et absolument fausses dans la réalité.

C'est qu'en effet, de ces tiraillements dans les opérations du jury pour la section de peinture opposés à l'unanimité qui s'est produite pour la section de sculpture, on pourrait être tenté de conclure à la supériorité incontestable de nos artistes sculpteurs sur nos peintres. Rien ne serait plus contraire à la vérité, car ce qui a provoqué l'embarras du jury, c'est précisément la difficulté de choisir entre une quantité considérable d'œuvres excellentes en peinture, mais excellentes dans les genres et avec les mérites les plus divers. Pour la sculpture, au contraire, le terrain est beaucoup moins compliqué : tout sculpteur, comme le sculpteur voisin, n'exécute qu'une figure isolée (deux au plus et c'est rare, il faut avoir l'audace et le talent de Carpeaux pour tenter et réussir un groupe de cinq figures). Les lois de l'exécution en statuaire sont les mêmes pour chaque artiste et elles se résument en un petit nombre de préceptes facilement vérifiés, contrôlés, jugés dans leur application bonne ou mauvaise. Je suis loin de dire que la sculpture soit un art facile, tant s'en faut; je le considère comme de plus en plus inabordable, autrement que par le génie, à mesure que notre civilisation se raffine; mais de la simplicité rigoureuse des lois qui rendent cet art si malaisé, il résulte une unité de jugement, une unité d'opinion qui s'est révélée une fois de plus et manifestée avec éclat dans la décision qui accordait la médaille d'honneur à M. Paul Dubois.

Voyez, à ne s'en tenir qu'à la surface des apparences, comme il serait facile de s'égarer : — de l'aveu de tous, notre sculpture française est, à l'heure présente, incontestablement sans rivale en Europe; nos peintres, au contraire, rencontrent à nos propres expositions, dans certains genres au moins, des rivaux très-redoutables chez nos voisins du Nord. La même question que nous discutions tout à l'heure se présente de nouveau, et à moins d'y réfléchir on ne tendrait à rien moins qu'à donner le pas à nos sculpteurs sur nos peintres dans l'ordre de mérite des manifestations esthétiques. L'erreur serait donc la même que tout à l'heure, et voici pourquoi.

Malgré toutes les difficultés de pratique, nos statuaires, de tout temps bien enseignés dans un art dont les lois sont invariables, sont arrivés à ce résultat très-estimable d'une correction assurée. Les incorrigibles comme Préault sont seuls à violer ces lois essentielles de la correction, et sans doute parce qu'ils ne veulent pas se donner la peine de les observer. La correction est le triomphe de la technique, de la pratique, du métier, mais point du tout le triomphe de l'art. Où est la vie, la passion, la lutte en notre école? dans la peinture. La statuaire s'immobilise dans le procédé, dans un calme plat. Il y a sans doute quelques exceptions, je nommais Carpeaux tout à l'heure, il a en lui l'avenir, la gloire de notre statuaire française au dix-neuvième siècle; on nommerait encore d'autres noms : Barye, Crauk, Clesinger, Cordier, Millet, Fremiet, Cain, qui sont des artistes et non point seulement des praticiens, qui peuvent se tromper, mais qui ne peuvent point être nuls et tomber dans la banalité. A cette liste que chacun grossira à sa guise, nous ajouterons désormais le nom de M. Paul Dubois.

Mais constatons combien l'attribution de cette médaille d'honneur, si légitimement qu'elle ait été donnée, vient confirmer ce que nous avons dit de la sculpture. Qu'on parcoure le jardin de l'Exposition, on n'y trouvera

pas une œuvre choquante, on n'y trouvera pas non plus
dix ouvrages qui s'élèvent au-dessus du niveau commun.
Dans cet assemblage de statues froidement correctes,
une œuvre très-particulièrement élégante, conçue par
une intelligence d'artiste, une œuvre fine, charmante,
mais ne révélant point une puissance de jet bien extraordinaire, une œuvre qui traduit une émotion délicate
apparaît, et, du coup, sans avoir aucune prétention au
grand style, elle écrase, par son style même, elle éclipse,
elle relègue dans l'ombre de leur vertu glaciale des centaines de productions inintelligemment savantes.

Ah! nous ne saurions trop l'applaudir, ce jeune
homme qui nous apporte le secours de son émotion, de
sa grâce, pour éclairer cette question si importante de la
passion et de la vie dans l'art. Nous tous, qui consacrons
notre existence à interpréter ces belles créations du génie
de l'homme, les œuvres du sentiment plastique et du
sentiment pittoresque, nous entassons articles sur articles,
livres sur livres, pour affirmer nos sensations, celles du
public en présence des œuvres de vie et de passion; nos
paroles restent sans effet, sans action; nous en arrive-
rions à douter de nos propres émotions, de leur légitimité,
de leur justesse, quand de temps en temps, au moment
le plus inattendu, une œuvre d'un inconnu de la veille
s'ajoute avec le poids du triomphe à nos efforts et rend
évidentes à tous les yeux les vérités que nous avions
jusque-là proclamées et maintenues en dépit des artistes
sans flamme, sans génie, sans intelligence de leur propre
force.

Un *Chanteur florentin au quinzième siècle*, tel est
le motif dont M. Paul Dubois a tiré cette fine et souple
composition, qui est comme un souvenir des créations

de Donatello, souvenir animé par l'esprit moderne. Déjà le *Saint Jean enfant* et plus encore le *Narcisse* du même artiste avaient annoncé un talent souple, fertile en inventions ingénieuses et délicates. Il n'est pas jusqu'à ces réminiscences de l'art toscan de la fin du quinzième siècle qui n'ajoutent un attrait imprévu, comme une sorte de parfum vague à ces œuvres bien originales pourtant et particulièrement ingénieuses. L'artiste a cette fois réalisé son rêve ; sa conception s'est moulée exactement dans l'œuvre accomplie, et (car il faut y revenir) quoique ce ne soit pas une grande œuvre, c'est une œuvre excellente comme toute traduction heureusement venue d'une saine idée plastique.

Aux seconds plans se déploie l'armée de nos statuaires, plus épris de correction que de passion, hommes habiles, prudents, savants, pleins de mérite, mais sans invention.

Dans notre pénurie de talents qui s'élèvent franchement au-dessus de ce niveau honorable, estimable, très-méritant, mais peu fécond en grandes choses et point du tout glorieux, j'avoue que je me sens un faible irrésistible et toujours croissant vers les talents d'exception, fussent-ils même incorrects, bizarres, enflés, outrés, démesurés, excessifs, violents, irritants. L'irritation même qu'ils nous causent est préférable à l'ennui. L'assoupissement est plus malsain pour l'art (comme pour le corps et l'esprit de l'homme) qu'un mouvement de généreuse colère. C'est pourquoi je m'arrêterai à quelques œuvres exceptionnelles, bien qu'elles n'aient point toutes figuré à l'exposition du Champ de Mars, œuvres exceptionnelles aux titres les plus divers, aux ouvrages de MM. Préault, Clésinger, Cain, Frémiet, feu Brian et Crauk.

J'ai longuement parlé de M. Auguste Préault en

1863 (1), et en présence de la froide et constante banalité de nos expositions de sculpture, je suis presque tenté de me reprocher l'analyse très-ferme, très-sévère, quoique très-sympathique, que j'ai essayé d'appliquer à ses envois de 1863. Arrivons tout de suite à ceux de 1864, qui sont l'œuvre d'un artiste vraiment supérieur. Il avait exposé deux grands médaillons : l'un, qui est plutôt une médaille qu'un médaillon, porte l'effigie du huitième empereur romain, de ce Vitellius élevé sous les yeux de Tibère à Caprée, favori de Caligula, de Claude et de Néron, habile, intelligent, pourri de vices, et qui garda l'empire huit mois entiers.

Les yeux petits, soupçonneux et fixes, s'enfoncent profondément sous l'arcade sourcilière, d'où s'échappe un regard aigu et froid comme une lame de stylet; les joues pleines et fermes descendent à plis puissants vers le triple menton épais, lourd, débordant de graisse, tombant comme un fanon sur un col monstrueux, musculeux comme le cou d'un taureau; le nez a cette courbe audacieuse et fine que, par une exagération tombée dans le courant de la langue, on compare habituellement à celle d'un bec d'aigle; la bouche dédaigneuse, aux plissures étroites et fléchissantes, est impassible; le menton creusé, séparé en deux par un sillon profond, se projette en avant, dur, audacieux, insolent, accusant une énergie effrayante. Sur le front haut et vaste, siége de l'intelligence, se rejoignent les feuilles extrêmes d'une couronne de lauriers. — Sauf le front et le menton, tout le reste est de la bête. C'est la ruse et la méchanceté des carnassiers élevées à une puissance exceptionnelle, incarnées

---

(1) *L'Art et les Artistes modernes*, 1 vol. chez Didier.

dans l'homme et par là s'ajoutant à tous les instincts malfaisants qui sont particuliers à l'humanité. La poitrine est celle de l'*Hercule Farnèse*. Le type est un chef-d'œuvre.

Sans doute cette admirable médaille n'a pas la beauté correcte des *Apollons* d'académie; mais était-ce le cas de chercher et d'appliquer cette sorte de beauté? Il est vrai que cette chevelure crépue comme celle d'un nègre se pelotonne, s'amoncelle par places et se modèle à la façon d'une perruque formée d'éponges sèches; mais, à côté de ces partis pris violents, regrettables si l'on veut, j'étudie ce masque même au point de vue strict de l'exécution, et je conclus que pas une œuvre au Salon ne montrait, poussé à ce degré, le sentiment des plis de la peau, de la mollesse des chairs, de la fermeté des muscles, de la fluidité du sang. Ce *Vitellius* est donc une œuvre hors ligne. La face pesante, modelée, fouillée avec passion, palpite et tressaille, vit et résiste sous le doigt : il faut remonter à Puget, dans l'école française, pour retrouver l'équivalent de ces mêmes qualités purement pratiques.

J'ai dit « qualités purement pratiques », je me trompe et me reprends. Ce ne sont point là des qualités pratiques, seulement techniques, qui s'acquièrent dans la fréquentation des ateliers. Au moins faut-il avoir un sentiment esthétique supérieur, une vision exceptionnelle des choses pour les rendre avec cette force, pour leur donner ce caractère net et puissant qui se frappe dans l'esprit et y reste comme incrusté, à jamais garanti contre l'oubli. Supposez cette médaille mise en sa place, appliquée sur une façade d'architecture, à une certaine hauteur, point trop haut cependant et à portée du regard : l'excessif disparaît aussitôt; la chevelure elle-même, si formidable, reprend par la perspective ses proportions normales, et en ces dimensions restreintes il reste une œuvre d'art monumentale d'un effet décoratif excellent.

M. Clésinger aussi a voulu faire de la sculpture monumentale. Le *François I*er, le *Napoléon I*er, deux statues équestres, et la statue de *César* sont le résultat d'un effort dont peu d'artistes en ce temps-ci eussent été capables. On ne mène point à leur fin de pareilles entreprises sans une vigueur de talent et d'esprit peu commune. Ce qui me frappe dans ces œuvres comme dans toutes les productions du même artiste, c'est surtout le mérite plastique. On a souvent comparé et assimilé l'un à l'autre le talent de M. Clésinger et celui de M. Auguste Préault : qu'on les compare, je le conçois et je vais le faire moi-même ; mais je ne vois point qu'il soit possible de les assimiler avec quelque apparence de justesse.

L'un poursuit avant toutes choses la fantaisie plastique, le mouvement de la forme ; il est séduit par l'accident, par le détail pittoresque, qu'il fouille et reproduit jusqu'à satiété. L'ornement surabonde en ses ouvrages, il le fait naître à tout propos, le prodigue, y épuise son sujet ; l'œil ne sait où s'arrêter, et le plus grand tort de ses créations, c'est qu'il n'y ménage pas assez les repos et arrive ainsi à la confusion. On peut blâmer ce défaut, cette tendance générale, excessive chez M. Clésinger, et l'on serait encore plus fondé à la critiquer si, moins rare, en ce qu'elle a de bon, parmi nos sculpteurs, on se bornait à en blâmer l'excès. A l'excès on pourrait opposer alors la juste mesure dans laquelle cette science de la plasticité abondante serait appliquée par nos sculpteurs. Mais, pour la plupart, ils n'ont ni cette science ni ce défaut, ni cet honneur ni cette indignité.

Est-ce là le seul défaut de M. Clésinger? Non, sans
doute. Il abuse des formes rondes; mais ces formes sont
vivantes et pleines. Il prend souvent la dimension pour
la grandeur; mais parfois aussi il concilie les deux termes
du problème. Enfin, sous ces imperfections, on sent le
souffle viril d'un artiste épris de son art jusqu'à la passion, ardent à la lutte, infatigable, opposant un nouvel
effort à un effort resté infécond, se trompant encore parfois, mais toujours en éveil et toujours prêt à recommen-
cer. Y a-t-il beaucoup de tempéraments d'artiste aussi
vigoureusement trempés que le sien en ce temps-ci? Je
les cherche. J'en trouve, mais je dois dire qu'on les
compte.

Le reproche le plus grave que je sois tenté de faire à
M. Clésinger, c'est, dans son art qu'il manie en praticien
consommé, de ne vouloir considérer que la fantaisie
plastique et de subordonner à « l'art pour l'art », comme
on disait jadis, le caractère, l'expression générale du
sujet. (Qu'on applique cette critique au *François Ier*,
au *Napoléon* et au *César*.)

Si M. Préault, lui aussi, prodigue le mouvement, ce
n'est point du tout dans la même intention. Voyez: il est
sobre d'ornements, il néglige le détail; il veut le mouvement, mais le mouvement expressif, non pour sa beauté
propre, mais pour le caractère du type qu'il crée. Il enfle
ses figures et n'hésite point devant une contorsion, ou il
les réduit et ne recule pas devant la suppression d'un
détail anatomique important; pour tout dire, il nous
montre bien souvent des formes strapassées, non parce
que cela fera bien au point de vue pittoresque ou comme
équilibre de lumière dans son œuvre; mais parce qu'il

croit atteindre et fixer plus sûrement ainsi la sensation qu'il a éprouvée et voulu rendre.

L'art (j'allais dire l'artifice de l'art), avec son abondance de procédés, forme et ferme l'horizon de M. Clésinger. M. Préault traite ces mêmes procédés et l'art lui-même avec impatience et violence, comme un orateur qui brutalise la langue pour lui faire exprimer sur-le-champ et avec force une idée puissante, au risque même d'un barbarisme. C'est là souvent ce qui constitue l'éloquence. La comparaison étant acceptée en ces termes : M. Préault serait un orateur fougueux, confondant parfois la fougue avec le génie ; M. Clésinger, un merveilleux rhéteur de décadence.

Laissons ces deux athlètes, l'un à son ardente curiosité de praticien émérite, l'autre à sa passion nerveuse d'artiste emporté par le diable au corps ; ce n'est pas la dernière fois que nous les voyons sur ce champ de bataille des expositions, où d'autres individualités audacieuses appellent aujourd'hui notre attention.

Un mot encore cependant sur une œuvre de M. Clésinger. J'ai souvent regretté de voir nos artistes s'écarter de plus en plus du but décoratif de l'art statuaire, l'observation subsiste, et j'oppose à ce penchant de l'école vers l'art de Musée, sans destination possible, le *Combat de taureaux* de M. Clésinger, composition excellente, dont l'effet serait admirable si on l'adossait aux charmilles d'un parc ou au pied de quelque terrasse, dans une grande résidence, sous le mobile reflet des hautes et verdoyantes ramures.

Depuis qu'un maître, M. Barye, n'expose plus, nous n'avions rien vu de comparable, comme sculpture d'animaux, à la *Lionne du Sahara* de M. Auguste Cain, qui

a fait et méritait de faire sensation au Salon de 1864. Ici
point de fougue désordonnée, point de recherches méti-
culeuses : une seule impression, celle de la force. Le
jeune maitre a fait une œuvre grande par les dimensions
et grande par le caractère. L'expression léonine, hautaine, jalouse, sûre de son indomptable puissance, est
admirablement traduite. C'est une lionne mère, assise
dans le désert et prêtant ses mamelles à ses petits ; elle
est dressée haute et ferme sur ses pattes de devant, la
tête relevée, l'oreille dressée, le regard fixé sur l'immensité, surveillant les mouvements de l'horizon, attendant
l'ennemi. Si je tenais à faire une critique (légère) de cette
œuvre remarquable, je dirais que l'artiste a peut-être abusé
des grandes simplifications de plans. Bien qu'elles soient
très-légitimes dans une œuvre monumentale, il a poussé ce
système un peu loin dans le modelé du dos, des flancs et
de l'échine. De profil la ligne est très-pure et très-belle,
de face aussi ; vu exactement de dos, le corps de l'animal n'offre que des lignes carrées. Si l'œuvre doit être
fondue en bronze ou taillée en pierre, n'y aurait-il pas
lieu d'adoucir les arêtes un peu vives de toute cette partie du corps? C'est là une réserve bien légère, mais
je dois y insister d'autant plus qu'en ses dernières créations M. Cain exagère ses tendances encore davantage.

M. Fremiet est tout simplement en train de conquérir
une des plus belles places de l'art contemporain. Statuaire
savant, élevé à la forte école de Rude, il admire et sent
les beautés de la sculpture antique sans se croire astreint
à les copier éternellement. Il croit que l'artiste moderne
n'est pas déshonoré pour chercher des formules qui
n'aient point été rabâchées par tous les manœuvres
d'atelier. La vie moderne même n'effarouche pas son

ébauchoir : on sait avec quel talent remarquable et quel
sens vraiment artiste il a reproduit les types des différents corps de l'armée française. Sous l'étiquette mythologique, qui est de rigueur, il a su faire de l'art, pur
de toute imitation, et par conséquent original et vraiment moderne. A quelle école, à quelle convention rat-
tacherait-on son adorable petit *Pan jouant avec de jeunes
ours ?* Il prend un bain de lumière, le jeune dieu ; le soleil
frappe de ses flèches d'or sur la peau souple, lisse, ferme
et bien tendue de ce dos et de ces reins, où elles rebon-
dissent émoussées ; lui, avec son rire charmant, l'œil
bridé et plein de malice, couché à plat ventre sur la pierre
brûlante, il pousse et retire alternativement un fragment
de ruche emmiellée qui allèche fort de petits oursons
tout avalés sur leurs jarrets, goinfrés et rageurs, gro-
gnant, se bousculant pour prendre part au gâteau, et bien
penauds de recevoir sur leur museau tout poissé un coup
léger de cette badine que tient en sa main leur providence d'un quart-d'heure, cet insouciant gamin chèvre-
pieds. — Voilà une œuvre d'art sans prétention, pleine
de science, de talent, d'invention, bien dédaignée sans
doute des abstracteurs de quintessence, des chercheurs
d'idéal, et qui est un petit chef-d'œuvre de vie. Et savez-
vous quel fut le maître de M. Fremiet en cette étude ?
L'antique ? Nullement. Le souvenir des leçons de Rude ?
Peut-être, mais plus encore, j'en réponds, la nature interrogée par un véritable artiste, qui ne craint pas de regarder avec ses yeux excellents et de laisser les bésicles
à l'école. Où a-t-il vu, me dira-t-on de jeunes Pans au
pied fourchu, aux cuisses velues, à l'oreille aiguë, au
front cornu ? Où ? Mais là où les Grecs eux-mêmes les
avaient vus : dans cette éternelle nature. L'incomparable

nourrice lui a montré comment se soudaient entre elles les formes les plus diverses, et il a retenu ses enseignements.

Il y a plus de réminiscences de l'antique dans une œuvre bien remarquable exposée à l'un de nos derniers Salons et qui reparut fondue en bronze à l'Exposition universelle ; c'était un *Mercure*.

Ce *Mercure* de M. Brian était un plâtre moulé sur une esquisse demeurée inachevée dans l'atelier de l'artiste décédé. Je ne sais point ce qu'aurait été l'œuvre terminée, la terre devenue marbre ; cependant je ne crois point que l'impression eût été la même. Mais ne raisonnons pas sur des chimères : telle qu'elle est, cette esquisse est un admirable morceau. Dans les statues inspirées de l'art grec, et on les a vues par centaines, je n'en connais aucune assurément qui donne au même degré l'illusion de l'antique. A travers ce voile de l'exécution inachevée, dans ce vague et cette transparence de l'esquisse interrompue, quoique déjà menée très-loin, les formes prennent cette pureté, cette sobriété, cette convenance parfaite qui fut le privilége des premiers maîtres de l'art statuaire. La tête est idiote, les pieds sont vulgaires et patauds ; mais le torse avec les jambes est un chef-d'œuvre d'indication. Néanmoins, je persiste à croire que l'art ni la gloire de feu Brian n'ont rien perdu à cette malignité de la Parque hâtive, qui, croyant ne nous léguer qu'une ébauche informe, nous a laissé une admirable esquisse de ce qui pouvait ne devenir qu'un pastiche habile et sans flamme.

L'art statuaire n'a point les ressources d'expression qui se trouvent en si grand nombre sous la main du peintre, la statuaire monumentale surtout. La mobilité

expressive des traits du visage est interdite aux créations
de cette sorte faites pour être vues de loin. L'expression d'une statue monumentale doit être déterminée par
l'attitude du corps, par le mouvement de l'ensemble.
C'est ce qu'a parfaitement compris M. Crauk, l'auteur de
cette statue de la *Victoire* dont une épreuve est placée
au centre du square des Arts et Métiers.

De quelque distance que l'on aperçoive le bronze de
M. Crauk, on reconnaît infailliblement une *Victoire*, et
si la distance est normale, la *Victoire couronnant le
drapeau français*. Un des mérites, et non le moins précieux, de ce morceau exquis, est de présenter une forme
correspondant exactement à la conception : une idée
claire, clairement exprimée.

Les souvenirs de l'antique ne sont point étrangers à la
perfection de cette admirable *Victoire* ; mais avec quelle
science et quelle vivacité ne sont-ils pas ramenés au sentiment moderne ! Svelte, légère, elle effleure de son pied
aérien le globe terrestre, elle plane sur le monde par un
imperceptible mouvement de ses ailes divines. D'une
main elle serre contre son cœur la hampe et les plis glorieux du drapeau, et de la droite, par un geste d'une
grâce incomparable, en souveraine et en mère joyeuse et
fière, enivrée du succès de ses fils, elle pose sur l'aigle
impériale une couronne de lauriers. La chaste et ample
draperie qui l'enveloppe se gonfle au vent de sa course
rapide et flotte en plis abondants sur ses talons d'airain.
La tête au pur profil a la sérénité du triomphe accou-
tumé.

Comme conception l'œuvre est irréprochable. Comme
exécution, prise dans son ensemble, étudiée dans ses
détails, examinée sous toutes ses faces, elle donne la

23

pure joie des œuvres parfaites ; les pieds, les mains sont admirables d'élégance ; les mouvements sont d'une justesse, d'une souplesse qui révèle la beauté d'un corps jeune et fort ; les draperies voltigeantes sont disposées avec un goût plein d'audace raffinée et de féconde invention. — Voilà donc une création originale en même temps qu'une œuvre d'art des plus belles, achevée, complète, correspondant au temps présent ; elle restera à l'honneur de notre époque et pour la plus grande gloire du nom de son auteur, M. Gustave Crauk.

On nous avait tant répété que les anciens avaient dit le dernier mot de l'art statuaire qu'à la longue nous nous serions peut-être laissé ébranler ; mais heureusement nous voilà plus raffermis que jamais dans nos croyances : une statue comme la *Victoire* de M. Crauk suffit à donner raison à ces rêveurs ambitieux qui ont foi en l'éternelle vie de l'art et plaident pour leur siècle contre l'oppression des siècles écoulés.

On a également revu au Champ de Mars de charmantes conceptions, bien connues et légitimement admirées : là *Dévideuse*, de M. Salmson ; la *Fileuse*, de M. Mathurin Moreau, qui sont de jeunes sœurs de la *Pénélope*, de M. Cavelier, le jeune maître à qui nous devons le beau groupe de la *Mère des Gracques* du Luxembourg ; l'*Ariane*, de M. A. Millet, les sévères et nobles figures de M. Gumery, notamment la *Science*, du monument du président Favre, à Chambéry ; le *Vainqueur* de M. Falguière et les belles compositions si variées, d'un sentiment si moderne, signées Bartholdi.

Arrêtons-nous aussi devant la belle statue de *Virgile*, par M. Thomas. Ce qui nous a séduit tout particulièrement dans cette œuvre, c'est qu'elle n'est pas seulement un portrait de Virgile, mais, mieux que cela, une image plastique excellente, traduisant à merveille la méditation du poëte considérée d'une façon absolue. Sûr de sa main, maître de son talent en de tels sujets, où le nu se revêt de draperies antiques, M. Thomas a d'autant plus de mérite d'avoir tenté une œuvre d'un caractère absolument moderne, un portrait de mademoiselle Mars. L'illustre comédienne pourtant est représentée dans le costume et avec les atours de Célimène; l'artiste a donc accepté un compromis avec la tradition qui éloigne du domaine de la statuaire le costume contemporain; il n'est pas allé toutefois, comme l'a fait récemment M. Clésinger pour madame George Sand, jusqu'à draper son modèle à l'antique; mais il n'a point osé non plus fixer dans le marbre l'image consacrée par le portrait de Gérard. L'hésitation évidente de l'artiste, en présence de ce sujet tout à fait neuf, s'est manifestée jusque dans l'exécution matérielle de l'œuvre, qui en a gardé une sorte d'indécision générale. L'effort, néanmoins, est méritoire, et il est bon de le noter, de le signaler à sa date.

Rappelons enfin quelques noms d'artistes sympathiques au public des expositions : M. Ottin, l'auteur du groupe des *Lutteurs*; M. Carrier Belleuse, que le Salon annuel de 1867 a mis définitivement en lumière; M. Gaston Guitton, l'auteur de la *Martyre païenne.*

En résumé, la sculpture est, parmi les arts du dessin, celui où, de notre temps, on rencontre le plus d'honnête habileté, le plus de talents soigneux, expérimentés et sages. Dans tous les ateliers, aujourd'hui, on sait convenablement modeler une figure nue, dresser sur son socle une statue présentable, exempte de défauts grossiers et même suffisamment dotée de qualités moyennes,

telles qu'une certaine élégance, une sorte d'ingéniosité,
une invention patiente et froide. Nos statuaires ont atteint, à peu d'exceptions près, le *nec plus ultrà* du talent qui s'acquiert. Leurs œuvres sont le triomphe de la
correction.

A la faveur de cet hommage rendu à notre école de
sculpture, il me sera peut-être permis de demander si ce
sont là, en somme, des mérites bien éclatants et faits
pour nous mener à la gloire. Nous sommes d'autant plus
à l'aise pour poser une pareille question que l'amour-
propre d'aucun artiste n'aura à en souffrir. Nous raisonnons ici sur une impression d'ensemble.

Sauf quelques exceptions éclatantes et violentes, l'art
statuaire se soutient au niveau d'une habileté moyenne
et méritoire. Sans passion, sans flamme, sans vie, sans
énergie autre qu'une sorte de besoigneuse patience,
notre sculpture possède mille qualités négatives, c'est-
à-dire que ses productions ne feront tache nulle part, ne
soulèveront aucun blâme, et par contre ne soulèveront
aucun enthousiasme.

Quelques individualités supérieures se détachent toutefois de cette honnête moyenne. Elles sont en petit
nombre et cela n'a rien qui nous étonne. A quelle époque
en a-t-il été autrement? Quand a-t-on vu les armées
réunir plus de grands capitaines que de vaillants soldats?
Il n'y a donc pas lieu de crier à la décadence pour un
fait normal. Il est juste de dire, au contraire, que jamais
les artistes du second degré n'ont eu plus de talent.
Seulement ils forment une masse imposante qui ne court
point les périls et n'a point non plus les priviléges et les
mérites de l'exception. Ils ne risquent point de s'égarer,
et c'est beaucoup. Mais, d'autre part, n'exaltons pas outre

mesure cette froide vertu qui n'est guère que torpeur et
apathie, et félicitons-nous de voir de temps en temps
des artistes plus vigoureux rompre le charme tout à coup
et sortir de cette léthargie par quelque coup d'audace,
par quelque œuvre excellente où toutes les conditions de
l'art statuaire sont observées et supportées avec cette
hautaine liberté d'allures qui est au fond de l'âme
des grands artistes. Nous mettons hors de cause un
certain nombre de sculpteurs que chacun nommera
et qui sauront bien se reconnaître; pour les autres,
ils marchent d'un pas lourd et monotone vers un but
tout de convention qu'ils confondent sincèrement et naïvement avec l'idéal. Rien n'égale leur assurance à cet
égard. L'idéal, à leurs yeux, est pleinemement réalisé
par la froide immobilité du modèle d'atelier, correcte-
ment rendu. Toute leur étude (et je parle de ceux qui
approchent des plus forts) consiste à revoir et corriger
certaines vulgarités de formes du modèle, dans le sens
de la beauté fade et correcte. Ne leur parlez ni de l'imagination, ni de l'invention, ni de l'idée créatrice; n'essayez même point de regretter l'absence de vie, de
mouvement et d'émotion; rien de tout cela n'est l'idéal,
« Cette clavicule est-elle à sa place, le corps porte-t-il
bien, tout est-il correct? » Telles sont les questions qui
vous sont adressées. Si vous y répondez affirmativement,
l'artiste croira volontiers qu'il a escaladé les plus hauts
sommets de l'idéal. — Après tout, ce mot « idéal » est si
vague, si peu défini et si rebelle à toute définition que
l'erreur est bien excusable.

Revenons donc sans scrupule à notre interrogation :
De quel prix payons-nous cette froide correction très-
générale et très-remarquable en la plupart des œuvres

sculptées par les artistes contemporains? La correction
chez les maîtres de l'art ne se déploie jamais au détriment de la vie. Or, la vie, en statuaire, emprunte ses
éléments au caractère, à la passion, à l'invention originale, à la beauté imprévue des mouvements, à l'accentuation du relief, au jeu mobile et profond des lumières
et des ombres. Si c'est là, en effet, ce qui constitue la
supériorité des créations magistrales, il faut bien se décider à reconnaitre que la correction n'est à elle seule
qu'un mérite élémentaire, — essentiel, le premier de
tous, le plus indispensable, mais élémentaire, — un mérite d'écolier. L'élève qui, en musique, sur un thème
donné par le professeur, sait écrire un morceau de longue
haleine à l'aide des ressources multiples que lui offrent
les règles de l'harmonie, celui qui peut d'une phrase de
quatre mesures composer une mélodie de quatre pages,
en ayant recours à la variété des mouvements, des tonalités et des rhythmes, aux richesses des accompagne-
ments élégants et savants, au développement pour ainsi
dire mécanique de l'idée première : celui-là est admirablement préparé pour tirer parti de ses inspirations mu-
sicales; mais si l'inspiration lui fait défaut, il ne restera,
toute sa vie, qu'un excellent élève. Eh bien! en sculpture, je vois beaucoup de bons élèves et bien peu de
maîtres. Nos artistes ont beaucoup des excellents rhéto-
riciens (je varie autant que possible les termes de comparaison pour me faire mieux comprendre) : ils possèdent
à fond la grammaire, ne commettent pas une faute
d'orthographe, ils sont familiers avec la syntaxe, ils
pourraient être des professeurs parfaits; mais ils ne
savent ni manier leur langue, ni lui faire exprimer une
seule idée originale. — Cela tiendrait-il à ce qu'ils

n'auraient point d'idées ? Que de plus audacieux que moi se chargent de répondre.

Ce qu'il y a de bien évident, c'est que l'inspiration leur fait défaut, et qu'à part des exceptions que chacun a déjà nommées, ils n'expriment aucune idée neuve, originale. De ce côté nous avons donc fort à faire. Notre personnel d'artistes est admirablement préparé, leur instrument est parfait ; mais qu'ils osent donc enfin s'en servir pour parler au monde moderne un langage conforme à son propre esprit. Un maître ne peut se féliciter de l'éducation qu'il a donnée à un enfant, considérer sa tâche comme finie que le jour où, devenu jeune homme, l'élève se révolte, s'affranchit délibérément, et, s'il le faut, soutient des théories en contradiction formelle avec celles qui lui ont été enseignées. Les vieux maîtres de la Grèce et de la Renaissance, nous voyant si timides, seraient-ils fiers de leur descendance ? Nullement. Le salut, l'avenir de l'école exigerait plus d'audace, un affranchissement d'imagination définitif.

L'ART JAPONAIS

Un même courant de civilisation, passant à travers notre continent, efface de jour en jour les derniers vestiges d'originalité locale dans les écoles d'art européennes où jadis, avec tant d'éclat, s'affirmait le *Genius loci*. Malgré le soin que nous avons mis à rechercher et à signaler les quelques traces encore subsistantes de l'individualité nationale en chaque école, l'analyse et la discussion ne pouvaient porter que sur des nuances. A titre de contraste, je voudrais arrêter pendant quelques instants l'attention du lecteur sur les manifestations d'un art que le courant venu d'Europe menace déjà, mais n'a pas encore sérieusement entamé, un art de l'extrême Orient. Le curieux retrouvera facilement les éléments de cette étude en quelques visites faites chez nos marchands de curiosités dites *chinoiseries*.

Ce n'est pourtant pas la Chine qui va nous occuper; mais bien le Japon, ce petit pays voisin de la Chine, il est vrai, mais dont la population n'offre avec la race mongole que d'apparentes similitudes. La confusion entre les deux peuples est tellement entrée dans nos esprits occidentaux qu'il faudra bien des années encore et une constante protestation de la part des voyageurs et des critiques pour faire cesser une méprise qui est toute au désavantage de la race japonaise.

Je dis *race* avec intention. Si l'origine du peuple japonais est la même que celle de la grande famille touranienne ou mongole, ses tendances religieuses et philosophiques l'en séparent nettement et dénoncent une qualité d'âme et d'intelligence infiniment plus haute. Pour moi, il n'est pas douteux qu'à une époque extrêmement reculée, — et dans la nuit qui enveloppe l'histoire de ces peuples, on ne saurait la préciser, — il n'est pas douteux, dis-je, que la race japonaise accuse un mélange de sang arien et de sang mongol. En effet, on sait quelles chimères épouvantables, quels monstres de terreur l'imagination touranienne a toujours associés à l'idée de Dieu, et avec quelle rapidité l'esprit froid, pénétrant, purement rationnel de la Chine est tombé dans l'athéisme le plus absolu.

Le Japon révèle aussi, manifestement, ses attaches touraniennes par la profusion de formes monstrueuses qui peuplent sa mythologie ; on n'ignore point cependant que de tout temps le Japon eut une religion propre, locale, bien antérieure à l'invasion du bouddhisme et qui, à côté des images de terreur, à côté des génies malfaisants, à côté des cauchemars de l'imagination touranienne faisait une part égale sinon supérieure à l'influence active d'un principe de bonté, aux génies bienfaisants, agents de la puissance suprême. Par là s'affirme le dualisme, la conscience du bien et du mal, qui est le fond même de la tradition arienne.

Aussi les différences, les oppositions sont-elles grandes

entre les deux races. Autant le rationalisme étroit et sec de la Chine a contribué à plonger l'immense population mongole dans l'immobilité et à l'éloigner de toute idée d'avenir, à lui faire, dans sa présomption, repousser avec horreur toute tentative de progrès; autant, au contraire, le peuple japonais montre d'ardeur et d'active intelligence à s'assimiler toutes les découvertes de la civilisation occidentale. Un seul fait établirait, justifierait cette assertion jusqu'à l'évidence. Depuis que le premier bateau à vapeur américain a pénétré dans les mers du Japon, les Japonais, rapidement instruits, ont établi chez eux des ateliers, des chantiers maritimes où ils construisent eux-mêmes des machines à vapeur applicables à la navigation.

Leur supériorité sur la race chinoise éclate d'une façon bien plus lumineuse encore dans leurs mœurs politiques et sociales. Je ne sais quels bienfaits leur apportera l'intervention des idées occidentales; sans doute, ils seront importants et nombreux. Mais incontestablement aussi, avant d'en jouir pleinement, le Japon aura à traverser une crise douloureuse. C'est qu'il avait trouvé une forme de gouvernement qui, bien que féodale, à la vérité, par l'équilibre et la pondération des pouvoirs, par le bien-être qu'elle répandait sur toutes les classes de la population, lui donnait, à défaut des idées de liberté dont il était fort éloigné encore, une sécurité, une certitude, une confiance dans la durée des choses établies qui le tenait à l'écart de toute préoccupation et de toute agitation politiques. Ce n'était point le despotisme impuissant qui pèse sur la Chine, mais une collectivité d'efforts et, en quelque sorte, une fédération de princes tenus en bride et surveillés par deux pouvoirs plus élevés : un

pouvoir exécutif et temporel délégué aux mains du taï-
coûn, par le chef spirituel, le Mikado.

Je n'indiquerai immédiatement qu'un trait de mœurs,
et il suffirait pour témoigner une fois de plus de la pré-
éminence de la race japonaise sur la race chinoise. Des
contrées de l'extrême Orient, le Japon est la seule où l'on
accorde à la femme, dans l'activité sociale, une importance réelle. Il est inutile de rappeler à quel état d'infériorité morale les femmes sont réduites en Chine. Sou-
mises à l'immobilité par la torture, infirmes, estropiées
dès l'enfance, elles y sont ramenées à l'état de créatures
inertes et en quelque sorte transformées en bêtes à plaisir. Le rôle de la femme au Japon est, au contraire, très-
étendu. Jeune fille, elle jouit de toutes les libertés, un
peu à la façon anglaise et américaine, bien qu'avec une
absence de préjugés plus complète encore et qui, je dois
le dire, révolterait nos habitudes occidentales. Mais, une
fois mariée, elle rentre sous le joug de la discipline la
plus sévère et doit se consacrer uniquement et tout entière à l'union, à l'association conjugale. Un signe extérieur indique ostensiblement ce renoncement. Les jeunes
filles entretiennent avec soin l'éclat de leurs dents, et,
aussitôt mariées, elles renoncent à cette parure; l'éclat
disparaît pour faire place à une teinte noirâtre artificiellement obtenue.

L'importance de la femme et la considération dont elle
jouit vont plus loin encore que cette liberté d'action.
Ainsi, — contrairement à l'exclusion prononcée par quelques nations européennes, et en particulier par la France
elle-même, — elles sont admises à hériter du trône des
mikados. Je ne dissimulerai point cependant que ce bénéfice accordé aux femmes japonaises a bien aussi quel-

ques inconvénients qui effraieraient sans doute bon
nombre de Parisiennes. Elles partagent absolument et
jusqu'en ses dernières conséquences la responsabilité des
actes du mari; la responsabilité de ses dettes, des délits
qu'il lui arriverait de commettre et même de ses crimes;
c'est-à-dire que, si le mari se dérobe par la fuite au châtiment imposé par la loi, la femme est passible de la
peine édictée, fût-ce la mort.

Ces rigueurs sont assez rares, mais c'est assez qu'elles
soient imminentes et dans l'esprit de la loi, pour ajouter
une force considérable (j'entends une force morale) à
l'union du mari et de la femme. On comprend, sans qu'il
soit besoin d'y insister, qu'un pareil partage de responsabilité transforme le lien conjugal en un lien véritable
et d'une haute moralité. Il exige, en effet, non-seulement
un échange d'affection, mais encore un échange constant
d'idées, un calcul commun, calcul de tendresse et aussi
d'affaires; en un mot, forcément il fond le mari et la
femme en une individualité unique et fait d'eux, selon la
parole biblique, une seule et même chair.

Cette supériorité de la race japonaise sur la race chinoise s'affirme avec non moins d'évidence dans les arts.
L'art décoratif en Chine a certainement atteint un degré
de beauté que nous pouvons lui envier, mais dépassé encore dans l'art japonais. Arrêtons-nous à un premier
exemple. On a souvent et bien à tort reproché aux œuvres
décoratives de la Chine l'absence complète de perspective. Il est certain que, pour des regards habitués à voir
appliquer sur nos porcelaines occidentales des reproductions de tableaux poursuivies jusque dans les nuances les
plus fugitives du clair-obscur et du modelé, il y a une
véritable barbarie dans ces traits rapides, dans ces

teintes plates, qui président à la décoration des porcelaines chinoises. Mais il faut en appeler de ce jugement.
Il est temps de le reconnaître : dans cet ordre, c'est nous
qui sommes les barbares, et ces « magots » qui sont nos
maîtres, qui nous font la leçon, qui sont dans le vrai,
dans l'absolu de l'art décoratif.

Qui ne s'est rendu compte de l'effet déplorable que
produisent ces imitations de peinture lorsqu'elles sont
appliquées sur des surfaces tournantes comme celles d'un
vase, ou lorsque ce vase lui-même n'est pas posé à la
hauteur voulue pour que le regard occupe précisément
le point de vue du tableau représenté. Qu'arrive-t-il
alors? C'est que, par la courbure des surfaces, le dessin
perspectif se trouve complétement faussé, d'une part, et
que de toutes façons il serait impossible de déplacer
l'objet décoré d'après ces principes, de le mettre soit à
terre, soit au haut d'un meuble sans défigurer complète-
ment le dessin de l'œuvre d'art primitive, maladroitement
transportée sur cet objet.

L'absence de perspective, dans les œuvres chinoises,
est donc le résultat d'un calcul très-juste et non point un
fait d'ignorance. A quelque hauteur que l'on pose une
porcelaine chinoise, quelque place qu'on lui réserve, elle
conserve toujours son aspect décoratif, logique, séduisant pour l'œil par l'harmonie des couleurs et ne l'offus-
quant jamais par les déformations de lignes dont les décorations européennes offrent de si fréquents et si fâcheux exemples.

Cependant les Japonais ont réalisé un progrès encore
sur l'art ornemental de leurs voisins. Comme eux, dans
leurs porcelaines, dans leurs peintures décoratives, ils
ont systématiquement écarté l'emploi du clair-obscur;

mais ils ont adopté, avec une sagacité unique, un merveilleux compromis entre la perspective linéaire, géomé-
trique et la perspective que j'appellerai perspective de
sentiment.

La plupart de leurs motifs sont pris d'un point de vue
très-élevé, de manière à ce que les divers plans s'étagent
en hauteur. De cette façon, sans avoir recours à la perspective aérienne, il suffit des différences de proportions
pour établir l'illusion de la perspective réelle. Leurs
compositions décoratives ne sont donc pas, comme il arrive souvent en Chine, un assemblage de petits motifs
isolés, mais au contraire des compositions formant toujours un ensemble.

Autre remarque tout à fait essentielle : si les Japonais
n'ont pas dans la représentation de la figure humaine le
sens de la beauté plastique tel que nous l'a légué la Grèce
antique, ils ont cependant un sentiment très-vif, une
science très-profonde du caractère expressif de la forme
humaine. A cet égard, leurs dessins sont superbes de vigueur et de précision.

Un de leurs maîtres, Oksaï, a publié quatorze albums
de croquis relevés sur ses cahiers de notes, pris au jour
le jour, sur nature, dans le mouvement des villes et des
ports, dans l'enceinte des théâtres, dans les arènes de
lutteurs, au bord des fleuves, sur les rivages de la mer,
dans les champs, dans les forêts; partout où le poussait
son humeur aventureuse et voyageuse. Rien de plus vif,
de plus rapide, de plus expressif, de plus varié et de plus
vrai en même temps que ces croquis innombrables jetés
sur la feuille blanche en deux traits de pinceau. Toutes
les attitudes auxquelles se peut ployer le corps humain y
sont saisies avec une verve incomparable, une sûreté de

main et un entrain d'imagination, un charme et un esprit d'observation, dont l'étude de ces albums peut seule
donner une idée. Tous les sentiments, — des plus aimables aux plus graves, — y sont tour à tour exprimés;
tous les vices et toutes les vertus, toutes les innocences
et toutes les violences : toujours pourtant avec une pointe
d'humeur railleuse, avec le léger sourire d'une philosophie sans amertume, mais malicieuse et moqueuse. Tous
les métiers avec les pénibles déformations auxquelles ils
ploient la misérable machine humaine, avec la série complète des instruments qui s'y rattachent, apparaissent
successivement en ces feuilles si vivantes. Les scènes de
la vie privée y sont retracées et aussi celles de la place
publique : toilettes de femmes, causeries intimes, petits
concerts de famille, rixe entre gens du peuple, exer-
cices d'acrobates, de jongleurs, d'archers, jeux d'enfants, caricatures, grotesques, etc., etc. Un cahier, le
cinquième, est consacré à l'architecture religieuse; j'y
remarque même un cours de perspective fort clair, fort
bien fait; un autre aux représentations mythologiques;
un troisième à des études d'animaux, tantôt réels, tantôt
fantastiques; il y a là tel tigre que Géricault, Delacroix
ou Barye seraient fiers de signer. D'ailleurs la science
prodigieuse et la fécondité d'invention d'Oksaï et en général de tous les artistes japonais, se révèlent dans la
façon, tout à fait magistrale, avec laquelle ils créent le
monstre.

On peut dire que c'est là une épreuve et une preuve.
En effet, à force d'études académiques, un homme, quelque peu qu'il soit doué, arrivera (au moins à la longue) à
se pénétrer des caractères essentiels de la beauté correcte; mais il faut quelque chose de plus, une faculté

d'observation et d'invention très-spéciale pour réussir à construire un monstre dans des conditions qui rendent probable, possible même, la vie imaginaire de l'animal. Ainsi, M. Ingres a pu faire sa délicieuse figure de la *Source*, une figure de jeune vierge qui passe à juste titre pour un chef-d'œuvre; mais jamais il n'a réussi à créer un monstre. Rappelons-nous combien l'hippogriffe dans son tableau d'*Angélique et Médor*, placé au Luxembourg, est pauvre d'allure, pauvre d'invention; combien il se dérobe à toute possibilité d'existence; avec quelle invraisemblance le corps de l'aigle se rattache au corps du cheval. Voyez au contraire dans un sujet de même nature, dans le *Persée délivrant Andromède*, d'Eugène Delacroix, combien le monstre est vraisemblable et — si je puis le dire à propos d'une œuvre de pure invention — combien il est vrai. Eh bien! cette faculté créatrice, les artistes japonais l'ont au suprême degré. Avec le sens de la beauté en plus, les Grecs créant leurs admirables centaures, leurs admirables faunes, n'étaient pas plus forts.

On a pu voir que nous ne ménagions point les réserves au point de vue du sentiment de la beauté chez ces dessinateurs de l'extrême Orient. Il n'en faudrait point conclure cependant qu'ils n'ont aucun souci, aucune ambition qui les porte vers l'idéal. Un des témoignages les plus curieux qu'ils nous donnent d'une pareille préoccupation réside dans le type absolument conventionnel qu'ils ont adopté pour la représentation de la femme; c'est d'ailleurs la seule trace de convention que j'aie jamais remarquée dans leurs dessins. Oksaï lui-même, le plus libre et le plus sincère des maîtres japonais, s'y est soumis. Nous avons vu des photographies nombreuses

de femmes japonaises, tout le monde a pu voir également
à l'Exposition quelques-unes de ces femmes; elles ont
les traits caractéristiques de la race mongole, un peu
adoucis cependant, moins accentués, moins écrasés que
chez les femmes chinoises; le ton de la peau est un peu
cuivré, l'ensemble du visage est rond, le nez court, les
yeux ont une légère tendance à se relever vers les
tempes.

· A part la direction des paupières, les autres traits ty-
piques disparaissent absolument dans les images de femmes
que nous montrent les albums japonais. Le visage s'y
allonge démesurément, le nez prend une courbure aqui-
line et se termine en pointe, le teint lui-même y est systématiquement blanc, et de la blancheur artificielle que
donne la poudre de riz. Le type en ces images a beaucoup de celui de notre classique Pierrot. Évidemment
une contradiction si énorme entre le type réel et le type
figuré démontre clairement, — répétée, renouvelée avec
cette constance, — que la beauté blanche et aux longs
traits est l'idéal de la femme japonaise, idéal ardemment
et, il est inutile de le dire, vainement poursuivi.

A part cette dérogation aux lois de l'observation
fidèle et de la sincérité en face de la nature, on peut dire
que les artistes japonais ont pour la réalité un respect
profond qui s'allie chez eux à une intelligence esthétique admirable. Ils ont le don d'assouplir le réel aux
caprices d'imagination les plus étonnants, sans jamais
trahir ni dénaturer cette réalité, principe et point de
départ infaillibles de toutes leurs combinaisons de
formes. La nature leur fournit toujours l'élément pri-
mordial. Seulement ils en usent librement au point de
vue du caractère. Ainsi les formes de l'animal et de la

végétation seront choisies toujours dans le sens expressif
du sujet adopté par l'artiste, puis exagérées, amplifiées
dans leur expression, de manière à l'augmenter et à la
marquer avec plus de netteté, sans qu'on puisse néanmoins leur reprocher d'avoir, même par le plus petit
détail, contrevenu aux lois essentielles de la nature; c'est-
à-dire que les insertions de branches dans l'arbre, que
les nœuds de sève dans le roseau, que les inclinaisons,
les pentes seront poussées à l'excès dans leur silhouette,
mais respecteront toujours la forme essentielle de la
construction, c'est-à-dire le principe vital par excellence.

Dans le dessin des animaux, non-seulement ils ont
étudié les formes extérieures, mais encore ils ont pénétré
les habitudes et le caractère moral de chacun d'eux,
avec une telle exactitude d'observation qu'au moyen de
quelques lignes et d'un trait de pinceau, ils atteignent à
une complète définition de la nature. Bien plus, ce qui
est le propre de l'art, éliminant tous les accidents secondaires, ils mettent en lumière, de façon à la graver profondément dans l'esprit du spectateur, la physionomie
plastique et la physionomie expressive de l'animal. Ce
qui prouve bien l'autorité du principe d'observation dans
l'art japonais, c'est qu'il rend avec une puissance esthétique remarquable, avec une perfection de dessin sans
rivale, les animaux qui se rencontrent habituellement
dans les îles du Japon : l'éléphant, le chien, le cheval,
l'âne, la chèvre, le porc, la tortue, la cigogne, un grand
nombre d'espèces d'oiseaux, le singe, le tigre, etc.;
mais il est d'une gaucherie que rien n'égale dès qu'il
s'agit de représenter des animaux étrangers au climat
japonais : le lion, par exemple, qui apparaît fréquem-

24.

ment dans la mythologie, et que, par conséquent, il est
appelé à reproduire souvent.

Tous ces albums auraient pour nous plus d'intérêt si
nous pouvions déchiffrer les caractères qui accompagnent
la plupart de leurs images; le jeu des physionomies y
est si vif cependant qu'il suffit à nous intéresser et souvent à nous expliquer le motif de la scène représentée.
J'ai là, sous les yeux, un petit croquis d'Oksaï, qui se
passe parfaitement de texte. Il y a quatre personnages,
le père, la mère et deux jeunes gens. La mère, tenant
une légère baguette à la main, apostrophe avec énergie
et accable de reproches un jeune homme agenouillé devant elle et qui détourne la tête en portant la main à son
front comme pour parer un coup. L'explication de cette
scène de violence nous est fournie par le geste du père
et l'attitude de la fille. En effet, celle-ci est également
agenouillée, la tête inclinée, les yeux baissés, les bras
pendants le long du corps, affaissée sous le poids de la
honte et de l'humiliation.

Ouvrant violemment la robe de la jeune femme, le
père, les deux mains tendues, projetées en avant, montre
avec une indignation énergiquement exprimée, les signes
non équivoques d'un commencement de grossesse nettement accusé par certaine rondeur anormale. La scène est
traitée sérieusement, froidement, et cependant avec un
relief humoristique des plus amusants, avec un comique,
à l'anglaise, glacial.

Dans la série des jeux d'enfants, voici une autre scène
enlevée également avec une verve charmante.

L'un d'eux est tombé la tête la première dans un
énorme vase de porcelaine rempli d'eau; on ne voit plus
que ses pieds. Grand émoi parmi les autres gamins.

Deux d'entre eux tendent les bras vers l'immense potiche d'un air désespéré et poussent des cris affreux; mais un troisième, plus avisé, a relevé sur le chemin une forte pierre et frappe à grands coups la porcelaine qui se brise et laisse échapper l'eau comme d'un jet de fontaine.

Ces deux scènes sont empruntées aux mœurs populaires. Parlons maintenant de quelques dessins dont les motifs sont choisis parmi les récits des légendes mythologiques et historiques, puisés dans les contes de fées, de véritables contes qui rappellent ceux de Perrault et de madame d'Aulnoy.

II

Un vieux couple habitait une des îles de l'empire du
Soleil Levant. Un jour, le bonhomme rapporta dans une
cage, en sa maison, une petite perruche au plumage vert
et or. Bientôt le caquetage et le babil de la bête mi-
gnonne et jolie fatiguèrent la femme qui n'était pas
tendre. Aussi avait-elle grande envie d'en finir avec le
perpétuel bavardage de l'oiseau jaseur. Elle ne tarda
pas à prendre son parti en ce sens. Mais comme elle re-
doutait la colère de son mari, elle n'osait point mettre à
exécution le méchant projet auquel elle s'était arrêtée,
sans avoir une réponse toute prête ou tout au moins une
apparence de raison qui motivât la vilaine action qu'elle
méditait.

Ce prétexte devait lui être tout à l'heure fourni par
l'oiseau lui-même. Un matin, tandis qu'elle était hors du
logis, et son mari aussi, la petite bête réussit à ouvrir la
porte de sa cage, prit sa volée dans la chambre, et en se
jouant coupa un à un tous les points d'un vêtement neuf
que sa maîtresse venait de coudre. Au retour, la vieille,
apercevant le dégât, entra dans une violente colère;

trouvant l'occasion belle, s'arma d'une paire de ciseaux et, à son tour, sans pitié, trancha par le milieu la langue de l'oiseau. Après ce beau coup, elle lui rendit la liberté.

Lorsqu'il revint à la maison, le mari vit tout de suite que la cage était vide ; il s'informa de la petite perruche, et en apprenant la méchante conduite de sa femme, il fut profondément attristé ; il lui reprocha bien vivement la cruauté dont elle avait fait preuve en mutilant la charmante bête, qu'il aimait autant qu'il eût aimé sa propre fille. Puis il sortit afin de se mettre en quête du pauvre animal.

Dans sa désolation, le bon vieillard battait les champs, parcourait les monts et les vallées, lorsque tout à coup, sur la pente d'une colline, lui apparut une belle jeune fille. Celle-ci, s'approchant de lui, se fit d'abord reconnaître sous sa nouvelle forme. C'était la perruche. Elle le remercia tendrement des bontés dont il l'avait entourée dans sa maison, et voulant, en témoignage de sa gratitude, lui faire un présent, elle lui offrit à choisir entre deux paniers, dont l'un était fort lourd et l'autre moins pesant. Le vieillard préféra le plus léger, et la jeune fille aussitôt lui en fit don en lui recommandant toutefois de ne l'ouvrir qu'à la maison.

A peine arrivé, le bonhomme se hâta de satisfaire sa curiosité, et, levant le couvercle du panier, il vit qu'il était rempli de vêtements somptueux, de pièces de soie brodées d'or, d'argent et de dessins magnifiques. Émerveillée, ravie, dès qu'elle eut appris comment ces étoffes si riches étaient arrivées entre les mains de son mari, la femme voulut, elle aussi, tenter l'aventure. Immédiatement la voilà partie, et sans s'arrêter aux plaines ni aux vallons, elle court les collines à la recherche de la généreuse perruche.

Et, en effet, elle ne tarda point à rencontrer la belle jeune fille, qui commença par lui faire de vives remontrances sur sa barbarie. Pourtant, la semonce achevée, elle lui offrit également à choisir entre deux paniers semblables aux précédents. La vieille prit incontinent le plus lourd, et aussi vite qn'elle le put, elle gagna le logis. En entrant elle porte les mains au panier, l'ouvre, et, à son grand effroi, elle en voit sortir deux gnomes railleurs et menaçants.

L'artiste japonais, qui a voulu rappeler le souvenir de ce conte populaire, a choisi le moment où la vieille femme, épouvantée, renversée par la frayeur, est tombée sur le dos, et les talons en l'air, tandis que les lutins s'élèvent dans l'espace avec une expression pleine de malice.

Redisons une autre légende à peu près de même nature, et qui a fréquemment inspiré la verve des artistes japonais (1).

Un bon génie habitait le corps d'un chien appartenant à un vieux couple qui, n'ayant pas d'enfants, aimait tendrement l'animal. Celui-ci conduisit un jour le mari dans une forêt des environs et réussit à lui faire comprendre qu'un trésor y était enterré ; mais il se faisait tard, et il ne put le mener à l'endroit même ce jour-là. Un méchant voisin surprit cette révélation. En conséquence, il emprunta le chien du vieillard et partit en forêt. La bête

---

(1) Ces contes populaires ont été analysés dans un ouvrage anglais en 1863 : *The Capital of the Tycoon*, a narrative of a three year's residence in Japan, by sir Rutherford Alcock, K. C. B. Her Majesty's envoy extraordinary and minister plenipotentiary in Japan. 2 vol. London. Longman, Green, Longman, Roberts et Green.

s'étant arrêtée, le voisin crut que c'était là une façon de
lui indiquer le point où il devait fouiller la terre pour
trouver le trésor. Il se mit à l'œuvre aussitôt, et, au total,
n'ayant déterré que des pierres, dans sa déception, dans
sa rage, il tua le pauvre chien d'un coup de bêche.

Douloureusement affligé d'un tel acte de cruauté qui
le privait d'un compagnon fidèle, ayant pleuré l'animal
qu'il aimait de tout son cœur, le bon vieux s'informa du
lieu où était tombé et resté le corps de son favori. Dès
qu'il en est instruit, il s'enfonce à son tour dans la forêt
et trouve la bête morte au pied d'un petit arbre. Il résolut
alors d'élever sur la place même un monument à la mémoire de son chien. Avec sa hache, il coupe l'arbuste, en
façonne la tige, l'aiguise comme un épieu et se sert de
cet outil improvisé pour creuser la fosse où reposera la
dépouille de son ami. Mais à peine a-t-il remué le sol,
effleuré la première couche de terre qu'il aperçoit aussitôt un monceau d'or.

Le méchant voisin eut bientôt connaissance de la bonne
fortune qui était échue aux mains du vieux couple et du
moyen par lequel elle était arrivée en sa possession. Il
revint donc chez le vieillard, et de même qu'il lui avait
déjà emprunté son chien, il lui emprunta l'épieu auquel
il attribuait toute la vertu révélatrice. Il en fut pourtant
de cette seconde épreuve comme de la première ; il eut
beau fouiller la terre, il ne put réussir à déterrer la
moindre pièce d'or. Saisi d'un nouvel accès de fureur,
il jeta l'arbre dans le feu.

Très-humblement, le vieillard alla en recueillir les
cendres, les rapporta chez lui et les garda pieusement.
Quelque temps après, le bon génie qui avait habité le

corps du chien lui apparut dans un rêve et lui ordonna d'aller, en emportant ces cendres avec lui, se placer à certain endroit de la route où devait passer un *daïmio*, ou prince japonais. Les formes extérieures du respect au Japon sont soigneusement prévues pour chaque caste, et personne ne s'en écarterait sans courir de réels dangers. Les gens des classes inférieures doivent s'agenouiller du plus loin qu'ils aperçoivent un daïmio. Néanmoins le bon génie recommanda au vieillard de rester debout lorsque passerait le prince, de manière à attirer son attention. Si on l'interrogeait sur le motif qui le faisait agir ainsi au risque d'un châtiment sévère, il devait répondre qu'il possédait un pouvoir magique, qu'il avait le don, en dépit des saisons, en dépit des lois naturelles, de faire en plein hiver s'épanouir des fleurs sur les rameaux flétris des arbres, fût-ce d'un arbre mort.

Plein de confiance, obéissant aveuglément aux paroles du génie, le pauvre vieillard, au réveil, va se poster sur le chemin, à l'endroit désigné. Il y était à peine depuis quelques instants qu'il entend retentir au loin et se rapprocher d'une façon menaçante le terrible cri *Shitanirio!* Agenouillez-vous! — Il puise dans sa foi le courage de ne pas obéir, et dès qu'on l'interroge, il répond dans les termes qui lui avaient été indiqués. Les hommes de la suite du daïnio, apprenant le motif de cette infraction à l'usage commun, se décidèrent, avant de le châtier, à faire part de l'incident au prince.

Immédiatement le bonhomme est mis en demeure de faire la preuve de son pouvoir. C'était précisément un jour d'hiver, les haies qui bordaient la route étaient dépouillées de toute verdure; mais le vieillard, saisissant une pincée de cendres, la jette sur les branches qui s'allongeaient au-dessus de sa tête, et sur-le-champ elles se couvrent de fleurs parfumées.

Le dessin japonais traduit spirituellement ce dernier épisode ; il rend avec une profonde pénétration des jeux de physionomie, la joie, le ravissement du bonhomme en voyant les fleurs enchantées qui se sont ouvertes tout à coup par le seul fait de son pouvoir magique. Évidemment, jusque-là, quelle que fût sa confiance en son bon génie, il était fort médiocrement rassuré et tremblait de tous ses membres ; par là, d'autant plus un héros.

Achevons ce récit. Le vieillard fut emmené par le daïmio, qui le garda quelque temps en son palais et ne le laissa partir qu'après l'avoir comblé de nombreux présents. Sur ces entrefaites, le méchant voisin revint à la charge et pria le vieillard de lui donner un peu de cette cendre merveilleuse. Sa demande ne fut pas d'ailleurs plus mal reçue que ne l'avaient été les demandes précédentes. Encore une fois, en sa bonté inépuisable, le couple céda aux sollicitations de ce méchant.

Ce dernier vient donc, à son tour, prendre place sur la route ; il attend également le passage d'un daïmio ; comme le vieillard, à l'arrivée du cortége attendu, il reste debout, il se refuse à fléchir le genou et, lorsqu'on l'interroge, déclare, lui aussi, qu'il a le pouvoir de faire pousser des fleurs instantanément. Qu'arrive-t-il ? — Voilà où commence le châtiment. — Il jette bien en l'air une pincée de cendres ; mais au lieu du résultat sur lequel il compte, au lieu que chaque atome de poussière se transforme en une fleur éclatante de beauté, les cendres aussitôt s'envolent dans les yeux du daïmio. Outré de colère, le prince tire l'une des deux épées engagées dans la ceinture de tout noble Japonais ; il en frappe le cou-

pable et le livre à la vengeance des gens de sa suite qui
achèvent la besogne en coupant la tête du méchant.

Ainsi, dans les contes japonais comme dans les nôtres,
le vice est puni et la vertu récompensée.

Fermons ces livres de légendes et revenons plus spécialement à l'art lui-même, surtout à l'art décoratif. Ce qui
fait le charme des décorations japonaises, c'est la fantaisie
et l'imprévu qui président toujours à l'ornementation. En
France nos artistes décorateurs ne s'écartent jamais de
la symétrie calculée, de la pondération des formes, du
parallélisme absolu des lignes. S'agit-il, chez nous, de
décorer une surface donnée, carré, cercle, ovale? Nous
savons d'avance quelle sera la disposition de l'ornement : une petite frise de feuillage, de fleurs ou de fruits,
d'entrelacs ou de lignes géométriquement combinées
courra sur les bords, suivant fidèlement le contour de
l'objet. Au centre s'étalera, superbe, le motif principal.
Assurément cela est logique, et je ne songe point à le
condamner absolument. Mais il faut bien reconnaître
pourtant que cette éternelle symétrie dont nous n'osons
pas nous écarter rétrécit singulièrement le champ de la
fantaisie, en ce domaine de l'art décoratif où la fantaisie
est souveraine et a toute liberté de se produire, je dirai
même toute licence.

Voyez, au contraire, cinquante, cent, mille objets japonais, — des plus humbles aux plus riches, des moins
chers aux plus coûteux, — tous, ils ont dès l'abord une
saveur précieuse, un imprévu d'originalité, une valeur,
un attrait de curiosité propres à chacun d'eux. A quoi
tient cette surprise du premier coup d'œil? précisément
à l'absence de toute symétrie. Remarquez avec quelle
grâce cette fleur, cet insecte ou cette branche sont jetés,

posés comme au hasard sur un point quelconque de la
surface qu'il s'agit de décorer; exactement comme si
feuilles et fleurs, plumes et rameaux étaient tombés par
accident sur l'objet même où le pinceau de l'artiste les a
fixés. Mais il ne faudrait pas croire que ces légers motifs
de décoration soient aussi simplement appliqués qu'ils
ont l'air de l'être. Point du tout. Et c'est au contraire
avec un tact exquis, avec un sentiment d'art des plus pé-
nétrants, des plus justes et des plus fins que ces maîtres
ont choisi l'endroit précis où l'ornement devait être posé
pour faire valoir l'élégance de la forme et charmer le regard de l'observateur.

Cette légitime horreur de la symétrie, nous la retrouvons encore plus audacieusement affirmée dans les objets destinés à aller par paires. C'est ainsi que deux
vases, deux écrans, deux éventails, bien qu'appariés,
n'auront de commun que la forme extérieure, le contour
général et l'aspect décoratif. Mais, dans le détail, on remarquera des nuances, des différences et une variété infinies. Cette nature d'objets appartient pourtant à ce que
nous appelons ici l'art industriel, c'est-à-dire aux conceptions d'art méditées en vue d'objets d'usage commun,
qui, par conséquent, doivent être reproduits en grand
nombre et par les moyens mécaniques, par les procédés
pratique particuliers à chaque sorte d'industrie. Chez
nous, en général, les deux objets d'une même paire sont
rigoureusement identiques. La paire (et c'est d'une
pauvreté d'effet véritablement excessive) se compose de
deux fois le même objet. Jamais pareille indigence ne se
rencontrera dans l'art japonais. Il trouve des formes
nouvelles même pour les menus objets reproduits à grand
nombre.

Faut-il prendre un exemple entre mille? Voici, par exemple, des épingles à cheveux des plus vulgaires, mais où l'infériorité de la matière est rachetée par le goût exquis avec lequel elle est ornée. C'est tout simplement une petite tige d'os ou de bois, peinte de couleur blanche, fendue dans sa longueur et que terminent au sommet de petits sujets ravissants par l'abondante variété du caprice. Tantôt ce sera une rose rouge au cœur d'or accompagnée d'un bouton de rose bleue délicatement entr'ouvert; un ruban rayé or et vert, blanc et violet, rattache ces tiges frêles aux masses épaisses de la chevelure.

Quelques-unes de ces épingles sont plus simples encore : ici ce sont de petits filigranes d'or terminés par de minces feuillages rouge et vert sans forme précise, ou bien de petits muguets roses glissés dans une touffe de feuilles d'or; une autre fois un tout petit panier très-délicat de formes d'où s'échappent de longs fils de verdure parsemés de boutons d'or, ou encore des feuilles d'écaille délicatement découpées et ajustées en forme d'aigrette transparente.

Pour les épingles plus chargées, l'ornement se composera d'une longue crête rouge où sont suspendues de petites feuilles de clinquant rectangulaires, de délicates passementeries disposées en tresses, en cœur, en forme d'aile ouverte, en couronne; le tout de couleurs on ne peut plus variées et rapprochées, opposées l'une à l'autre avec un rare sentiment du contraste des couleurs. Dans le genre des épingles que nous venons de décrire, telle autre aura la crête chargée de fleurs de muguet épanouies, de petites brindilles violettes ornées de boutons d'argent et soutenant entre leurs branches un ravissant petit tambour japonais formé de deux cônes affrontés par les pointes; aux extrémités de la double caisse en soie violette, les cercles bordés de blanc étalent à leur centre un magnifique cœur rouge brodé d'or.

Les nœuds de coiffure ont également les formes les plus diverses : feuilles, réseaux, entrelacs d'or portant une petite aigrette de soie dont les couleurs sont assorties au ruban qui les rattache. Je dis *ruban*, c'est *fil* que j'aurais dû dire; en effet, ces nœuds le plus souvent sont composés de quatre fils réunis, entrelacés et partagés dans leur longueur en nuances différentes. Les deux moitiés sont souvent chacune d'une seule couleur : tantôt l'or s'y allie à la soie écrue; tantôt un fil vert ou un fil d'argent à un fil rose; tantôt le violet intense au bleu de ciel très-pâle; quelquefois ce sont des torsades blanc et argent ou bien des tresses blanc et rose exécutées avec une diversité inépuisable, de manière à varier la disposition des couleurs et à lui donner un caractère tout à fait imprévu.

Les peignes, très-semblables aux nôtres pour la forme, sont, je parle même des plus simples, toujours ornés avec un goût exquis. J'ai là sous les yeux un petit peigne de bois peint en imitation d'écaille et qui vaut bien (de sa valeur vénale) une pièce de quatre sous. La décoration en est délicieuse : ce sont de petites îles, or et argent, plantées de roseaux qui se détachent sur le fond d'écaille avec une souplesse et une liberté de mouvement extraordinaires; puis des touches de vermillon, de jaune pâle, d'aventurine, jetées çà et là, révélant une entente incomparable de la couleur décorative. Ce petit peigne, sans valeur, je le répète, et que les plus pauvres gens peuvent se procurer, est vraiment un objet d'art.

Dans tout ce qui sort des mains de ce peuple artiste, on retrouve cette même perfection et cette même liberté de goût, une ingéniosité et une fécondité d'invention sans rivale. Jamais l'artiste japonais ne se répète. Nous parlions tout à l'heure d'objets appariés. Voyez deux vases destinés à se faire pendant : ils seront naturellement de la même matière, bronze ou porcelaine, de la même dimension ; ils auront le même galbe, le même aspect au premier coup d'œil, mais cette similitude n'est qu'apparente.

Tel est, par exemple, un de leurs motifs favoris : la panse d'une paire de vases en bronze est entourée d'une ceinture de flots roulés en spirale d'où s'échappe presque en ronde-bosse un dragon fantastique. Eh bien, dans le détail de l'exécution, ni les flots, ni l'animal n'auront un seul trait commun. Sur l'un des vases le dragon nagera paisiblement à la surface des vagues ; sur l'autre, au contraire, il se redressera la gueule ouverte, les griffes menaçantes, et faisant entendre comme un bruit d'écailles horrible.

C'est un peuple d'imagination qui s'amuse à se faire peur, et qui se donne ainsi la volupté de l'émotion, un plaisir semblable à celui que souhaitent la plupart des enfants, lorsque, le soir, les yeux clos sous les lèvres de leurs mères, se sentant bien gardés, bien entourés, ils attendent avec impatience que le sommeil leur apporte quelque gros cauchemar, quelque rêve mêlé de brigands, sachant bien qu'ils ne courent qu'un danger imaginaire.

L'imagination des Japonais se révèle à mille détails, non-seulement dans leur art, mais encore dans le commerce de la vie quotidienne. Voici, par exemple, un de leurs dessins représentant aux environs d'une grande ville, aux abords d'un temple, dans un pays accidenté de

molles collines, ombragé par quelques bouquets d'arbres,
coupé par un ruisseau agile, une grande plaine, une
sorte de Longchamp où, en quelque jour de fête sans
doute, une partie de la population s'est réunie. Des tapis
aux vives couleurs sont étendus sur le sol, et par groupes
de quatre ou cinq les promeneurs y ont pris place : quelques-uns de ces tapis sont abrités du soleil par un *velum*
portatif que soutiennent quatre piquets fichés en terre.
Dans chaque cercle les conversations s'engagent, les ra-
fraîchissements, le thé et le saki circulent à qui mieux
mieux ; puis, à un moment donné, de tous les points de
la plaine, s'élèvent dans le ciel et par centaines des cerfs-
volants de toutes formes, bariolés de dessins fantastiques, peints de mille couleurs éclatantes, planant au-
dessus de l'assemblée, entre-croisant leurs fils de manière à former comme un réseau sur l'horizon.

Un autre de leurs jeux est plus simple encore et plus
ingénieux. Une cuvette pleine d'eau et une petite boîte
contenant de légères parcelles de sureau en font tous les
frais. On jette à la surface de l'eau un de ces fragments
de moëlle qui n'ont aucune apparence de forme précise,
et peu à peu au contact de l'humidité, ces délicates
petites pièces sans dessin appréciable s'ouvrent, s'étalent
sur l'eau en prenant sous les yeux du spectateur stupéfait
les aspects les plus singuliers : ici c'est un poisson,
là une plante avec son feuillage, ses racines et ses fleurs;
plus loin une rame, une voile, un petit bateau, une île,
un volcan, un quartier de lune, un cerf-volant à face
humaine, une scie, un petit nuage rose, toutes sortes de
formes bizarres, spirituelles et d'un goût ravissant.

Il nous reste à indiquer les applications de ce goût
dans les œuvres industrielles.

III

Avant de parler des productions de l'art appliqué à l'industrie, il nous faut revenir encore sur le caractère du dessin d'Oksaï et en général des dessins japonais. Non que j'aie rien à retirer de ce que j'ai dit précédemment sur la science profonde avec laquelle ces maîtres interprètent la nature. Mais il ne faut non plus rien dissimuler. Il faut insister sur certaines tendances de l'art japonais, déclarer nettement qu'il n'a point du tout, dans cette interprétation, le même but que se sont proposé les maîtres classiques de l'Occident. Il est donc bien entendu qu'on ne doit pas s'attendre à trouver en ces dessins l'épuration supérieure appliquée par l'art grec aux formes naturelles, et qu'à part la convention qui préside à leurs images de la femme, les artistes, dans l'empire du Soleil Levant, ne se préoccupent nullement de ramener la réalité à une figuration idéale. Ils n'ont donc aucun souci de ces types de beauté que nous avons adoptés et dont nous faisons trop souvent une loi impérieuse à nos peintres et à nos statuaires. La tendance dominante dans l'art japonais, c'est l'accentuation, la mise en lumière du caractère essentiel, du caractère vital et expressif de la plante, de l'animal, de l'homme en ses diverses fonctions, de la nature tout entière prise dans ses ensembles et dans ses particularités.

Cette recherche de l'expression est tellement accusée dans les dessins japonais qu'on l'y voit très-fréquemment poussée jusqu'aux limites de la caricature; et par le fait, la caricature, avec sa verve et sa joyeuse humeur, sa malice et ses ironies, devait rencontrer chez ce peuple spirituel un public admirablement préparé pour la comprendre. Notez, en outre, que le public d'art, au Japon, se compose de la population tout entière, généralement très-instruite, très-curieuse de lecture et d'image. Le goût populaire, étant si manifeste, a donc sa littérature, dont malheureusement nous ne pouvons pas juger, et son art, un art puissant, très-vivant, très-franc de coloration et cependant toujours harmonieux. On ne s'étonnera pas, ces circonstances étant connues, que le nombre des publications illustrées soit considérable au Japon. Les livres y sont presque tous accompagnés de gravures au trait d'après leurs différents maîtres et vendus au plus bas prix. Les traités de dessin, les albums y pullulent, et à un extrême bon marché.

Si nous cherchions à ces dessins une parenté dans les manifestations des écoles occidentales, nous la demanderions vainement aux œuvres gréco-latines. Cherchons plutôt dans le Nord. L'analogie est frappante, en effet, entre ces peintures de l'extrême Orient et celles des écoles flamande et hollandaise; précisément elles rappellent l'humour et en même temps la fidélité peu raffinée que Téniers, Ostade, Jean Steen apportaient à la représentation des scènes populaires.

Tous ceux qui ont parcouru, feuilleté ces amusantes pages d'albums japonais, auront également été frappés du penchant qu'ils trahissent pour certaines formes qui dans nos mœurs paraîtraient assurément inconvenantes et même indécentes. Mais il est essentiel de ne pas oublier que les Japonais n'ont aucune idée de la pudeur telle que la comprennent les nations occidentales. Il est donc tout naturel qu'un peintre de scènes populaires reproduise les mœurs et les coutumes avec lesquelles il est familiarisé, qui ne l'ont jamais choqué et qui ne choquent personne autour de lui. La pure beauté de la statuaire grecque donne aux œuvres antiques, même pour nous autres modernes, un caractère de chasteté, qui non-seulement les fait admettre dans nos musées, mais qui permet encore de les mêler à notre vie de tous les jours sous forme de réductions et de reproductions de toutes sortes. Mais je ne crois pas qu'un Grec du temps de Phidias eût été blessé (autrement que dans son goût et dans son sentiment esthétique) par des œuvres plus grossières et empreintes du réalisme d'un Jordaëns, d'un Rubens ou d'un Oksaï. L'artiste japonais, s'il lui arrive de porter atteinte au sentiment des convenances européennes, le fait donc en toute innocence.

Dans le grotesque apparaît l'influence touranienne et son action sur l'imagination japonaise. Toutes les difformités de l'espèce humaine y sont successivement passées en revue, et aux difformités réelles s'ajoute un nombre infini de difformités imaginaires. A la réalité ils empruntent, par exemple, la variété infinie des supplices imposés par l'obésité ou encore par l'excessive maigreur, les essoufflements, les sueurs, les plis de chair, les bourrelets de viande de l'homme gras ; les transparences ané-

miques, les défaillances, les ossatures fantastiques de
l'homme squelette; toutes les petites misères de la maladresse, de la fatalité, de la lutte contre la matière. Dans
le monde imaginaire défilent des figures rendues effroyables par la disproportion de certaines parties du corps :
tantôt ce sont les jambes et tantôt les bras qui s'allongent démesurément; une autre fois, c'est le cou qui,
s'élevant et se contournant avec des souplesses de rep-
tile, projette au loin une tête ici grimaçante et là sou-
riante, portant tout à l'heure une expression d'indifférence absolue, et maintenant une expression d'horreur
et de cauchemar. Toutes ces dislocations de l'animal-
homme, exécutées avec une sûreté de main remarquable,
reposent sur une observation savante de la nature, je
dirai même sur une connaissance approfondie de la construction anatomique.

Mais il serait injuste, en dépit de leur inclination évidente vers le grotesque, de refuser aux artistes japonais
le sentiment de l'équilibre harmonieux que comportent
les formes humaines. Je ne sais rien de plus noble notamment que l'attitude de certaine figure de prêtre debout à la droite d'une divinité assise sur son trône, à
l'avant-dernière page du cinquième cahier des croquis
d'Oksaï. Le mouvement du bras, les lignes de la longue
robe tombant verticalement, tout dans cette figure a une
grandeur, une sévérité de style que pas un maître, même
parmi les plus grands, ne désavouerait. Et ce n'est pas
là un hasard, un accident; la même élégance sévère
(dans une admirable qualité de dessin) se remarque encore au frontispice du premier cahier; il y a là aussi une
figure de femme drapée d'une façon tout à fait magistrale.

Entre ces deux formes extrêmes de l'art japonais, le style noble et le style grotesque, se place la multitude d'images vivantes et fines, maniérées avec grâce et toujours distinguées, toujours charmantes où sont fixées en mille scènes mouvementées la vie intime et la vie publique des classes aisées, motif ordinaire des albums peints, fréquemment repris dans la décoration des porcelaines.

Sur la céramique japonaise, si importante, et dont l'étude fournirait la matière d'un volume, je renverrai le lecteur à l'excellent ouvrage de M. A. Jacquemart, publié dans la *Bibliothèque des merveilles*. Cependant je relèverai tout de suite une indication qui expliquera la supériorité de la porcelaine japonaise sur la porcelaine chinoise. En Chine, la porcelaine est une fabrication industrielle proprement dite, et qui, à ce titre, garde la trace des mains nombreuses entre lesquelles elle a passé. Au Japon, l'œuvre, au contraire, est absolument individuelle. Ce fait était déjà constaté en Europe dès le dix-septième siècle. « C'est l'ancienneté, disaient dès cette époque Pierre de Goyer et Jacob de Keyser, et l'adresse des maîtres qui ont fait ces pots, qui leur donnent le prix ; et comme la pierre de touche parmi nos orfèvres fait connaître le prix et la valeur de l'or et de l'argent, de même pour ces pots ils ont des maîtres jurés qui jugent de ce qu'ils valent, et selon l'antiquité, l'ouvrage, l'art ou la réputation de l'ouvrier, et c'est souvent d'un prix fort haut. De sorte que le roi de Sungo acheta, il y a quelque temps, un de ces pots pour quatorze mille ducats, et un Japonais chrétien, dans la ville de Sacaï, paya pour un autre, qui était de trois pièces, quatorze cents ducats. » On peut affirmer que le même cachet d'individualité, que

les mêmes témoignages d'un talent personnel se feront
aisément reconnaître de l'observateur en toute œuvre
d'art décoratif venue du Japon.

D'ailleurs, dans tous les arts industriels, les Japonais
ont réalisé une excellence d'exécution qui les laisse à
peu près sans rivaux en Orient; bien plus, dans la fabrication de leurs porcelaines, de leurs bronzes, de leurs
laques, de leurs soieries et dans le travail des métaux,
ils exécutent en chacune de ces diverses applications
industrielles certains ouvrages qui se dérobent absolument à l'imitation et qu'il nous serait impossible de reproduire. Nous aurons occasion, dans le cours de cet
article, de citer des exemples de leur supériorité à cet
égard.

Toute cette industrie japonaise abonde en merveilles.
Voyez les laques, entre autres productions exquises. La
laque est un vernis qu'on se procure au moyen d'incisions
faites dans l'écorce d'un arbuste appelé l'orosino-ki, ou
rhus vernix. Les incisions, dit-on, doivent être prati-
quées sur de jeunes tiges âgées de trois ans seulement.
Ce vernis précieux est nuancé au moyen de matières
colorantes avec lesquelles on le mélange et appliqué ensuite par couches successives sur l'objet qu'il s'agit de
décorer, puis rehaussé de dessins d'or et d'argent. Généralement on se sert de laque pour revêtir des objets
fabriqués tout d'abord en bois; mais voici une particu-
larité curieuse : les Japonais seuls ont imaginé de décorer la porcelaine par ce procédé, en y ajoutant un
travail de mosaïque en nacre. Les produits de cette
industrie particulière portent le nom de porcelaine la-
quée-burgautée.

C'est dans la décoration des laques surtout que se

manifeste, avec toutes les ressources d'une imagination
toujours en éveil, le sentiment si juste et si profond que
l'artiste japonais a des beautés de la nature. En traits
légers et rapides, en filaments d'or ou d'argent d'une
admirable souplesse, déliés comme des traits de pinceau, se découpent en silhouettes adorables les phénomènes les plus variés, les accidents de paysage les plus
imprévus et les plus ravissants. Presque toujours apparaît, à l'horizon, cette figure de cône tronqué qu'on
apprend bien vite à reconnaître, la montagne sainte, le
volcan sacré, le Fusi-Yama ; puis des premiers plans aux
plus lointains, des enchevêtrements de nature véritablement féeriques, des perspectives infinies, des océans,
des montagnes, des terrains accidentés de longues roches
schisteuses plongeant dans une mer chargée de voiles
rectangulaires ; des cimes volcaniques, de longues riziè-
res, des torrents, des fleuves avec de grands arbres
inclinés sur leur courant ; de hautes herbes fouettées par
le vent, des coins de villages allongés à l'extrémité de
quelque presqu'île ; d'énormes clairs de lune sur lesquels
se détache la vive arête, nettement découpée, de larges
touffes de feuillage ; des nuages ocellés, tourmentés à la
façon d'Albert Dürer ; puis, s'enlevant sur le tout, quelque admirable oiseau de proie, aigle ou faucon, quelque
paon, ouvrant en éventail son immense plumage ; ou bien
quelque héron plongeant dans les roseaux, se grattant
de son long bec et l'aile pendante ; quelque tortue, symbole de longévité, ou encore le dragon impérial ; en un
mot, tout le détail d'une nature merveilleusement riche
et surtout merveilleusement comprise dans son sens caractéristique, et traduite avec un admirable sentiment de
la décoration.

Il n'est pas d'industrie à laquelle ne puisse s'appliquer et à laquelle en réalité ne s'applique, au Japon, cette entente savante du principe décoratif : à leurs écailles d'une beauté sans égale, à leurs ivoires, à leurs émaux aussi parfaits que ceux de la Chine, à leurs armes même, si recherchées pour la trempe unique de leurs lames, à leurs étoffes et à leurs papiers de tenture.

Depuis un temps immémorial, les Japonais connaissent l'art d'imprimer des dessins de couleurs variées par des procédés semblables à ceux que nous employons depuis un siècle. Cependant ils réussissent, dit-on, à imprimer leurs planches polychromes d'un seul coup, en ne faisant passer la planche sous la presse qu'une seule fois. On sait que nous n'en sommes pas encore arrivés là, et qu'il nous faut employer autant de planches et renouveler l'opération du tirage un nombre de fois égal à celui des couleurs qui doivent entrer dans la composition.

L'invention japonaise réalise donc une économie de main-d'œuvre considérable, ce qui permet aux éditeurs du pays de livrer au commerce de détail leurs superbes feuilles coloriées à peu près dans les mêmes conditions que le font en France nos fabricants d'Épinal pour l'imagerie populaire. Dans les plus anciennes productions en ce genre, on remarquera également que les industriels japonais avaient découvert le moyen d'obtenir des teintes dégradées par le même procédé d'impression. Sur ce point, comme sur bien d'autres, le génie inventif de cette race a devancé de plusieurs siècles les plus récentes découvertes des peuples de l'Occident.

Il est tel de leurs métaux dont nos grands fabricants n'ont pu découvrir encore la composition ; certain bronze, par exemple, que nous réussissons parfaitement à décomposer par l'analyse, dont nous mesurons les divers alliages, mais qu'il nous est impossible de reproduire. Nous n'arrivons pas à le reconstituer avec ses qualités de coloration, de sonorité et de densité, bien que nous fassions entrer dans nos essais de reproduction tous les éléments que nous a fournis l'analyse chimique du bronze japonais. Il y a donc un élément essentiel qui nous échappe, une substance dont toute trace disparaît, probablement sous l'action de la haute température nécessaire à la fusion des divers métaux d'alliage, mais qui agit cependant d'une façon très-énergique sur la composition définitive de ce bronze.

Leurs papiers sont également d'une qualité merveilleuse, d'une souplesse et d'une force de résistance que nous n'avons pas encore su réaliser. Aussi leur goût, s'exerçant sur ces matières de choix, donne aux moindres objets sortis de leurs mains une valeur d'art tout à fait supérieure.

Il est bien entendu pourtant que je ne parle ici que de l'art décoratif. En aucune façon, les œuvres des artistes japonais ne sauraient entrer en comparaison avec celles des maîtres qui font la gloire des arts de l'Occident. Mais à ce degré inférieur où l'art n'est considéré que pour le plaisir des sens, ils sont assurément beaucoup plus forts que nous. Ils ont poussé le dilettantisme, le sensualisme de l'art au delà de ce qu'on saurait imaginer. Non-seulement ils ont ménagé aux sens de la vue les plus rares plaisirs, les satisfactions les plus exquises en déployant toutes les ressources, tous les prestiges, toutes les magies de la couleur; mais, allant plus loin encore, ils ont inventé ce que j'appellerai l'esthétique du toucher. Les formes des objets fabriqués par eux sont calculées avec un raffinement spécial pour éveiller et chatouiller toutes les délicatesses du tact. Leurs petits meubles, leurs boîtes, leurs bijoux, d'une forme toujours ingénieuse et toujours variée, leurs charmantes amulettes, leurs boutons si cherchés de motifs et d'aspect : toutes ces bagatelles sollicitent et appellent pour ainsi dire les caresses de la main. Elles sont d'une fantaisie inépuisable, soignées, finies, achevées avec une précision toute mathématique, et faites pour être maniées et comme pétries, pour épouser étroitement les formes de la paume et des doigts, pour s'assouplir et se fondre en quelque sorte sous l'enveloppe d'un toucher délicat, sous l'étreinte voluptueuse d'une main de femme. Nulle saillie extérieure, tous les angles sont émoussés, arrondis en ces objets qui donnent au contact la sensation indéfinissable d'une matière dure et cependant malléable, la douceur laiteuse, tiède et pourtant résistante de l'ivoire poli.

Il semblerait qu'une préoccupation si constante doit imposer aux « articles » japonais un caractère de fadeur excessive. C'est précisément le contraire qui se produit, et, en effet, avec la finesse de jugement et de goût qui leur est propre, les artistes japonais ont su relever cet énervement de la forme par l'accentuation et le caractère énergique du dessin, et aussi par l'imprévu des combinaisons qui président à l'architecture, à la construction extérieure et intérieure de ces menus objets.

Ils éveillent chez l'amateur l'idée de force et de résistance; ils suscitent l'illusion, la sensation du relief par l'esprit et par le trait nerveux du dessin. On remarquera, par exemple, que le dessin décoratif appliqué à ces laques, à ces ivoires, à ces buis, à ces écailles, à ces bronzes d'un modelé si savamment émoussé, affecte tou-

jours des formes anguleuses, rompues, fréquemment
contrastées, opposées dans leur direction, mais toujours
(il faut le rappeler et y insister), toujours indiquées en
conformité d'esprit avec les types naturels, simplement
exagérés et accusés de parti pris dans le sens de l'énergie.

Mais ce qui domine dans la fabrication industrielle,
c'est, avant toute chose, l'invention, une imagination
inépuisable, s'exerçant et réussissant à varier incessamment l'aspect des objets, respectant scrupuleusement, toutefois, le principe de leur destination, se conformant tout d'abord au but qu'ils doivent remplir, et les
appropriant soigneusement à l'usage et aux services pour
lesquels ils sont faits. Aussi éprouve-t-on toujours une
réelle jouissance esthétique et goûte-t-on la pleine satisfaction que laissent les œuvres parfaites en présence
d'une œuvre d'art venue de Nangasaki ou de Yeddo.

Et cet amour de la perfection porte sur les plus petits
détails. Ouvrez-vous une boîte japonaise, quels que
soient les caprices du contour extérieur, le couvercle
s'adaptera infailliblement avec précision, glissera avec
douceur, avec une facilité sans pareille, les charnières
tourneront sans bruit sur leurs gonds, les tiroirs joueront
exactement, étroitement et sans effort, dans leur gaîne.
Tous ceux qui auront souffert de la négligence de nos
fabricants pour ces menus détails fort importants cependant, qui auront vu arriver chez eux un meuble de luxe
payé fort cher, faisant beaucoup d'effet, mais dont toutes
les parties résistent en grinçant péniblement à la fonction qu'on attend d'elles, ceux-là, sans nul doute, appré-
cieront à sa valeur la précision achevée, la perfection et
le fini des ouvrages japonais.

Le caractère essentiel de ces ouvrages, c'est donc

l'harmonie répondant aux exigences du goût chez ce
peuple passionné pour la sensation. Il réalise à coup sûr
l'harmonie des formes modelées dont nous venons de
parler longuement; il possède aussi cette science féconde
en voluptés esthétiques, l'harmonie des colorations. Cette
entente de la couleur se révèle d'une façon tout à fait
supérieure dans la décoration de leurs papiers peints.
Assurément nos grands fabricants ont réalisé dans les
papiers de tenture des merveilles de richesse. Et pourtant les artistes japonais, avec une simplicité de procédés
beaucoup plus réelle et beaucoup moins coûteuse, luttent
sans défaillance sur ce terrain avec les industries de
l'Occident.

Tel de ces papiers japonais sera composé de deux
tons seulement, du rouge et du vert, appliqués sur le
fond même du papier dont la nuance dans la pâte même
est d'un blanc laiteux, crêmeux, véritablement exquis. Eh
bien ! avec ces deux tons et le ton du papier, l'artiste a
su combiner le dessin le plus vivant, le plus coloré, le
plus vibrant et le plus gai qu'on puisse imaginer. Ce
sont de longues aigrettes de fleurs s'épanouissant comme
des gerbes déliées, à travers les mailles irrégulières formées par de grands roseaux aux feuilles tourmentées,
aux longues tiges gonflées de sève. Avec un ton de plus,
le jaune, nous obtenons des lacets et des treilles de vigne
vierge tout empourprée, rougie, dorée par les premières morsures des bises d'automne. La même plante,
si riche en cette saison, s'attachera sur une autre feuille
à des cannelures aux orbes profondes, audacieusement
entaillées dans le fût de quelque colonne imaginaire.
Augmentons-nous le nombre des tons, nous arrivons à
des richesses de coloration féeriques, à des combinaisons

de lignes empruntées avec une perfection magistrale aux formes naturelles, transformées par l'imagination la plus souple et la plus féconde. Et si j'ai dit que notre fabrication française, dans le papier de luxe, l'emportait sur la fabrication japonaise, cela est vrai, surtout au point de vue de l'imitation pour ainsi dire réaliste et en trompe-l'œil de la fleur, plutôt que du sentiment décoratif et du sentiment de la nature dans lesquels les artistes japonais sont incontestablement nos maîtres.

C'est, en effet, que, plus que nous, ils possèdent et appliquent les principes infaillibles qui permettent de transformer en œuvre d'art décoratif les éléments fournis par la nature. Leur éducation, à cet égard, est parfaite et complète. S'ils luttent avec la réalité dans leurs peintures décoratives, c'est uniquement par la silhouette des formes naturelles, et point du tout par la recherche et l'imitation des effets d'ombre et de lumière. Ils ont depuis longtemps compris qu'une peinture tirée à grand nombre par les moyens d'impression, destinée par conséquent à décorer des habitations qui sont disposées et éclairées de la manière la plus différente, ne devait pas être artificiellement éclairée par l'artiste dans un sens le plus souvent et forcément contraire au sens de la lumière réelle qui pénètre dans l'appartement.

Nos dessinateurs de papiers peints commettent donc une erreur capitale lorsqu'ils simulent dans leurs peintures les clairs et les ombres portées que recevraient dans la réalité les objets représentés par eux. Ils oublient que, travaillant dans un atelier où le jour pénètre constamment du même côté, ils éclairent leurs peintures d'une façon conventionnelle, et que l'orientation qu'ils auront adoptée se trouvera très-fréquemment opposée à l'orientation de l'appartement où leur décoration doit prendre place. Malgré la perfection du rendu et précisément à cause de cette perfection, nos artistes décorateurs cèdent à un principe faux, l'illusion, tandis que les artistes japonais, ne peignant que par teintes plates, sont rigoureusement dans la logique et observent la loi fondamentale de l'art décoratif dès qu'il est forcé d'avoir recours aux moyens de reproduction industrielle.

Ce que nous disons là du dessin appliqué aux papiers de tenture est, à plus forte raison, également vrai des dessins destinés aux étoffes, aux tapisseries, aux faïences et aux porcelaines, c'est-à-dire à toute fabrication d'objets qui par nature sont essentiellement mobiles.

D'ailleurs ce sens délicat des lois de l'art décoratif n'est pas le privilége du Japon : tout l'Orient a connu ces lois et a su les appliquer avec une certitude et une perfection que nous pouvons lui envier.

Concluons donc plus spécialement sur l'art japonais. Rappelons que son caractère essentiel, c'est l'invention, l'imagination, transformant la nature savamment connue, profondément étudiée et la ployant aux nécessités expressives de l'art; rappelons encore cet amour exquis de la perfection dans les formes modelées qui a conduit ces maîtres à doter l'art d'une délicatesse noùvelle, la volupté du toucher; rappelons leur sentiment si juste du contraste des couleurs, et grâce auquel ils ne reculent devant aucune intensité d'effet; rappelons la richesse éblouissante de leurs compositions peintes, leur recherche de l'harmonie dans la forme, de l'harmonie dans la coloration, du caractère dans le dessin; leur fécondité inépuisable, l'abondance avec laquelle ils varient à l'infini les motifs les plus connus pour leur donner l'esprit, la grâce et une saveur d'imprévu tout à fait locale et spéciale.

Nous avons vu à l'Exposition des tentatives de peintures japonaises exécutées par les procédés européens, d'après la méthode du clair-obscur. Nous ne pouvons nous le dissimuler, ces premiers essais sont d'une médiocrité déplorable et ressemblent à des œuvres d'écolier. Elles ont perdu toute originalité, le charme et la spontanéité du tempérament japonais. C'est ce qui nous faisait dire que l'influence européenne pourrait exercer une action fâcheuse, au moins pour un temps, sur les mœurs et notamment sur l'art japonais. Le moment était donc précieux pour recueillir les témoignages de cet art pendant qu'il a encore toute sa vertu propre et pour en tirer les enseignements qu'il peut contenir.

CONCLUSION

DE L'INFLUENCE

DES EXPOSITIONS INTERNATIONALES

SUR L'AVENIR DE L'ART

Arrivé au terme de cette étude, nous voulons essayer de répondre à une question importante qui n'a cessé d'être présente à notre esprit pendant le cours de nos visites aux galeries d'art de l'Exposition universelle. Cette question s'impose nécessairement à l'observateur dès que, sortant du Champ de Mars, il rentre en possession de lui-même et réfléchit sur ce qu'il vient de voir : Quelle influence les expositions internationales exerceront-elles sur l'avenir de l'art ?

Je ne sais s'il m'appartient rigoureusement de démontrer le bénéfice considérable qu'apporteront à l'humanité ces vastes concours fréquemment renouvelés entre toutes les industries et entre toutes les nations du monde civilisé. On me permettra cependant, avant d'aborder directement le sujet qui nous touche de plus près, de rappeler que personne de bonne foi n'a jamais pu contester le bienfait des expositions industrielles au point de vue des progrès de l'industrie. Cette digression est nécessaire pour mettre relativement aux beaux-arts la question dans tout son jour. Il est évident pour tout le monde, en effet, que les expo-

sitions d'industrie vont directement à leur but, puisqu'elles contribuent puissamment à nous faire parcourir
les longues étapes qui nous séparent encore de notre
idéal d'affranchissement, idéal enraciné au cœur de
l'homme avec la ténacité de l'instinct, avec une force en
quelque sorte providentielle. L'homme, et c'est là sa
grandeur, n'a jamais accepté les dures servitudes que lui
impose sa condition terrestre. Il a dû les subir, il ne s'y
est jamais soumis. Jeté nu, sans armes et sans défense,
sur la planète qu'il occupe, il n'a pas un seul instant
cessé de protester contre l'infériorité où il se trouvait
placé vis-à-vis de la nature. Dès le premier jour, il est
entré en lutte contre les obstacles incessants que les climats, que les monts et les fleuves, que les animaux et
les végétations d'espèces malfaisantes dressaient devant
lui, contre les pernicieuses influences en un mot que les
phénomènes astronomiques qui régissent le globe terrestre opposaient non-seulement à son bien-être, mais
bien pis encore à son existence. Il n'avait dans ce rude
combat d'autre motif d'espérer que son génie, d'autre
foi qu'en son audace (*audax Japeti genus*), il n'avait
d'autre arme que le travail.

Avec ces moyens bien humbles en apparence et tout-
puissants en réalité, il a entrepris de discipliner ces
forces ennemies, de les enrôler à son service, et, sous
son active et intelligente direction, de les faire concourir
à son bonheur, à ce bien-être qu'elles semblaient lui refuser. Il s'est dit qu'en dépit de sa faiblesse, il saurait
conquérir ce monde formidablement armé contre lui.
Mais la conquête, au début, fut lente, et lente surtout
par l'isolement des efforts individuels. Que de trésors
acquis déjà, que de conquêtes partielles déjà accomplies,

furent ainsi perdus sur ce terrain où il fallait disputer le sol pied à pied ! Perdus ! et pourquoi ? sinon parce que chaque pionnier du grand œuvre marchait à l'aveugle et seulement pour son propre compte, ignorant que son voisin peut-être avait déjà défriché l'espace où il s'engageait à son tour, dépensant vainement à ce labeur et son temps, et sa peine, et son génie, alors que ses sueurs eussent été si fécondes s'il avait repris la tâche commune précisément au point où l'avaient amenée ses devanciers. L'information (qui permet l'association et la continuité des efforts), telle est la loi fondamentale des progrès rapides en fait d'industrie, loi dès longtemps prévue et appliquée par les premières sociétés dans la mesure étroite où le leur permettait la difficulté des communications et conséquemment des échanges d'idées entre les pays les plus rapprochés. Il est donc certain que le retour fréquent des expositions industrielles, en généralisant sur la surface du globe l'information des découvertes isolées, concentre dans une action simultanée les forces qui jadis s'égaraient au hasard. À l'effort individuel a succédé l'effort collectif. Par là, à n'envisager que le résultat immédiat auquel tendent les convocations périodiques des énergies inventives de tous les peuples, et sans s'arrêter à de plus hautes et de plus lointaines espérances, on est largement autorisé à affirmer que les expositions de l'industrie universelle, une des grandes idées de ce siècle, vont tout droit à leur but si avouable, je dirai même si noble, à l'affranchissement du servage que la nature hostile fait peser lourdement sur l'humanité.

Est-il si évident que les expositions universelles concourent nécessairement aux progrès des beaux-arts? Est-il incontestable qu'elles exercent une influence éga-

lement heureuse à ce point de vue chez tous les peuples?
La question est complexe, il faut la traiter avec soin et
méthodiquement.

A priori, quelles que soient les conclusions auxquelles nous arrivions, nous déclarons qu'elles ne sauraient nous déterminer à combattre le principe de l'ad-
mission des beaux-arts dans les concours internationaux,
et il serait parfaitement inutile, en effet, de les tenir à
l'écart; le mal, si mal il y a, ne vient point du fait même
de ces agglomérations, qui sont elles-mêmes un résultat
de causes plus hautes et plus générales. On aurait beau
ne point mêler les beaux-arts à ces grandes exhibitions,
que la facilité des communications, créée par l'industrie
moderne, aurait toujours pour effet de vulgariser entre
les peuples l'état, les ressources, les tendances et les
manifestations de l'art chez chacun d'eux. Si cette
vulgarisation doit présenter quelque danger, il est donc
certain qu'il vaut mieux aller au devant du péril par
l'immense publicité des expositions. La publicité, par
contre-coup, aura tout au moins l'avantage d'accuser
ces inconvénients avec certitude, et, par cela seul, de
nous suggérer le désir, et peut-être le moyen de les
combattre.

Évidemment les peuples encore enfants, en ce qui
touche à la culture des beaux-arts, retireront des fruits
précieux des enseignements que leur apporte l'exposition
de toutes les écoles d'art européennes. Ils apprendront nos
procédés, et, mieux que cela, comment on peut regarder et interpréter les phénomènes extérieurs avec le sens
et par les moyens de l'art. Ceux chez qui cette faculté

résidait latente et non encore révélée, à l'état seulement de vagues aspirations, recevront en de semblables circonstances la confirmation de leurs instincts et s'engageront à leur tour dans cette voie de jouissances délicates qui satisfait aux plus nobles appétits de l'homme. Le seul danger pour ces débutants, c'est qu'ils acceptent sans contrôle des formules toutes faites, et qu'au lieu d'interpréter directement leurs sensations personnelles, ils se bornent à reproduire mécaniquement, pour ainsi dire, les manifestations d'art qui appartiennent à des peuples d'un génie différent.

Et c'est là précisément le péril qui menace non-seulement les peuples qui entreront désormais dans le monde de l'art, mais aussi les anciennes écoles du continent. Si la suprême vertu d'une école en général — et en particulier de chaque artiste — consiste à exprimer avec une absolue sincérité de sensation les émotions que lui font éprouver les spectacles de la nature, à traduire ses pensées, ses sentiments *absolument personnels* à l'aide des formes et des couleurs dont le monde extérieur lui fournit les éléments et les modèles; si (ce qui doit être un *Credo* rigoureux en fait d'art) la grandeur propre d'une école ou d'un artiste consiste à apporter aux hommes une formule nouvelle, si humble ou si vaste qu'elle soit; en un mot, si l'originalité est véritablement le titre principal d'une école ou d'un artiste aux sympathiques empressements des foules, n'y a-t-il pas lieu de craindre que, par cette fréquente communication des écoles entre elles, l'originalité de chacune ne s'émousse singulièrement et que l'art de l'avenir n'en arrive à se couler dans un moule uniforme, sans distinction de race ni de génie national, au détriment des âpretés natives et au plus

26.

grand profit de la médiocrité banale? On le voit, la
question méritait d'être posée. Ne pouvant l'éluder, il
faut l'aborder franchement et la traiter sans redouter
d'envisager froidement toutes ses conséquences.

Autrefois, les écoles vivaient éloignées l'une de l'autre,
dans un isolement à peu près complet. Sur un fond primitif transmis par tradition à travers la longue nuit du
moyen âge, recueilli dans les manuscrits où s'étaient
conservées les formules de l'art byzantin, au nord et au
midi, en Italie comme en Allemagne, des hommes d'un
génie plus actif surent asseoir les premières bases d'un
art nouveau. Ils exprimèrent naïvement alors leurs conceptions particulières de la vie morale et de la vie physique, traduisant au moyen de la forme et de la couleur
les spectacles naturels qu'ils avaient sous les yeux et les
passions qu'ils partageaient avec les hommes dont ils
étaient entourés. Ces premiers maîtres laissaient quelques élèves initiés par eux à leurs procédés. Ceux-ci à
leur tour, rentrés dans leur ville, dans leur village, con-
tinuaient, à l'aide de ces procédés, à exprimer leurs émotions propres et non plus celles de leurs initiateurs. Leur
réputation se fondait, mais dans un rayon étroit; on venait à eux, mais de peu de distance, pour apprendre les
moyens pratiques de l'art, et, ces moyens acquis, chacun
les appliquait d'une façon vraiment originale. Il y avait
assurément un lien, le lien qui formait école entre ces
diverses générations d'artistes, mais ce caractère d'école
ne tenait pas moins à la communauté d'origine, c'est-à-
dire à une certaine communauté de mœurs, de passions,
de sentiments, qu'à la communauté des principes recueillis à une même source.

C'est dans cet isolement relatif que se sont formées les écoles du Nord, allemande, flamande, hollandaise, les écoles du Midi, l'école de Sienne, l'école florentine, l'école romaine, l'école bolonaise, l'école vénitienne, vivant côte à côte sur un petit espace de terre, et cependant marquées si franchement au sceau du génie local. C'est d'un tel état de choses que sortirent les Albert Dürer, les Rembrandt, les Ruysdaël, les Rubens, les Raphaël, les Léonard, les Michel-Ange, les Titien, les Véronèse, tous ces grands noms qui éclairent l'histoire de l'art et brillent d'un éclat personnel si vif. Aujourd'hui les choses ont bien changé. L'enseignement est collectif, non-seulement pour les artistes d'une même nation, mais encore pour les écoles du monde entier. Les établissements publics consacrés à l'éducation spéciale de l'art admettent des élèves de toutes les nationalités ; bien plus, beaucoup d'artistes étrangers viennent solliciter les leçons de nos peintres français, et au lieu de reporter chez eux les enseignements ainsi recueillis, ils adoptent définitivement la vie française, prennent résidence à Paris, exposent à nos Salons annuels, participent à tous nos concours, à toutes nos récompenses, et ne gardent de leur origine étrangère que la forme de leur nom. D'autre part, la majorité des artistes dans les écoles étrangères, sans aller si loin, garde les yeux tournés vers la France, périodiquement vient visiter nos expositions, y puiser plutôt encore des procédés et des modèles définitifs qu'un guide général et une manière d'observer.

L'Exposition universelle du Champ de Mars nous montre en ses premiers résultats ce qui semble, au premier abord, devoir advenir de ce frottement constant des écoles entre elles, je veux dire une sorte d'émoussement inévitable du tempérament national dans l'art et la naissance d'un art cosmopolite. Évidemment si la multiplicité des communications entre les peuples avait pour résultat inévitable d'amener et de produire cet effacement absolu de toute originalité dans l'art, il faudrait arrêter ici nos espérances d'avenir et fermer à jamais le livre glorieux de l'histoire des arts. Mais il est impossible qu'il en soit ainsi. Aveuglément et sans autres raisons que des raisons de pur sentiment, nous nierions intrépidement que nous ayons atteint le terme et touché le fond de cette faculté qui est comme le couronnement de la civilisation pour l'humanité.

L'homme a reçu le sens de l'art comme il a reçu le sens du vrai et du bien. Il ne laissera pas plus périr le premier que les deux autres. Il est impossible, d'autre part, que les phénomènes sociaux qui contribuent au développement de l'industrie, c'est-à-dire à notre affranchissement de la matière, conduisent par une singulière et inacceptable contradiction à l'écrasement de ce qui précisément domine la matière, à l'étouffement de l'idéal. Nous ne pouvons douter de la durée et de l'accélération du mouvement industriel et social qui tend à rapprocher et à confondre les peuples de plus en plus. Nous avons vu ce que ce rapprochement apportait avec lui de bienfaits; on ne saurait admettre que ce qui profite si largement à l'humanité dans cette direction, puisse, sur le terrain de l'art, lui être nuisible. Il n'y a donc pas à se révolter contre cette loi des sociétés modernes, mais à compter avec elle. La période d'émoussement, de cosmopolitisme dans laquelle nous entrons sera plus ou moins longue, mais j'ai la ferme assurance qu'elle ne peut être qu'une période de transition. Peut-être n'y aura-t-il plus de grandes écoles locales, nationales; mais toujours il y aura de grandes individualités qui, pour n'être point spécialisées, enfermées dans les lisières d'une tradition d'école, n'en auront qu'une action plus large et plus énergique sur l'humanité. Au lieu d'être les représentants de la Flandre, de la Hollande, de l'Allemagne, de Rome, de Florence ou de Venise, ils seront les représentants de l'humanité tout entière. De même que sur le terrain commun d'une école nous nous attendions autrefois à voir surgir des personnalités originales; de même sur le terrain commun de toutes les écoles fondues en une seule, surgiront des individualités non moins originales. Et d'ailleurs, bien qu'on en ait dit, le génie se produit en dehors des conditions de race, de milieu et de moment. Lorsque les hommes de génie auront à se manifester dans un milieu et à un moment où les races, confondant leurs lumières personnelles en un seul foyer, auront affirmé comme loi fondamentale de l'art un retour absolu à l'étude de la nature, considérée comme un moyen d'exprimer l'âme humaine : ils domineront d'un sommet d'autant plus haut. Ici, comme dans l'industrie, l'effort collectif aura grandi d'autant plus les affirmations du génie individuel.

Ajoutons d'autre part que les artistes prédestinés sont à peu près insensibles à l'influence du milieu esthétique où ils se développent. Ils empruntent à leurs devanciers, à leurs maîtres directs, une première somme de connaissances et de procédés matériels nécessaire pour formuler leurs pensées, mais ils n'acceptent aucune formule toute faite. Le public, les amateurs et les artistes inférieurs seuls étudient le milieu d'art contemporain, et ces derniers sont seuls aussi à emprunter des éléments d'action et de succès aux nombreux ouvrages que les expositions universelles mettent sous leurs yeux. Chaque année on voit, comme une nouvelle plaie d'Égypte, la nuée des sauterelles de la vogue; on les voit, ces chercheurs sans idée, ces plagiaires de l'idée d'autrui, pulluler, surgir de toutes parts après chaque succès éclatant, le fractionner, l'émietter, le corrompre, s'y mettre comme les termites, le creuser, s'y tailler de la besogne, le calquer, le copier, le retourner en tous sens, nous le montrer sous toutes les faces jusqu'à nous en écœurer; et c'est bien à cela qu'ils réussissent en effet. A cela on ne peut rien faire. Il y a toujours eu, il y aura toujours une plèbe dans l'art comme dans tous les autres ordres d'activité. Ne faut-il pas, pour satisfaire au nombre croissant des exigences, un nombre croissant de ce que j'appellerai des *praticiens?* L'impulsion leur vient du dehors; l'inspiration, ils la reçoivent des maîtres, des artistes créateurs, et leur action se borne à la propager, à la vulgariser avec plus ou moins d'habileté, avec des modifications et des altérations correspondant à la finesse de goût plus ou moins développée des diverses classes dans le milieu social.

Quant aux maîtres originaux, ne craignons point de le répéter, il n'y a pas à s'inquiéter de cette transformation des mœurs à laquelle le dix-neuvième siècle nous fait assister. Art local ou art cosmopolite, sur quelque terrain que ce soit, leur génie se manifestera spontanément, se développera librement, sans s'arrêter à d'apparentes entraves, parce que le génie est une force irrésistible, une faculté indépendante des causes secondaires. Il est possible que la moyenne de l'art subisse l'influence de cette transformation, qu'elle gagne en science, en procédés, et qu'elle perde en originalité. Mais, au total, ma conviction profonde et ma plus chère espérance, c'est que le patrimoine de l'humanité n'en sera pas amoindri. Nous en avons pour garant l'histoire, qui nous révèle à chacune de ses pages l'action constante, l'action providentielle du génie.

Maintenant est-il possible de prévoir quelle forme déterminée prendra cette action, comment elle se rattachera aux évolutions des sociétés modernes? Peut-être. Mais il faudrait un volume pour traiter une question si grave, assez grave pour solliciter la réflexion des esprits les plus sérieux et servir de thème aux méditations du philosophe. D'ailleurs ce n'est pas ici le lieu. Le champ des conjectures ne saurait être ouvert plus longtemps à cette place qui appartient uniquement aux faits. A une question si complexe, il faut une réponse longuement motivée : cette réponse fera donc l'objet d'un travail ultérieur où seront étudiés le rôle social de l'art dans le passé et ses destinées dans le monde moderne.

FIN.

INDEX ALPHABETIQUE

—

FIN DE L'INDEX

TABLE DES MATIÈRES

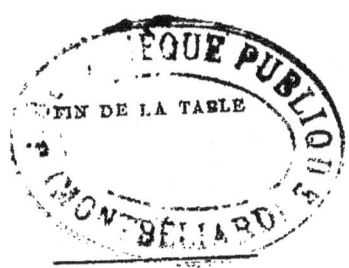

FIN DE LA TABLE

PARIS. — IMPRIMERIE L. POUPART-DAVYL, RUE DU BAC, 30